江南美学读本

Aesthetics of Jiangnan: A Reader

吴海庆　主编

培文读本

文艺学—美学读本丛书

北京大学出版社

图书在版编目（CIP）数据

江南美学读本 / 吴海庆主编 .—北京：北京大学出版社，2014.6
（文艺学－美学读本）
ISBN 978−7−301−23891−2

I. ①江…　II. ①吴…　III. ①美学－研究－华东地区　IV. ① B83

中国版本图书馆 CIP 数据核字 (2014) 第 020555 号

书　　　名：江南美学读本
著作责任者：吴海庆　主编
责 任 编 辑：于海冰
标 准 书 号：ISBN 978−7−301−23891−2/B·1180
出 版 发 行：北京大学出版社
地　　　址：北京市海淀区成府路 205 号　100871
网　　　址：http://www.pup.cn　新浪官方微博:@北京大学出版社 @培文图书
电 子 信 箱：pw@pup.pku.edu.cn
电　　　话：邮购部 62752015　发行部 62750672　编辑部 62750883
　　　　　　出版部 62754962
印　刷　者：三河市腾飞印务有限公司
经　销　者：新华书店
　　　　　　650 毫米 ×980 毫米　16 开本　24 印张　356 千字
　　　　　　2014 年 6 月第 1 版　2014 年 6 月第 1 次印刷
定　　　价：49.00 元

目　录

第二编　江南绘画美学

第三编　江南小说美学

第四编　江南音乐美学

第五编　江南园林美学

第六编　江南日常生活美学

第七编　江南生态美学

导　论

一、"江南"的界定

在展开"江南美学"研究之前，我们首先需要解决的问题是"江南在哪里？"江南在哪里？这似乎不是一个问题，越过长江，一路向南，岂不就是江南了？然而，事实是直到目前为止，学术界也没有达成一个关于江南范围的共识，这对于我们深入而全面地研究江南无疑是一个很大的障碍。为了克服这个障碍，我们对过去一些有代表性的江南概念进行了梳理，建立了一个能够为大多数人接受，具有更为可靠的学理基础的江南概念。

依照惯常理解，江南的范围应该是北起长江，南至南岭，东至大海，西及两湖的区域，这十分接近于唐人所理解的江南。在这个江南范围内，根据其在政治、经济、文化、历史和地理等方面的差异性，又可以分为两大相互关联又各自独立的部分：（1）长江下游的江南部分，以太湖、钱塘江流域为主体，这是江南政治、经济和文化最为发达的地区，可以称之为"江南腹心"。不过，这里要特别指出，扬州以地理位置而言是在长江以北，但传统上却把它视为一个江南城市，这主要是因为扬州在"大运河畔、长江边上、东海之滨，她的繁华、富庶、舞榭歌台、诗词歌赋、琴棋书画都和江南的苏杭相通、相似、相媲美。"[①]也就是说，对扬州江南"身份"的认证既有地理位置接近的考虑，也有经济一体、文化一脉的考量。（2）长江中游的江南部分，以皖南、洞庭湖流域、鄱阳湖流域为主体，这是江南的大后方。

---

① 单之蔷：《"江南"是怎样炼成的？》，《中国国家地理》，2007 年第 3 期。

这样界定江南可能会形成如下一些优势：第一，突出了长江的地理意义和江南概念的地理品质。第二，充分考虑了江南作为一个形象概念的综合意义，尤其是其复杂丰富的文化意义。比如，从文化上考虑，长江中游地区在历史上以楚文化为主，楚文化的根基是姬周文化，在此基础上它融合、吸收了江汉平原及周边地区的土著文化。楚文化早期以江汉平原为生成和发展的中心区域，西北为秦岭阻隔，西南为巫山所断，南越洞庭湖，北过淮河，东至吴越。楚文化由于受到中原文化的压制和同化，其中心逐渐南移至洞庭湖流域，而向东则日渐与有更多共同性的吴文化合流。吴越文化与楚文化虽然有不少差异，但同属稻作文化，且在历史上混融共生，所以被人们合称为"吴头楚尾"的吴楚文化。我们对江南的上述界定正是把楚文化和吴越文化都视为江南文化的重要组成部分。第三，具有现实性和前瞻性，适用于对江南的多学科、跨学科的综合研究。如从当代生态环境状况考虑，随着长江三角洲地区的过度开发和它的生态环境的恶化、自然色彩的脱落，与之遥遥相望的由湘江、沅江、蒸水和潇水等构建起来的三湘世界在各个方面都表现出较大的发展潜力。总之，按照我们的理解，这样界定江南既尊重历史，又符合社会习惯，同时也有利于对江南的学术研究和江南社会的整体发展。在有了关于江南的清晰概念后，江南山水的定义也就很容易了，那就是在江南范围内的山水环境。

二、何以提出"江南美学"的概念

江南与美是不可分的，江南的自然、江南的人文无不充斥着审美元素，江南的自然是一个取之不尽、用之不竭的审美资源宝库，江南的人文以江南的自然为基础，凝聚了千百年来人们与大自然共处的过程中所形成的美学智慧，人们关于江南的感受和言说无不与美紧紧地联系在一起，所以江南有自己的"美学"是天经地义的，然而，事实上，江南并没有自己堂而皇之的"美学"，所以，无论是从学理上，还是从义理上看，都很有必要树起一面"江南美学"的旗帜。

江南以一种富于个性和熠熠生辉的形象出现在世人面前，始于晋代，在这里，我们首先应该感谢作为山水诗鼻祖的谢灵运，这位风流公子当年被贬为永嘉太守后，恋上了永嘉山水，官司诉讼不顾，只管在茂林、修竹、清泉、峭壁间寻幽探微，"澹潋结寒姿，团栾润霜质。涧委水屡迷，林迥岩逾密"（《登永嘉绿嶂山》）。绿嶂山、盘屿山、华盖山、东山、西山、破石山、大罗山等一一游过，诗人细细地体味着"白云抱幽石，绿筱媚清涟"（《过始宁墅》）的韵味，抒发着"安得山水似永嘉"的感叹。谢灵运之后，被后人称为"小谢"的谢朓又为唤醒"江南"发挥了重要作用。小谢笔下的江南突破了大谢的地域范围，扩展到了建康、皖南宣城一带，其笔下的江南形象对后世产生了巨大的影响，如他吟咏江南山水的诗句"余霞散成绮，澄江静如练"（《晚登三山还望京邑》）、"天际识归舟，云中辨江树"（《之宣城郡出新林浦向板桥》）、"鱼戏新荷动，鸟散余花落"（《游东田》）等，和谢灵运的诗句一样成为展现江南山水之美的源初性文本。其后，中国的山水诗、山水画异军突起，成为中国最具民族特色的艺术形式。

山清水秀的江南是人类诗意栖居的光辉典范，长期以来，人们在这里进行着内涵丰富的生活美学实践。在江南的农业和商业发展起来后，江南就成了温馨家园的代名词，它的柔情和温馨散发在"塔、杏花、春雨、满月、杨柳、旧桥、寺院、石板弄、木格子花窗……当然还有少不了的碧绿的水"[①]上。"船头一束书，船后一壶酒，新钓紫鳜鱼，旋洗白莲藕。"（陆游《思故山》）江南的人们喜欢在这种漫不经心的散淡中表达心灵的安宁。江南村落的小巷和细雨自从进入戴望舒的《雨巷》后，平添了许多柔韵，在文人的眼中它们成了无限乡愁的载体。轻软飘逸的蓝印花布穿在明眸的"丁香一样的"姑娘身上，与小桥流水、粉墙黛瓦、绿柳红桃以及淡淡的茶烟氤氲、轻轻的弦索弹唱，组成了水乡的爱情曲。剑相高贵的龙泉剑，蕴含着江南日月山川的精华，使人从小桥、流水、人家的温婉中感受到一种雄浑与豪气。狮子山、龙井村一带的茶园年年生长出色、香、味、形皆绝的茶中极品。"啜之淡然，似乎无味，饮过则觉有一种太和之气，弥沦乎齿颊之间，此无味之味，乃至味也。"（陆次云《湖蠕杂记》）"令人对此清心魂，一漱如饮甘露液。"

---

① 邹汉明：《江南词典》，湖南文艺出版社，2007 年，第 18 页。

（屠隆《龙井茶歌》）无数文人把自己对茶的美妙感受凝练为精致的诗句，而江南随处可见的茶园便使江南处处飘荡出诗的韵律来。千百年来，江南茶乡的人们创造了精湛茶艺，沏茶的用水、用具和方式在这里都是十分讲究。用虎跑的山岩石罅间的涓涓涌流沏茶才能汤色清碧、香馥如兰、味甘无比，但光有好水还不够，还得要掌握沏茶的功夫，煮水、置茶、冲泡，泡好的茶还要用"凤凰三点头"的方式敬客。当代著名学者和诗人李长之在《大自然的礼赞》[①]一文中指出，生活就像演剧，剧本不好可以改，脚色平庸可以换，观众愚劣可以散，但剧场必须靠得住，而对于今天的人们来说，最理想的生活剧场就是江南。

江南的生活培育了江南的艺术，江南的艺术升华了江南的生活，江南的艺术融化在江南的生活里便推荡出一种"江南美学"。

三、江南美学的基本内涵

江南美学，顾名思义，就是具有江南地域特色的美学。江南的地域特色首先是江南的自然环境特色，江南的自然环境主要是由江南的山水和气候构成的，在江南特定的山水和气候条件下诞生了中国的山水诗和山水画，山水诗和山水画的最大美学价值在于它们创造了无限丰富的意境，一部中国美学史从某种意义上说就是一部意境史，因此，意境被宗白华先生看作是代表了"中国心灵的幽情壮采"（《中国艺术意境之诞生》）。[②]在意境的生成、丰富与发展方面，江南的山水和气候条件起着举足轻重的作用，可以说，没有江南这一特殊的中国地理空间，就不可能有意境这一中国审美文化的伟大贡献。因此，江南山水与诗画意境的关系是江南美学的重要内容之一。

与诗歌、绘画相比，音乐是一种更加抽象的艺术，按一般的推论，音乐应该与具象生动的江南山水没有多少关系，但事实并非如此，正如尼采曾经指出的那样，音乐本身虽然并不涉及形象，但却具有唤起形象的能力，"音

---

① 黎先耀、袁鹰主编：《百年人文随笔》，第1164页。

② 宗白华：《美学散步》，上海人民出版社，1981年，第68页。

乐在其登峰造极之时必定力图达到最高度的形象化"①。音乐是生命的自由狂欢，并且能够引导出生命活动最意味深长的"神话"，从这个意义上说，音乐也是一种最为深刻的生命哲学。从实际效果看，那种"以纤婉为工"的江南音乐与云水悠悠、飞霞野流中的暮鼓晨钟千百年来对一代又一代人的思想和灵魂确实产生了震撼性影响。传说宋代高举辟佛大旗的理学大师程颢，偶过东林寺，听到僧众伐鼓鸣钟，深受感染，竟言："三代礼乐，悉在是矣！"因此研究江南美学，不能不涉及江南音乐。

小说和传奇的长处在于讲故事，故事的性质和质量取决于两个方面，一是现实生活提供的素材质量，二是作者感受素材的能力和对素材进一步虚构、加工和完善的能力。就现实生活素材而言，江南地区经济发达，商贸活动频繁，人际交往复杂，因而一波三折可以构成故事的生活事件自然也就数不胜数。就作家的感受与表现能力而言，江南地区气候湿润，草长莺飞四时不绝，兼之水土清饶，生活于其中的人们依靠天然的山水之赐，轻而易举地达到了衣食无忧，因此江南人没有生活于恶劣环境中的人们那种粗犷与紧张的心理，而是更多内心的细腻与松弛，"白日见鬼，白昼做梦"式地虚构、夸张和想象本是他们的拿手好戏。于是，小说和传奇成为江南人发挥他们虚构情节、细腻描写和精致刻画才能的天然艺术形式，可以说，无论是从自然环境方面还是从社会生活内容方面，江南都为小说和传奇的生成提供了最丰富的营养和最优良的条件。而由江南小说和传奇形成的小说美学也必然成为江南美学的重要组成部分。

园林是人类模山范水的产物，在我国，早在东汉桓帝时已经出现了规模很大的园林，其中外戚孙寿在洛阳所造的宅第就很有名。不过，早期北方园林的基本特征是以"模山"为主。从魏晋开始，江南山水成为人们建造园林时模范的主要对象，如南朝时刘缅在南京钟岭之南筑园，"以为栖息，聚石蓄水。朝士雅素者，多从之游。"（《六朝事迹编类》卷2《形势门·钟阜》）晋人戴颙隐居吴下，与吴下士人"共为筑室，聚石引水，植林开涧，少时繁密，有若自然。"（《宋书》卷93《列传·隐逸》）在这两条涉及江南园林建造

---

① [德]尼采：《悲剧的诞生》，周国平译，三联书店，1986年，第70页。

的文献资料中分别使用了"聚石蓄水"和"聚石引水"的说法，这表明随着模范对象的改变，园林设计的风格也发生了很大变化，其中最关键的一点是园林设计中水的比重逐渐大了起来。江南园林水多是因为江南水多，理水比较容易，但也不仅如此，还有江南人的性格与文化因素在内，正如有学者指出的那样，"积聚在内心的冲突与不安宁往往自觉或不自觉地通过各种建筑符号曲折地表现出来，园林因素成为园主自我宣泄、平衡、粉饰或向往，甚至祈祷的形式"[①]。江南山水在中国文人心中逐步取得了崇高的地位，整个文化界也随之形成了一股推重江南山水柔美姿韵的审美潮流，原始性的江南山水遂成为人们评价园林得失的范本，因此那些园林的设计者和园主在设计和建造园林的过程中也必然地向本然的江南山水靠近。江南山水在中国园林形成的过程中主要起到了三大方面的影响：第一，决定了中国园林美学的基本逻辑；第二，推动了中国园林在审美倾向上由富贵型向写意型的转变；第三，确立了中国园林具有象征意味的阴柔格调。总之，江南园林美学也是江南美学颇具特色的部分。

佛教和道教在中国的传播遍布大江南北，而江南最盛，这是因为江南的清秀山水和充盈的物质财富不仅为常人所需要，也为佛僧道仙们所钟爱。当世人留恋于繁华都市，热衷于功名利禄之时，佛僧道士们却迈开他们的双脚，坚定不移地走向大山深处，啸傲山林、吟风弄月，那些在俗眼中寂寞荒凉、野兽出没的地方，出家人却视为清静美好的世界，并对这个世界中的一草、一木、一花、一鸟细细品读，在这个品读的过程中，他们发现了"一芥一佛陀，一花一世界"，看到了碧溪月，演奏出了松间琴，建造了青莲宇，敲响了东林钟。从这个意义上说，江南山水之美是佛家和道家发现的，甚至可以说是他们创造出来的。因此，江南美学不能缺少对江南宗教审美实践与美学思想的研究。

江南不仅为人提供了良好的生存条件，也为多种多样的动植物生存提供了理想的生存环境，人与动植物共存于江南山水中，相互为邻，形成了复杂多样的关系，其中就包括人对动植物的审美关系。飞禽走兽、花草树木被

---

① 居阅时：《庭院深处——苏州园林的文化涵义》，生活·读书·新知三联书店，2006年，第2页。

古人纳入天地神人的生态大系统之中，与天人相合、民胞物与、万物和谐、自然无为、寡欲知足等观念相结合，从纯粹的自然生物变成寄托了人的生活理想和审美诉求的文化形象，成为博大精深的中国生态审美文化的重要内容。

江南山水在诗人画家那里是审美对象，但在普通百姓眼中它首先是一个基本的生活环境，如何利用这种环境来提升自己的生活质量，才是百姓最关心的问题，因此，江南山水在日常生活中的审美价值只能是和它的实用性、功利性结合在一起，一点一点地形成，并隐含在各种非纯粹的审美形式中。由于山水环境在日常生活中所起的作用会随着人的生活方式、社会经济条件的变化而变化，其审美意趣会不断地被更新和赋予新的内涵，因此江南山水在日常生活中的审美意义就呈现出巨大的历史的丰富性和现实的不确定性。我们相信，生活是美学的第一源泉，所以，对江南生活美学的研究将构成江南美学的最重要的基础。

四、相关文献资料

选文 1　熊家良谈江南范围不能以自然科学方法定义

江南的范围有大有小，江南的含义有实有虚。在不同的时代或不同的人那里，江南的内涵和外延都是有差别的。但这并不妨碍我们走近江南，研究江南文化和文学。人文科学不像自然科学那样讲求绝对精确，它除了要求客观对象的相对固定之外，还更多地包含了研究者的主体情感认识和占有材料的区别。有人根据古文献和出土文物，强调不能以"中原中心论"否定江南古文明；有人以中原的眼睛看江南，认为江南文化本质上是中原文化的江南化；有人依据伦理话语与诗性话语的互渗律，揭示江南诗性人文与齐鲁伦理人文的对立和联系。事情都是复杂多元的，但又都有其主导面，因而任何"独断论"或绝对主义都不可取。

熊家良：《现代文学中的江南情怀》，《江海学刊》，2006（1）。

选文 2 陈望衡对"江南"的定义

江南的地域定位

中国疆域辽阔，历史悠久，长期以来自然而然地形成许多不同的地域文化。目前人们用得最多的地域文化概念大体上有这样两类：一类是根据春秋战国时期的诸侯国别而定的，诸如楚文化、秦文化、吴文化、越文化等。第二类是以地域相区分的，如中原文化、江南文化、湖湘文化、塞北文化、巴蜀文化等。我们这里要讨论的江南文化属于第二类。江南文化顾名思义是以长江为分界线的，但实际上并不如此，处于长江北岸的扬州就属于江南文化。另外，说是江南文化，也不是凡长江以南的文化都属江南文化，广东、广西、福建南部似乎不能派属为江南文化。什么叫江南，什么叫江南文化，从来没有一个权威的说法。事实上，中国历史上对江南的使用，比较多义。《尔雅·释地》："江南曰扬州。"《文选·谢灵运〈道路忆山中一首〉》云："采菱调易急，江南歌不缓。"吕延济注："采菱、江南皆楚越歌曲也。"江南又名江左，李白《五松山送殷淑》云："秀色发江左。"王琦辑注云："江左，江南也。"《文选·沈约〈宋书·谢灵运传论〉》云："事极江右。"李周翰注："江右即西晋。"那么，东晋就是"江左"了。以上三种解释都与我们通常的理解有很多差别，大体上，唐代，一般将江南理解成长江中下游一带。主要地区是现今的浙江、上海、江苏的中部与南部，江西、湖南、湖北的中部与南部，福建北部，安徽大部等，而以杭州（钱塘）、南京（建康、金陵）、扬州三个城市为代表。

江南作为文化概念

江南，在中国历史上，不能只是理解成一个地理概念，而应理解成一种文化概念。如果将江南理解成文化概念，首先有一个问题，它是一个什么样的文化概念，它主要有些什么内容。据我的阅读范围来看，江南作为文化概念，原初是政治性的，后来主要是审美性的。说原初是政治性的，与中国历史上两次重要的南北政权分治有很大关系。一次是西晋灭亡，皇室与贵族南渡，东晋政权的建立，随后是东晋灭亡，宋、齐、梁、陈等几个南方朝廷迭次统治江南。另一次是北宋灭亡，宋皇室在杭州建立政权。东晋建立于公元 317 年，隋灭亡南朝的陈政权为 589 年，南北分治达 272 年。1126 年，金攻破宋都汴京，掳徽钦二帝北归，北宋亡。1127 年宋高宗在归德称帝，两年后，又南逃至杭州，后又到建康，最后定都临安，建立稳固的南方政权，这个南方政权直到 1279 年才告结束，前后也存在一百多年。晋、宋本为全国性的政权，后实际上只是统治长江南部地区。这种状况，自然而然地使得江南这一概念成为一种南方政权的代名词，江南文化也就自然而然地浸入一种悲愤、忠义、爱国的昂扬情调。这种情调在南宋的诗词、文章中得到突出的反映。当然，在悲愤主调之外，也有一些靡靡之音，表现出醉生梦死、苟安怯懦的心理。这些都让江南文化蒙上政治性的内涵，"偏安江左！'也就成为中国文化中一个相对固定的用语。

不过，相比于长达三千年的中国文明史，中国政权南北分治时间毕竟很短。江南的繁荣、富庶主要还是得力于全国政权时的唐朝与北宋朝。从大量的历史文献来看，唐朝时，江南已经形成了自己独特的文化。这种文化又主要是通过文学艺术来表现的。唐代、宋代的第一流诗人、画家都曾有大量的关于江南山水、文物风流的创作，正是这些创作，实际地形成了江南文化。虽然江南的山水是有特点的，人情风物也是有特点的，但是如果没有像李白、吴道子、苏轼、辛弃疾等人的歌咏、描绘，就没有江南文化。必须强调的是，李白、苏轼等是将江南山水作为美的代表来赞颂的。"江南好，风景旧曾谙。日出江花红胜火，春来江水绿如蓝，能不忆江南。"白居易这首《忆江南》表达了人们对江南的最一般的看法。"忆江南"又名"江南好"，作为词牌，据唐段安节《乐府杂录》，始为李德裕所创，原为《谢秋娘》，因白居易此词而更名。当然，这是因为白居易此词写得好，而它之所以好是因为它对江南做了最为准确的文化定位——审美定位。江南概念主要是审美的。江南文化从主调来看，是一种审美文化。

将江南的概念定位于审美，不只是因为"江南"这一概念主要出现在诗人画家的笔下，而且因为江南的美好风物、秀丽山川，自然而然地成为人们的审美对象。人们只要提到江南就自然而然地想到美。《世说新语》载："王子敬云：从山阴道上行，山川自相映发，使人应接不暇，若秋冬之际，尤难忘怀。""顾长康从会稽还，人问山川之美，顾云：'千岩竞秀，万壑争流，草木蒙笼其上，若云兴霞蔚。"'这里说的风景均在江南。又南朝的谢朓《入朝曲》有"江南佳丽地，金陵帝王州"之句，宋代诗人王禹偁则云："雨恨云愁，江南依旧称佳丽。"（《点绛唇》）可见，人们早已将江南当成美的代名词了，以至于有人吟出"未老莫还乡，还乡须断肠"。

陈望衡：《江南文化的美学品格》，《江海学刊》2006（1）。

选文 3　刘士林眼中的"江南地区"

有了南北之分这个历史事实之后，更关键的还在于如何确定江南的存在。另一方面，如何划定和描述江南地区的边界，实际上同样关系到人们采取何种分类的框架。至于如何把历史上关于江南的多重描述统一起来，关键也在于能否找到一种消除各种建议分歧使之走向更高、更为本质的新阐释语境。……

一般情况下，人们所使用的"江南"概念，主要来自于政治区划、经济地理及约定俗成的习惯用法。但由于约定俗成的一类基本上是根据前两者而来，所以占主导地位地位的主要是政治经济的分类原则。这里提供两种关于江南概念的解释，大体上可以代表人们对它的一般看法。

江南地区的地理完整性

我认为明清经济史上的江南地区，应包括明清的苏、松、常、镇、应天（江宁）、杭、嘉、湖八府及由苏州府划出的太仓州。这一地区亦称长江三角洲或太湖流域，总面积大约 4.3 万平方公里，在地理、水文、自然生态以及经济联系等方面形成了一个整体，从而构成了一个比较完整的经济区。

这八府一州东临大海，北濒长江，南面是杭州湾和钱塘江，西面则是皖浙山地的边缘。……当然正如任何一种划分方法都有不可避免的局限性，这种划分方法所确定的自然地理界线也不可能绝对精确。例如宁、镇二府（特别是江宁府）在地平多水方面比其东南苏、松等府略差，但是如果和其西邻的皖南诸府相比，差距就更大，显然还是更接近其东邻的常州等府。因此把宁、镇二府与东南诸府划为一区，应更为合理。……

约定俗成的"江南"概念

江南的地理概念，约定俗成，不过随着时间的流动也有所差别，有所缩小。且到了后来，以江南为名的行政区域和民间称指则非一致。其范围大体上先秦时为吴越，汉属扬州，六朝则称江左、江东或江表。然从政治着眼，在魏晋南北朝时北方人的眼里，江南就是江左政权的代词，因为后者的首都是定在属于江南的建业（后称建康）。如《水经注》卷三五"江水又东之迳公安县北"条注云：

> 刘备之奔江陵，使筑而镇之。……杜预克定江南，置华容置之，谓之江安县南郡治矣。

这里所说的江南指的就是统治长江中下游的东吴政权。又如《魏书》卷三五《崔浩传》对北魏太宗所言：

> 今国家亦未能一举而定江南，宜遣人吊祭，存其孤弱。恤其凶灾，布义风于天下，令德之事也。若此，则化被荆扬。

显而易见，在崔浩的话中江南与荆扬等义。唐代江南道的范围也几乎包括整个长江中下游。《宋史》卷八八《地理志四》则曰：

> 江南东西路，盖《禹贡》扬州之城，当牵牛、须女之分。东限七闽，西略夏口，南抵大庾，北际长江。

然其两浙、福建、荆湖诸路之设表示了行政区域的划分更多的是为了统治的方便，元以后行省的设置，更是强化了这种趋向，而与以经济文化为基础的区域概念有所脱节。以唐宋间基本经济区转移为背景，以经济文化为纽带的江南区域概念则经常浮现出来，特别是在民间，浙江、江苏、江西、湖广等还都在其中，但康熙时初修的《江南通志》仅含十六府、八州，然在所谓"南联浙闽，北接兖豫，西溯江汉上游，而东讫于海"的版图中又含有淮安、凤阳、滁州等将被州县。由此可见，历史上所说的江南有大体上范围指长江中下游或长江下游的两种说法，后来还有仅指苏南及杭嘉湖平原的。而目前一种说法多从政治上着眼，后一种说法则往往仅注目于经济。……

从纵观约两千年的历史着眼，并顾及政治、经济、文化等各个方面，故近世学者常取其中间之说，即以长江中下游为江南者居多。恰如钱大昕所指出"今人所谓江南，古之江东也。"若以整个佛教传播史的见角度讲，尤是如此。所以本书所说的江南，基本范围是浙、赣、闽三省以及苏南、皖南，淮南的缘江部分也可算在内……

由此可知，江南的地理区域相当的宽泛，在各种说法之间有不少的区别。它往北可以延伸到皖南、淮南的缘江部分，而往南则可以达到今天的福建一带。但今天的长江三角洲一带，无疑是江南文化的中心区域。

刘士林：《江南文化的诗性阐释》，

上海音乐学院出版社，2003 年，第 32—43 页。

选文 4：朱逸宁谈江南的文化地理界定

提到江南文化研究，不可避免的一个问题就是对"江南"作一个界定，然后才能在这个概念下展开阐释。那么，研究视角的不同往往会造成对此概念理解上的差异。李泽厚先生曾说过："任何民族性、国民性或文化心理结构的产生和发展，任何思想传统的形成和延续，都有其现实的物质生活的根源。"事实上，学者们对于江南的界定，长期以来也大多是按照这一观念来展开的，他们首先就按照政治和经济以及物质条件来划分。比较具有代表性的说法有："江南的地理概念，约定俗成，不过随着时间的流动也有所差别，有所缩小。且到了后来，以江南为名的行政区域和民间称指则并非一致。其范围大体上先秦时为吴越，汉属扬州，六朝则称江左、江东或江表。然从政治着眼，在魏晋南北朝时北方人的眼里，江南就是江左政权的代词，因为后者的都城是定在属于江南的建业（后称建康）。唐代江南道的范围也几乎包括整个长江中下游。元以后行省的设置，更强化了这种趋向，而与以经济文化为基础的区域概念有所脱节。以唐宋间基本经济区转移为背景，以经济文化为纽带的江南区域概念则常浮现出来…… 由此可见，历史上所说的江南有大体上范围指长江中下游或长江下游的两种说法，还有仅指苏南及杭嘉湖平原的。"

从这段论述可以看出：划分江南的重要因素是民族、政治的统一性和经济的独立性。从民族的角度来看，江南的形成基础是吴、越两个民族，而政治上，则有三国时的孙吴政权，东晋及南朝，严格说还包括南宋和南明，这些政权多数有一定规模并存在了相当长的时间（南明除外，实际上明朝在建国之初也曾定都于江南），统治中心大约在江浙一带。而大一统的王朝，如汉、唐、元、明、清，则大多把江南单独划分成一个或几个相互联系的行政区域，这样做的目的显然是便于管理。从经济的角度来看，江南地区的气候环境四季分明，物产丰富，自古便有"苏湖熟，天下足"的说法。长江中下游平原与中国的其他地区相比，在农业条件上确实是得天独厚。这里雨量充沛，地势平坦，河港纵横，非常适宜发展农业生产。在这样的基础上，长期以来便形成了以长江为界限的江南地理概念。这个概念中的江南，实际上是指中国东南长江中下游的广大地区。

但是，如果仅仅用此作为区分诗性江南的依据，则有着先天的不足。因为中国的南方地区面积辽阔，文化的构成复杂，以吴越为源头的文化，和荆楚文化、巴蜀文化、闽粤文化等等虽同属一个文化母体，但其间的差异还是不能忽视的。单纯从政治和经济方面不容易看得清楚。就政治方面来说，统治者通常以管理的角度来划分行政地区，因此长江是一个不可逾越的自然因素，并且区划往往会因朝代的更替发生改变，因此单纯以政治因素开考察并不可靠；而在经济方面，太湖水系的存在则是影响江南文化独立性的关键。可以说，正是太湖水系的存在，使得长江中下游平原地区同长江以南的其他地区相互区别开来。例如李伯重先生就曾指出，江南地区的划分依据在于它不仅有天然屏障与其他地区间隔，而且更重要的是有同一水系，使其内部形成较为紧密的联系。近年来更有学者认为，宁镇地区和太湖流域是两个不同的文化区域。而需要单独把明清时期的六府一州（苏州、松江、常州、杭州、嘉兴、湖州、太仓）从地理上划分出来。这类观点当然有合理之处，因为它们从不同的角度阐明了江南何以成为江南的外部条件。可是，外部因素经常会发生变化，只有精神领域的一致性才更为稳定而持久。从这个意义上讲，我觉得真正使江南在文化上获得独立地位的，正是它的诗性精神。

从这个角度说，江南的文化界定显得尤为重要。而进行这样的考察，不仅要结合上文所提到的自然地理因素，还必须注意到历史人文领域的江南精神。就如同古代诗人笔下吟唱不绝的江南一样，在中国人的心中，江南始终是一个挥之不去的审美情结。如果仔细考察，我们会发现，诗性文化意义上的江南并不完全是由自然或单纯依靠人为划分的一个范畴。那个"泛舟采莲叶，过摘芙蓉花"的江南，实际上已经超越政治、经济等等实际功利性的框架，而成为一种内在风俗气质的延伸。具体地说，江南的诗性文化是一种历史生成，"人文江南不是随便什么人在自然地理上简单地加上人类活动的痕迹；它更是江南民族那特有的诗性主体在这片中国最美丽的水土上生活与创造的结果。"这个江南文化圈的中心，应当是现在的扬州、南京、苏州、杭州一带，语言上以吴方言区为核心（语言上的问题则更加复杂，我不太赞成以此为主要依据）。它在地理上的界限虽然不容易准确地标明，但文化上的元素却是彰显无遗的，因此依据这些特征可以大致看出江南的文化地理轮廓，北至皖南，东到海滨，西至江西，南到闽浙，都是江南文化的辐射范围。无论是皖南古朴的民居，或是扬州别具一格的文人画，抑或是余杭的烟柳画桥，都鲜明地折射出一种江南的气质，如果看不到这些元素中折射出的诗意，那么我们所研究的江南大概只能是没有生气的存在。正如人类学家阿尔弗莱德·克罗伯（Alfred Kroeber）曾经说过的那样："文化由明确的和含糊的行为模式组成。这些行为模式通过符号来获取并传递。文化就是人类不同群体取得的独特的成就，也包括它们在手工艺品中的体现。文化的本质核心由传统思想（即源自历史和由历史选择的思想）及其附着的涵义组成：一方面，可将文化体系看成活动的产物；另一方面，又可将它们看成进一步活动的条件因素。"在对江南概念进行文化界定的过程中，我们会遇到一个问题，那就是江南的历史生成是在什么时候，或者说作此文化界定的历史依据是什么。这也就自然地牵涉到了江南的"黄金时代"。如果没有一个"黄金时代"，诗性的江南便不可能凝聚起来。

朱逸宁：《江南的文化地理界定及六朝诗性精神阐释》，

《江淮论坛》，2006（2）。

选文 5　张法论文本意义上的"江南"美学研究

江南美学的文本研究，有多方面的动力，但一个主要动力是地域文化研究。作为地域性的江南美学是如何形成的，怎样演变，将走向何方，这些都与文本研究紧密相关。但从文本入手梳理出江南美学的体系，首先遇到的问题是文本的分段和分类。江南美学，与江南文化一样，可以分为三段。从远古的良渚文化到三国西晋，是前江南美学，因为这时的"江南"在古人的眼中心中是飘忽模糊移动的，"江南"这一语词与后来基本定型的江南核心区（以杭州、苏州、南京、扬州为中心）还没有较为固定的重合。这时的江南美学，还在泛南方的大框框里，没有基础上的定型，也没有系列上的丰满，更没有中国美学的整体占有与《诗经》、楚辞、汉赋那样的崇高地位。从东晋到清末，是江南美学的真正形成、演进、定型、达到辉煌高峰的阶段。其背景在于从东晋始，江南有了政治上的高位，从唐代扬州始，江南有了经济上的高位，从宋代始，江南有了文化上的高位。此后，虽然政治上的高位不断出现而又总是短暂，但经济高位和文化高位却稳步上升，江南美学正是在这一基础上形成、展开、定型、辉煌的。从上海开埠以来至今，是后江南文化阶段，江南文化分裂成原江南文化与海派文化两种因素。二者相互关联、相互矛盾、相互绞缠、相互渗透、相互换位，正是这五个"相互"，构成了后江南美学。特别需要强调的是，在后江南美学中，海派美学占了主导地位。之所以把海派美学占主导地位的美学称为后江南美学，是因为一方面古代的江南美学是海派美学的重要因子，从清末以《海上花列传》为代表的小说到民国的鸳鸯蝴蝶小说再到月份牌的美女、旗袍的多姿、电影明星的样态、流行音乐的曲词……无不可以感受江南因子；另一方面海派美学占了南方文化的高位，并大举影响全国，特别是江南地区。而上海美学中不仅有江南因子，更多的和更主要的是世界因子。就其世界因子来说，它是非江南的，就其江南因子来说它是江南的，二者混合一体，所以姑称后江南美学。因此，江南美学的文本研究，包括三个阶段的文本收集和研究。这里前江南美学研究基本阙如，因为很难把良渚文化研究，或把战国秦汉时代长江中游的楚文化为主的东西加上江南美学一词。因此，江南美学在文本上主要关注的是江南美学阶段和后江南美学阶段。无疑，江南美学阶段呈出的是一个古代江南。而后江南美学阶段推出的是一个受上海文化笼罩的现代江南。

在中国古代的地域美学中，江南美学的意义何在？江南美学代表了中国古代文化达到最高峰时的辉煌和痛苦，说它辉煌，是因为它是中国古代经济和文化达到最高峰所绽放出来的美学之花，说它痛苦，是因为它不在中国政治的中心，而承受着政治与经济、文化的巨大不和谐而带来的痛苦。然而，江南不是一个与中国其他区域绝缘而生的江南，而是在中国之中乃至在天下之中的江南，因此，江南的美学凝结，具有十分丰富复杂深沉的内容。古代江南的经济、文化走向，正是要走向上海型的现代江南，但上海的出现，是中国被西方拖进全球化进程的产物，因此，上海的出现，不是由杭州／苏州／南京／扬州的水到渠成的结果，而是西方扩张的结果，是伦敦／巴黎／纽约／柏林向全球扩张的逻辑结果，因此，一方面，上海就在江南，也内在地承接着古代江南和联结着杭／苏／南／扬型的江南，然而它领导着江南、主导着江南。因此，在研究上区分以杭／苏／南／扬为主导的江南美学的古代文本和以上海为主导的后江南美学的现代文本，是让江南美学研究走向明晰的一个重要问题。

在这里，重现古代江南美学是重要的，只有古代江南美学的面貌清楚了，现代的由上海主导的后江南美学的面貌才会清楚。可以说，在江南美学的研究中，宜先断后联，即先把江南美学和后江南美学断开来，理出江南美学的形象体系和内在精神，然后再联，一方面看古代江南的美学因子、美学形象、内在精神，在多大的程度进入到了现代江南，以什么方式与海派美学结合、对立、矛盾、互渗，另一方面看现代的杭／苏／南／扬怎样继续着自己的古代传统，又被海派美学所影响，形成一个江南美学的现代走向。只有在这两方面都有了清楚的认识之后，才能把江南美学的言说，提高到一个新的水平。

目前对古代江南美学的研究不少，有了江南器物、景物、人物、艺术等方方面面的呈现，但多为（如《人文江南关键词》类的）符号性和文学性的叙述，而文献性（如《江南丝竹大全》）的系统梳理略少。特别是从学术的角度如何系统地呈现江南美学的文献体系，还是一个十分需要做而尚未体系地展开做的学术工作。由于没有体系性的文献基础，古代江南美学的基本因子、主要形象、演变结构、精神内蕴，以及古代江南美学与整个中国美学的关系，还没有展现开来。

张法：《对江南美学研究三个方面的一些想法》，
《河南师范大学学报（哲学社会科学版）》，2010（4）。

选文6　刘士林论江南文化的特性

由于任何阐释都是运用语言去描述和表现主观体验、解读与建构对象的存在，由于这一切都是通过语言这样一种特殊的实践工具进行的，因而要想按照一个对象自身的存在把它阐释出来，使之进入澄明之中，首先需要解决的问题则是所使用的代码、语境以及话语主体的"合法性"问题。如同在哲学中的先验批判一样，在阐释学中这也是一个需要先行解决的问题。古往今来，人们对江南文化的界定、言说不可胜数，而且由于观察角度与价值立场的差异所造成的歧义与矛盾也层出不穷。而所有这些阐释与矛盾，可以说都是由于对话语、语境与主体的"合法性"的追问付之阙如造成的。本文将就这些阐释江南的前提性问题加以探讨，并希望由此把对江南文化的研究引向更高的学理层次。

一、《采莲曲》与语言本体论

> 荷叶罗裙一色裁，芙蓉向脸两边开。
> 乱入花中看不见，闻歌始觉有人来。

——王昌龄《采莲曲》

还有什么比采莲的细节更能使人作江南地际真人之想呢？青青罗裙，芙蓉如面，扁舟轻唱，水碧于天……当你想更接近这采莲人的江南看个仔细明白时，则正如古代诗人曾经遭遇的那种尴尬，那个有着最动人的音容的对象却倏而不见了。但当你正准备放弃那似乎不可能真实的美丽时，一阵缥缈的歌声又从芦花荻叶深处传来，那眼中刚刚消失的一切仿佛正凌波而至……

在此，之所以把《采莲曲》特别提出来，绝不仅仅是由于诗本身具有很高的审美鉴赏价值；其中还包含着一个更为基本的深层语法结构，而且它恰好可以用来充当江南文化的解读与阐释语境。也可以说，在《采莲曲》中深藏不露的是一个中国文化中特有的语言本体论。它与江南文化在阐释语境上的隐喻关系主要有三：一是如同"荷叶罗裙"与"芙蓉如面"的采莲人一样，江南文化本身就是中国民族古典美和诗意生活的最高代表。二是如同诗中"乱入花中看不见"一句所象征的，在现代文明的苦难历程中，不仅"江南可采莲"的地方早已无莲可采，从小唱惯采莲曲的吴侬软语者也已是"曲终人不见"了。而最重要的是第三个方面，在今天还能不能再现出"闻歌始觉有人来"的动人场景。大凡一种美丽事物的消失，都会刺激人们已衰退的神话思维、诗性智慧或审美想象力，对于精神日趋赤贫的当代人当然更是如此。如果说，乱入花丛的采莲人正是凭借她们独特的歌唱，才使已消失于湖面的自身重新进入了澄明之中，那么仿此也可以说，在现代世界的喧嚣声中正在沉入黑暗的古典江南能否重见光明，关键则在于如何才能建构出一种可以在现代条件下指称自身、表象自身、自己让自己出场的江南话语。正是因为这个更深层的原因，在《采莲曲》中"目击而道存"的中国诗性智慧，与以晦涩艰深著称的现代西方分析哲学的语言本体论，才有可能出现一回"相视而笑，莫逆于心"的上乘交流境界。

一种声音，一种话语就可以使江南复活？这是许多人难免要提出的质疑。一方面，由于这里的江南在内涵上过于含混，因而要解开这个语义的疑团是十分困难的；但另一方面，如果不对古典江南的现代困境有一个积极的回应，那么它将会如同懒婆娘的裹脚永远纠缠着当代人诗意的跋涉。这也是我们为什么对此放弃庄子的"不可与言"，而要借助现代西方语言哲学这个并不顺手的逻辑工具来应战的道理。要运用语言本体论的新工具，多少要理解一点西方20世纪哲学的"语言学转向"。或者进一步说要了解它与实践本体论的差异。简而言之，如果说后者的要义在于"存在决定意识"，把语言符号看作是对客观事物的反映；那么前者的精华则在于"语言决定世界"，即一个对象是否有意义并不在于它的客观存在，关键是人们是否可以建构出一种直接再现和描述它的存在的元叙事。这当然是两种很不相同的哲学本体论，如果说它们各有各自的道理及相应的势力范围，那么由此可知，当我们说"有了江南话语就有江南的存在"时，它的哲学基础正是植根于以语言事实（而非物质存在）的语言本体论之中。

如果说即使最简单的哲学分析仍难以理解，那么让我们还是回到中国诗性智慧语境中去吧。例如在《采莲曲》中的采莲人，她们被隐匿的存在就是通过她们的歌唱重新出场的。如果不是采莲人有一种指称自身的"采莲曲"，那么很显然谁也不可能知道在湖面深处还会有那样美丽的生命。其实当然不限于采莲女，在由符号和声音编码而成的文化世界中，每一个对象都只能借助"语言之光"的照耀才能显现自身。也可以把语言本体论的精华简化为这样两个基本原则：有了声音，才有存在；有什么样的声音，就有什么样的存在。这大概也是海德格尔说"语言是存在之家"的原因吧。在逻辑上稍加延伸则是，对于本就在中国文化中处于话语边缘的江南文化来说，要想按照它的本来面目在当代世界中澄明出来，一种关于江南话语的语言本体论意识，则是它唯一的桥梁。

二、江南话语与中国话语

在当代世界的话语空间中，江南话语实际上面临的是来自内外的双重围困：一方面是中国话语在全球化语境中所遭遇的"失语"与"假唱"现状，另一方面则是基本上属于审美层面的江南话语体系，在以政治伦理为中心内容的北方主流话语中受"压迫"与被"异化"的历史。由于中国话语是江南话语的前提，所以阐释江南首先需要的是如何打扫出一个干净、纯粹的中国语言基础。

从语言本体论上讲，中国的存在当然要靠一种中国的声音。我把这种中国的声音称作中国话语。在 20 世纪 100 年中，西方霸权话语的大兵压境形势下，中国话语的"失语"与"异化"都是必然的。然而在一切悲剧中最悲哀的却莫过于，由于西方现代话语的心智启蒙和后现代话语的物质诱惑，许多承担着思想职责的大脑对此已不再产生任何自觉意识。这也是我一再强调要对中国百年来思想学术进行先验批判的原因，如果不能首先从中国主体结构中清理出一个关于中国话语的内在观念，则正如设计图纸出了问题，再努力工作又有什么稍微长久一点的价值呢？当然，这样一种中国话语意识和努力的热情，绝不是为了在话语战线上作"拒敌于国门之外"的梦想；而是说只在先有了"区别中西"这个主体意识基础之后，才可以真正地从中国的土地上挖掘出真正有价值的东西。退一步说，即使仅仅是要为祖国一切有感情的东西作辩护，那也只有首先获得这样一种严肃的逻辑基础，才不至于使辩护成为一种吵闹乃至无理取闹。

如果说，包括江南文化在内的整个中国文明，能否在现代世界中真实地出场，关键在于是否可以有一种语言本体论，那么由此也就可以得出这样一个结论：中国话语就是江南话语以及在这种话语中才能真正出场的江南文化的语言基础与本体承诺。

具体说来，江南话语的语言学条件是所谓的"吴侬软语"。这是中国民族语言文化中一个最富有诗意的"方言"，也是那种最能勾起人们审美想象力和无限生命乡愁的最动听的乡音。与北方那种特别关注"微言大义"的语言学不同，古人在讲南北不同时指出的"北则辞情多而声情少，南则辞情少而声情多"，向人们表明的就是这一点。在美学则可以说，江南话语更多的是在无实际语义的声调上或非功利的声情方面取胜。有两条材料可以更好地说明这一点。《世说新语·言语》记载："桓玄问羊孚，'何以共重吴声？'羊曰：'当以其妖而浮。'"顾颉刚在《吴歌笔记辑录》中对此申述到："吴歌当是歌声，所以谓妖浮，正与郑声同也。"所谓郑声在北方话语中的判词是一个"淫"，但在今天看来实际上都是最优美最自然的爱情小调。而一个更动人的传说是，吴音的美可以令草木起舞。据《梦溪笔谈》卷五记载："旧传有虞美人草，闻人作《虞美人曲》则枝叶皆动，他曲不然。景舒试之，诚如所传；乃详其曲声，曰：'皆吴音也。'他日取琴，试用吴音制一曲，对草鼓之，枝叶亦动……"这则记载表明，令草木起舞弄影的不是别的，而是江南话语本身特有的声调、节奏与韵律。

另一方面，中国民族的审美机能与诗性精神，也正是在江南文化氛围中生成的。正如我在阐释南朝民歌《西洲曲》时讲到的："《西洲曲》是中国诗性精神的一个基调，所有关于江南的诗文、绘画、音乐、传说，所有关于江南的人生、童年、爱情、梦幻，都可以从这里找出最初原因。中国民族之所以有人性，不仅仅是因为她有可以同基督教、伊斯兰教相媲美的儒教，更因为她有上林繁花般的锦绣江南，以及无数徜徉于山光水色中的诗人。中国民族的审美精神，正是在一唱三叹的江南抒情组诗中成长起来的。"而按照一种相对纯粹的审美尺度，一种尽可能贬黜了功利欲望的澄明之心，一种最大限度地挣脱了现实意识的诗性想象力，在对历史和当下各种江南叙事的阐释与批判中，重建出一个在形象上最像她自身、在逻辑上最接近她的本质的江南世界，这就是我所设想的"江南文化的诗性阐释"的最终目的。

三、"让江南自己说话"

孟子有言："牛山之木尝美矣，以其郊于大国，斧斤伐之，可以为美乎？"（《孟子·告子上》）用它来比喻江南文化在中国的历史命运，也是极其恰当的。只需要把"大国"换作以北方意识形态为中心的中国文明，把"斧斤"引申为以儒家伦理思想为主流的中国古典话语就可以了。从语言本体论的角度讲，江南文化完全是被充满暴力的北方话语搞得面目全非的。如果说要恢复牛山之美就必须停止滥砍滥伐，那么要重建中国民族独一无二的诗性江南，则需要对各种传统的江南叙事进行语言谱系分析，这是一方面清理各种非法叙述和有意误读，以及另一方面建构真正属于江南自身的话语体系的前提。对于传统的中国话语来说，主要有两种声音谱系，其一是作为中国话语中心的北方伦理谱系，其二则是以中国话语边缘形态存在的江南审美叙事。尽管由于中国文化、人种、地域、个体等差异，有时会出现所谓的"南人北相"或"北人南相"的倒错，但用"北方伦理"、"江南审美"这个二元叙事来编制一份中国历史文化地图，大体上是可以成立的。这是一个由于地理差异导致的中国文化元叙事，其他如中国哲学的儒与道、中国诗学的"言志"与"缘情"、中国散文的古文与小品、中国词学的豪放派与婉约派等一系列二元对立的微型叙事，可以说都是根据这个母体复制出来的。

这里存在着一种家族类似性。如同中国话语在当代世界语言地图中属于弱势群体一样，江南话语在中国一直扮演的也是一种被污辱与被损害的角色。如果说其间还有什么不同，那么西方话语与北方话语则只有理性语言与伦理语言之差异。而它们对西方人讲的审美精神、中国民族的诗性智慧之敌视则是殊途同归的。在伦理语言洋洋乎盈耳的中国历史上，由于"声音之道与政通"这个儒家的深层话语结构，所以美丽而富于情感表现的南音始终只能是一种边缘性的存在。这里可以举一个小小的历史细节，据说民族英雄文天祥被俘后被解往大都，"闻军中之歌阿剌来者，惊而问曰：'此何声也？'众曰：'起于朔方，乃我朝之歌也。'文山曰：'此正黄钟之音，南人不复兴矣。'盖音雄伟壮丽，浑然若出于瓮。"（孔齐《至正直记》）这算什么逻辑呢？仗打败了，国破家亡了，不是在政治、经济与军事上查根子，而是从一种半野蛮人的曲律中找解脱的理由。然而在中国主流叙事中，这种解释却有着最充足的理由。

说江南没有声音，本义是在说她没有属于自己的声音，一种可以让自身澄明于世界之中的特殊话语；而非说从来不曾有过关于江南的叙事与表现。相反却是，江南本身恰恰是在不胜计数、喋喋不休的"北方江南话语"中被遮蔽起来的。由此可知，关键不在于有多少人谈论江南话题，而在于究竟需要一种什么样的话语才能实现"让江南自己说话"。而这一点则是建构江南话语、阐释江南文化特别需要注意的。如果说北方话语的深层结构是政治——伦理的，所以无论它叙述和表现什么样的对象，都无疑要把它的政治—伦理语音参合进去；那么也可以说，只有在江南特有的诗性—审美话语中，才能把江南的美丽和感性光泽直观地再现出来。再进一步说，由于深层结构是中国诗性智慧，北方话语同样有一层厚重的诗性文化内涵，所以对北方的诗性智慧与江南的诗性智慧还可以进一步分层。简而言之，北方话语的情感本体是一种伦理美学，因而那些特别容易引起道德主体的对象最容易被它所接受，这正是像顾宪成、李香君、柳如是等可以在中国主流话语中占一席之地的深层原因。而江南话语在审美气质上更倾向于一种纯粹美，它甚至往往还是在突破中国民族的伦理积淀之后的产物，因而像柳永、张岱、李渔、袁枚以及花陌柳巷中无数轻快美丽的身影，他们如果不是成为道德批判的对象则必是无名的。对此如果可以放弃独断论，而代之以一种真正的二元态度，那么对南北话语的一个公正的评价则是，北方话语哺育了中国民族的道德实践能力，而从江南话语中则开辟出这个以实用著称于世的古老民族的审美精神一脉。江南话语独立存在的根据也正在于此，她是中国诗性话语体系的一个专门执行审美功能的微型叙事。而如果遮蔽了、丧失了她，这个民族也就不再有任何纯粹诗意生存的可能。

刘士林:《江南文化的诗性阐释》,

《江苏大学学报（社会科学版）》,2004（1）。

选文 7　景遐东论江南美学的文化背景

　　江南社会普遍重视文化教育，江南文化具有突出的崇文特征。吴越江南自然条件优越，物产丰富，东晋以后经济实力不断增强，直接带动了文教的兴盛。永嘉北方士人的大量南渡，更从外部促使江南文化的快速发展。江南士族多以文才相尚。《梁书·江淹传》:"近世取人，多由文史。"武力强宗逐渐向文化立族过渡，江南很快成为当时汉文化的中心。唐人对此多有论及，如刘知几《史通·内篇·言语》:"自晋咸、洛不守，龟鼎南迁，江左为礼乐之乡，金陵实图书之府。"陶翰《送惠上人还江东序》:"长江之南，世有词人。"东晋南朝统治者雅好文学，裴子野《雕虫论》云:南朝统治者"每有禎祥，及幸宴集，辄陈诗展义……于是天下向风，人自藻饰，雕虫之艺，盛于时矣。"梁武帝萧衍、昭明太子萧统、简文帝萧纲、梁元帝萧绎均能诗能文，广纳文士，频繁进行文学活动。《南史·文学传序》云:"自中原沸腾，五马南渡，缀文之士，无乏于时。降及梁朝，其流弥盛。盖由时主儒雅，笃好文章，故才秀之士，焕乎俱集。"《梁书·文学传序》称:梁高祖"每所御幸，辄命群臣赋诗，其文善者，赐以金帛，诣阙庭而献赋颂者，或引见焉。"《隋书·经籍志》亦云:"梁武敦悦诗书，下化其上，四境之内，家有文史。"这对江南文化传统的改变有很直接的影响。

　　东晋南朝世家大族政治文化的双重优势，使得他们的内部出现了众多的文学艺术之士，甚至代代相传成为文学艺术世家。士人普遍重视学术，著述丰富。文学、书法、绘画人才辈出，所谓"江左以来，其文学之士，大抵出于世族"。同时江南出现了大量的职业化的文士，他们往往聚集在王室、权臣周围，形成影响很大的文学创作集团和家族文人群体，江南世家大族建立了突出的文化优势。

江南公、私学众多,藏书、读书风气日盛。东晋时范宁用自己的俸禄在杭州等地兴办学校,徒达一千多人;宋在元嘉时立国学;南齐也承前朝之制建立国学;梁代天监年间,设置五经博士,开馆授学,每馆生员数百,"怀经负籍者,云会京师"。私学也非常繁荣,仅举几例说明。据《宋书》卷93载,雷次宗在建康鸡笼山"聚徒教授,置生百余人";卷66载何尚之为丹阳尹时讲授玄学,众多士人慕名来学,时称南学;《南齐书·高逸传》载吴苞于蒋山建馆授学,臧荣绪隐居京口教授生徒;《梁书》卷51载诸葛璩"性勤于诲诱,后生就学者日至,居宅狭陋无以容之。太守张友为起讲舍,⋯⋯旦夕讲诵不辍"。

另外,士人藏书甚多。据《南史·隐逸传》,南齐时吴兴沈驎士酷好坟典,"守操终老,读书不倦。遭火烧书数千卷";《梁书》卷36载山阴孔休源"聚书盈七千卷,手自校治";《南史》卷13载吴兴沈约"好坟典,聚书至二万卷,京师莫比";卷31载吴郡陆澄藏书万余卷,其子陆少玄与张率交善,"尽读其书"。东晋南朝江南崇文尚学的风气对后来的江南社会产生了持久深入的影响。这种状况到唐代有了进一步的发展,唐代江南地区诗歌创作状况可说明江南人文传统的有力影响。

江南诗人存诗数量超过现存唐诗总数的五分之一,是唐代文学创作的主力。其中诗歌风格鲜明并对唐诗发展产生一定影响者众多,从不同方面为唐诗的发展做出了贡献。从区域文化的历史发展的角度来考察,唐代江南地区文学的繁荣是东晋以来江南文化风尚发展的必然结果。

景遐东:《东晋至唐朝江南文化特征新论》,《中华文化论坛》,2005(3)。

第一编 | **江南诗歌美学**

导　读

　　江南诗歌最突出的美学特征就是创造了无限丰富、精美绝伦的意境。意境，顾名思义，就是意与境的结合，其中境为基础，意为主导，二者缺一不可。在意境范畴的成长过程中，江南山水提供了最为可靠的物理基础，也就是说，意境之"境"是在现实的江南山水基础上构建起来的，同时，在江南山水之上形成的丰富多彩的山水文化又为意境之"意"准备了充足的精神养料。当多愁善感的人们踏上江南这块土地的时候，他们先是震惊，尔后是抑制不住的表现冲动，最后，只有当他们把一种可以称之为"意境"的东西呈现出来的时候，他们的心灵才进入幸福的宁静之中。

　　中国古代理论家无论是在哲学层面上还是在审美层面上都特别强调意境生成过程中"物"和"空间"的基础作用。老子云："道之为物，惟恍惟惚。恍惚中有象，恍惚中有物。"（《老子》第二十一章）一般论及老子所谓"道"，人们多重视阐释其"玄之又玄"的特点，而常常忽视或轻视"道之为物"的特征，事实上，在老子的眼中，道是一种客观存在，它虽然不等同于具体的事物，但却是具体事物存在的根据，人对道的体会也只能处于具体的物的运动境域中，通过与物的接触来完成。在庄子所谓"天地与我并生，而万物与我为一"（《庄子·齐物论》）[1] 的道境中，天地、万物都是与道共存的。道境与意境，名异而实近。唐代诗人王昌龄是我国明确提出意境范畴的第一人，他根据审美主体的心意与物象交融的程度、状态与特征，把境分为"物境"、"情境"和"意境"三大类。后人推重意境，凡有论及，多强调意境与前两者的区别，殊不知王昌龄对"物境"着墨最多，言辞最为确凿："欲为山水诗，则张泉石云峰之境，极丽绝秀者，神之于心，处身于境，视境于心，

---

[1]　本书引《庄子》文据王先谦撰《庄子集解·庄子集解内补正》，北京：中华书局，1987 年。

莹然掌中，然后用思，了然物象，故得形似。"（王昌龄《诗格·诗有三境》）"物境"、"物象"是"意境"的基础，若无"物境"、"物象"之"形似"则无"意境"之"得其真"。王昌龄在分析诗人创造意境的心理活动过程时指出："搜求于象，心入于境，神会于物，因心而得"，"放安神思，心偶照境，率然而生。"（王昌龄《诗格·诗有三格》）王昌龄认为，在诗人创造意境的过程中，"心"、"神"之"思"固然必不可少，然"境"、"象"、"物"尤为重要。不管意境生成过程中创造主体的作用怎样巨大，都是建立在客观物象基础上的，而且意境的品质在很大程度上取决于所置换之物象、物态的品质，所以，是否具有优质的自然环境是人们能否进行意境创造，或创造出何种类型意境的先决条件。江南山水能够为意境的创造和创新提供最理想的置换之"物"，所以江南山水进入中国文人的审美视野对于中国古代意境创造而言意味着一个巨大的飞跃和质变。唐代诗人王湾的诗句"从来观气象，唯向此中偏"（《江南意》）从一个方面道出了江南山水对于文人画士们进行意境创造的意义：山水诗画向意境掘进的过程正是江南山水的审美价值逐步上升的过程，中国艺术意境最重要的空间基础就是江南山水。

江南山水与意境的关系取决于江南山水融入人类生活实践的程度，随着人的生活在江南山水中的全面渗透，人们观察与审视江南山水的角度也日益多元化，这就为构建多种风格和类型，体现不同价值理念和审美趣味的意境创造了条件。首先，随着江南经济的发展，人们在江南山水中的活动日益频繁，在山水中获得的乐趣也越来越多，特别是到明清时期，江南市民阶层更是广泛地参与到游山玩水的活动中，从中寻求生活的快乐。人们在美丽富饶的江南山水中所获得的无穷的生活乐趣和雅致心境会升华为对江南山水的诗意情感，并在心中孕育出承载这种诗意情感的各种形式的山水意象，这种意象最终被艺术家成功地表现在诗词歌赋和图画中，从而构成意境之"意"的重要方面。其次，经过无数历史事变和历代文人吟咏的江南山水已经不再是一种纯粹的自然，特别是一些著名景观，如烂柯山、飞来峰、栖霞岭等已经成为拥有自己文化灵魂和历史记忆的"准主体"，它们能够轻而易举地唤醒人们的诗性记忆，形成一种历史诉说，构成一种情意表达，这是意境之"意"的另一个重要来源。总之，江南具备了构建诗词歌赋和图画意境的充分的客观条件，并期待着艺术家们的真诚呼唤。

第一章

山水诗"意境"中的主体与客体

选文 1　王夫之论情、景

谢诗有极易入目者，而引之益无尽；有极不易寻取者，而径遂正自显然；顾非其人，弗与察尔。言情则于往来动止、缥渺有无之中，得灵响而执之有象；取景则于击目经心、丝分缕合之际，貌固有而言之不欺。而且情不虚情，情皆可景；景非滞景，景总含情；神理流于两间，天地供其一目，大无外而细无垠。落笔之先，匠意之始，有不可知者存焉，岂徒与会标举，如沈约之所云者哉！

王夫之：《古诗评选》卷五

近体中二联，一情一景，一法也。"云霞出海曙，梅柳渡江春，淑气催黄鸟，晴光转绿蘋"，"云飞北阙轻阴散，雨歇南山积翠来。御柳已争梅信发，林花不待晓风开"，皆景也，何者为情？若四句俱情，而无景语者，尤不可胜数。其得谓之非法乎？夫景以情合，情以景生，初不相离，唯意所适。截分两橛，则情不足兴，而景非其景。且如"九月寒砧催木叶"，二句中，情景作对；"片石孤云窥色相"四句，情景双收：更从何处分析？陋人标陋格，乃谓"吴楚东南坼"四句，上景下情，为律诗宪典，不顾杜陵九原大笑。愚不可瘳，亦孰与疗之？①

王夫之：《薑斋诗话·夕堂永日绪论内编》

---

① 《姜斋诗话笺注》，第 75 页。

选文 2

叶朗论意境的内涵及意境范畴溯源

一、"意境"和"意象"不是一个概念

在日常生活中，我们常常用"意境"这个词。比如说，一首诗很好，我们就说："这首诗很有意境。"一幅画很好，我们就说："这幅画很有意境。"甚至看完一场电影，走出电影院，我们也会听到有人议论："今天的电影很有意境。"但是尽管大家都在用这个词，对于究竟什么是意境，很多人并没有搞得很清楚。近十多年，我们学术界讨论意境的论文和专著相当多。大家对"意境"的理解和解释并不一致。而且在我看来，多数人的解释并不准确。很多人都把"意境"和"意象"混为一谈。很多人说：什么是意境？意境就是"情""景"交融。这种解释大概是从清代开始的。清代有一位画论家布颜图，他就把"境界"规定为情景交融。后来王国维在《人间词话》和其他一些著作中所使用的"意境"或"境界"，他的解释也是情景交融。但是在中国传统美学中，情景交融所规定的是另一个概念，就是"意象"，而不是"意境"。中国传统美学认为艺术的本体就是"意象"，而"意象"的基本规定就是情景交融（这一点后面还要谈到）。任何艺术作品都要创造意象，因此任何艺术作品都应该情景交融。但是并不是任何艺术作品都有"意境"。"意境"除了有"意象"的一般规定性（情景交融）之外，还有自己的特殊的规定性。"意境"的内涵大于"意象"，"意境"的外延小于"意象"。

二、追溯到老子哲学

为了讲清楚"意境"的内涵，我们必须追溯到老子的哲学。因为"意境"说的思想根源是老子的哲学。

我认为，中国古典美学的起点是老子的哲学和美学。我在《中国美学

史大纲》中对这个问题作了说明。当然学术界有人不同意这个看法。这个问题今天不谈。我认为，从老子开始，中国古典美学逐渐形成了几个重要的理论。一个重要理论是意象说。意象说是关于艺术的本体的理论。这个理论的集大成者是王夫之。王夫之建立了一个以审美意象为中心的美学体系。王夫之讨论的是诗歌。诗歌（艺术）是什么？王夫之划了两条界限。第一条界限，"诗"和"志"的界限。"志"就是思想情感（"情志一也"）。王夫之指出，很多人在这个问题上有混淆。"诗言志"，这是不错的。艺术总是要表现人的思想情感。但是"志"不等于"诗"，"意"佳不等于"诗"佳。八十年代我们国内文艺界有些作家主张艺术的本体就是情感，就是把"志"当成了"诗"。其实情感的表现人人都有，但不能说每个人都是艺术家。你愤怒的时候可能骂人，你悲伤的时候可能大哭一场，但那不是艺术，别人不会来欣赏你骂人或大哭。当然你会说，骂人骂得好，或者哭得好，也是艺术。这我也承认。但那情况已经变了，变成了意象。王夫之划的第二条界限是"诗"和"史"的界限。"史"就是历史实录。王夫之认为，"诗"和"史"的性质和任务不同，不能互相代替。他和明代的杨慎（升庵）一样，反对宋人给杜甫加上"诗史"的桂冠。"鄙哉宋人之见也，不足以言诗。"他认为杜甫那些被宋人称赞为"诗史"的作品，并不是杜甫最好的作品，"于史有余，于诗不足"。诗和历史实录不一样，它和实录是有距离的。"诗"不是"志"，"诗"不是"史"，那么"诗"是什么呢？"诗"是"意象"。明代王廷相有一句话："言征实则寡余味也，情直致而难动物也，故示以意象。"王夫之把王廷相这句话作了发挥。诗（艺术）的本体就是意象。意象的基本规定就是情景交融。用我们今天的话来说，意象就是一个包含着意蕴于自身的一个完整的感性世界。"意象"和"意"（"志"）是两个性质不同的东西。《诗经》第一首"关关雎鸠，在河之洲"，千古传诵，并非它有什么出奇的"意"，而是它的意象佳妙。

　　王夫之又对"意象"（艺术）的特性做了非常深刻的分析。我们只谈其中一点。王夫之指出，诗歌（意象）的意蕴具有某种宽泛性，某种不确定性，某种无限性。也就是我们今天所说的多义性。从读者（观众）来说，这就是美感的差异性（丰富性）。"一千个读者有一千个汉姆莱特。"这是艺术不同于逻辑论文、标语口号的地方。王夫之认为，这也正是艺术之所以可贵的原因。一个标语，一幅宣传画，如"行人过马路，要走人行横道"，它的含义是明确的，因此是有限的。任何人看这幅宣传画，感受到的不会有什么差别。一篇论文也是这样。但一首诗、一幅画就不同。王夫之举了许多例子。例如：晋代司马昱的一首小诗《春江曲》："客行只念路，相争渡京口，谁知堤上人，拭泪空摇手。"这是渡口的一幅小景，但对于那些在名利场中迷恋忘返的人，这首小诗好像清夜钟声，可以使他惊觉，人生中有许多比名利更根本、更有价值的东西，被你忽略了。我可以再举贵州一位画家的一个雕塑作品为例。一个猛兽张着大嘴，在嘴里有个鸟窝，里面三个小鸟张着嘴巴，它们的母亲正衔着食物飞来喂它们。这个雕塑的含义是什么？我就听到有多种阐释。这种阐释的无限可能性，其根据就在于作品（意象）本身的含义的宽泛性、多义性，某种不确定性和某种无限性。王夫之用一个命题来概括："诗无达志"（过去有个命题"诗无达诂"。正因为"诗无达志"，所以才产生"诗无达诂"）。

再一个重要理论是意境说。意境说也发源于老子。

老子哲学中有两个基本思想对中国古典美学后来的发展影响很大：第一，"道"是宇宙万物的本体和生命，对于一切具体事物的观照（感兴）最后都应该进到对"道"的观照（感兴）。第二，"道"是"无"和"有"、"虚"和"实"的统一，"道"包含"象"，产生"象"，但是单有"象"并不能充分体现"道"，因为"象"是有限的，而"道"不仅是"有"，而且是"无"（无名，无限性，无规定性）。就"道"具有"无"的性质来说，"道"是"妙"。

在老子这两个思想影响下，中国古代的艺术家一般都不太重视对于一个具体对象的逼真的刻画，他们所追求的是把握（体现）那个作为宇宙万物的本体和生命的"道"。为了把握"道"，就要突破具体的"象"，因为"象"在时间和空间上都是有限的，而"道"是无限的。

东晋大画家顾恺之提出"传神写照"（"传神写照正在阿堵中"），大家都知道，但大家忽略了他前面的一句话："四体妍媸本无关于妙处"。南朝画论家谢赫也说过："若拘以体物，则未见精粹；若取之象外，方厌膏腴，可谓微妙也。"他们都强调说画家要追求的是"妙"。他们认为，抓住一个有限的对象刻画得很逼真（"拘以体物"），是达不到"妙"的境界的。到了唐代，"意境"的理论就诞生了。什么是"意境"呢？刘禹锡有句话："境生于象外。"这可以看作是对于"意境"这个范畴最简明的规定。"境"是对于在时间和空间上有限的"象"的突破。"境"当然也是"象"，但它是在时间和空间上都趋向于无限的"象"，也就是中国古代艺术家常说的"象外之象"、"景外之景"。"境"是"象"和"象"外虚空的统一。中国古典美学认为，只有这种"象外之象"——"境"，才能体现那个作为宇宙的本体和生命的"道"（"气"）。

谈到这里，我们可以进一步再谈一谈"意象"和"意境"的区别。

大家知道，我们生活的世界，不仅是一个物理的世界，而且是一个有生命的世界，是一个有意味的世界。陶渊明有两句有名的诗："此中有真意，欲辩已忘言。"就是说我们生活的世界是一个有意味的世界。艺术，就是要去寻找、发现、体验生活中的这种意味。有意境的作品和一般的艺术作品在这一点上有区别。区别就在于它不仅仅是揭示生活中某一个具体事物或具体事件的意味，而是要超越具体的事物和事件，要从一个角度去揭示整个人生的意味。所以，不是任何艺术作品都有意境，也不是任何好的艺术作品都有意境。一个作品，可能是很美的，也可能是很好的，但如果它没有揭示整个人生的某种意味，那么我们就不能说它是有意境的作品。苏东坡就比较过吴道子的画和王维的画。他认为王维的画有意境，而吴道子的画比较缺乏意境。王夫之也比较过杜甫的诗和王维的诗。他认为杜甫诗的特点是"即物深致，无细不章"。别人写诗都怕写不逼真，杜甫则太逼真了。而王维诗则能取之象外，"广摄四旁，圜中自显"。所以他说杜甫是"工"，王维是"妙"。近代的王国维在《人间词话》中评论姜白石，说他的词格调很高，但没有意境。大家知道姜白石不仅是文学家，而且是音乐家。他的词多半是他自己作的曲。他的曲谱一直保存到今天。我们可以听一听他的一首歌曲，词牌是《鬲溪梅令》（1196 年）。这是宋代的歌曲，距离今天有 800 年的历史。大家听这曲调，多么美，雍容华贵，格调很高。听起来很有韵味。但是它只局限于抒发生活中的一个具体情景的韵味，而不能使人感到整个人生的某种意味，所以格调虽高，但是没有意境。当然，中国古代音乐作品中有很多是有意境的。苏东坡有一篇《前赤壁赋》，大家都读过。这篇文章描写他和朋友在明月之夜泛舟于赤壁之下。朋友之中有人吹起了洞箫。苏东坡形容洞箫的乐声，用了八个字，"如怨如慕，如泣如诉"。我们可以想见，在这个洞箫的乐声中，一定包含了他这位朋友对整个人生的某种感受。可惜苏东坡这位朋友吹的洞箫我们听不见了。

叶朗：《说意境》，《文艺研究》，1998（1）。

选文 3

熊家良说江南自然环境多孕育山水诗画意境

中国山水画和山水诗又为何一定要南方风景尤其是江南之景来发蒙启悟呢？因为非江南山水不会有钟灵神秀的丘壑意趣，非江南山水不会有夏冬春秋的生动气韵，非江南山水不会有阴晴昏曙的万千仪态。只有在江南，诗人才可能体会那种像异性爱一般强烈的对风景的爱：

> 一江烟水照晴岚，两岸人家接画檐。芰荷丛一船秋光淡。看沙鸥舞再三，卷香风十里珠帘。画船儿天边至，酒旗儿风外飐，爱杀江南。（张养浩《水仙子》）

因此可以说，中国人欣赏风景的眼睛，是江南山水提供的审美想象空间培养出来的。

熊家良：《现代文学中的江南情怀》，《江海学刊》，2006（1）。

选文 4

丁启阵眼中的几首诗词几处江南

江南，在绝大多数人的心目中都是美丽的代名词。小桥流水，草长莺飞，有活泼俏丽的女子在采莲，在戏水，有结着愁怨丁香一样的姑娘，走在悠长悠长的雨巷。人们心目中的这种种印象,当然跟长江流域的地理位置、风土人情有一定关系。但是,毋庸置疑,许多生长于北方地区的人们的这种印象,并非来自实地游览观察,而是来自文学作品,尤其是来自唐诗宋词。

江南在哪里?这大约是很多人都感兴趣的问题。

还是让我们先来读几首古代诗词吧。

江南之美,中国诗人很早就注意到了。早在汉朝,有一首乐府古词,题目就叫《江南》,它描写了江南美景和采莲场面,诗是这样写的:

> 江南可采莲,莲叶何田田。
> 鱼戏莲叶间。
> 鱼戏莲叶东,鱼戏莲叶西,鱼戏莲叶南,鱼戏莲叶北。

短短的一首诗,简简单单的几个句子,重复的句式。这首诗究竟美在哪里?我同意前人所说的,美在"芳辰丽景,游戏得时"。那么,诗中的江南在哪里呢?不清楚。

南朝民歌中有实际上描写江南景物情致而且写得无比美好的,例如《西洲曲》的"采莲南塘秋,莲花过人头。低头弄莲子,莲子清如水。置莲怀袖中,莲心彻底红"。但是,在诗题上特意标明江南的,没有特别著名的。

到了唐朝,情况完全不同。诗人们跟发现了新大陆似的,一个个不远千里,纷纷跑到江南去游览,流连忘返,留下了许许多多脍炙人口的赞美江南的诗篇。

杜甫的《江南逢李龟年》虽然是感时伤逝之作,但是,其中的"正是江南好风景,落花时节又逢君",也足以令读者对江南产生些许向往之情。根据文献记载和杜甫行踪,我们知道,《江南逢李龟年》中的江南是在今天湖南长沙。

白居易在苏州、杭州都做过刺史(地方最高长官),为官一任,钟情一方,他在不少诗词中都热情洋溢地赞美了那里的景物风情。其中《忆江南》(江南好)一词尤其脍炙人口:

> 江南好,风景旧曾谙。日出江花红胜火,春来江水绿如蓝,能

不忆江南？

只摘取江花、江水的红蓝两种颜色，便描绘出一幅令人激动、难忘的江南美景。显然，白居易的江南主要是杭州。

白居易尽管对江南念念不忘，但是，他只是忆，忆风景，忆韵事，如此而已。而温庭筠和皇甫松不同，他们是梦。温庭筠的《梦江南》是：

> 梳洗罢，独倚望江楼。过尽千帆皆不是，斜晖脉脉水悠悠。肠断白蘋洲。

原来，温庭筠的江南，是有着一位倚栏凝望的痴情女子的。可惜的是，温庭筠的江南在哪里，我们不得而知。

皇甫嵩的《梦江南》是：

> 兰烬落，屏上暗红蕉。闲梦江南梅熟日，夜船吹笛雨潇潇，人语驿边桥。

这首词的与众不同之处是：给我们描绘了一幅江南夜雨图（清代画家费小楼还真的就根据皇甫嵩的这首词画了一幅《江南夜雨图》）。图中，烛光、屏影、夜船、驿桥、笛声、雨声、人语，混为一体，有声，有色，有情；声悠远，色斑斓，情缱绻。皇甫嵩是睦州新安（今浙江建德）人，或许，他所梦的江南，就是他的家乡。

江南的景物与风情，忆也罢，梦也罢，都因为体验过于私人化，没能充分表现出江南的魅力。在这一点上，还数韦庄的词《菩萨蛮》（人人尽说江南好）说得最直白爽快：

> 人人尽说江南好，游人只合江南老。春水碧于天，画船听雨眠。垆边人似月，皓腕凝霜雪。未老莫还乡，还乡须断肠。

好一句"未老莫还乡，还乡须断肠"，道出了江南美丽温柔的无尽魅力。韦庄的江南，有可能是今天四川成都。因为，京兆杜陵（今天陕西西安）人韦庄，他晚年一直在蜀国做官。

从上边随手撷取的几首诗词，可以看到，令诗人们魂牵梦萦的江南，有在四川成都的，有在湖南长沙的，有在浙江杭州的，也有不知道在哪里的。几年前，有网站发起"你心目中的江南是哪里"的调查（评选）。我不知道发起者的用意是什么，如果是想要跟评选市花国花似的，非弄出一个地方作代表，我认为那是不会有结果的。因为，诗词中令人无比向往的江南，从来就不是指某一个固定的地方。

丁启阵：《几首诗词几处江南》，《神州杂志》，2010（5）。

选文 5
左鹏谈古典诗歌中的江南

中国古代诗歌的一个显著特点，就是以抒情性见长，其过于浓厚的情感色彩，与治史所要求的客观、谨严不侔，故鲜有纯粹以诗证史、以诗论史之著述问世。事实上，正如朱光潜所言："诗是人生世相的返照。"诗歌里同样蕴涵着丰厚的历史真意。陈寅恪晚年致力于撰写《柳如是别传》，其中就引用了大量的诗歌，钩稽出许多柳如是的生平事迹，备受学人称誉。基于这样的认识，笔者尝试从文化研究的角度来解读唐诗所描绘的"人生世相"。要达到如此目标，仅凭一篇短文显然是远远不够的，故本文只拟归纳唐诗中所描述的江南意象，来探讨唐代诗人笔下的江南景观以及隐含其间的历史意蕴。在此需要指出的是，本文的江南大体依照唐人所指称的范围而定，即所谓的江南道，据唐开元时徐坚等所撰《初学记》曰："江南道者，《禹贡》扬州之域，又得荆州之南界，北距江东际海，南至岭，尽其地也。"这相当于现在长江以南的地区，自湖南西部迤东直到海滨，包括湖南、江西、浙江、福建全省和贵州省大部、广西北部以及湖北、安徽和江苏等省长江以南的部分。

归纳探讨唐诗中的江南意象，以求得对江南景观及其含义的认识，其着眼点不在于考察诗歌意象的审美特征和艺术规律，而是要阐释诗歌意象的文化含义，这与人文主义地理学的研究思路有异曲同工之处。人文主义地理学是 20 世纪 60 年代以后兴起的一个人文地理学新流派，它"研究人与自然的关系、人们的地理行为以及人对空间和地方的感觉与思维，以达到对人类世界的理解"，意在揭示人与地方之间错综复杂而意义含混的关系。著名人文主义地理学家段义孚指出，地理犹如镜子，反映着人类本身的存在与奋斗，了解世界就是了解人类自己，所以研究景观就是研究创造景观的社会本身，就像研究文学艺术也就是研究人类生活那样。

人文主义地理学将人作为主题来研究，使其找到了与文学共同的话语。对于文学与地理学的关系，段义孚倾向于认为表现在三个方面：地理学的写作应该更多地具有文学性；文学作品是地理学家（阐明对某一环境的文化感知）的一种重要的素材；文学提供人们是如何体验他们的世界的一种透视。另外一些学者也表达了相似的观点，如迈尼希说，文学能够提供"关于人类对环境经验的基本线索"，将文学用作档案是因为"作家们不仅描述这个世界，他们还帮助它的形成。他们非常形象地制造出一些强烈印象，影响着公众对我们景观和区域的态度"；人文地理学者与文学的关系是共生而不是寄生。基于这样的认识，越来越多的人采用文学的办法来解释地方含义的问题。

本文的研究就是以段义孚和迈尼希等人的论述作为起点，希冀从唐诗的阅读中，理解诗人们是如何描述和构筑江南的景观，从而制造出种种江南的地方意象的，这些地方意象层层累积并传播开来，又如何地影响了他人对于这一区域的态度。这里处于中心位置的是文本，即诗歌，而诗歌又是通过意象的联缀呈示在读者面前的，故此有必要将诗歌意象与地方意象稍作辨析。

先说诗歌意象。诗歌意象是中国古代文艺理论固有且重要的概念，虽然至今学者们对其确定的涵义和一致的用法犹有分歧，但他们都认为意象融合了主观的"意"与客观的"象"。例如袁行霈在《中国诗歌艺术研究》中指出："意象赖以存在的要素是象，是物象。……意象是融入了主观情意的客观物象，或者是借助客观物象表现出来的主观情意。"陈植锷的《诗歌意象论》也认为："物质世界的'象'一旦根据作家的'意'被反映到一定的语言组合之中并且用书面文字固定下来之后，便成为一种心灵化的意象。"由此可见，诗歌意象是诗人情感外化的产物，我们通常所说的移情入景或触景生情之类，即指意象的营造与运思。诗歌意象具有不确定性和象征性的特征，所谓不确定性，是指意象的模糊性和随机性。

再说地方意象。地方意象是指人们亲历或接触有关媒体而形成的对于某个地方的心象，因亲历而形成的地方意象来自于直接的经验，美国著名学者凯文·林奇在《城市意象》中对此作过很好的论述："环境意象是观察者与所处环境双向作用的结果。环境存在着差异和联系，观察者借助强大的适应能力，按照自己的意愿对所见事物进行选择、组织并赋予意义"，"一处好的环境意象能够使拥有者在感情上产生十分重要的安全感，能由此在自己与外部世界之间建立协调的关系，它是一种与迷失方向之后的恐惧相反的感觉"。他还提出了"公众意象"的概念，认为公众意象"应该是大多数城市居民心中拥有的共同印象，即在单个物质实体、一个共同的文化背景以及一种基本生理特征三者的相互作用过程中，希望可能达成一致的领域"。也就是说，亲历者的地方意象可能因人们经历的有限性和行为的偏好性不同而表现出部分的、片断的特征，甚至某个特定的景观在观察者眼中会迥然不同，但它还是可能由于文化背景的共同性而形成某些一致的方面。

由于接触有关媒体而形成的地方意象，并不要求人们身临其境，而是从间接经验中获得，在古代主要有口耳相传和阅读两种方式，这些意象可能与地方特定的、富有象征意义的景观或历史人物、事件联系在一起，因而更生动或鲜明，但由于传播方式的局限性，这样的意象同样具有部分的、片断的，甚至是模糊的、歪曲的特征。总的说来，无论哪种地方意象，都离不开地方现实的或历史的景观，是人们以文化的眼光进行选择的结果。

根据上文的论述可知，诗歌意象与地方意象两者相通而互有侧重。诗歌意象着眼于文学，注重情意；地方意象着眼于地理学，强调事象。在形成的方式上，诗歌意象显得多样化，可以因景生情，可以移情入景，还可以引经据典，甚至向壁虚构；地方意象则表现出更多的被动性，那就是应针对一定的地方景观，赋予相应的意义和产生某种情感，简而言之，即所谓触景生情。另外，诗歌意象并非全都是地方意象，地方意象也不全都是诗歌意象，两者各自包含了对方的一部分，诗歌中的地方意象，表达了诗人们自己的地理观念和地理知觉，反映出他们对自身所居处的地方以及景观的评价，在唐代，这一人群掌握着主流的话语，因此，对他们所体验的世界的透视，可以更好地理解人们对于地方的评价和态度。

二

唐诗中描述的江南意象，主要表现在三个方面，即芳晨丽景、林泉高致、朴野偏远。下文试分别加以说明。

江南意象之一：芳晨丽景

江南在诗词中的典型意象，是绮丽、秀美。启其端者当属《江南曲》，据《乐府解题》曰："江南古辞，盖美芳晨丽景，嬉游得时。"这里所谓的"江南古辞"，实即汉乐府中的"江南可采莲，莲叶何田田"章，全章采用白描手法，勾画出江南女子水中采莲时且歌且劳的欢快场景，这表明早在两汉时期，江南在人们的心目中就获得了"芳晨丽景"的印象。唐代诗人们对江南的歌咏，也多是这样的"芳晨丽景"：

> 千家事胜游，景物可忘忧。水国楼台晚，春郊烟雨收。鹧鸪啼竹树，杜若媚汀洲。永巷歌声远，王孙会莫愁。（李中《江南春》，卷748）

> 水国由来称道情，野人经此顿神清。一篷秋雨睡初起，半砚冷云吟未成。青笠渔儿筒钓没，蒨衣菱女画桡轻。冰绡写上江南景，寄与金銮马长卿。（殷文圭《江南秋日》，卷707）

这两首描述江南春、秋景观的诗歌，算不上秀然出众，但江南水乡春日竹树林中鹧鸪鸣声清脆、洲渚岸边杜若香气弥漫的热闹，与秋天碧波江上青笠渔父钓丝悠然、绿茵湖中红衣菱女画桡轻动的静穆，在诗中依然摹写得绘声绘色，给人精神上的愉悦与美感，读者念念之中，仿佛也跟诗人一样，乐以忘忧，神清气爽。诗歌如画，这是诗人心灵中的江南图景幻化出的珠玑字句，无论是舟行水上、马行道中，还是凭高鸟瞰、临窗远望，江南四时的景观犹如一扇扇美妙绝伦的画屏：

> 驱车过闽越，路出饶阳西。仙山翠如画，簇簇生虹蜺。（韩偓《经月岩山》，卷 243）

> 叠嶂青时合，澄湘漫处空。舟移明镜里，路入画屏中。（吕温《道州途中即事》，卷 371）

> 钱塘江尽到桐庐，水碧山青画不如。（韦庄《桐庐县作》，卷 698）

> 柴桑分邑载图经，屈曲山光展画屏。最是芦洲东北望，人家残照隔烟汀。（王周《湖口县》，卷 765）

从今天的湖南到浙江、再从今天的江西到福建，唐代的诗人们面对江南的湖光山色、花草树木，总是觉得应接不暇，风华满目，似乎搜遍胸中锦绣，也无以尽状此间之胜色。沉浸在大自然所塑造的这些钟灵毓秀的作品中，诗人们不经意间就感受到了轻松与快慰，这种如画的美感使人容易耽溺其中，唐代诗僧皎然就曾经指责活跃于大历时代的诗人们大多居停于江南，"窃占青山白云、春风芳草以为己有"。其实，岂止是大历诗人们喜爱江南的青山白云、春风芳草，有唐一代游历江南，寄兴其间的诗人诗作亦俯拾即是。诗人王维对江南同样是心向往之："香炉远峰出，石镜澄湖泻。董奉杏成林，陶潜菊盈把。范蠡常好之，庐山我心也。"（《送张舍人佐江州同薛璩十韵》，卷 125）更不用说白居易、杜牧等人在江南所作的那些脍炙人口的诗词歌赋了。

江南意象之二：林泉高致

诗人们对江南"如画的"佳山秀水的留连与耽玩，不仅仅是追求和品味流露于其中的那种自然天成的意趣，更重要的是推崇和景仰这个地方所蕴含的由来已久的隐逸之气，这是江南最为突出的历史资源，也是身处其中的诗人们用以构想往日景观，面对眼前的万象，寄托心中理想的素材。

在中国古代文化的画卷中，"隐逸"曾抹出了一道独特的风景线。从传说中唐尧时代洗耳的许由，到不食周粟的伯夷、叔齐，再到春秋战国时躬耕自食的长沮、桀溺、荷蓧丈人和鼓枻而歌的渔父，都以不事共主王侯、啸傲山林草泽而被后人传为美谈，成为历代隐者的榜样。在思想观念方面，孔子教导门人"邦有道，则仕；邦无道，则可卷而怀之"，孟子也说"穷则独善其身，达则兼善天下"，柱下漆园则鼓吹自然无为，不役于物。儒道两家在此一点上的惺惺相惜，为后来的文人士大夫们构筑了堂皇的精神栖息之所，使他们在进退出处之间游刃有余。

隐逸之由，也因儒道两家不同的归隐思想而各流其支脉，宗儒者以世乱无方而隐，崇道者以无用于世而遁，至若假隐逸之名而行干禄之实者，实乃等而下之，可置勿论。东汉的严光不妨比附于崇道者，晋代的陶潜则可归属为宗儒者。严光的隐身富春、陶潜的退耕柴桑，都不稍离于他们的桑梓，他们也并未刻意垂范于千古，但是，垂钓子陵台，采菊东篱下，是后世多少文人士大夫梦寐以求的赏心乐事！严、陶的隐居地也终因他们留下的踪迹而暗增别样的亮色。

自然景观的清秀、人文气质的恬淡，使江南在世人的心目中染上了一层朦胧的超迈之色，恰如江南的漠漠平林、袅袅炉烟。每当想起江南、谈起江南时，这一意象就不期然地浮现脑海，前引王维的送人之作，虽然诗人并没有亲历江南，但从前人的诗歌中，他的精神早已与江南的山水融为了一体；置身于江南的幽林响泉、黛山澄湖之中，尤不能不生拔俗出尘之想。

唐人的隐逸之道，已不同于前贤的决然挂冠而去、飘然浪迹江湖，在行藏出处之间，他们更善于叩其两端而执其中，既迷恋滚滚红尘中的口腹之欲，又追慕寂寂沧洲上的林泉之游，于是他们提出了所谓的"吏隐"、"中隐"。白居易曾作《中隐》诗，就是绝好的表白，在他们看来，衣褐咽糗难免冻馁之虞，服鲜饫肥常苦忧患之思，只有中隐之道，逶巡于穷通丰俭之间而得其大端，既驱除饥寒，又远离祸乱，上可报于国，下则全其身，无怪乎唐朝的仕宦之人欣欣然乐此而不疲，其确切人数虽不可考，但这些人一般都有林园山庄，或谓之池亭水阁，以慰草野之思，今人李浩对此详加搜索，著成《唐代园林别业考论》两编，笔者据此书之《下编》粗略统计，发现唐代的园林别业，以关内道、江南道、河南道最盛，分别为172、160、93处，这些数字也许有遗漏，园林别业亦不尽为隐逸而筑，但它们肯定寄托了主人的清虚之想，故以此作为隐逸的参考值，或可聊备一说，现出隐逸地域分布之态势。虽然这样，但是它只能算作有唐一代之概貌，而终难详究其时代先后之差异。

上面的一组数字，关内道与河南道分居于首尾，以其密迩两京，此中之园林别业，或为朝隐闲居，或为终南捷径。而江南道林亭之数量略低于关内道，远超过河南道，且其远离政治中心，得为隐逸者所青目，个中缘由，回溯前文所论之江南意象，即可会然于心。事实上，在唐人的诗文中，江南就是退隐的象征，与两京代表的"朝"相对应，江南意味着"野"；在两京宦游是"仕"、是"出"，在江南闲散是"隐"、是"处"：

> 皇皇三十载，书剑两无成。山水寻吴越，风尘厌京洛。扁舟泛湖海，长揖谢公卿。且乐杯中物，谁论世上名。（孟浩然《自洛之越》，卷160）

当年孟浩然在长安求仕不达，心情郁闷，遂南游吴越，放意山水，诗中将吴越与京洛对举，不独是诗法工整的需要，也是诗人内心对两地空间性质的认可。

> 江城吹晓角，愁杀远行人。汉将犹防虏，吴官欲向秦。布帆轻白浪，锦带入红尘。将底求名宦，平生但任真。（顾况《别江南》，卷266）

贞元三年（787）秋季，一直在江南游幕的顾况得到柳浑的举荐，以秘书郎被征召入朝，离开江南时作此诗话别，亦以言胸中真趣。孟、顾二人，一隐一宦，不约而同地把江南与京洛放在对立的位置上，以抒发人生仕隐之间的矛盾与无奈，足见江南的隐逸形象在士人心中镂刻之深。

江南意象之三：朴野偏远

对于江南的"逸趣"，假使换一个说法，也可谓之"朴野"。江南地域广阔，其间山川异制，风俗各别，生民习性纷纷总总，互不连属，在北方人的眼里好似雾里看花，虽然被这里的自然山水所倾倒，但是也为此地的奇闻异说而骇惧。譬如施肩吾有一首《送人南游》诗："见说南行偏不易，中途莫忘寄书频。凌空瘴气堕飞鸟，解语山魈恼病人。闽县绿娥能引客，泉州乌药好防身。异花奇竹分明看，待汝归来画取真。"（卷494）由诗中提及的地名推测，这首诗可能是送人到福建而作。诗人向读者展开的是另一轴南方的画卷，其中诡谲的异端，诸如"瘴气"、"山魈"、引客的"绿娥"、防身的"乌药"等等，不论其真实性如何，都属于另类的南方意象。施肩吾的诗还只是叙写当时的福建一隅，比他稍早的张籍则展示了江南更大范围的风土人情，这一切可能为江南所独有：

> 江南人家多橘树，吴姬舟上织白纻。土地卑湿饶虫蛇，连木为牌入江住。江村亥日长为市，落帆渡桥来浦里。青莎覆城竹为屋，无井家家饮潮水。长干午日酤春酒，高高酒旗悬江口。倡楼两岸临水栅，夜唱竹枝留北客。江南风土欢乐多，悠悠处处尽经过。（张籍《相和歌辞·江南曲》，卷19）

除了最后一联，此诗的每一句都至少描述了江南景观的一个侧面，这些景观共同织成了一幅江南村市的社会风情画，诗人似乎信手拈来，填之于《江南》一曲，诗人张籍本是吴郡（今江苏苏州）人，后侨居和州乌江（今安徽和县），但他有很多时间都生活在北方，故此诗可视为对南北生活差异的实录，而更多地将江南有异于北方的景观娓娓道来。诗中有句云："无井家家饮潮水"，又云："夜唱竹枝留北客"，北方偏干旱，故汲井而饮，是日常的生活；南方多俚曲，《竹枝》乃其荦荦大者，是时尚未迁出幽谷，为文人士大夫所偏爱。诗篇以"江南风土欢乐多，悠悠处处尽经过"作结，可以见出诗人对江南的喜爱之情。

张籍写故乡之景，并无夸诈之辞；而一些南来的"北客"，下笔时就并非客观公允了。比如白居易曾于元和十年（815）贬官江州（今江西九江），虽然他此前有过江淮间生活的经历，但离开长安让他老大不快，在他的心目中，江南全然为一边缘化的空间，被当作了"天末"、"天涯"，其《首夏》诗有句云："天和遗漏处，而我独枯槁，一身在天末，骨肉皆远道。"而无论江南的自然与人文景观，在诗人的眼中都粗鲁不堪，虽然这样的认识不无诗人的偏见，它们主要与诗人的政治境遇联系在一起，但也反映出了中唐时期的江南意象。这一意象显然与前文所述有着紧密的关联，江南风景宜人，生活闲适，最利于归隐，但对于志在兼济天下，希冀有用于当世者，则于出处之间，凿枘不入，正如白居易在品评江州时所说，这样的地方，"若有人畜器贮用，急于兼济者居之，虽一日不乐。若有人养志忘名，安于独善者处之，虽终身无闷"。

三

上文所描述的唐代江南的地方意象，既包括诗人们凭借亲身经历的创作，也包括诗人们根据某些传闻的重构，它们都可以看作是"公众意象"，是诗人们在大体相同的文化背景下对江南的景观意象的刻画。随着诗歌的流传，这些意象也会影响其他人对江南的评价，从施肩吾的诗中就已经透露出了这样的信息，有唐一代人们关于江南的地方意象大概就是如此矛盾的复合体。

江南意象的清丽超迈与朴野偏远，看上去似乎异常矛盾，其实是内在统一的，犹如硬币的两面，互为表里，它们恰当地烘托出了江南在唐代的微妙地位：不即不离。唯其不即，故因其开发不成熟存在明显的距离感；唯其不离，故以其清幽之景保持着足够的吸引力，使得诗人们常常心向往之。虽然江南的经济、文化在中唐以后一步步地崛起，但江南荒远的负面意象并没有随之立即消褪。只是入宋以后，全国经济重心南移，作为江南地区核心的两浙路一直走在全国的前列，而江南本身所涵盖的地域范围也在不断地缩小，因此，江南的荒蛮偏远就渐渐为人所淡忘，其美好的方面则继续得以传扬，甚至不断地得到了强化,恰如周振鹤先生所云:"江南不但是一个地域概念——这一概念随着人们地理知识的扩大而变易,而且还具有经济涵义——代表一个先进的经济区,同时又是一个文化概念——透视出一个文化发达的范围。"但这已是后话了。

另一方面,江南的地方意象也隐含着诗人们对这一地域的文化感知。如果将诗歌中的景观意象按照自然和人文再分作两类,然后对照阅读唐代的江南诗歌,那么就可能发现,那些吟咏江南的芳晨丽景的地方意象,大多数的目光停留在江南的自然景观方面;而那些感叹江南朴野偏远的地方意象,则偏爱描述江南的人文景观。这种偏好自然景观更甚于人文景观的现象在现代西方国家的人群中也是如此,已为有关研究所证明,一个原因可能是受到文本单一性的限制,能够将自己的思想以文本形式流传下来的诗人们,都是具有较高知识水平的群体,有些人又不得志于朝廷,受到传统文化中隐逸思想的熏陶,大都向往和谐、安宁和悠闲自得的山水田园生活,江南的自然景观正好暗合于他们头脑中已有的文化模式,因此他们接受的程度高;而江南的人文景观则不同,由于气候与生态条件的不同,江南的民风民俗与三秦、中原地区大相径庭,而且很多都不符合儒家的伦理规范,让这些诗人感到落后和愚昧,从而产生惊讶、恐惧和不安全感,下意识地就与此保持距离了。这恰好可以印证英国地理学家阿普尔顿等人所创立的景观认知理论,该理论把景观作为人的生存空间、认识空间来评价,强调景观对人的认识及情感的意义。阿普尔顿的"展望—庇护"理论认为,景观反映了人的两个基本需要,即展望(寻求生存手段的需要)和庇护(避开他人威胁的需要)。另一位地理学家优瑞奇将进化论美学思想与情感学说相结合,提出了风景审美的"情感—唤起"模型,他认为,在风景审美过程中初级情感反应起着重要的作用,它表现为对眼前风景的兴趣及"喜欢—不喜欢"的反应,由此产生唤起反应,即"趋就—回避"反应,这一过程制约着随后的认识过程(根据风景对自己的利害关系来进行评审)的发展,最后表现为行为过程。唐诗江南意象中反映出的诗人们对江南的自然景观的欣悦感与人文景观的紧张感,不正是"情感—唤起"模型中的"趋就—回避"反应吗?

左鹏:《论唐诗中的江南意象》,《江汉论坛》,2004(3)。

选文 6

杨文虎论意境范畴生成的南方文化因素

意境作为中国古代文学理论最重要的范畴，有一个从萌芽到发展到成熟的发生学过程。尽管对意境的内涵及其演进阶段某些概念的理解至今还不能一致，不过自王国维以来，经过众多研究者的努力梳理，已经为这个过程勾勒出了一条相当清晰的时间线索。然而，论者似乎多把目光胶着在艺术变化之流的时间坐标轴上，追踪着从一个时代到另一个时代、从一个理论家到另一个理论家之间的连续性环节，而很少关注意境范畴生成的空间性因素。而我以为，艺术跟社会人生一样，有许多东西是多维之因集合的结果，缺了发生过程中的某些空间性要素，意境也是产生不了的。这种空间性因素不一定是历史的必然衍生物，相反，它倒经常可能是时间的常程被打破，时间之轴和空间之轴在某一点上发生交会的结果。

然而由于历史层积而形成的现实，我们讨论现代之前的各种思想文化问题时，大都习焉不察地从一个当然的场域出发，即中国文化的场域。而这个文化，从性质上说是以孔孟理念为主的儒家文化，从地域上说是地处黄河流域的中原（即"中国"的本义）文化。不管是从思想还是从地理上说，这个文化都是有其特殊限定的。可是由于中原儒家文化的一统独大，这种文化限定似乎在国人的头脑中已经消失了，它仿佛获得了思想领域和空间地域上的无限意义，从而对它的探讨也只要从历时的维度进行就已经够了，这种历史无意识即使在批判这一文化的人那里也常常不能幸免。要讨论意境形成过程的空间因素，一定要克服这种一统的文化观，因为它总是会将那些不合正统的文化因子扭曲或干脆遮蔽掉，从而使人看不到中国文化其实是由多种成分、多样形态的因素所组成的一个复杂的整合体。

要而言之，意境是在南方思想和南方地域文化影响下产生的艺术范畴，更准确地说，是居于中国南部的长江流域文化孕育和催生了这一重要艺术范畴。处于中国中心地位的黄河流域文化能够产生今天中华民族引以为傲的各种文物，但是如果不和南方的长江文化碰撞与交汇，它大概永远也想不到意境为何物。

意境在中国文学理论史上的头一次出场，是在唐代王昌龄的诗论著作《诗格》中。但正如大多数研究者所认为的那样，这并不是中国意境理论的初生，因为在此之前关于诗画意境的思想早已出现；这也不是中国意境理论的完后，因为在此之后意境的内涵还在继续变化，甚至意境的概念命名权还不时被"境界"褫夺。对于意境范畴的形成来说，这样三个时段的理论事件可能是最重要的，即先秦时期庄子的"言意"说、魏晋时期诗画理论中的"情景"说以及现代王国维的"意境（境界）"说。这并不意味着我认为在这三个时段之间发生的其他事情对于意境都是可有可无、不值一提的，而是认为这三个事件是意境理论形成过程中具有转折意义的三个节点，其重要性比其余事情大得多，甚至超过"意境"这个词首次命世的意义，已有许多论者做了相当充分的阐发，本文的任务是另辟一个视角，从地域空间的角度探讨南方因素对意境形成的作用。

庄子之"意"：意境的南方文化精神

庄子美学对于中国意境理论形成的发生学意义，几乎已经成为学界的共识。在李泽厚、刘纲纪的《中国美学史》等当今权威著作中，都肯定了庄子"言不尽意，得意忘言"思想是意境说的源头。其实，宗白华先生在上个世纪 40 年代就已经指出：

> 所以艺术意境的创成，既须得屈原的缠绵悱恻，又须得庄子的超旷空灵。缠绵悱恻，才能一往情深，深入万物的核心，所谓"得其环中"。超旷空灵，才能如镜中花，水中月，羚羊挂角，无迹可寻，所谓"超以象外"。

有意思的是，宗先生这里提到的屈原庄子，在中国古代文化学术地图上都属于南方楚文化。其实庄子生于宋，应该算是北方人。但古代学者倾向于把庄子归为南方思想家，属于"南人学问清通简要"、"南人约简，得其精华"一路，而不像北方"学问渊综广博"、"北学深芜，穷其枝叶"。近代学者刘师培也认为："大抵北方之地，土厚水深，民生其间，多尚实际。南方之地，水势浩洋，民生之际，多尚虚无。民崇实际，故所著之文，不外记事析理二端。民尚虚无，故所著之文，或为言志、抒情之体。"也就是说，这里的南北之分，着眼于文化的地域特点，而非人的出生之地。这样的划分在古代并非绝无仅有，如明代画家董其昌说："禅家有南北二宗，唐时始分；画之南北宗，亦唐时分也，但奇人非南北耳。北宗则李思训父子着色山水，流传而为宋之赵幹、赵伯驹、伯骕，以至马、夏辈；南宗则王摩诘始用渲淡，一变钩斫之法，其传为张璪、荆、关、董、巨、郭忠恕、米家父子，以至元之四大家，亦如六祖之后，有马驹、云门、临济儿孙之盛，而北宗微矣。"王维是北人，然而属于南宗画派，可见画派南北之分也不全是根据画家出生地而定的。

那么，楚文化对于意境有着什么样的地域文化意义呢？古人谈到想象瑰丽的楚文化，总是赞叹"楚人之多才"。文化人类学家的考察告诉我们，这是因为交通不便，南方与中原缺少交流，楚人还保留着较多神鬼迷信的巫文化的缘故。跟"不语乱、力、怪、神"的中原理性文化相比，楚文化是一种还未"脱魅"的较原始的落后文化。从经济地理学的考察来看，"楚越之地，地广人希，饭稻羹鱼，或火耕水耨，果隋赢蛤，不待贾而足，地势饶食，无饥馑之患。以故呰窳偷生，不积聚而多贫。是故江淮以南，无冻饿之人，亦无千金之家。"也即人口压力不大，发展生产的动力不足，处在比较低级的生产力发展阶段。但换一个角度来看，楚文化相比于发达早熟的中原文化，是一种更年轻的文化，是一种尚处在成长发育过程中、离成熟尚远的文化。由于年轻，南方民族喜爱享受，热爱艺术，"好衣甘食，虽白屋草庐，歌讴舞琴，日给月半，朝歌暮戚"。由于年轻，南方人血气方刚，爱剑轻死，"旧俗轻悍"。由于年轻，楚国的统治者熊渠满不在乎地面对中原体制喊出："我蛮夷也，不与中国之号谥。"

现在我们可不可以从这样的角度来看庄子思想和"言意"美学呢？因为年轻，这种思想讨厌和嘲笑繁琐虚伪的礼仪风俗；因为年轻，这种思想渴望回到无拘无束返本归真的简单生活；因为年轻，他的想象力还没有受到世故的阉割而狂悖不羁；因为年轻，他老是说些奇谈怪论和荒唐故事叫人惊讶和思索；因为年轻，他怀疑所拥有的语言能否完全表达对世界太过尖锐的感受故而陷入沉默……庄子美学有一种年轻人的心灵分裂和青春迷茫，内心在剧烈骚动而口中却道欲说还休，做梦变作蝴蝶却又疑惑己身是否蝴蝶所变。庄子保养了南方文化的一份青春情怀，这对于艺术来说是最可贵的，也是最真实的心灵。对于最真的东西，任何语言都是对它的一种遮盖，一种涂抹，一种使它失去真的多余表白。但不说，谁又知道这最真的东西？这真是说了不好、不说也不好的两难。庄子骑在言意两端之间的一根钢丝上，用言来表达不言（之意），用不言来表达难言（之意）。这就是庄子的超旷空灵，这是艺术最好的心理素材。而在北方的成熟文化中，这样的内心分裂，这样的渴望，这样的狂热想象，早已成为明日黄花不复存在了。在北方理性精神中，胡思乱想是不容许的，言和意的统一必须得到尊重，一个人应该慎于行而敏于事，也就是行为要克制而责任必得履行。相对于南方文化的青春骚乱，北方文化是培养现实社会中的谦谦君子的，它对国家生活也许是有意义的，但它对于艺术肯定是没有很大价值的。

庄子忘言得意的意，构成了具有南方文化尚虚无特色的一极，它等待着它的另一极与之交融，但这一等待就是几百年。

江南山水：意境的南方文化想象空间

意的另一极是境，如果把意称作情，那另一极也可叫做景。尽管王国维指出：境并非仅指景物，但意境形成之初，境确实就是指景物。情景交融，这是意境争鸣中大家公认的一条底线，或被认可的一个公分母。要及时说明的是，意境中肯定有情景交融，但情景交融的作品未必都有意境。

意等待这个景，竟然等了几百年。难道我们周遭的都不是景物吗？是的，我们眼前所见无一不是景，就连草丛中的一截枯木、瓦舍后窗的一片破帘都是景。但这些景未必从一开始就是被艺术承认的具有审美价值的艺术表现对象。审美经验史告诉我们，即使是我们今天认为美轮美奂的极致胜景，古人在很长时期都不认为它有什么审美价值。中国诗歌中很早就已经有了写景，但那常常是在比德的意义上所写的景，景仅仅是道德伦理价值的一个符号。就如孔子所说，仁者乐山，智者乐水，山、水在这里只是仁和智的意符，而非我们的审美对象。山水等自然景观不会自动成为我们的审美对象，山水要成为我们的审美对象，有待于我们对山水的审美发现和审美能力的养成。风景是需要我们去发现的，而不是被我们看到的，因此它是一种文化过程的产物。

我们可以把风景画的出现看做景物具有独立审美价值的标志。在具有悠久绘画历史传统的欧洲，风景画是晚至17世纪才产生的画种。在此之前，即使伟大如米开朗琪罗，都坚决不承认风景画的艺术资格。他批评那些画风景的画家说："他们在弗兰德斯作画，为了欺骗外部的眼睛，他们画了一些使你愉快和你说不上什么瑕疵的东西。他们的画尽是一些他们称之为风景的材料，砖块，泥灰，田地里的小草，树木的阴影，桥梁和江河，以及遍布四处的小人。所有这一切，尽管看上去很舒服，但事实上是在没有理性、没有对称与比例，没有选择与抛弃的前提下完成的。"大师对风景画的狭隘态度，是我们在未读到这段话之前绝对想象不到的。故风景画的研究者肯尼思·克拉克指出："在西方艺术里，风景画只有一个短暂而间歇的历史。在欧洲艺术最鼎盛的时代，即帕特农时代和夏尔特教堂时代，风景画是不曾也不可能存在的；在乔托和米开朗基罗看来，风景画是与正题无关的。只有在17世纪，伟大的艺术家们才为风景而画风景，并尽力将各个规律条理化。只有在19世纪，风景画才成了占优势的艺术，并创造了他自己崭新的美学。"

由此我们就容易理解为何庄子时代未能产生意境理论的原因了。在两千多年前的古代，不管是生活在一马平川的黄土高原的北方先民，还是栖息于绿茵蔽野的江浙丘陵的南方祖先，都还没有可能将周围的景物当作审美对象来欣赏。南方尽管物产丰富，人民不受饥馁寒暑之苦，但由于生产方式的粗放简陋，生活还是处于较低的水准上，在这样的水平上是不可能培养起足以欣赏山水风景的审美能力的。北方的生产水平和生活方式要优于南方，人们的文化艺术修养和审美能力也明显高出很多，但北方人们同样未能发现身边的风景。这里的重要原因可能是地理景观本身的缺陷造成的，用康白情在《论中国之民族气质》一文中的话来说，是"黄壤弥目，风景板朴……唯以地势坦平，日所触目者，唯块然之大地，故感于其心而令胸怀磊落，直率寡欢"。北方也有山，但大都为荒山秃岭，四季不变，望之心生畏意，显然要对如此的山水产生由衷的喜爱是很难的。在魏晋以前，很少有人称赞这样的景色，倒是有"愚公移山"的故事表达了人们对此景物的厌恶。另外大概还有审美距离方面的原因，使生于斯长于斯的当地居民无法发现风景的美。

假如这种情况延续下去，那么风景也许永远也发现不了。由于战乱的原因，这种情况被打破了。中国古代历史上出现过三波大的从北方向南方迁徙的移民潮，其中第一波是汉魏到南北朝的大迁徙。尤其是西晋永嘉年间，整个政治文化中心南迁。由于灭顶之灾的威胁，在半个世纪的时间里，共有约90多万（一说200万）北方人克服路途遥远，进入被他们视为"瘴疠之地"的南方和长江沿岸，其中到今天江浙一带的人最多。移民不仅给南方带来了大量的人口，也将较高的生产技术能力和文化素养播撒到了长江流域，使原来就适宜耕种的土地形成了更高的生产能力。特别是大量文化人士给南方带来文化的整体提高。东汉初年"时天下新定，道路未通，避乱江南者皆未还中土，会稽颇称多士"。"永嘉之后，帝室东迁，衣冠避乱，多所萃止，艺文儒术，斯之为盛，今虽闾阎贱品，处力役之际，吟咏不辍，盖因颜、谢、徐、庾之风扇焉。"

正是这些文化精英，不仅在南方找到了更丰足的安身立命之处，而且惊喜地发现了江南秀甲天下的山水风景。在《世说新语》中，有多处这样的描写。王羲之的《兰亭集序》不仅是一次文人雅集的盛事记载，也是浙西美景的一次精彩展示：

> 永和九年，岁在癸丑，暮春之初，会于会稽山阴之兰亭，修禊事也。群贤毕至，少长咸集。此地有崇山峻岭，茂林修竹，又有清流激湍，映带左右，引以为流觞曲水，列坐其次，虽无丝竹管弦之盛，一觞一咏，亦足以畅叙幽情。是日也，天朗气清，惠风和畅，仰观宇宙之大，俯察品类之盛，所以游目骋怀，足以极视听之娱，信可乐也。

风景在江南的被发现，使山水画这一最重要的中国传统画种的产生成为势必当然之事，也使山水诗这一中国最重要的传统诗歌体裁的产生成为势必当然之理。意境正是在山水画和山水诗中酝酿成熟，然后才在中国诗画艺术的下一个高峰时期唐代结出理论概念的果实。诗画表达感情本可以借各种事物来达到目的，如人物、如花鸟、如草虫，为何非得待景而后成意境？宗白华先生对此有非常深刻的见地，他引古人的话说：

> 意境是使客观景象作我主观情思的注脚。我人心中情思起伏，波澜变化，仪态万千，不是一个固定的物象轮廓能够如量表出，只有大自然的全幅生动的山川草木、云烟明晦，才足以象征我们的胸襟，灵感气韵；恽南田题画说："写此云山绵邈，代致相思，笔端丝粉，皆清泪也。"山水成为抒情的媒介，所以中国的画和诗，都爱以山水境界做表现和咏味的中心。

> 元人汤采真说："山水之为物，造化之秀，阴阳晦暝，晴雨寒暑，朝昏昼夜，随步改形，有无穷之趣，自非胸中丘壑，汪汪洋洋，如万顷波，未易摹写。"

> 薛冈《天爵堂笔记》里说得好："画中，山水义理深远，而意趣无穷，故文人之画，山水常多。若人物禽虫，花草，多出画工，虽至精妙，一览易尽。"

而中国山水画和山水诗又为何一定要南方风景尤其是江南之景来发蒙启悟呢？因为非江南山水不会有钟灵神秀的丘壑意趣，非江南山水不会有夏冬春秋的生动气韵，非江南山水不会有阴晴昏曙的万千仪态。只有在江南，诗人才可能体会那种像异性爱一般强烈的对风景的爱：

> 一江烟水照晴岚，两岸人家接画檐。芰荷丛一船秋光淡。看沙鸥舞再三，卷香风十里珠帘。画船儿天边至，酒旗儿风外飏，爱杀江南。（张养浩《水仙子》）

因此可以说，中国人欣赏风景的眼睛，是江南山水提供的审美想象空间培养出来的。当然，一旦诗人拥有了这样一双眼睛，他就发现周围居处无往而不是风景：长坂大漠是风景，枯藤暮鸦是风景，就连坟冢鬼火都可能成为风景……当然到了那时，江南山水对意境的意义就不再具有垄断的地位了，但在意境形成的那个阶段，它的重要性显然是无可替代的。

杨文虎：《意境范畴生成的南方文化因素》，选自《江海学刊》，2006（1）。

第二章

诗歌"意境"中的时间与空间

选文 1

王昌龄说意境的空间基础

诗有三境:一曰物境,欲为山水诗,则张泉石云峰之境,极丽绝秀者,神之于心,处身于境,视境于心,莹然掌中,然后用思,了然境象,故得形似。二曰情境,娱乐愁怨,皆张于意而处于身,然后驰思,深得其情。三曰意境,亦张之于意而思之于心,则得其真矣。　　　——王昌龄:《诗格》

选文 2

石涛谈意境中的山川与神之"遇"

山川脱胎于予也,予脱胎于山川也。搜尽奇峰打草稿也,山川与予神遇而迹化也,所以终归之于大涤也。　　　——石涛:《画语录·山川章第八》

选文 3

刘师培谈江南抒情文学的地理根据

大抵北方之地,土厚水深,民生其间,多尚实际;南方之地,水势浩洋,民生其间,多尚虚无。民尚实际,故所著之文不外记事、析理二端;民尚虚无，故所作之文或为言志、抒情之体。

刘师培：《南北文学不同论》，劳舒编《刘师培学术论著》，

浙江人民出版社，1998 年，第 162 页。

选文 4
林同华谈山水诗中的空间和时间

空间的自然美：每一个自然风景点，每一种自然壮丽的奇观，都能引起人的审美体验。

湖北省襄樊市襄阳城西古隆中，是三国时代政治家诸葛亮的故居，寓居处藏有一副对联，其上联云：

沧海日，赤城霞，峨眉雪，巫峡云，洞庭月，彭蠡烟，潇湘雨，广陵涛，庐山瀑布，是宇宙奇观。

东海的日出景象；浙江天台的赤城栖霞，山上有赤石屏列，望之如霞；四川峨眉山主峰万佛顶，海拔高三千多米，在"峨眉天下秀"的环境中，奇峰直上云霄，常年积雪；四川巫山和湖北巴东两县之间的长江三峡之一——巫峡，山奇水秀，风光绮丽，神女峰上白云聚集，透过光的折射，有如仙境；湖南岳阳楼上观洞庭湖秋月；江苏无锡的江南名园蠡园的烟雾；湖南宁远县的九嶷山上雨景；江苏扬州，古称广陵，过去，这里的瘦西湖，是纵横交错的河流，河面形成轩然大波；庐山南麓的青玉峡，峡上诸峰间有两瀑布，合流山谷，成为山南奇景。

人类对于空间自然美的感受，是一个由简到繁的复杂过程。这一审美感受的过程，也可以分为两个层次：第一个层次，是空间知觉美感；第二个层次是形象思维的美感。

……

人类对于自然美欣赏的第二种美感类型，是文学艺术家的形象思维型。我们可以举曹操《观沧海》和孟浩然的《望洞庭湖赠张丞相》两首诗，来说

明空间知觉和形象思维的联系。

《观沧海》一诗，是曹操在北征乌桓，途径河北省靠渤海的一座大山——碣石山时，眺望大海之后所写的。诗云：

> 东临碣石，以观沧海。
>
> 水何澹澹，山岛竦峙。
>
> 树木丛生，百草丰茂。
>
> 秋风萧瑟，洪波涌起。
>
> 日月之行，若出其中。
>
> 星汉灿烂，若出其里。
>
> 幸甚至哉，歌以咏志。

再看孟浩然的《望洞庭湖赠张丞相》：

> 八月湖水平，涵虚混太清。
>
> 气蒸云梦泽，波撼岳阳城。
>
> 欲济无舟楫，端居耻圣明。
>
> 坐观垂钓者，徒有羡鱼情。

曹操和孟浩然，对于沧海和洞庭湖这类空间自然美的感受，显然，是空间知觉和形象思维的综合过程。诗人，并不是单纯描写一种没有立志渗入的直觉活动，而是表现了沧海的洪波秋风，洞庭湖的浩淼壮阔，以表达他们的政治胸怀。

所以，艺术中的空间美，虽是通过艺术家空间知觉或直觉活动来表现的，但并不是没有理智的纯知觉创造物。

时间的自然美：不同的季节、不同的顺序、有节奏地运动着的自然，通过人的时间知觉，表现了自然的风云变幻和景色变化。人们欣赏日出的朝霞、落日的余晖、江南的烟雨、晚清的小景……人们喜爱昙花一现、梅花绽开、柳芽吐绿、青草如茵……时间呀，一切的自然物，无不在这时间中成长、流逝。时间的自然美，也是通过时间知觉和形象思维的综合心理过程来感受的。

……

唐代诗人杜牧，善作清丽生动的抒情风景诗，他的绝句《江南春》描写江南春景是：

> 千里莺啼绿映红，水村山郭酒旗风。
>
> 南朝四百八十寺，多少楼台烟雨中。

"莺啼"是听觉，"绿映红"是视觉，是颜色视觉的对比，"酒旗风"，人依靠它对于物体位置的变化，体验着事物的运动……。楼台、烟雨、寺庙、山郭、水村……都是空间的自然美。整首诗的意境，是通过听觉、视觉和运动觉，以感知和认识江南的空间自然美。

李商隐的《晚晴》，写得则是初夏的晚景：

> 深居俯夹城，春去夏犹清。
>
> 天意怜幽草，人间重晚晴。
>
> 并添高阁迥，微注小窗明。
>
> 越鸟巢乾后，归飞体更轻。

这首诗，也同样应用视觉、温度感等感觉，来描绘时间的自然美。……

柳宗元的《江雪》一诗，描写的是他被贬到永州时所见的冬景：

> 千山鸟飞绝，万径人踪灭。
>
> 孤舟蓑笠翁，独钓寒江雪。

这首诗，在视觉形象上，只有"千山"、"万径"、"孤舟"、"蓑笠翁"、"江雪"，没有直接写出皮肤觉和温度觉，也没有写出静寂的听觉，但却令人以审美体验，感受这孤独的巨象所面临的冬天寒景和诗人的凄然情绪。以冬景表现人的时间知觉，描写了人对于时间的自然美感受，这是多么成功的艺术表现。

林同华：《"天开图画即江山"——谈谈自然美是一个流动范畴》，见伍蠡甫主编：《山水与美学》，山海文艺出版社，1985 年，第 133—138 页。

第三章

江南山水诗"意境"中的生命节奏

选文 1

童庆炳论意境的"生命力"

我认为"生命力的活跃"是意境的最核心的美学内涵，这一点目前的研究论述得十分不够，这里应加以申说。现在学界都承认中国古代意境说的最后总结者是王国维。王国维本人也很自信，他在《人间词话》中说："言气质，言神韵，不如言境界。有境界，本也，气质、神韵，末也。有境界而二者随之矣。"又说："沧浪所谓'兴趣'，阮亭所谓'神韵'，犹不过道其面目，不若鄙人拈出'境界'二字为探其本也。"王国维认为他是境界说的提出者，是否有根据呢？因为无论"意境"还是"境界"前人早就提出，王国维有何理由说意境说是他提出的呢？当然我不认为意境说是王国维最早提出来的。但是我们不能不承认王国维意义上的境界说，王国维做出了突出的贡献。因为王国维的确在前人的基础上，加入了新见。根据我的考察，王国维《人间词话》中以下几条最为重要：

> 词以境界为上。有境界则自成高格，自有名句。五代北宋之词所以独绝者在此。
>
> 境非独谓景物也，感情亦人心中之境界。故能写真景物、真感情者，谓之有境界，否则谓之无境界。

"红杏枝头春意闹"，著一"闹"字而境界全出。

"云破月来花弄影"，著一"弄"字而境界全出矣。

尼采谓："一切文学，余爱以血书者也。"后主之词，真所谓以血书者也。

诗人对自然人生，须入乎其内，又须出乎其外。入乎其内，故能写之。出乎其外，故能观之。入乎其内，故有生气。出乎其外，故有生气，故有高致。

诗人必有轻视外物之意，故能以奴仆命风月。又必有重视外物之意，故能与花鸟同忧乐。

"昔为娼家女，今为荡子妇。荡子行不归，空床难独守。""何不策高足，先据要路津，无为久贫贱，辄轲长苦辛。"可谓淫鄙之尤。然无视为淫词、鄙词者，以其真也。五代北宋大词人亦然。非无淫词，然都之者但觉其沈挚动人。非无鄙词，然但觉其精力弥满。可之淫词与鄙词之病，非淫与鄙之病，而游之为病也。

以上八条，我们认为是王国维正面论"意境境界"说最重要的言论。这些论述表达了的意义有：(1) 诗词以"意境境界"为上，可以理解为意境是抒情诗的理想；(2) 无论是写景的还是写情的，只要是"真"的，都是有境界的；(3) 所谓"真"，不仅仅是真实的"真"，而是指生命力的高扬，因为他相信尼采的话"一切文学余爱以血书者也"，这可以看作是德国生命哲学在文学上的体现；(4) 对诗人来说，只有有生命力的人，才能在写诗之时既能入乎其内又能出乎其外，才能与花鸟共忧乐，才能有生气；(5) 就是淫、鄙之词，只要不"游"，仍觉其沈挚动人、精力弥满，因为这淫与鄙，正是人的生命力的表现。如果我们理解不错的话，那么王国维作为意境说的最后总结者，是把生命力的"弥满"，看作是"意境境界"说的核心。他所讲的生命力观念不但来自古代的"气韵生动"、"生气远出"的理想，更重要的是吸收了德国生命哲学的精神。王国维十分熟悉德国的生命哲学，还曾写过《叔本华与尼采》等论文。对于叔本华、尼采的意志理论、欲望理论等十分推崇。不难看出，他正是把中外关于"生命力"的思想汇于一炉，并熔铸于意境理论中。王国维强调的是，只有鲜活的、充溢着生命活力的情景世界，才可能具有意境，否则就没有意境。也正是基于对"生命力"的赞美，王国维在《人间词话》中认为李煜的词是有意境的，李煜的后期的词是"血书"者也，就是以自己的生命来书写的，不是无病呻吟，也不是玩儿，是生命的节律的颤动。李煜是南唐后主，他在亡国后，过了三年的"此中日夕只以泪洗面"的俘虏生活，尝尽人间苦难，生活的转变，激发了他的生命力，写出了一些颤动着生命律动的词，如他的一首《浪淘沙》：

> 帘外雨潺潺，春意阑珊。罗衾不耐五更寒。梦里不知身是客，一晌贪欢。独自莫凭栏，无限江山，别时容易见时难。流水落花春去也，天上人间。

上片倒述，说只有梦里忘记是"客"（俘虏），还能贪恋片刻的欢愉。当梦醒后听到雨声，知道春光即将消尽，五更的寒冷，心头的凄凉，分外使人无法忍受。下片说千万不要去凭栏眺望，隔着无限的江山已不能再看到自己的故园，回想亡国以前的生活与现在的俘虏生活相比，真是有天上人间的区别啊！这首词之所以有意境，最重要的是李煜对自己的前后完全不同的生活有着刻骨铭心的体验，这是他用生命的代价换取来的。王国维在《人间词话》中还举过这样的例子："红杏枝头春意闹"，著一"闹"字而境界全出。"云破月来花弄影"，著一"弄"字而境界全出矣。为什么著一"闹"字而境界全出呢？这不仅因为这个闹字使"红杏枝头"与"春意"联为一个整体，而且传达出诗人心灵的情绪、意趣在春天生机蓬勃之中特有的惬意与舒展，就像那春光中的红杏那样活泼热烈和无拘无束，这是生命力活跃的结果。还有王国维的"隔与不隔"的问题，也应从"生命力的活跃"的角度来理解。王国维《人间词话》中说：问隔与不隔之别，曰：陶、谢之诗不隔，延年则稍隔矣；东坡之诗不隔，山谷则稍隔矣。"池塘生春草"，"空梁落燕泥"，等二句，妙处唯在不隔。词亦如是。即以一人一词论，如欧阳公《少年游》咏春草上半阕云："栏杆十二独凭春，晴碧远连云。二月三月，千里万里，（此两句倒置）行色苦愁人。"语语都在目前，便是不隔。至云："谢家池上，江淹浦畔"，则隔矣。

过去许多研究者总是以用典不用典来加以说明，不用典，所描写的事物显得显豁生动，这便是不隔；用典则似乎隔了一层而不够显豁，这就是隔。这种流行的解释不能说错，但显得肤浅。更深入的解释应该是，所谓"隔"是因为用典过多或过于晦涩，不能生动鲜活地表现事物，不能使所描写的事物灌注诗人的生命的体验，从而不能引起读者的想象和共鸣；所谓"不隔"不但是因为"语语如在目前"，更重要的因为灌注了诗人的鲜活的生命情感，而使读者的生命情感也被激发起来了。隔是死的，无生命的；不隔是活的，有生命的，隔与不隔的区别正在这里。意境的灵魂是所描写的对象的生命活跃与高扬，使读者不能不为之动情而进入那特定的诗意时空中去。

童庆炳：《"意境"说六种及其申说》，《东疆学刊》，2002（3）。

选文 2
王英志谈江南诗派之"性灵"

中国古代诗歌流派，大多是地域性流派。以明清两代的诗歌流派而言，著名的湖南茶陵派，湖北公安派、竟陵派，江苏虞山派、娄东派、云间派、山东高密派，等等，其名称即标明了地域性。即使诗派名称无地域性，有时也是一个地域性诗歌流派，如清代格调派，实际上是以沈德潜为首的吴中诗派。本文所要论述的性灵派，实际上也是一个以袁枚为首的地域性诗歌流派——江南诗派。此所谓"江南"，是指苏南与杭嘉湖地区的狭义江南。具体来讲，主要以苏杭（主要是苏州地区）为中心，南部辐射到松江、青浦、绍兴，北部辐射到镇江、南京与皖南地区。此派成员籍贯绝大多数为江南人或客居于江南地区的诗人。

首先看性灵派的重用组成部分——袁枚及袁氏家族诗人。性灵派主将袁枚祖籍浙江慈溪，清康熙五十五年（1716年）出生于钱塘（今杭州），生活至乾隆元年（1736年）始离开钱塘，赴广西桂林探望叔父袁磐谋生，不久又被广西巡抚金鉷举荐赴京应博学鸿词试。报罢后滞留京师，乾隆三年（1738年）中举人，四年（1739年）中进士，选庶吉士，七年（1742年）又外放江南县令，十四年（1749年）辞官后即长期隐居生活在南京小仓山随园。从此一直来往于苏杭地区。袁枚三妹袁机、四妹袁杼皆性灵派女诗人，生于杭州，长于杭州。袁枚辞官后，其妹于乾隆二十年（1755年）亦移居南京。袁枚堂弟袁树、堂妹袁棠虽生于广西桂林，但乾隆九年（1744年）袁枚归葬袁磐于故乡杭州时，十余岁的袁树、袁棠兄妹即回到杭州。乾隆十四年（1749年），袁树先到南京随袁枚读书，袁棠后亦移居随园，直到乾隆二十四年（1759年）出嫁扬州。袁枚外甥陆建为南京人，年少父亡，其父托孤于袁枚，在随园读书学诗。袁氏家族诗人早年生活在杭州，青年以后生活、创作在南京，故可作南京人计算，都属于江南地区。

其次看性灵派的主要成员。副将赵翼，江苏阳湖（今江苏常州）人。何士颙，南京人。骨干孙原湘，江苏常熟人。骨干舒位，祖籍北京，但生于苏州，卒于吴门，一生基本活动于太湖流域，可视为苏州人。以上四人皆苏南人。只有性灵派殿军张问陶是个例外，乃四川遂宁人，但乾隆五十五年（1790年）中进士入京师，即离开偏僻的故乡，嘉庆十年（1805年）至十四年（1809年）任江南道御史，十六年（1811年）隐居苏州，直至去世，与江南、苏州亦有不解之缘。

再者看袁枚的弟子。已知籍贯者有江苏苏州三人：方大章、徐山民、陈竹士；镇江二人：高青士、左兰城；南京五人：韩廷秀、豫长卿、龚远超、永明新、黄允修；浙江杭州二人：沈清任、蒋莘；淳安二人：方甫参、方子云；浙某地一人：孙莲水。安徽五人：徽州王麟书、桐城吴贻咏、笪梅冲、青阳陈蔚、沈正侯。扬州一人：刘伊。基本上是江南地区人。

女弟子亦然。袁枚四十余女弟子，除了籍贯不详者，计有江苏苏州六人：陶庆馀、金逸、金兑、王碧珠、张绚霄、周月尊；吴江四人：严蕊珠、汪玉轸、吴琼仙、袁淑芳；常熟三人：归懋仪、屈秉筠、席佩兰；太仓一人：毕慧；青浦一人：廖云锦（嫁松江人马姬本，亦作松江人）；松江二人：张玉珍（嫁太仓诸生金瑚）、张玉梧；江苏丹徒一人：鲍之蕙；江都二人：卢元素、许德馨；常州一人：钱浣青；镇江一人：骆绮兰；南京一人：陈淑英。浙江杭州十二人：孙云凤、孙云鹤、张瑶英、汪缵祖、汪姉、汪妌、陈长生、钱琳、孙廷桢、徐裕馨、张钰、叶令仪；绍兴二人：潘素心、王倩；嘉兴一人：戴兰英；王玉如原籍云南，嫁杭州人孙嘉乐，可视为杭州人。其中，苏州及附近吴江、常熟、太仓地区计十四人，杭州及邻近绍兴、嘉兴地区十六人，南京、常州、丹徒、镇江苏南地区四人，松江、青浦三人，皆江南人。扬州二人亦近江南。显而易见，苏杭是女弟子最集中的地区。

以上总计已知籍贯的性灵派成员七十一人：苏州地区十九人，杭嘉湖地区至少十六人，南京十人，其他江南地区二十余人。非江南地区只有张问陶等二三人而已。苏州、杭州、南京是性灵派的三个主要"据点"。可以说，称性灵派是江南诗派，名副其实，就其主体来说，亦可称为吴越诗派或太湖诗派。

清乾、嘉时代的经济、文化背景，袁枚个人大力倡导性灵说，广招诗弟子，进行宣传、组织，再加上江南湖泊流域的特殊环境、条件等，才是性灵派兴起的全部原因。19世纪，法国丹纳在《艺术哲学》中提出"种族、时代、环境"三元素说，强调了三元素对文学艺术的决定性影响，其中种族是"内部动力"，环境是"外部压力"，时代则是"后天动力"。丹纳关于环境是"外部压力"的观点，完全适用于性灵派产生于江南环境这一现象。这至少可从四个层面来论述：

首先，以太湖流域为中心的江南地区自然环境的优美，富于诗情画意的绿水青山，赋予了诗人创作灵气，亦为诗人提供了创作的审美对象。太湖流域风光秀丽，又蕴涵着动人的历史传说。这亦是"上有天堂，下有苏杭"的含义之一。太湖区水域面积二千二百多平方公里，包孕吴越，素有三万六千顷之说，外分苕溪、荆溪、湖区、杭嘉湖区、黄浦江五个水系。泱泱太湖位于流域中心，湖中大小岛屿四十八个，岛内与沿湖半岛山峰号称七十二峰。烟波浩淼，群峰秀美，岩洞奇妙，又联系着范蠡等传说。外苏州城西南灵岩山，奇石嶙峋，留有吴王夫差与西施的众多古迹。城西天平山有怪石、清泉、红枫三绝，又与范仲淹史迹相连。还有"吴中第一名胜"虎丘山，古塔高耸，试剑石神奇。而太湖之滨邓尉山之"香雪海"，暗香浮动，梅花甲天下。苏州名山、古迹不胜枚举。苏州附近有常熟的虞山、尚湖，昆山的玉峰山、阳澄湖，湖光山色亦极迷人。至于杭州则有孤山葛岭、灵峰吴山、平湖冷泉、断桥白堤等西湖山水与唐宋古迹，富春江有桐山、严子陵钓台名胜，嘉兴有南湖、烟雨楼美景，南京有栖霞山、玄武湖、石头城、燕子矶等山水名胜及六朝遗迹。真可谓吴越之地处处有青山秀水，处处有古迹名胜。

地灵人杰，一方水土养一方人。江南温润的气候、明秀的山水与深厚的历史意蕴滋养出灵秀聪慧的才子才女，其中许多人成为性灵派中人。他们生于斯，长于斯，得江山之助，激发创作灵感，其诗歌创作（特别是女诗人）多以歌咏故乡美景胜迹为重要题材。可以说，没有太湖的美丽山水，就没有性灵诗人的美丽诗篇。

其次，以太湖流域为中心的江南地区物质环境或曰经济环境的高度富庶，为江南地区的文化发达与观念更新奠定了经济基础。至迟在南宋，中国经济中心已移至太湖流域，作为立国之本的农业尤为发展。宋人吴泳称，"吴中厥壤沃，厥田肥，稻一岁再，蚕一年八育"，"故谚曰：苏湖熟，天下足"（卷39，《隆兴府劝农文》）。而明清时期，江南地区农业的发达与物质的丰富已居全国之冠。明人丘濬说："韩愈谓赋出天下，而江南居十九。以今观之，浙东西又据江南十九，而苏、松、常、嘉、湖五郡又居两浙十九也。"（卷24）同时，农业经济作物的丰富，又促进了手工业及商品生产的发展，带来了城镇商业的繁荣。如苏、杭、嘉、湖诸府于清代成为丝织业中心，特别是苏州府于乾隆时成为全国著名商业都会，这有乾隆画家徐扬所绘《姑苏繁华图》（又称《盛世滋生图》）为证。苏州府所辖市镇明代有六十四个，到清中叶增到一百个，可见江南地区市镇商品经济发展之一斑。此外，太湖地区与南京的资本主义萌芽虽然在清初一度遭到破坏，但康、乾时期又重新活跃，这主要表现在雇佣劳动者和手工工场数量的剧增。清雍正年间，立于苏州玄妙观机房内的《奉各宪永机匠叫歇碑》云："苏城机户，类多雇人工织，机户出资经营，匠计功受值，原属相需，各无异议。""计功受值"已具资本主义生产方式的工资形态。又如乾、嘉年间，南京织机已达三万余张，"业此者不下数千家"（卷8）。同样，扬州、皖南经济亦很发达。盛世的江南经济的发展自然促进了文化发达，包括诗歌创作，并滋生了反叛传统的革新精神。这是完全符合历史唯物主义原理的。性灵派作为一个观念更新，以反复古、反诗教观著称的诗学流派出现在江南地区，是自然而然的。

再者，是江南地区文化环境的优化。以文人诗歌创作而言，唐诗坛重镇多在西北、中原地区，不在吴越之域。至晚唐始有吴越名家陆龟蒙、罗隐等初露锋芒。宋代特别是南渡之后，因迁都杭州，文化中心也随之转移，江南诗人开始大放光彩。例如，林逋（杭州）、范仲淹（苏州）、梅尧臣（安徽宣城）、周邦彦（杭州）、叶梦得（苏州）、陆游（绍兴）、范成大（苏州）、尤袤（无锡）等大家、名家，皆代表了宋代的一流水平，中国诗坛中心南移自有其基础。元代诗坛亦有戴表元、赵孟頫、袁桷、杨维桢、倪瓒、王冕等江南诗人。

明清中国诗坛之中心已完全转移到江浙地区。明代诗坛曾有拟古与反拟古的斗争，而在诗歌发展进程的较量中，抒写真性情、代表诗歌发展正轨的诗人，亦或那些虽主张复古而晚年改变观点卓有成就的诗人，很多在吴越地区，成为明诗坛的主力。明太祖定都南京，明初许多诗人生活于政治文化中心南京。南京是六朝古都，有着丰厚的文化积淀，姑且不论。再看明初有袁凯（松江），"吴中四杰"高启、杨基、张羽、徐贲；明中期有于谦（杭州）、沈周、文徵明、祝允明、唐寅、徐祯卿（皆苏州人）、归有光（昆山）、唐顺之（武进）、徐渭（绍兴），晚明有瞿式耜（常熟）、陈子龙（松江）、夏完淳（松江）等，皆明代江南名家。此外，性灵诗人袁宏道虽是湖北公安人，但曾在苏州吴县任县令。其提出"独抒性灵，不拘格套"性灵说论点的《叙小修诗》一文，即写于二十九岁任吴县县令之时。明后七子首领太仓人王世贞虽主复古，晚年则反悔。清代前期的著名诗人、诗论家更大半集中在江南地区，苏州地区尤其群星璀璨。著名的如文苑之宗师、明清诗坛之关键人物钱谦益（常熟），千古才女柳如是（吴江），大家吴梅村（太仓），还有顾炎武（昆山）、归庄（昆山）、金圣叹（苏州）、尤侗（苏州）、吴兆骞（吴江）、诗论大家叶燮（苏州），等等。浙江亦有黄宗羲（余姚）、毛奇龄（萧山）、吕留良（桐乡）、浙派初祖朱彝尊（嘉兴）、浙派代表人物查慎行（海宁）与厉鹗（杭州）等。说清初中国诗坛大家、名家江南占十之七八，不为过也。由此可知，清前期吴越地区古典诗歌创作力量之强，发展势力之大，而清中叶性灵派正是承继吴越前辈创作传统而发起来的劲派，这是如同大江直泻而下激起的潮头，是诗歌传统发展的必然结果。顺便要提及的是，明清吴地民歌极其发达，"借男女之真情，发名教之伪药"，歌咏男女爱情的内容，以及明快通俗的风格，对性灵派诗人亦当产生某些影响。

　　然而，乾嘉诗坛之所以由吴越性灵派而非其他地区诗人尽领风骚，除了诗歌传统自身原因之外，更依赖明清吴越地区文化教育的发达，唯此才提高了人的文化素质，形成了人人学诗的风气，从而培养出一大批诗人。其中不少人成为性灵派中人。吴越地区明清文化教育发达表现在多方面。一是书院多，如无锡东林书院、宜兴东坡书院、常熟文学书院、杭州敷文书院、扬州安定书院、太仓娄东书院，等等。私塾更是遍及城乡。士子好学，走学而优则仕之路，使吴越地区状元甚多。如清代顺治至嘉庆朝状元七十五人。其中，江苏三十七人：苏州十三人，常熟、武进各四人，无锡三人，南京、嘉定各二人，昆山、太仓、华亭、溧阳各一人，大半江南人。浙江十五人：其中，杭州四人，绍兴三人，嘉兴、湖州、德清各二人，嘉善、鄞县各一人，基本是杭、嘉、湖人。而女子虽不做官，亦好读书作诗，蔚然成风。钱谦益《列朝诗集·闰集》即选收明代"香奁"一百二十三人诗作，大半皆吴越女子，正如其所评："诸姑伯姊，后先娣姒，靡不屏刀尺而事篇章，弃组纴而工子墨。松陵之上，汾湖之滨，闺房之秀代兴，彤管之诒交作矣。"清代吴越闺秀读书学诗者更众，不仅有大家闺秀、小家碧玉，亦有贫苦女子。如《清代闺阁诗人征略》收女诗人 1262 名，其中浙江 524 人，江苏 465 人，合 989 人，占全国总数 78% 强。江浙女诗人又绝大多数集中在太湖流域。有此基础，才有性灵派偏师、袁枚女弟子群体的崛起。二是学界大儒、诗坛巨匠招收弟子之风盛行。以诗弟子而言，这与清代诗坛门户众多、流派纷呈相关。如王士禛招弟子形成神韵派，沈德潜为叶燮弟子，他又招弟子形成格调派，等等。袁枚广招弟子形成性灵派，亦是风气使然。三是文化家族兴起。江浙地区一些大家世族，不仅具有雄厚的经济基础，而且大搞文化教育"投资"，或为求仕，或为风雅，或为丰富精神生活，父母兄弟姐妹乃至婿媳子孙皆以读书作文为荣，乃形成书香门第。如昆山"三徐"，其母为顾炎武之妹，"教子课诵恒之午夜不辍"，结果徐元文中顺治十六年（1659 年）状元，兄徐乾学中康熙九年（1670 年）探花，弟徐秉义为康熙十二年（1673 年）探花。又如，无锡秦家"一门四探花"：顺治二年（1645 年）秦钺、康熙三年（1664 年）秦宏、乾隆元年（1736 年）秦蕙田、乾隆四年（1739 年）秦勇。浙江海宁查氏文化家族，"一门七进士，叔侄五翰林"。类似的文化家族甚多。而袁枚家族正是明清兴起的文化家族之一，并构成性灵派的一支偏师。

最后，性灵派的诗歌创作具有鲜明的江南色彩。既然诗歌创作决定于诗人的生活，性灵派长期生活于江南，熟悉江南，其作品则不能不反映江南的自然山川，风土人情，生活习俗，抒发对江南的热爱情怀，从而折射出江南的自然美、习俗美、人情美。

性灵派主将袁枚一生游历半天下，但游览频繁的还是东南山水，其山水诗的主体也是吴越的名山胜水，如写南京的《清凉山》《登最高峰》，写苏州的《飘渺峰》，写杭州的《飞来峰》《孤山》，写天台的《从国清寺到高明寺看一路山色》《到石梁观瀑布》，等等，有百余首，淋漓尽致地表现了江南山水的千姿百态。又如，性灵派殿军张问陶虽然非江南人，但自晚年隐居苏州后，也写了不少描写江南风光的诗作，如《江南诗意》《无锡舟中看慧山》《阳湖道中》，等等，都为江南山水诗增添了一抹亮色。袁枚的女弟子也颇多登山游湖之作，不仅写出江南风光之美，也可见江南女子的生活情趣，而写她们结伴游玩，吟诗联句，又显示江南女子的才情与江南诗风之盛。此类诗歌虽风格多样，但整体上看，女性诗人婉约清丽是主调，这与江南的温山软水也是相应的。限于篇幅，不作详论。

综上所述，可以认定性灵派出现在乾嘉时期太湖流域，主观原因且不论，其客观原因则是吴越自然环境、经济环境与文化环境的产物。性灵派的诗学观与性灵诗创作，都与太湖流域的各种环境有着千丝万缕的联系。由此也可见，研究中国古代诗歌流派，绝不能忽略其地域性问题。

王英志：《清代性灵派乃江南诗派》，《河北学刊》，2010（3）。

结语一

　　江南山水诗意境中的主客体关系是江南诗歌美学所要探讨的一个基本问题。意境中的主客体关系在古人的理论探讨中被视为情、景关系。

　　《尚书舜典》云："诗言志，歌咏言。"《诗大序》云："诗者，志之所之也，在心为志，发言为诗。"[①] 从此以后，"诗言志"成为中国古典诗歌理论的法典。不过，对诗如何言志这个问题，历史上的各种诗学理论观点并不一致，其中有两种倾向是最有代表性的，一种是认为志必托于物，情必依于景，因而强调对景与物的摹写；另一种是认为景与物是为表达人的情与志服务的，应重视对人的情与志的提炼、斟酌与表现。

　　呈现前一种倾向的如西汉刘安，他在《淮南鸿烈》中写道："文者所以接物也，情系于中，而欲发于外者也。"[②] "且夫精神滑淖纤微，倏忽变化，与物推移。……览物之博，通物之壅，观始卒之端，见无外之境，以逍遥仿佯于尘埃之外，超然独立，卓然离世，此圣人所以游心。"[③] 刘安受庄子"游心"思想的影响，强调艺术创造中心灵的高度自由，但又认为这种心灵的自由依赖于"物"的无限丰富，"游心"无非是让主体的视界突破有限的生活空间而进入宇宙的无限的时空中。宋代梅尧臣也说："圣人于诗言，曾不专其中，因事有所激，因物兴以通。"[④] 认为诗歌通过对自然事物和社会事物的描写来激活人的情感，从而起到比兴美刺、讽谕时政的作用。邵雍在《谈诗吟》中道："人和心尽见，天与意相连。论物生新句，评文起雅言。"[⑤] 邵雍认为优美的

---

① 孔颖达：《毛诗正义》卷 1。

② 《缪称训》，《淮南鸿烈》卷 10。

③ 《修务训》，《淮南鸿烈》，卷 19。

④ 《答韩三子华韩五持国韩六玉汝见赠述诗》；《四部丛刊》本《宛陵先生集》。

⑤ 《四部丛刊》本《伊川击壤集》。

诗句离不开对"物"的感兴,他反对诗歌专注于写情志,主张人应当有"观物之乐"。

挚虞在《文章流别论》中说:"故有赋焉,所以假象尽辞,敷陈其志。……夫假象过大,则与类相远;逸辞过壮,则与事相违。"挚虞从赋的内在品性来看待象与辞的关系,认为写好赋的关键是使得志、辞与象三者之间互相适应,妥帖得当。赋与诗固然会因文体不同而存在言情绘物上的差异,但就志、辞与象基本关系而言又是一致的。挚虞之后,把"情"与"物"作为诗歌构成要素而研究的理论逐渐成熟而丰富起来。孔颖达在《毛诗正义序》中说:"六情静于中,百物荡于外,情缘物动,物感情迁。"王昌龄说:"文章是景,物色是本,照见了其象也。"[1]认为物对情具有支配性,物不同,情感的性质也随之而变。皎然在《诗议》中有一段充满禅意的话:"夫境象不一,虚实难明,有可睹而不可取,景也;可闻而不可见,风也;虽系乎我形而妙用无体,心也;义贯众镜而无定质,色也。凡此等等,可以对虚,亦可以对实。"皎然把心对景与色之把握看作诗歌创作的巨大困难,同时也是诗歌意境诞生的关键。

持后一种倾向,即偏重于情志的抒发而以写景作为抒情言志手段的观点,在中国古典诗学理论中始终处于主流地位。《诗大序》力陈"诗言志"、"发乎情,止乎礼义",而对情的载体"物"则未见重视。明代方回更是将意境形成过程中主体因素的作用夸大到不适当的程度,他在《心境记》中说:"顾我之境与人同,而我之所以为境,则存乎方寸之间,与人有不同焉者耳。……心即境也,治其境而不治其心,则亦与人境远,而心未尝不近;治其心而不于其境,则迹与人境近,而心未尝不远。"方回认为,主体的情志即"心"在艺术意境的构成中处于决定性的地位,所以就艺术创作而言,"治其境莫如治其心"。方回忽视客体一方的作用与价值的观点是有失偏颇的。李东阳在《麓堂诗话》中说:"惟有所寓托,形容摹写,反复讽咏,以俟人之自得,言有尽而意无穷,则神爽飞动,手舞足蹈而不自觉,此诗之所以贵情思而轻事实也。"李东阳"贵情思而轻事实"的主张与方回"治其境莫如治其心"

---

① 《文镜秘府论·南卷·论文意》。

的态度都是在当时文坛影响极大的。

不过，也就是与此同时，一种把"情"与"景"作为构成诗歌意境的两个基本要素而研究，主张情景交融的理论也日渐成熟。叶梦得在《石林诗话》中说："'池塘生春草，园柳变鸣禽。'世多不解此语为工，盖欲以奇求之耳。此语之工，正在无所用意，猝然与景相遇，借以成章，不假绳削，故非常情所能到。诗家妙处，当须以此为根本，而思苦言难者，往往不悟。"叶梦得这里虽然没有明确指出诗歌中情景之间复杂关系，但他已看到，诗歌中的情是一种特殊的情，诗歌中的景是一种特殊的景，只有此二者自然妙合，才能产生出好诗。惠洪在《冷斋夜话》中说："诗者，妙观逸想之所寓也，岂可限以绳墨？如王维作画雪中芭蕉诗，法眼观之，知其神情寄寓于物，俗论则讥以为不知寒暑。"惠洪特别重视艺术家对景物的独特感觉，认为诗中的景是一种特殊的景，与现实事物本身不一定要完全一致，只要它能把作者想要表达的感情传达出来，就是好景。姜夔在《白石道人诗说》中指出，诗歌应"意中有景，景中有意"，把意和景相对而论，又认为二者相互包容，其情景交融的思想越发清晰起来。包恢在《答傅当可论诗》中说："所谓造化之已发者，真景见前，生意呈露，混然天成，无补天之缝罅。"包恢所谓"真景"与"生意"应当"混然天成"的观点，也是在逼近"情景交融"的主题。

对情景交融观首先做出较为全面阐述的是明朝中期的谢榛，他在《四溟诗话》中说："作诗本乎情景，孤不自成，两不相背。……夫情景相触而成诗，此作家之常也。"谢榛对情与景关系的论述是非常辩证的，他不仅指出了情景交融的一般理论原则，而且论述了"景多"与"情多"；"逼真"与"含糊"；"实"与"泥实"的多种复杂关系。在谢榛以前能对情景关系作如此深入而具体的辨析与讨论的人是没有的。

情景交融理论的成熟，除了宋初山水诗盛行的原因之外，也与明代写景诗歌的流行与其表现艺术的较大提高有密切关系。袁宏道在《与丘长孺》中写道："诗之奇之妙之工之无所不及，一代盛一代，故古有不尽之情，今无不写之景。"[①] 陆时雍在《诗镜总论》中说："善言情者，吞吐深浅，欲露还藏，

---

① 钟伯敬增定本：《袁中郎全集》，卷21。

便觉此衷无限。善道景者，绝去形容，略加点缀，即真相显然，生韵亦流动矣。"到明朝中期，诗歌写景的范围被极大地拓展了，以写景为主的诗歌的数量增多了，而且写景的艺术水平也提高了，因而需要一个理论上的总结，这个总结是由王夫之来完成的。

情景交融的理论到王夫之时方发展成为一种成熟的、系统而全面的、精细的诗歌理论。关于写景与抒情的关系，王夫之大致指出了两点：首先，写出好景才能抒发真情。王夫之说："不能作景语，又何能作情语耶？古人绝唱多景语，如'高台多悲风'、'蝴蝶飞南园'、'池塘生春草'、'亭皋木叶下'、'芙蓉露下落'，皆是也，而情寓其中矣。"[①]在王夫之看来，"景"是"情"的载体，写出好景，自然情寓其中，所以说"古人绝唱多景语"。但是怎样才能写出好景呢？王夫之认为，从"一时、一事"上着手最好。他在评南朝诗人王融的《游仙诗》时说："一事，一时，一景，夫是之谓合辙。"如对江淹的《无锡舅相送衔涕别》，王夫之评之曰："一时，一事，一情，仅构此四十字，广可万里，长可千年。痴人此外更欲何道？"[②]诗虽写的是"一时、一事、一情"，却小看不得，其张力"广可万里，长可千年"，无与匹敌。但是，王夫之又认为，写"一时，一事，一情"重在写出其神理，而不是死板的模仿，他说："把定一题、一人、一事、一物，于其上求形模，求比似，求词采，求故实，如钝斧子劈栎柞，皮屑纷霏，何尝动得一丝纹理？"[③]对于"一事，一时，一景"，王夫之也并未将其当作定律，如谢灵运的《从斤竹涧越岭溪行》，诗由眼前纷纭景物写到想象中的往事，并非"一时、一事、一景"，却能神韵流光，王夫之评之曰："世有'眼前景物'之说，谂此亦非不然。虽然，岂易言哉！……抑知诗无定体，存乎神韵而已。"[④]王夫之一面说写景是有法可循的，同时又一再申明其并无一定之规，从这里我们可以进一步认识其所谓"无法之法"。其次，抒情是写景的指归。王夫之指出，只要能达到表达感情的目的，写什

---

① 《姜斋诗话笺注》，第91页。
② 《船山全书》第15册，第786页。
③ 同上，第820页。
④ 同上，第739页。

么样的景并无一定之规，诗歌中的情不受景物的制约和支配，如果以为只有某些特定的事物才能用来表达某种感情，那就表明作者没有真感情，或者说没有诗情，故曰："状景状事易，自状其情难。知状情者，乃可许之绍古。"①

王夫之曾一再强调"体物"对做诗的重要性，认为"堕耳绌目以绝物"只能形成"悁情"，而同时又强调"抒情在己，弗待于物"、"借他物以夤缘者，不及情故也"，表明王夫之认识到从"体物"到产生情，再以情来驾驭外物，这是审美活动的基本特征，也是意境生成的辩证的发展过程。王夫之的这些思想，使我们认识到景物虽然在诗歌意境生成过程中只是基础性的，很重要，但不能取代人的主体地位，尤其是不能在景物与情感之间进行机械对应，在人类复杂的情感活动中，景物对于意境生成的具体作用非常复杂。这也启示我们，在认识江南的自然环境、风俗人情对诗歌意境生成这个问题时应从人类广阔的社会实践整体上着眼。

结语二

中国古老文明的悠远深厚，很大程度上并不是因为它历经时间的洗练，从而散发出时光只是在极少数文明中才烙印下的历史沧桑感、生命的持久性，而是因为中国古典文化的那种独特的底蕴：无色无味又极其富有神秘感的东西。它们是古往今来文人墨客所追逐的极致，无论老庄的"道"，或是佛家之"空""净"……在历史泥沙无数次的冲刷之后，被闪耀着永恒智慧光芒的"意境"，一概纳入囊中，加以整合之后取得了历史的认同。那种无法言语的感觉，无法体认的精神感受，成为艺术为之现身的归宿。诗词歌赋、园林建筑、绘画雕塑……所能够代表中国艺术经典的，都是对意境有着无限追求的。而慢慢成长起来的江南在经过了野性、蛮荒之后，成为孕育这

---

① 《船山全书》第 15 册，第 1154 页。

种意境的天堂。江南所拥有的一山一石、一草一木，仿佛被女娲遗忘的通灵宝石，满腹深情的绛珠草，被将以虚无的智慧之后演绎出飘忽迷离、亦幻亦真的美丽仙境。由此，称江南为"意境"的风水宝地，又何尝不妥！

■ **进一步思考的问题**：

古代江南士人精心建构的诗歌意境具有怎样的哲学意义？

■ **关联性思考的问题**：

当中国诗歌意境理论走向完善的时候，中国诗歌在意境创造上却走向了下坡路，原因何在？

■ **进一步阅读的书目**：

1. 谢榛：《四溟诗话》
2. 王夫之：《姜斋诗话》

■ **关联性阅读的书目**：

1. 桑悦：《思玄集》
2. 韩林德：《境生象外》，上海三联书店，1997 年。

第二编 ‖ 江南绘画美学

导　读

　　画是画什么的？综观古人所论，往往在两个方面着力，一是言自然之性，二是论画者才情，故知画之宗旨当不外乎此。在这两个方面，都有一些人们所熟知的说法。前者如南朝宗炳《画山水序》云："圣人含道应物，贤者澄怀味像。至于山水，质有而趋灵。是以轩辕、尧、孔、广成、大槐、许由、孤竹之流，必有崆峒、具茨、藐姑、箕首、大蒙之游焉！又称仁智之乐！夫圣人以神法道，而贤者通；山水以形媚道，而仁者乐，不亦几乎？"又如唐代王维《画诀》云："夫画道之中，水墨最为上，肇自然之性，成造化之功。"这一条思路虽然不否定画家主体的创造精神，但更强调绘画对自然、大道的艺术表现。持后论者也不在少数，如宋代郑刚中《画说》云："虔（郑虔）高才，在诸儒间如赤霄孔翠，洒酣意放，搜罗物象，驱入豪端，窥造化而天性，虽片纸点墨，自然可喜。立本（阎立本）幼事丹青，而人物丰茸，才术不鸣于时。负惭流汗，以绅笏奉研，是虽能模写穷尽，亦无佳处。余操是说以验今人之画，故胸中有气味者，所作必不凡，而画工之笔终无神观也！"又如宋代刘学箕《论画》曰："古之所谓画士，皆一时名胜。涵咏经史，见识高明，襟度洒落，望之飘然，知其有蓬莱道山之丰俊。故其发为豪墨，意象萧爽，使人宝玩不置。"这一条思路虽不否认人物山川气象对绘画的影响，但尤其强调绘画是天才的事业，人的才情、识见、襟度才是画品的决定性因素。从画家的创造成就来看，上述两个方面其实都很重要，二者是辩证统一的关系。

首先，江南的山川风物培育了士人一种相对纯粹的审美尺度，一种尽可能"去欲"的澄明之心，一种最大程度地摆脱了功利意识的审美想象力，在它们的感召与启示下，艺术家们才拥有了创造出卓越书品与画品的才情、识见与襟度。同时，儒道佛三家博大精深的山水文化精神又保养了士人的青春与热情，使他们能够在山水画中创造高广清远、意蕴丰富的意境。如五代南唐画家董源，所作山水画"多写江南真山，不为奇峭之笔"（沈括《梦溪笔谈》卷17，《书画》），兼具儒家的务实精神和道家的求真态度。潘天寿称其山水画"峰峦出没，云雾显晦，不装巧趣，皆得天真，岚色郁苍，枝干劲挺，咸有生意，溪桥渔浦，洲渚掩映，一片江南也。"① 江南文士们的才情与文化熏陶与江南山水风物相结合，使得烟霞明灭的江南山川风物具有了更强的审美活力。

① 潘天寿：《中国绘画史》，团结出版社，2006年，第139页。

第一章

绘画中的主体因素

选文 1

唐志契谈山水画中之"性情"

　　写画须要自己高旷。张伯雨题倪迂画云："无画史纵横习气。"又迂翁自题《师子林图》云："此画真得荆、关遗意，非王蒙辈所能梦见也。"其高自标置如此。顾谨题倪迂画云："初以董源为宗，及乎晚年，画益精诣。而北苑笔法，渺乎脱矣。"盖迂翁聚精于画，虽从北苑筑基，然借荆、关而兼河阳，专以幽深为宗者也。若纵横习气，即黄子久犹有焉。然则赵吴兴之逊迂翁，乃胸次之别耳。画须从容自得。适意时对明窗净几、高明不俗之友为之，方能写出胸中一点洒落不羁之妙。

唐志契：《绘事微言·品质》

选文 2

汤垕论画家之"深意"

　　古人作画，皆有深意。运思落笔，莫不各有所主。况名下无虚士。相传既久，必有过人处。故画之法六，得其一二者尚能名世，又得其全者，可知也。今人看画，不经师授，不阅纪录，但合其意者为佳，不合其意者为不佳。及问其如何是佳，则茫然失对。余自十七八岁时，便有迂阔之意。见图画，爱玩不去手；见赏鉴之士，便加礼问。遍借纪录，劈髣成诵，详味其言，历观往迹，参考古说，始有少悟。若不留心，不过为听声随影，终不精鉴也。

人物于画，最为难工，盖拘于形似位置，则失其神韵气象。顾陆之迹世不多见。唐名手至多，吴道子画家之圣也，照映千古。至宋李公麟伯时一出，遂可与古作者并驱争先。得伯时画三纸，可换吴生画一二纸。得吴生画二纸，可得易顾、陆一纸。其为轻重相悬若此。

古人以画得名者，必有一科是其所长。如唐之郑虔，蜀之李昇，并以山水名，《宣和画谱》皆入人物等部画目，称其能山水，而所收止人物、神仙耳。其他不可枚举。余凡欲修《宣和画谱》者数矣，惜未得遂其所欲也。宋高宗每搜访至书画，必命米友仁鉴定题跋，往往有一时附会，迎合上意者。尝见画数卷颇未佳，而题识甚真，鉴者不可不知也。世人收画，必欲盛饰以金玉，不知金玉乃诲盗之端，前贤事迹可鉴。

……

今人看画，多取形似，不知古人最以形似为末节。如李伯时画人物，吴道子后一人而已，犹未免于形似之失。盖其妙处，在于笔法、气韵、神彩，形似末也。东坡先生有诗云："论画以形似，见与儿童邻。作诗必此诗，定知非诗人。"余平生不惟得看画法于此诗，至于作诗之法，亦由此悟。

……

观画之法，先观气韵，次观笔意、骨法、位置、傅染，然后形似：此六法也。若观山水、墨竹、梅兰、枯木、奇石、墨花、墨禽等，游戏翰墨，高人胜士，寄兴写意者，慎不可以形似求之。先观天真，次观笔意，相对忘笔之迹，方为得之。今人观画，不知六法，开卷便加称赏。或人问其妙处，则不知所答。皆是平昔偶尔看熟，或附会一时，不知其原，深可鄙笑。

收画若山水、花竹、窠石等，作挂轴文房舒挂。若故实人物，必须横卷为佳。

汤垕：《画论》

选文 3
苏轼说画家之"寓意"

　　君子可以寓意于物，而不可以留意于物。寓意于物，虽微物足以为乐，虽尤物不足以为病。留意于物，虽微物足以为病，虽尤物不足以为乐。老子曰："五色令人目盲，五音令人耳聋，五味令人口爽，驰骋田猎令人心发狂。"然圣人未尝废此四者，亦聊以寓意焉耳。刘备之雄才也，而好结髦。嵇康之达也，而好锻炼。阮孚之放也，而好蜡屐。此岂有声色臭味也哉，而乐之终身不厌。

　　凡物之可喜，足以悦人而不足以移人者，莫若书与画。然至其留意而不释，则其祸有不可胜言者。钟繇至以此呕血发冢，宋孝武、王僧虔至以此相忌，桓玄之走舸，王涯之复壁，皆以儿戏害其国，凶其身。此留意之祸也。

　　始吾少时，尝好此二者，家之所有，惟恐其失之，人之所有，惟恐其不吾予也。既而自笑曰：吾薄富贵而厚于书，轻死生而重于画，岂不颠倒错缪失其本心也哉？自是不复好。见可喜者虽时复蓄之，然为人取去，亦不复惜也。譬之烟云之过眼，百鸟之感耳，岂不欣然接之，然去而不复念也。于是乎二物者常为吾乐而不能为吾病。

　　驸马都尉王君晋卿虽在戚里，而其被服礼义，学问诗书，常与寒士角。平居攘去膏粱，屏远声色，而从事于书画，作宝绘堂于私第之东，以蓄其所有，而求文以为记。恐其不幸而类吾少时之所好，故以是告之，庶几全其乐而远其病也。

苏轼：《宝绘堂记》

选文 4
米芾说画家之"自得"

　　大抵人物牛马，一模便似，山水模皆不成，山水心匠自得处高也。

米芾：《论画》

选文 5

沈括说画家之"神会"

书画之妙，当以神会，难可以形器求也。

沈括：《论画》

选文 6

邓椿说画家之"著意"

画者，文之极也！故古今之人，颇多著意，张彦远所次历代画人，冠裳太半。唐则少陵题咏，曲尽形容；昌黎作记，不遗毫发。本朝文忠欧公、三苏父子、两晁兄弟、山谷、后山、宛丘、淮海、月岩，以至漫士、龙眠，或评品精高，或挥洒超拔，然则画者，岂独艺之云乎？难者以为自古文人，何止数公，有不能且不好者，将应之曰："其为人也多文，虽有不晓画者寡矣；其为人也无文，虽有晓画者寡矣！

邓椿：《画继》卷九《杂说·论远》

第二章

绘画中的客体因素

选文1

唐志契说山水"性情"

凡画山水，最要得山水性情。得山水性情，山便得环抱起伏之势，如跳如坐，如俯仰，如挂脚，自然山性即我性，山情即我情，而落笔不生软矣。水便得涛浪潆回之势，如绮如云，如奔如怒，如鬼面。自然水性即我性，自然水情即我情，而落笔不板呆矣。或问：山水何性情之有？不知山性即止，而情态则面面生动，水性虽流，而情状则浪浪具形。探讨之久，自有妙过古人者。古人亦不过真山真水上探讨，若仿旧人，而只取旧本描画，那得一笔似古人乎？岂独山水，虽一草一木亦莫不有性情。若含蕊舒叶，若披枝行干，虽一花而或含笑，或大放或背面，或将谢或未谢，俱有生化之意。画写意者，正在此著精神，亦在未举笔之先，预有天巧耳。不然，则画家六则，首云气韵生动，何所得气韵耶？

唐志契：《绘事微言·山水性情》

选文2

郭熙谈山川品质

君子之所以爱夫山水者，其旨安在？丘园养素，其常处也；泉石啸傲，所常乐也；渔樵隐逸，所常适也；猿鹤飞鸣，所常亲也。尘嚣缰锁，此人情所常厌也；烟霞仙圣，此人情所常愿而不得见也。直以太平盛日，君亲之心两隆。苟洁一身，出处节义斯系，岂仁人高蹈远引，为离世绝俗之行，而必与箕、颍埒素，黄、绮同芳哉？《白驹》之诗，《紫芝》之咏，皆不得已而长往者也。然则林泉之志，烟霞之侣，梦寐在焉，耳目断绝。今得妙手，郁然出之，不下堂筵，坐穷泉壑！猿声鸟啼，依约在耳；山光水色，滉漾夺目，此岂不快人意，实获我心哉？此世之所以贵夫画山水之本意也。不此之主而轻心临之，岂不芜杂神观，混浊清风也哉？……世之笃论，谓山水有可行者，有可望者，有可游者，有可居者，画凡至此，皆入妙品。但可行可望，不如可居可游之为得。何者？观今山川，地占数百里，可游可居之处十无三四，而必取可居可游之品。君子之所以渴慕林泉者，正谓此佳处故也。故画者当以此意造，而鉴者又当以此意穷之，此之谓不失其本意。

郭熙：《山水训》

选文 3

王维谈绘画之"规矩"

初铺水际，忌为浮泛之山；次布路歧，莫作连绵之道。主峰最为高耸；客山须是奔趋。回抱处，僧舍可安；水陆边，人家可置。村庄著数树以成林，枝须抱体；山涯合一水而瀑泻，泉不乱流。渡口只宜寂寂，人行须是疏疏。泛舟楫之桥梁，且宜高耸；著渔人之钓艇，低乃无妨。悬崖险峻之间，好安怪木；峭壁巉岩之处，莫可通涂。远岫与云容相接，遥天共水色交光。山钩锁处，沿流最出其中；路接危时，栈道可安于此。平地楼台，偏宜高柳映人家；名山寺观，雅称奇杉衬楼阁。远景烟笼，深岩云锁，酒旗则当路高悬，客帆宜遇水低挂，远山须要低排，近树唯宜拔进。手亲笔砚之余，有时游戏三昧，岁月遥永，颇探幽微。妙悟者，不在多言；善学者，还从规矩。

王维：《山水诀》

选文4

王维谈自然的"精神"

远人无目，远树无枝。远山无石，隐隐如眉；远水无波，高与云齐。此是诀也。山腰云塞，石壁泉塞，楼台树塞，道路人塞。石看三面，路看两头，树看顶颠，水看风脚，此是法也。

凡画山水：平夷顶尖者，巅。峭峻相连者，岭。有穴者，岫。峭壁者，崖。悬石者，岩。形图者，峦。路通者，川。两山夹道，名为壑也。两山夹水，名为涧也。似岭而高者，名为陵也。极目而平者，名为坂也。依此者，粗知山水之仿佛也。

观者先看气象，后辨清浊，定宾主之朝揖，列群峰之威仪。多则乱，少则慢，不多不少，要分远近。远山不得连近山，远水不得连近水，山腰掩抱，寺舍可安；断岸坡堤，小桥可置。有路处则林木，岸绝处则古渡，水断处则烟树，水阔处则征帆，林密处则居舍。临岩古木，根断而缠藤；临流石岸，欹奇而水痕。

凡画林木：远者疏平，近者高密，有叶者枝嫩柔，无叶者枝硬劲，松皮如鳞，柏皮缠身，生土上者根长而茎直，生石上者拳曲而伶仃，古木节多而半死，寒林扶疏而萧森。

有雨不分天地，不辨东西。有风无雨，只看树枝。有雨无风，树头低压，行人伞笠，渔父蓑衣。雨霁则云收天碧，薄雾霏微，山添翠润，日近斜晖。

早景则千山欲晓，雾霭微微，朦胧残月，气色昏迷。晚景则山衔红日，帆卷江渚，路行人急，半掩柴扉。春景则雾锁烟笼，长烟引素，水如蓝染，山色渐青。夏景则古木蔽天，绿水无波，穿云瀑布，近水幽亭。秋景则天如水色，簇簇幽林，雁鸿秋水，芦岛沙汀。冬景则借地为雪，樵者负薪，渔舟倚岸，水浅沙平。凡画山水，须按四时，曰"烟笼锁雾"，或曰"楚岫云归"，或曰"秋天晓霁"，或曰"古冢断碑"，或曰"洞庭春色"，或曰"路红画题"。

山头不得一样，树头不得一般，山借树而为衣，树借山而为骨。树不可繁，要见山之秀丽；山不可乱，要显树之精神。能如此者，可谓名手之画山水也！

王维：《山水论》(《画苑补益》作荆浩《山水赋》)。

选文 5
傅抱石谈绘画与大众的"需求"

大自然的趋势，北方崇山峻岭。崖壁峭拔，人民体壮性刚，淳朴不变。李思训父子受了这自然的包围，画面全呈北地瀜重意味。南方则不然，秀水明山，平原在望。所以明媚的周遭，和奇峭的东西是格格不入了。这在事实上朝廷的力量可以普及全国，但在朝的绘画是不能影响南方的。然艺术的滋润，是人民精神生活的唯一出路，"华贵"的注入，恰恰与"幽雅"贴了相对的两方面。好在环境是不许如此，不许不顾到大数人民的渴望，虽是当时诗风弥漫，不过是一条路而已。伟大的大众需要的绘画艺术，自是当务之急。

傅抱石：《中国绘画变迁史纲》，上海古籍出版社，1998 年，第 38 页。

选文 6
董其昌谈绘画中景对情的作用

忆余丙申，持节长沙，行潇湘道中，蒹葭渔网，汀洲丛木，茅庵樵经，晴峦远堤，一一如此图，令人不动步而重作湘江之客。

董其昌：《画旨》，西泠印社出版社，2008 年，第 19 页。

第三章

绘画中的主客体融合与统一

选文 1
王履的"充然"说

　　夫画多种也，而山水之画为予珍；画家多人也，而马远马逵马麟及二夏圭之作为予珍。何也？以言山水欤，则天文地理人事与夫禽虫草木器用之属之不能无形者，皆于此乎具，以此视诸画风，斯在下矣。以言五子之作欤，则粗也而不失于俗，细也而不流于媚，有清旷超凡之远韵，无猥暗蒙尘之鄙格，图不盈咫而穷幽极遐之胜，已充然矣。故予之珍，非珍乎溺也，珍乎其所足珍不能以不珍耳。其锻与蜡屐之云哉！且余也泉石之姿也，而市尘是囿。猿鹤之为无用耶，固亦精神心术之所寓，与其覆瓿，孰若全之以不失夫踦屦偕还之心。于是焉补苴整比，离为二帙，目之曰《画楷》云。嗟乎！熟处难忘，有道君子，亦或不免，况余乎？是知克己之事，甚不可易易言也。虽然，窗明几净，时一披之，则神游虚无，悟入恍忽，自有不可与冰氏之流道者。当是时也，视乡之仆仆然模拟于含毫吮墨之间，其所得也，反若过之。惟辍于目昏，故巧为拙奴之累不及，而自怡不赠之趣益深也。……因赋诗曰："吟诗写字何妨道，何况规规画苑中？只为癖深消不得，故教幽思且相通。"或曰："既知其癖，胡不蕲夫治之之策乎？"余曰："癖，天下古今之通病也。不必于此，必癖于彼，果惟预之《传》，济之马峤之钱而已乎哉！虽然，设治癖者过君，幸以相告。"

王履《画楷序》

选文 2

莫是龙说"自然传神"

赵大年画平远，绝似右丞，秀润天成，真宋之士大夫画。此一派又传之为倪云林。云林工致不敌，而著色苍古胜矣。今作平远及扇头小景，一以此二人为宗。使人玩之不穷，味外有味可也。

画家之妙，全在烟云变灭中。米虎儿谓王维画见之最多，皆如刻画，不足学也，惟以云山为墨戏。此语虽似过正，然山水中当著意生云。不可用拘染，当以墨渍出，令如气蒸，冉冉欲堕，乃可称生动之韵。

昔人评大年画，谓得胸中千卷书更奇古。又大年以宋宗室，不得远游。每朝陵回，得写胸中丘壑。不行万里路，不读万卷书，欲作画祖，其可得乎？此在吾曹勉之，无望于庸史矣。

山之轮廓先定，然后皴之。今人从碎处积为大山，此最是病。古人运大轴只三四大分合，所以成章。虽其中有细碎处甚多，要之取势为主。吾有元人论米高二家山书，正先得吾意。

画树之窍，只在多曲，虽一枝一节，无有可直者。其向背俯仰，全于曲中取之。或曰：然则诸家不有直树乎？曰：树虽直，而生枝发节处，必不多直也。董北苑树作劲挺之状，特曲处简耳。李营丘则千屈万曲，无复直笔矣。

枯树最不可少，时于茂林中间见乃奇古。茂林惟桧柏杨柳椿槐，要郁森，其妙处在树头。与四面参差，一出一入，一肥一瘦处。古人以木炭画，随圈而点入之，正为此也。

柳：宋人多写垂柳，又有点叶柳。垂柳不难画，只要分枝头得势耳。点叶柳之妙，在树头圆铺处，只以汁绿渍出，又要森萧有迎风摇脑之意，其枝须半明半暗。又春二月，柳未垂条；秋九月，柳已衰飒，俱不可混。设色亦须体此意也。

画树木各有分别。如画潇湘图，意在荒远灭没，即不当作大树，及近景丛木。如园亭景，可作杨柳梧竹，及古桧青松。若以园亭树木，移之山居，便不称矣。若重山复嶂，树木又别，当直枝直干，多用攒点，彼此相藉。望之模糊郁葱，似入林有猿啼虎嗥者乃称。至如春夏秋冬，风晴雨雪，又不在言也。

画家以古为师，已自上乘。进此当以天地为师。每朝起，看云气变幻，绝似画中山。山行时见奇树，须四面取之。树有左看不入画而右看入画者。前后亦尔。看得熟，自然传神。传神者必以形。形与心手相凑而相忘，神之所托也。树岂有不入画者？特画史收之生绢中。茂密而不繁，峭秀而不寒。即是一家眷属耳。

画之道，所谓以宇宙在乎手者。眼前无非生机，故其人往往多寿。至如刻画细碎，为造物役者，乃能损寿，盖无生机也。黄子久、沈石田、文徵仲皆大耋；仇英知命；赵吴兴止六十余。仇与赵虽品格不同，皆习者之流。非以画为寄，以画为乐者也。寄乐于画，自黄公望始开此门庭耳。

禅家有南北二宗，唐时始分。画之南北二宗，亦唐时分也。但其人非南北耳。北宗则李思训父子著色山水。流传而为宋之赵幹、赵伯驹、伯骕，以至马夏辈。南宗则王摩诘始用渲淡，一变钩斫之法。其传为张躁、荆、关、郭忠恕、董、巨、米家父子，以至元之四大家。亦如六祖之后，马驹、云门、临济儿孙之盛，而北宗微矣。要之摩诘所谓云峰石迹，迥出天机，笔意纵横，参乎造化者。东坡赞吴道子王维画壁亦云："吾于维也无间然。"知言哉。

古人云：有笔有墨。笔墨二字，人多不晓。画岂无笔墨哉？但有轮廓而无皴法，即谓之无笔。有皴法而无轻重向背明晦，即谓之无墨。古人云：石分三面。此语是笔亦是墨，可参之。

余尝谓右军父子之书，至齐梁而风流顿尽。自唐初虞、褚辈，一变其法。乃不合而合。右军父子，殆如复生。此言大不易会。盖临摹最易，神会难传故也。巨然学北苑，元章学北苑，黄子久学北苑，倪迂学北苑。学一北苑，而各各不相似。使俗人为之，一与临本同，若之何能传世也。

董北苑画树，多有不作小树者，如《秋山行旅》是也。又有作小树，但只远望之似树，其实凭点缀以成形者。余谓此即是米氏落茄之源委。盖小树最要淋漓约略，简于枝柯，而繁于形影。欲如文君之眉，与黛色相参合，则是高手也。

赵大年平远，写湖天淼茫之景极不俗。然不奈多皴。虽云学维，而维画正有细皴者，乃于重山叠嶂有之。赵未能尽其法也。

张伯雨题倪迁画云："无画史纵横习气。"予家有此帧。又其自题《师子林图》云："予此画真得荆关遗意，非王蒙辈所能梦见也。"其高自标置如此。又顾汉中题迁画云："初以董源为宗，及乎晚年，画益精诣，而书法漫矣。"盖迁书绝工致，晚年乃失之，而聚精于画。一变古法，以天真幽淡为宗。要亦所谓渐老渐熟者，若不从董北苑筑基，不容易到耳。纵横习气，即黄子久未断。幽淡两言，则赵吴兴犹逊迁翁。其胸次自别也。

画平远，师赵大年。重山叠嶂，师江贯道。皴法用董源麻皮皴，及《潇湘图》点子皴。树用北苑、子昂二家法。石用大李将军《秋江待渡图》，及郭忠恕雪景。李成画法，有小帧水墨，及着色青绿，俱宜宗之。集其大成，自出机杼。再四五年，文沈二君不能独步吾吴矣。

莫是龙：《画说》

选文 3

石涛说"变化"

夫画，天下变通之大法也。山川形势之精英也，古今造物之陶冶也，阴阳气度之流行也；借笔墨以写天地万物而陶泳乎我也。

石涛：《画语录·变化第三》

选文 4

王昱谈画中的理与气

画中"理"、"气"二字，人所共知，亦人所共忽。其要在修养心性，则理正气清，胸中自发浩荡之思，腕底乃生奇逸之趣，然后可称名作。未动笔前须兴高意远，已动笔后要气静神凝。无论工致与写意皆然。翰墨中面目各别，而其品有二：元气磅礴，超凡入化，神生画外者，为上乘。清气浮动，脉正律严，神生画内者次之。皆可卓然成家，名世传世。作画先定位置，次讲笔墨。何谓位置？阴阳向背，纵横起伏，开合锁结，回抱勾托，过接映带，须跌宕欹侧，舒卷自如。何谓笔墨？轻重疾徐，浓淡燥湿，浅深疏密，流利活泼，眼光到处，触手成趣，学者深明乎此，下笔时自然无美不臻。

气骨古雅，神韵秀逸，使笔无痕，用墨精彩，布局变化，设色高华。明此六者，觉昔人千言万语尽在是矣。非坐破蒲团，静参默悟，腕底岂能融会斯旨！

未作画前全在养兴，或睹云泉，或观花鸟，或散步清吟，或焚香啜茗，俟胸中有得，技痒兴发，即伸纸舒毫，兴尽斯止。至有兴时续成之，自必天机活泼，迥出尘表。

位置须不入时蹊，不落旧套，胸中空空洞洞，无一点尘埃，邱壑从性灵发出，或浑穆，或流利，或峭拔，或疏散，贯想山林真面目流露毫端，那得出人头地？

运笔古秀，着墨飞动，望之元气淋漓，恍对岚容川色，是为真笔墨。须知此种神韵，全从朝、暮、四时、风、晴、雨、雪、云、烟变灭间贯想得来。

绝处逢生，禅机妙用，六法亦然。到得绝处，不用着忙，不用做作，心游目想，忽有妙会，信手拈来，头头是道。

王昱：《东庄论画》

选文 5

沈宗骞谈"笔墨之妙"

未解笔墨之妙者，多喜作奇峰峭壁，老树飞泉，或突兀以惊人，或拿攫以骇目，是画道之所以日趋于俗史也。夫秋水苍葭，望伊人而宛在；平林远岫，托逸兴而悠然。古之骚人畸士，往往借此以抒其性灵，而形诸歌咏，因更假图写以寓其恬淡冲和之致。故其为迹，虽闲闲数笔，而其意思，能令人玩索不尽。试置尺幅于壁间，顿使矜奇炫异之作，不特瞠乎其后，亦且无地自容。故吾尝谓因奇以求奇，奇未必即得，而牛鬼蛇神之状毕呈。董北苑空前绝后，其笔岂不奇崛？然独喜大江以南，山泽川原，委蛇绵密光景。且如米元章、倪云林、方方壶诸人，其所传之迹，皆不过平平之景，而其清和宕逸之趣，缥缈灵变之机，后人纵竭心力以拟之，鲜有合者，则诸人之所臻于此者，乃是真正之奇也。诸人之后，作者多矣，于态万状，无所不有，而独董思翁为允当。余见思翁之迹，何止伯什，而欲寻其一笔之矜奇炫异者，不可得也，独其笔墨间奇气，又使人愈求之而愈无尽。观乎此，则知动辄好奇，画者之大病，而能静按其笔墨以求之而得者，是谓平中之奇，是真所谓奇也。非资学过人，未易臻此。

古人之奇，有笔奇，有趣奇，有格奇，皆本其人之性情胸臆，而非学之可致也。学者，规矩而已。规矩尽而变化生，一旦机神凑会，发现于笔酣墨饱之余，非其时弗得也，过其时弗再也。一时之所会，即千古之奇迹也。吴道子写地狱变相，亦因无藉发意，即借裴将军之舞剑以触其机，是殆可以神遇，而不可以意求也。今人之奇者，专于状貌之间，或反其常道，或易其常形，而曰我能为人所不敢为也，不知此特狂怪者耳，乌可谓之奇哉？乃浅虑者群焉附之，遂与正道万里暌隔，终身为之，而不知古人之所以为画者，岂不可叹？

一切可惊可愕，可悲可喜之事，或旷世而追慕，或异地而相感，或应徵雷雨，或孚及豚鱼，其足以致此者，岂非大奇事哉？然考其实，不越乎性情所发。人人自具性情，又人人日在性情中周旋，性情有何奇处？人诚能尽性情之正，则可传不可泯之事以成。可知至平之间，至奇出焉，理固然也。若离却性情以求奇，必至狂怪而已矣，尚何足以令人相感而相慕乎哉？今人既自揣无以出众，乃故作狂态以惑人，若俗目喜之，便矜自得。昧者转相仿效，不知所止，因而自树门派，以误来学，在有识者，固不值一笑而有识者几人哉？嗟乎！正道衰微，邪魅将白昼迷人矣。

嫩与老之分，非游丝牵引之谓嫩，赤筋露骨之谓老，而在于功夫意思之间也。凡初学画，但当求古人笔如何运，墨如何用，布置如何停当。工夫做一年，自有一年光景，做十年，自有十年光景。骤欲几于老境，势必至于剑拔弩张，卤莽率略，而还而观之，则仍是嫩也。故凡一切法度，皆可黾求而得，惟老到之境，必视其工夫之久暂。试取前人极缥缈轻逸之笔，用意临摹，未尝不能似也，然其寓刚健于婀娜之中，行道劲于婉媚之内，所谓百炼刚化作绕指柔，其积功累力而至者，安能一旦而得之耶？然则似嫩者，乃不识画者之貌取，苟少识之，并未见其似嫩也。同是一帧妙迹，工夫浅薄者视之，以为平平，及少有功夫，则略能识之，至功夫渐臻纯熟，则愈见为不可及。前所似嫩者，不但不以为似嫩，且叹为老境之不可以摹拟得也。故学者当识古人用笔之妙，笔笔从手腕脱出，即是笔笔从心坎流出。人誉我，且不必喜，惟能合古人之意则喜之。人毁我，且不必忧，惟不能合古人之意则忧之。不徇时好，不流异学，静以会其神，动以观其变，久之而有得焉，则如丝之吐，自然成茧；如蕉之展，自然成阴。风蹙水而为文，泉出山而任势。到此地位，虽笔所未到，而意无不足，有意无意之间，乃是微妙之极境矣。倪云林诗云："拟将《尔雅》虫鱼笔，写出乔林古木图。"盖言生动流活之趣，如虫鱼也，亦即余所论似嫩之妙谛也。

起手从事笔墨，不数年而便若得老致者，约有三等，而一则无足取焉者。如笔性重滞方幅，绝无意致可观，貌似笃茂，实则朴陋；早年纵得如此模样，晚年亦未必更佳，虽若老成，不足论也。若笔性坚重有力，在初动手时，便有欲透纸背之势，是其腕出天成，自具神力，加以博览名迹，读书尚友，胸襟与识见并高，腕势与心灵日进，真名世之质也，我不能测其限量矣。更有资性灵异，不待经年攻苦，而自成气象，无事刻志摹拟，而自合矩矱，举他人半生苦力，不消其略为涉猎，而功效过之者，若其人能还淳反朴，深自韬晦，自当享遐龄而增晚福；如其恃才睥睨，放浪自恣，恐其优于此者，未必不绌于彼也。以上三种，皆起手未几而便得老致者也。又有起手觉柔弱，久之不脱于嫩者，亦约有三等，而一则不得有为焉者。笔气纤缓蔓延，腕弱无力，疾力攻之，但见平塌之弊，绝少卓越之观；历时虽久，依然故武，是人老而笔终于嫩者也。若其笔致柔媚，风趣有余，而骨力不足，诚能浸淫于古法，陶淑于风雅，将翩跹流逸，风态宜人，虽苍劲或不足，亦自成一种笔墨。至夫天资超妙者，始则平平无甚奇异，及乎潜窥古人之秘卷，深识画理之元微，自有会心，迥异恒品，于是珊珊仙骨，凡识翻笑其伶仃；奕奕清神，俗目反嗤其单弱。兹盖品在仙、逸之间，非食烟火者所得梦见，一似乎嫩，而非可以嫩律之也。

沈宗骞:《芥舟学画编》

结语一

作为一个山水画家，要画出山水之精粹，首要的是以自己生命的节奏去感受自然山水的节奏并准确地把握它，"一种画春夏秋冬，各有始终晓暮之类，品意物色，便当分解，况其间各有其趣哉！"（《林泉高致·画诀》）画家观景乃触目会心之观照，不仅要发现自然万物各自的生命特点，而且能够从各种事物和生命的相互关系着眼去进行体悟，不是让自己的视点固定在一点上去摄取景物的形貌，而是随着自己心理活动的需要而游动，忽略、舍弃细枝末节的东西，而将那些深深触动自己情思的景象经营为一种综合印象。山水画之意境之所以能导引人们获得深层的审美体验，其重要原因之一在于它既能够让人感受到自然节奏与人的生命律动相契合，又能让人从中感受到每一种自然事物独特的生命旋律与生动气韵。

笔墨节奏是画家在进行艺术创作的过程中，在各种艺术手法（如钩、麻、皴、点等）的表达中，通过有序的、有变化的强弱处理而产生的。笔墨节奏讲求韵味、象征，它一方面是独立的，另一方面又与自然山水节奏结合，同时也与画家的情趣契合相通，体现出画家传情达意的表现个性，从而形成了画作的意境风格。郭熙说："凡经营下笔，必合天地。"（《林泉高致·画诀》）山水、笔墨和画家的自然心性共同调和成画面的节奏，富有生命意义。中国古代的山水诗人、画家以"俯仰自得"的精神观赏宇宙，跃入大自然的节奏里"游心太玄"，并创造了独具民族艺术特色的时空节奏形式。

结语二

江南山水画必画江南山水，然若精工细刻山水形态，又为画界所鄙。江南山水画看重画家风格意趣，然若细究其意趣，则又在树木、细石、烟云、流水之间。由此可知，江南山水画之妙在于画家之意趣与山水之形态的融合与统一。自古以来，无数优秀画家殚精竭虑，寻求有形山水与无形精神相融合统一的表现规律。如王履提出的"图不盈咫而穷幽极遐之胜"的"充然"说、莫世龙提出的"形与心手相凑而相忘"的"自然传神"说、沈宗骞提出的"假图写以寓其恬淡冲和之致"的"平中之奇"说，等等，这些思想和观点构成江南山水画论的重要组成部分。

结语三

中国人的时空观是以生命哲学为基础的时空一体，以时统空观念，影响甚广，当然也包括中国的艺术。如唐代山水田园诗，作为中国古典文化艺术的典范，就充分地表现出中国艺术植根于"天人合一"的传统哲学，创造情景交融、"时空合一"的艺术意境的特点。唐代山水田园诗创造"时空合一"艺术意境的关键在于诗人与山水田园景物的冥合无间，将自己的情感熔铸于自然景物，使之情意化、生命化，取得时空上的契合无间。而在"几处诗词几处江南"的现状跟事实面前，江南又以它哲人般的智慧，为继承延续中国传统的时空观提供了沃土。

■ **进一步思考的问题**：

中国诗歌意境从一定程度上反映了中国古人的宇宙时空观，那么，中国古典诗歌意境究竟是空间主导型（度四方作为定四时的基础），还是时间主导型（时间率领着空间走），抑或是时空合一型？

■ **关联性思考的问题**：

中国诗歌意境中的时间向矢是可逆的吗？

■ **进一步阅读的书目**：

1. 史成芳：《诗学中的时间概念》，湖南教育出版社，2000 年。
2. 赵奎英：《混沌的秩序》，花城出版社，2003 年。

■ **关联性阅读的书目**：

1. 刘长林：《中国系统思维》，中国社会科学出版社，1990 年。
2. 刘小枫：《诗化哲学》，山东文艺出版社，1986 年。

第三编 ｜ 江南小说美学

导　读

　　小说从其基本属性上看是一种叙事艺术,不过,中国古典小说在追求叙事技巧的同时还秉承了诗歌的一些特性,使其叙事成为一种诗性叙事。如古代四大小说名著均是诗词满眼,《水浒传》《三国演义》《西游记》均以诗词开篇,《红楼梦》篇首虽未题诗,然书中诗词总量并未见少,据统计,全书除了数量不等的歌、偈、谣、谚、赞文、诔文、灯谜诗、诗谜、曲谜、酒令、牙牌令、骈文、拟古文、书启、预言、对句、对联、匾额外,仅规范的诗词曲赋即达 118 首。其他三部著作中的诗词数量也都在百首之上,而且这还只是表面现象,尤其值得关注的是,古典诗词创造意象和意境的美学追求也在很大程度上成为中国古典叙事文学闪光的质点,在叙事文学中发挥出一种"贯通、伏脉和结穴一类功能"[①]。那么,造成中国古典叙事文学这种"诗性"特征的原因是什么呢?首先,我们肯定在整个人类文化发展过程中各种文化形式之间是相互影响的,尤其是相近的文化形式之间相互渗透和影响的程度更深,由此推论,中国古典叙事文学"诗性"特征的形成应该是受到了中国古典诗词的影响。杨义在《中国叙事学》一书中就明确指出,文体的发展遵循着"从优势文体向其余文体渗透"[②]的规律。古典诗词是中国传统的优势文体,中国古典叙事文学是后起之秀,因而受到古典诗词的全面渗透有其必然性。其次,文化的发展要受到地域环境和现实生活条件的制约,有时候一些文化上的重要特征甚至直接地就是由地域环境决定的。中

---

① 杨义:《中国叙事学》,人民出版社,1997 年,第 276 页。
② 同上,第 6 页。

国古典叙事文学"诗性"特征的形成就得益于我国以江南山水为代表的优越的自然环境及其提供的丰富多彩的自然意象和社会生活意象。春江渔舟、黄山松涛、子胥野渡、七里扬帆、游鱼戏莲，还有姑苏寒山寺的夜半钟声、扬州廿四桥的明月、杭州钱塘江的秋潮、西湖的秋月和莼菜、松江四腮的鲈鱼等江南意象，在中国古典叙事文学中都被作者以个性化的方式反复叙写，从而为整体叙事营造了极具张力的浪漫氛围。如《三国演义》第五十四回中，刘备与孙权并立于甘露寺前，望着"天下第一江山"，只见"江风浩荡，洪波滚雪，白浪掀天"，二人皆生"成王霸之业"的豪情，作者于此处赋诗一首："江山雨霁拥青螺，境界无忧乐最多。昔日英雄凝目处，岩崖依旧抵风波。"由于江南山水意象的介入，使得叙事中无论是记叙温柔的恋情，还是讲述血雨腥风的战争，都透露出一种诗的浪漫。当代美国文艺理论家韦勒克与沃伦在其合著的《文学理论》一书中指出："一部小说表现的现实，即它对现实的幻觉，它那使读者产生一种仿佛在阅读生活本身的效果。"[①] 在中国古典小说中，小说家经营的各种江南山水意象的直接美学效果就是引发读者对江南生活的幻觉，并使读者迅速地陶醉于江南风情中，不由自主地以柔婉之心来感受故事的进程。这样一来，作者的诗化叙事方式就能很好地为读者所接受。

---

① ［美］勒内·韦勒克、奥斯汀·沃伦：《文学理论》，第248页。

第一章

江南小说美学的生成因素

选文 1

刘勇强谈江南小说与江南风土人情

一部小说的文化内涵往往是很复杂的，作者的身份经历、知识背景、地域文化等，都会在作品中留下印迹。对《豆棚闲话》而言，江南文化的影响具有极为重要的意义，这从本书第一则的开篇即可看出：

> 江南地土洼下，虽属卑温，一交四月便值黄霉节气，五月六月就是三伏炎天，酷日当空。无论行道之人汗流浃背，头额焦枯，即在家住的也吼得气喘，无处着着。上等除了富室大家，凉亭水阁，摇扇乘凉，安闲自在；次等便是山僧野叟，散发披襟，逍遥于长松荫树之下，方可过得；那些中等小家无计布摆，只得二月中旬觅得几株羊眼豆秧，种在屋前屋后闲空地边，或拿几株木头、几根竹竿搭个棚子，搓些草索，周围结彩的相似。不半月间，那豆藤在地上长将起来，弯弯曲曲依傍竹木，随着棚子牵缠满了，却比造的凉亭反透气凉快。那些人家或老或少，或男或女，或拿根凳子，或掇张椅子，或铺条凉席，随高逐低坐在下面，摇着扇子，乘着风凉。乡老们有说朝报的，有说新闻的，有说故事的。

由于这个江南"豆棚"是作者有意设定的一个小说叙述场景，因此，它的存在与变化对全书有着一种多方面的隐喻作用，它是悠闲的、众声喧哗的，也是季节性的或者说临时的。就在这样一种氛围中，浸淫其中的风土、人情以及历史等江南文化因子，得到了或隐或显的表现。

一、解惑豆棚

《豆棚闲话》的康熙写刻本题"圣水艾衲居士编"、"鸳湖紫髯狂客评"，而乾隆四十六年书业堂刊本题"圣水艾衲居士原本"、"吴门百懒道人重订"。胡适《〈豆棚闲话〉序》中说："鸳湖在嘉兴，圣水大概就是明圣湖，即杭州西湖。作者评者当是一人，可能是杭州嘉兴一带的人。"上海古籍出版社，1982年此书的《出版说明》则说："杭州西湖旧名明圣湖，又今杭州慈圣院有吕公池，宋乾道年间，有高僧能取池水咒之以施，病者取饮立愈，号圣水池。如果艾衲居士所题圣水即指此，那么他可能是杭州人。"比胡适的"杭州嘉兴一带"又进一步缩小到了杭州。而胡士莹在《话本小说概论》中提到此书"或云为范希哲作"，不知所据，原因之一可能也是因为范为杭州人。美国学者韩南则提出另一个杭州小说家王梦吉可能是《豆棚闲话》的作者。

上述推测主要是围绕"圣水"即杭州这一说法衍生的，但这一说法并非没有问题。杜贵晨就指出："'圣水'指'明圣湖'和'圣水池'未免过于牵强；倘确指此二处，则作'圣湖'、'圣池'较为自然。""若以'圣水'指'明圣湖'，恐古今皆不知所云，'圣水池'的情况当亦如此"。他还以清初孙学稼自号"圣湖渔者"为证，说明"明圣湖"的省称。而范希哲一号"西湖素岷主人"，径以"西湖"标榜的小说家也极多，取意于"明圣湖"又改作"圣水"，确实过于缠绕。

有鉴于此，杜贵晨据《水经注》及《豆棚闲话》中有"在下向在京师住过几年"语等，认为"圣水"最大的可能性是北京房山县的琉璃河，而作者的籍贯也应是房山县。不过，这一说法也存在问题。即以"圣水"论，有此称者不只一处。比如绍兴就有一处圣水，宋代嘉泰间曾任绍兴府通判的施宿撰《嘉泰会稽志》在介绍秦望山时说："秦望山在县东南四十里，旧经云众岭最高者，舆地广记云，秦望在州城南，为众峰之杰……山上无甚高木，当由地迥多风所致，山南有谯，岘中有大城王，无余之旧都也，句践语范蠡曰，先君无余国在南山之阳，社稷宗庙在湖之南，山有三巨石屹立如笋，龙池冬夏不竭，俗号圣水，傍有崇福侯庙。"秦望山为会稽名山，与府治相对，又称南山。其中提到"龙池冬夏不竭，俗号圣水"，令人关注。这一记载在后来的《会稽县志》中也可见到，如明张元忭撰《会稽县志》卷二"山川"即有类似文字，说明这一称谓源远流长，久为人知。如果杭州的"圣水池"可以为艾衲居士择取，绍兴的"圣水"也有同样的理由用来冠名取号，甚至可能性更大。

　　说艾衲居士为杭州人，还有一个旁证，那就是明清之际另一部小说集《跨天虹》题署"鹫林斗山学者初编"、"圣水艾衲老人漫订"。由于艾衲居士（老人）并非显赫人物，这不太可能是托名。所以，这个"鹫林斗山学者"应与艾衲居士有某种关系。《古本小说集成》影印《豆棚闲话》之《前言》（曹中孚撰），在提到艾衲居士时，除了明确说"从署名前所冠之'圣水'，可知其为浙江杭州人"外，还进一步推测："这种署法与另一种小说《跨天虹》卷前署名中之'鹫林斗山学者初编'、'圣水艾衲老人漫订'（'鹫林'当指杭州灵鹫峰，即飞来峰），在手法上，有它的共通之处。"按，"鹫林"一词并不多见，《全唐文》卷一八三中录王勃《益州绵竹县武都山净慧寺碑》文中有"痛鹫林之殄瘁，悲象教之榛芜"。此处"鹫林"非指地名，当指佛寺而言，如同"鹫山"是古印度摩揭陀国灵鹫山的省称，因相传释迦牟尼曾在此居住和说法多年，因代称佛地。而作为寺庙名的"鹫峰"则屡见不鲜，各地均有，如《全唐文》卷七四三录裴休《黄檗山断际禅师传心法要序》中有"有大禅师，法讳希运，住洪州高安县黄檗山鹫峰下"；北京西城内原来也有一处鹫峰寺。所以，仅据"鹫林"，就认定指杭州鹫峰寺，证据是不足的。何况即使此"鹫林"就是指杭州鹫峰寺，也不足以证明艾衲居士的籍贯。《跨天虹》与《豆棚闲话》在文体、语言、叙述风格上有明显的差别，作为小说作者的"鹫林斗山学者"应该不是艾衲居士的另一化名。

　　值得注意的是，《豆棚闲话》的评点者是"鸳湖紫髯狂客"，重订者是"吴门百懒道人"。"鸳湖"为嘉兴鸳鸯湖省称，"吴门"则为苏州，或特指江苏吴县，这些地方都距有"圣水"的绍兴不远。这其间是否存在某种联系，倒是值得求索的。

这里，我们不妨再分析一下豆棚。豆棚本身没有地域性，北方也常见，连清代帝王诗中，也可见到这种民间风物，如《御制诗集》初集卷四三《村行》："韭圃松畦生意足，豆棚瓠架叶声乾。"同书三集卷六〇《西直门外》："匏架豆棚一例好，豳风图里课农行。"不过，杜贵晨先生却认为小说中的豆棚"不是著书的当时当地（指江南）习见之物，触发作者的应是北方的豆棚"。这可能就有些绝对了。他的一个根据是《豆棚闲话》的《弁言》所引的一首诗，艾衲居士是这样交待的：

> 吾乡先辈诗人徐菊潭有《豆棚吟》一册，其所咏古风、律绝诸篇，俱宇宙古今奇情快事，久矣脍炙人口，惜乎其人遐世远、湮没无传，至今高人韵士每到秋风豆熟之际，诵其一二联句，令人神往。
>
> 余不嗜作诗，乃检遗事可堪解颐者，偶列数则，以补豆棚之意；仍以菊潭诗一首弁之，诗曰：
>
> > 闲着西边一草堂，热天无地可乘凉。
> > 池塘六月由来浅，林木三年未得长。
> > 栽得豆苗堪作荫，胜于亭榭反生香。
> > 晚风约有溪南叟，剧对蝉声话夕阳。

照杜先生看来，"池塘六月由来浅，林木三年未得长"所描写的"正是北方少雨，池塘水浅，林木懒长的状况"。其实南方伏旱时节，池塘水浅并不足为奇。实际上，所谓《豆棚吟》中的这两句诗，又见于钱塘僧人止庵的诗作，正是南方写实。据杭州人郎瑛记载："元末高僧，四明守仁字一初、钱塘德祥字止庵，皆有志事业者也，遭时不偶，遂□首而肆力于诗云……止庵有《夏日西园》诗：'新筑西园小草堂，热时无处可乘凉；池塘六月由来浅，林木三年未得长。欲净身心频扫地，爱开窗户不烧香；晚风只有溪南柳，又畏蝉声闹夕阳。'皆为太祖见之，谓守仁曰：'汝不欲仕我，谓我法网密耶？'谓德祥曰：'汝诗热时无处乘凉，以我刑法太严耶？'又谓'六月由浅'，'三年未长'，谓我立国规模小而不能兴礼乐耶？'频扫地'、'不烧香'，是言我恐人议而肆杀，却不肯为善耶？'皆罪之而不善终。"这一故事流传较广，明万历年间进士蒋一葵《尧山堂外纪》中也记载钱塘僧德祥止庵被诏至京，以赋诗含讥讽被戮事，所引诗与《七修类稿》相同。这一材料不但说明"池塘"二句所描写的情景是南方的，还表明《豆棚闲话》将此诗说成徐菊潭作，有几种可能：第一，历史上确有一个徐菊潭，止庵化用了他的诗句。第二，有关止庵的故事是编造出来的，编造者借用了徐菊潭的作品。第三，止庵可能就是"徐菊潭"的法名。如此，由于艾衲居士称其为"吾乡先辈诗人"，则此诗可为艾衲居士是钱塘人作旁证。第四，徐菊潭是艾衲居士杜撰出来的，在杜撰时化用了止庵的诗。此四种可能性中，我倾向于最后一种。

关于豆棚，还有一个细节被忽略了，那就是小说中写的是什么"豆"。除了前文所引"二月中旬觅得几株羊眼豆秧，种在屋前屋后闲空地边"外，第八则又写：

> 若论地亩上收成，最多而有利者，除了瓜蔬之外，就是羊眼豆了。别的菜蔬都是就地生的，随人践踏也不计较。惟有此种在地下长将出来，才得三四寸就要搭个高棚，任他意儿蔓延上去，方肯结实得多；若随地抛弃，尽力长来，不过一二尺长，也就黄枯干瘪死了。

第九则云：

> 只有藕豆一种，交到秋时，西风发起，那豆花越觉开得热闹。结的豆荚俱鼓钉相似，圆湛起来，却与四、五月间结的瘪扁无肉者大不相同。俗语云："天上起了西北风，羊眼豆儿嫁老公"，也不过说他交秋时，豆荚饱满，渐渐到那收成结实，留个种子，明年又好发生。

从上述引文可知，艾衲居士写的是藕豆，又称羊眼豆。此豆原产印度尼西亚，15世纪初引进我国，以其实形酷似湖羊之眼而命名。各地均有出产，但江南一带似乎更盛产，特别是湖州、乌程一带，尤为著名土产。明成化《乌程县志》卷四豆类下介绍："羊眼豆，一名黑稫豆，架棚蔓生。"乾隆

《乌程县志》卷一三"物产"："白稨豆，又名羊眼豆，有赤白二色，俗又呼沿篱豆，亦名蛾眉豆。"清顺治四年张履祥的《补农书》上记载："予旅归安，见居民水滨遍报柳条，下种白扁豆，绕柳条而上，秋冬斩伐柳条，可为制栲栳之用。每棵可收豆一升。"这也是江南一带种植白扁豆的实况。另外，《本草纲目》谷部第二四卷中则对这种豆类有更详细的描述："扁豆二月下种，蔓生延缠。叶大如杯，团而有尖。其花状如小蛾，有翅尾形。其荚凡十余样，或长或团，或如龙爪、虎爪，或如猪耳、刀镰，种种不同，皆累累成枝。白露后实更繁衍，嫩时可充蔬食茶料，老则收子煮食。子有黑、白、赤、斑四色。一种荚硬不堪食。惟豆子粗圆而色白者可入药，本草不可入药，本草不分别，亦缺文也。"《豆棚闲话》第十则中引《食物志》对扁豆的记述，与《本草纲目》的上述记载几乎完全相同。

这里，我还想补充讨论一下"豆棚"的象征性或隐喻意义。从古代文学作品来看，"豆棚"首先是农村生活的一个典型场景。文震亨《长物志》卷二"花木"中即有"豆棚菜圃，山家风味"的说法。对于小康人家，"春韭秋菘转瞬过，豆棚雨足麦风和"，"雀舌宜烹疏雨夜，豆棚欲话晚凉天"是一种安逸的生活景象。但对贫寒人家来说，种豆却可能是赖以为生的一种手段。《郎潜纪闻三笔》卷二"沈徵士不以贫窭废学"介绍吴江沈彤冠云，虽家计贫甚，但精研六经，"尝绝粮，其母采羊眼豆以供晚食。寒斋絮衣，纂述不倦。其所著《周官禄田考》诸书，皆有功经学。所遇如此，所诣如彼，孤寒牢落之士，无自摧颓矣"。

在明清小说中，有关豆棚的描写也时常可见，如《欢喜冤家》第八回叙东阳县中一人姓崔去杭城途中投下宿店，其中就有"牧子牛衣，避在豆棚阴里"等描写。《八仙得道》第六十九回叙湖南省内，宝庆、常德一带地方"诚夫因不耐孩子们烦躁，独踞短榻，在那豆棚之下躺着，离开众人约有百步之远。躺了一会儿，清风顿起，神气俱爽。诚夫不知不觉跑到梦里甜乡去了"。文言小说中也有类似描写，如《聊斋志异》中的《婴宁》叙王生"从媪入，见门内白石砌路，夹道红花，片片坠阶上，曲折而西，又启一关，豆棚花架满庭中"。

其次，豆棚也是江南文化的一个意象。虽然各地都有豆棚，但在与江南有关的文学创作中，其出现的频率似乎更高一些。在明清江南一带的诗人笔下，经常使用豆棚的意象。如明代浙江嘉善人钱继登有 [浣溪沙] 词："蝉避浓炎静未哗，东邻伊轧缫丝车，豆棚瓜架野人家，翠荚嫩堪浮茗气，黄鸡肥欲待姜芽。闲搔短发日西斜。"清初江苏宜兴人陈维崧的 [城头月]《月下》词云："冰轮偏向城头挂，河汉寥寥夜，一片关山，千秋楚汉，万帐更齐打。何如移向东湖舍，照豆棚架，草响溪桥，水明山店，儿女追凉话。"清初杭州人厉鹗有一首专写扁豆的 [河传] 词："风飐月暗曲廊斜，别梦依依谢家，牵牛篱落挂青花，禾邪，豆棚闲着他，豆花八月吹凉雨，秋深处，剪响裁吴纻，犀镇帷，换袷衣，依稀，一檐香又肥。"（扁豆又十五首见《灵芬馆诗话》）清代浙江海宁人查慎行的《豆棚为风雨所坏》则全面地描写了搭棚种植丝瓜扁豆的情形："平生乏鲜肥，肉食非所慕，偶然营口腹，蓄念计必误。春种瓜豆苗，爱养邻孩孺，插竹就茆檐，缚绳使之固。初看弱蔓引，渐喜众叶布。丝瓜夏蚕结，落蒂甘于瓠。藕豆开独迟，白花待秋露。及兹绿垂荚，采摘在晨暮。夜来风雨狂，倾倒莫支拄。老饕自安分，物理庶可悟。托名得蛾眉，吁嗟难免妒。

第三，由于田园生活一直为文人所向往，所以，豆棚有时又成为体现文人闲散生活情趣的象征。明人蒋一葵《尧山堂外纪》卷八八载："陈一夔，华亭人，与苏去二百里，于赵栗夫固乡人也。两人交甚厚，若兄弟然，无一会不俱者。一夔好作诗，酝藉典则，时有真诣语……田园意屡见。时各有互相赠答诗，一夔赠栗夫云：'菜市街西新卜居，豆棚瓜蔓共萧疏。胸中富有书千卷，谁笑家无儋石储。'栗夫得诗，仰面抚掌大笑，连称妙甚。众客传观，皆赏以为雅制。栗夫答云：'风流故与时情别，樗散偏于酒话深。未老便为投绂计，知公天性在山林。'君谦笑云：'一夔未去，若据君言，则是一夔即今就去也。'栗夫戏曰：'吾欲促其去耳。'筵中为之一噱。""豆棚瓜蔓共萧疏"中流露出来的潇洒之气，油然而生。

明代茂苑叶舟校《镌钟伯敬先生秘集》十七种之《谐丛》中有一条记载："张灵嗜酒傲物，或造之者，张方坐豆棚下，举杯自酬，目不少顾，其人含怒去。复过唐伯虎，道张所为，且怪之，伯虎笑曰：'汝讥我'。"豆棚下张灵的高傲，正是当时一些文人共有的情态。

《豆棚闲话》继承古代文学的传统，又有所发挥，在这部小说中，"豆棚"同样有着丰富而独特的文学意义：

其一，它是书院与书场的结合。作品第一则有一个人物说道："今日搭个豆棚，到是我们一个讲学书院。"可见其书院性质。但同时，这个空间更是一个书场，所以，第二则云："再说那些后生，自昨日听得许多妒话在肚里，到家灯下，纷纷的又向家人父子重说一遍。有的道：'是说评话造出来的。'"第八则云："昨日，主人采了许多豆荚，到市上换了果品，打点在棚下请那说书的吃。"第十一则云："今日还请前日说书的老者来，要他将当日受那乱离苦楚，从头说一遍。"第十二则云："自从此地有了这个豆棚，说了许多故事，听见的四下扬出名去，到了下午，渐渐的挨挤得人多，也就不减如庵观寺院，摆圆场、掇桌儿说书的相似。"这些说法，都显示了豆棚作为一个书场的特点。

不过，小说中的豆棚又不是一般的书院或书场，它还是作者虚拟的一个饶有新意的公共舆论空间，第一则还有这样的描写："那些人家或老或少，或男或女，或拿根凳子，或掇张椅子，或铺条凉席，随高逐低坐在下面，摇着扇子，乘着风凉。乡老们有说朝报的，有说新闻的，有说故事的。"在接下来的各则中，我们看到，豆棚下不仅有讲故事的，也有围绕故事展开的思想交流。话题广泛，议论风生。来这里的人既是听众，也是讲者，有着平等的言论权利。显然，这是一个带有理想色彩的舆论空间。作为理想，它又与中国古代无是无非的桃花源境界相通，第九则众人道："我们坐在豆棚下，却像立在圈子外头，冷眼看那世情，不减桃源另一洞天也！"

其二，在《豆棚闲话》中，作者还随时将豆棚与特定题材的主旨联系起来，用豆棚作为阐释与叙事的引子。如第四则《藩伯子破产兴家》事涉果报，故一开始就写道：

> 古语云："种瓜得瓜，种豆得豆。"分明见天地间阴阳造化俱有本根，积得一分阴骘才得一分享用，人若不说明白，那个晓得这个道理？今日，大家闲聚在豆棚之下，也就不可把种豆的事等闲看过。

第八则的开头，则是作者借题发挥：

若论地亩上收成，最多而有利者，除了瓜蔬之外，就是羊眼豆了。别的菜蔬都是就地生的，随人践踏也不计较。惟有此种在地下长将出来，才得三四寸就要搭个高棚，任他意儿蔓延上去，方肯结实得多；若随地抛弃，尽力长来，不过一二尺长，也就黄枯干瘪死了。譬如世上的人，生来不是下品贱种，从幼就要好好滋培他，自然超出凡品；成就的局面也不浅陋。若处非其地，就是天生来异样资质，其家不得温饱，父母不令安闲，身体不得康健，如何成就得来？此又另是豆棚上一样比方了。

第十则批判苏州浮华空虚的社会风气，作者又写道：

这也是照着地土风气长就来的。天下人俱存厚道，所以长来的豆荚亦厚实有味。惟有苏州风气浇薄，人生的眉毛尚且说他空心，地上长的豆荚，越发该空虚了。

从这些描写看，豆棚不只是一个空洞的空间，作者还尽可能使之与情节产生某种意义上的联系。

其三，在《豆棚闲话》中，作者的描写还与豆类生长相联系，从而赋予了作品一种既有写实性，又有象征性的时间感。我们看到，第一则所写二月中旬搭棚种豆，与前引《本草纲目》所写"二月下种"一致，随意中体现出一种生机与期待。第三则的描写是："自那日风雨忽来，凝阴不散，落落停停，约有十来日才见青天爽朗。那个种豆的人家走到棚下一看，却见豆藤骤长，枝叶蓬松，细细将苗头一一理直，都顺着绳子，听他向上而去，叶下有许多蚊虫，也一一搜剔干净。"第六则的描写则是："是日也，天朗气清，凉风洊至。只见棚上豆花开遍，中间却有几枝，结成蓓蓓蕾蕾相似许多豆荚。那些孩子看见，嚷道：'好了，上边结成豆了！'"到了第九则："金风一夕，绕地皆秋。万木梢头，萧萧作响，各色草木临着秋时，一种勃发生机俱已收敛……豆荚饱满，渐渐到那收成结实，留个种子，明年又好发生。"

第十一则继续围绕"秋"叙述：

所以丰年单单重一"秋"字。张河阳《田居诗》云："日移亭午热，雨打豆花凉。"寒山子《农家》诗云："紫云堆里田禾足，白豆花开雁鹜忙。"

为甚么说着田家诗，偏偏说到这种白豆上？这种豆一边开花，一边结实。此时初秋天气，雨水调匀，只看豆棚花盛，就是丰熟之年。可见这个豆棚也，是关系着年岁的一行景物。

到了第十二则，作者进一步写道：

> 老者送过溪桥，回来对着豆棚主人道："闲话之兴，老夫始之。今四远风闻，聚集日众。方今官府禁约甚严，又且人心叵测，若尽如陈斋长之论，万一外人不知，只说老夫在此摇唇鼓舌，倡发异端曲学，惑乱人心，则此一豆棚未免为将来酿祸之薮矣。今时当秋杪，霜气逼人，豆梗亦将槁也。"众人道："老伯虑得深远，极为持重。"
>
> 不觉膀子靠去，柱脚一松，连棚带柱，一齐倒下。大家笑了一阵，主人折去竹木竿子，抱蔓而归。

从搭棚种豆到拆棚去蔓，时序上经历了羊眼豆的一季完整的生长期，兴致勃勃的开始，小心谨慎的结局，又扣合了当时的社会环境。

有趣的是，《豆棚闲话》问世后，产生了一定的影响，清代有一部文言小说集《小豆棚》体现了作者的效仿之意。而"豆棚闲话"本身，也成了一个固定的词组，如《儿女英雄传》第十八回中有"当下那尹先生便把这段公案照说评书一般……那些村婆村姑只当听了一回'豆棚闲话'"。不知文康是否是袭用了《豆棚闲话》书名。但在顾震涛《吴门表隐》前面所引的诗中，也有"赢得村翁传故事，豆棚闲话晚凉天"的诗句，这种江南情景，却是与《豆棚闲话》相近的。

总之，盛产于江南的羊眼豆及豆棚的建筑，加上前面提到的会稽"圣水"以及"吴门"、"鸳湖"等，形成了一个较为明确的地域范围。如果从小说的实际描写来看，与这一地域也有重叠之处。虽然《豆棚闲话》涉及的地域较广，作者在第三则中也说到书中朝代、官衔、地名、称呼"不过随口揪着"，不可过于指实，但其间隐约还是有一定的方位感的，如第一则"我同几个伙计贩了药材前往山东发卖"，第四则"在下去年往北生意，行至山东青州府临朐县地方"，第六则有"那湖广德安府应山县，与那河南信相州交界地方，叫做恨这关"，第八则"中州有个先儿，那地方称瞎子"，第九则"在下向在京师住了几年"。这些表述都显示出叙述者以这些地方为外地的口吻，而其叙述立场显然是基于南方展开的。进而言之，十二篇作品中，只有一篇提到西湖，并没有以杭州背景的作品；与苏州及相邻地区有关的题材、描写与语言，则在在提示我们，艾衲居士及其同好们，当在狭义的江南一带寻找。

刘勇强：《风土·人情·历史——〈豆棚闲话〉中的江南文化因子及生成
背景》，《清华大学学报》（哲学社会科学版），2010（4）。

选文 2
孙旭析江南小说与江南文化的关系

　　江南文化与话本小说有着很深的渊源关系。话本小说的前身——"说话"伎艺虽未最早诞生于江南，但其发展、繁盛无不关合着江南文化的浸润与滋养。在"说话"的发展阶段，江南文化主要是通过社会心理对其间接造成影响。宋王朝在对金战争中的败亡与南迁，为"说话"与江南文化的直接、大规模接触创造了条件。其一，统治者需要淡化现实、轻松搞笑的娱乐。宋高宗凭九五之尊，在外侮肆虐、山河破碎之际，曾不能率领铮臣战将、布衣义士破敌杀虏、恢复国祚，心中当不无愧疚。对其耽乐湖山、不思恢复的心理动因，历来众说纷纭。但有一点要明确，即宋高宗也是宋金战争的受害者之一。他屡受金兵追索、陵犯，播迁海内、朝不谋夕，内心是极为惶恐的。以其逃离扬州为例，宋高宗其时身边"惟御营都统制王渊、内侍省押班康履五六骑随之……上与行人并而驰"；到瓜洲，"得小舟即乘以济"；至镇江，因城内军民奔走一空，他只得"坐水帝庙"以待来者。宋高宗曾屡次对大臣表白"父兄旅泊，陵庙荒残，罪乃在予，无所逃责"，却不能付诸行动，惟其对战争心有余悸、不胜其荷，方能如此心手不应。也许是有意削弱笼罩于身上的帝王光环，以寻求一种庸常人才有的安然与快乐，宋高宗极喜于"俗"中求乐。他"御尝"最普通不过的"宋五嫂鱼羹"，并对其欣赏备至，"时有宣唤赐予"。他还命人于宫中仿效西湖买卖之风,"铺放珠翠、花朵、玩具、匹帛,及花篮、闹竿、市食等,许从内人关扑",并令"小舟数十只,供应杂艺、嘌唱、鼓板、蔬果,与湖中一般";往来叫卖的热闹嘈杂与皇家的庄严肃穆构成了巨大的反差。而"说话"在当时是极受社会下层欢迎的娱乐方式,宋高宗以"俗"为乐、为美,自然不会放过这一娱乐方式。据《喻世明言·序》:"南宋供奉局,有说话人如今说书之流。其文必通俗,其作者莫可考。泥马倦勤,以太上享天下之养,仁寿清暇,喜阅话本,命内珰日进一帙,当意,则以金钱厚酬"。又据《喻世明言·序》:"至有宋孝皇以天下养太上,命侍从访民间奇事,日进一回,谓之说话人"。"上有所好,下必甚焉",宋高宗的"御幸",使"说话"与江南文化的融合成为一种必然趋势。其二,南渡百姓也需要寄慰乡思的工具。面对着金瓯残缺及统治者决无黍离之悲的一味耽乐,南渡来杭的百姓不断追忆起昔日东京的温馨"梦华"。据周烽《清波别志》:"绍兴初,故老闲坐,必谈京师风物,且喜歌曹元宠《甚时得归京里去》十小阕,听之感慨,有流涕者"。在这种情况下,于"说话"这一娱乐方式中寻求故园的依稀影子以求得宽慰,就成为人们的一种必然选择"杭城绍兴间驻跸于此,殿岩杨和王因军士多西北人,是以城内外创立瓦舍,招集妓乐,以为军卒暇日娱戏之地"。南渡百姓的心理需求使"说话"获得了蓬勃发展的广阔前景。其三,江南人也需要得到其他地域人的认可与接受。临安曾作过吴越国的都城,不仅政治地位举足轻重、经济富庶繁荣,还因南北山脉环绕、西湖附郭、钱塘江遥对而以风景优美著称。北宋时,即已在全国占据相当重要的地位,"东南形胜,三吴都会,钱塘自古繁华。烟柳画桥,风帘翠幕,参差十万人家……市列珍玑,户盈罗绮,竞豪奢"。建炎南渡后,随着大批北方移民的到来,包括汴梁在内的北方文化被不断复制过来。临安人在以宽阔的胸怀接纳这一切的同时,也渴望将自身推介给他人;而通过说话人之口描摹江南独特的自然风光、风俗人情、历史人物等,则是众多介绍方式中的一种。在这一过程中,不仅其他地域的人们对江南文化有所了解,江南人还因之介绍本地文化而产生亲切感与在场感。江南人的渴望被认可,使"说话"与江南文化的融合获得了强劲的生命力。如果说江南文化与话本小说的最初结缘,主要是由南宋特定的社会心理间接促成,那么到了话本的繁盛期——明代，两者的渊源关系则主要由文学发展的诸种要素决定。首先，江南文化为话本小说提供了广大的读者消费群。明中后期，随着商品经济的长足发展，江南城市规模日益扩大、新兴市镇不断出现，市民阶层大量涌现。据《四友斋丛说》卷十三："昔日逐末之人尚少，今去农而改业为工商者，三倍于前矣"。规模庞大的市民阶层有着强烈的娱乐需求。如弘治十一年（1498）金台岳家书籍铺所刻《奇妙全相西厢记》卷尾道："本坊谨依经书重写绘图，参订编次大字本，唱与图合，使寓于客邸、行于舟中、闲游坐客，得此一览始终，歌唱了然，爽人心意"。再如《水东日记》卷二十一："今书坊相传，射利之徒伪为小说杂书……农工商贩，钞写绘画，家畜（蓄）而人有之，痴騃女妇尤所酷好"。这些虽然是就戏曲与小说而言，但也一定程度地反映了市民阅读话本的迫切需要。

其次，江南文化还为话本小说培养了大量的作者。发达的经济促进了江南文化的发展，江南自古即为文人荟萃之地，尤以苏、杭为最，"浙水人文素称渊薮，而昔人犹谓东南之秀萃于武林"，"吴中人文甲于海内"。文人诚然以科举为业，但当他们仕进无门而胸中才华又汨汨欲出、怀中愤懑欲一吐为快时，极有可能转而进行通俗文学创作。据统计，明末共有拟话本作品22部，作者18人，籍贯或主要活动地可考者或大体能推测出者16人，全为江浙人或主要活动于此；清初共有作品21部，作者19人，籍贯或主要活动地可考者5人，可推测者6人，皆为江浙人；清中期共有作品8部，作者7人，籍贯或主要活动地可考者5人，其中江浙3人，广东1人，四川1人。可见，江浙人是话本小说最主要的创作者。最后，江南发达的刻书业又保证了话本小说的顺利刊刻及广泛传播。明清两代，江南的刻书业相当发达，"……当今刻本，苏常为上，金陵次之，杭又次之"。这为话本的顺利付梓、刊刻创造了有利的条件。据考证，明末作品初刻地可考者7部，其中刻于苏州6部，杭州1部；清初作品初刻地可考者4部，其中刻于杭州2部，南京1部，苏州1部；清中后期作品初刻地可考者3部，其中刻于扬州2部，广州1部。江南发达的刻书业减少了刊刻成本，降低了书籍价格，有力地促进了话本小说的广泛流传。江南文化不仅为话本培养了广大的创作生力军与读者消费群，还提供了紧密联系两者的切实的传播工具，可谓为其发展"别开一洞天"。

江南文化与话本小说的渊源如上所述。那么，江南文化对话本小说的影响主要表现在哪几方面呢？

江南文化对话本小说的影响主要表现在内容与艺术两方面。内容上，江南文化首先使话本小说呈现出浓郁的江南地域色彩。话本小说多以江南为故事发生地。在现存的51部话本小说集中，以江南为故事背景或涉及江南的占三分之一。在这些作品中，江南各地的自然与人文景色，服饰、饮食、住居、出游、信仰、婚丧嫁娶等习俗被大量包括进来。在此，读者即便不仅获得对江南某一特定地域较为全面的理解，如《西湖二集》、《西湖佳话》及其他"西湖小说"对杭州风景、习俗等的表现，也能获得对某一地域特定方面、特定时期的了解。这些表现，直可与正史、地方志、笔记等对勘，具有相当高的认识价值与史料价值。

但文学毕竟与历史不同，历史以客观、公正为尚，文学则注重感性、深度。由此，涉及江南文化之于话本小说内容的第二个影响，即对江南地域人格的描摹。地域人格指在特定地域独特的自然及人文因素影响下，该地域民人普遍具有的性格、心理等精神特征。《汉书·地理志》云："凡民函五常之性，而其刚柔缓急，音声不同，系水土之风气"，这段话道出了人的性格与地域间的关系。对于江南文化所孕育的地域人格，话本小说做了揭示。以杭州地域人格为例。杭州自吴越国及南宋定都以来，手工业及商业一直很发达，百姓生活富足，市民阶层庞大，这使基于农业文明的传统道德价值观受到冲击，社会风气容易导向浮华、诈伪："盖杭俗浮诞，轻誉而苟毁"，"宋时，临安四方辐辏浩穰之区，游手游食，奸黠繁盛，有所谓美人局，以倡优姬妾引诱少年。有柜坊局，以博戏关扑骗赚财物。有水功德局，以打点求觅脱瞒财货。有以伪易真者，至以纸为衣，以铜铅为银，以土木为香药，变换如神，谓之白日鬼"。《西湖二集》卷三、十二，《西湖佳话》卷十一，《石点头》卷十通过揭示杭州人好以尖酸语言臧否人物，喜好盲目追逐时尚，并在物质方面争耀奢靡，表现了其浮华的特点。《石点头》卷十、《生绡剪》十三回通过对"美人局"、"柜坊局"等诈骗手段的客观介绍及生动描绘，反映了其诈伪的特点。同时，秀丽湖山的熏染，加之富裕的物质生活和浓厚的崇文风气，又使杭州人的心性趋向灵慧高雅。对此《西湖二集》卷四十六、《警世通言》卷二十三、《石点头》卷十通过介绍杭州人制作精巧物品，爱好文艺及喜好游赏予以了表现。再以苏州地域人格为例。"上有天堂，下有苏杭"，苏州风景之优美，不下于杭州；也是明清盛极一时的丝织中心，所造丝绸曾深得皇家青睐；"东南人文薮"，还是才子荟萃之地。由此决定，苏州的地域文化与杭州有一定的相通之处。"吴郡人口吻尤儇薄"即为其中之一。话本小说通过作品人物之口，对此做了揭示。如《警世通言》卷二十五中施济道："吴下风俗恶薄，见朋友患难，虚言抚慰，曾无一毫实惠相加；甚则面是背非，幸灾乐祸"《二刻拍案·惊奇》卷三十五中县官道："吴中风俗不好，妇女刁泼"。苏州地域文化亦有虚浮之特点。如《豆棚闲话》第十则通过辑录其地才子讥讽店家"虚头"的竹枝词、打油诗，揭露了苏州人的"一团虚""有名没实"。当然，苏州人也有好风雅的一面。如《警世通言》卷十五称"原来苏州有件风俗，大凡做令史的，不拘内外人都称呼为'相公'"。《警世通言》卷二十二道："苏州风俗，不论大家小家，都有个外号，彼此相称"。苏州与杭州的地域文化既有相同之处，也有不同之处。苏州没有做过国都：未沐浴过皇权的辉煌，也无地位骤降的尴尬；未被四方效仿，也无必要趋附他方。它是一个名副其实的"温柔富贵乡"，散淡而闲雅。可惜的是，话本小说对这一方面未予表现。在江南文化的浸润下，话本小说在内容上不仅较全面地反映了其地的自然景观、风俗习尚等，还对其地的地域人格作了一定的揭示。地域人格是地域文化中最为核心、最为稳固的部分，地域小说的价值正在于其对地域人格的描摹。从这一角度来说，话本小说地域性品格的诞生是江南文化有力催发的结果。

江南文化对话本小说在艺术上的影响主要如下。

首先，叙述的细腻化。江南气候温润宜人，水土清淑饶富，生活其上的人们依靠山水之赐，轻而易举即可达到衣食无忧，可谓备受自然抚爱。由此决定了江南人大多内心细致、松弛，很少生活于恶劣气候、瘠薄土地人们的粗犷与紧张心理。受江南文化熏陶的话本小说家在叙述上表现得十分细腻，在情节发展之前，总是先将原因交代得清清楚楚。以《醒世恒言》卷十八为例。此卷讲述的是盛泽镇一个靠养蚕、织丝为业的小手工业者——施复因行善积德而逐步发家致富的故事。作品主要涉及如下情节：施复去市上卖丝，拾银不昧，交还失主；因其蚕种拣得好，初步发家，"增上三四张绸机"；后桑叶短缺，得失主帮助，"利息比别年更多几倍"；扩建机房时，欲"择吉铺设机床"，不想掘出"千金之数"，于是勤谨营运，不到十年，"开起三四十张绸机"。可以说，在每一情节发展之前，冯梦龙都予以相应的解释、说明，以为铺垫。比如在写施复卖丝之前，就先交代了原因："那大户人家积得多的便不上市，都是牙行引客商上门来买。施复是个小户儿，本钱少，织得三四匹，便去上市出脱。"写施复蚕种拣得好之前，又对养蚕的种种学问详加介绍："那蚕有十体，二光，八宜等法，三稀五广之忌。第一要择蚕种……第二要时运……又蚕性畏热怕寒，惟温和为得候……"在写桑叶短缺之前，则先交代了桑叶缺否与天气的关系："大率蚕市时，天气不时阴雨……便僵死，十分之中，就只好存其半……那年天气温暖，家家无恙，叶遂短缺。"这一叙述方式使情节的每一步发展都顺理成章、合情合理，绝无生硬、蓦然之感。即便作者不能预先对原因做交代，也多能于事后补出。如《型世言》卷二十七在写钱公布师徒晚间散步，于皮店见一极为娇羞、标致的美人，遂心驰神往后，马上交代道："天下最好看的妇人，是月下、灯下、帘下，朦朦胧胧，十分的美人，有十二分"。再如《珍珠舶》卷六写赵诚甫妻陆氏与和尚私奔杭州，赵成甫寻踪前往。他闯入一买线妇人家中，"依稀认得，恰像陆氏面貌"，但因其声音"打着杭州口气"，有些踟蹰。硬着头皮相见，果然是陆氏。作者在此增写陆氏"只因住在杭城六年，所以学得一口杭州乡谈"以为说明。

其次，表达的抒情化。江南气候温润，草长莺飞四时不绝；兼之水域丰富，有着水乡所特有的情韵，由此培养了其地民人敏锐细致的观察力与多愁善感的情怀。关于环境对作者表达方式的影响，前人多有论及，如刘师培在《南北文学不同论》中说："大抵北方之地，土厚水深，民生其间，多尚实际；南方之地，水势浩洋，民生其间，多尚虚无。民崇实际，故所著之文，不外记事、析理两端；民尚虚无，故所著之文，或为言志、抒情之体"。

除了作者方面的原因，话本小说表达的抒情化还与作品特定的题材有关。话本小说多以反映江南特定地域性为主，而江南风景秀丽，极为宜人，客观对象的优美特质在一定程度上也决定了作品表达方式的抒情化，这是相当多江南籍作家的作品，具有抒情化特点的主要原因。话本小说表达的抒情化主要表现在作品多景物描写。以《生绡剪》第十回为例。同窗好友蓬生与飞光相携去南京探望师长徐引先，兼且游览"自古帝王基业，繁华佳丽的所在"。避风镇江之际，他们深为焦山的优美景致所动："这一夜月明如昼，大江一泻千里，平铺如掌。那一座金焦山儿，宛在水中央……翠烟施蔼，仙人桥上好吹箫；紫雾笼云，帝女矶边看漂练。现放着月明鱼网集，多管是人静夜江声。"两人不愿错过盈眸美景，做个"没解的俗物"，遂暂时搁置起"游览名山大川"的宏愿，于小小的焦山寻求绮思丽想，恳请渔翁以扁舟负往。一路上，"万顷茫然，月漾凤旋，水纹露白，一派月江夜景"，两人唏嘘不已，直有天上人间之叹："借问蓬壶那风景，不知可与此间然。"焦山上月色如昼、风景如画，两人踏着月色，一边"顾山盼水"，一边品评他人的题咏，"因诗玩景，逐首推敲，颇有乘兴不眠游玩到晓之意。"及至两人返回，则风浪大作，"江心里却似饭锅滚的一般，白浪滔天掀翻起来。风越发乱旋，泼得满船都是水"，又别是一番景致。许多话本小说的景物描写往往又能与人物的情感相和谐统一，从而使作品呈现出一定的意境之美。以《西湖二集》卷十四，邢君瑞与西湖水仙的爱情为例。邢君瑞与西湖水仙邂逅于"水竹清幽"的此君堂，因有宿缘，订约五年后相会。其时"春意融和，花香扑鼻，月满中庭，游鱼喷跳"，优美的景色将他们的初恋衬托得分外甜蜜诱人。邢君瑞无视他人"鬼魅害人"之说，一心思量与西湖水仙的相会，于五年后荡舟"十里荷花盛开，香风扑鼻"之西湖，静候西湖水仙的到来。荷花深处，橹声咿呀，西湖水仙果然映月驾舟而来，一句"君瑞真信人也"对邢君瑞五年来的忠贞不渝作了最好的肯定。在此，优美的意境与美好的爱情相互映衬、相得益彰，极为和谐地统一在一起。后人常见邢君瑞与西湖水仙游荡于清风明月之下，"或歌或笑，出没无时。远观却有，近视又无。"邢君瑞与西湖水仙爱情的美好与意境的优美不仅融为一体，而且获得了永恒。《西湖佳话》卷十三中，李源与圆泽初识之三生石畔，"修竹千竿，穿石罅而出，层峦叠嶂，幽峭绝人"，而两人生发的深厚友情与这种优美的景色又极为相配，"竟象夙昔相知的一般。及至坐而接谈，语语投机，字字合拍。"在游峨眉的路上，因李源数当投生，两人相约十三年后于葛洪川畔三生相会。其时景色优美，"又兼月明如昼，漫山遍野照得雪亮"，李源怀着对好友生前的追忆与今生相会的企盼，越山过涧，周围寻访。隔溪有牧童歌声传来，李源侧目而视，只见圆泽以牧童形象现身，大叫："李公别来无恙否？"虽时间久远，但李源与圆泽都忠于友谊，至期不爽，真可谓"此身虽异性常存"。而葛洪川畔的景物，则因有李源、圆泽深厚友情的贯注，显得分外动人。西湖小说中的景物描写因多与人物情感相融合，故而能够创造出一种情景交融的意境之美。

最后，语言的诙谐化。江南因经济发达、水土清淑而多孕育文人。文人才华横溢，好指点品评人物，极易产生幽默、诙谐的语言。如《醒世恒言》卷二十八对秀娥急于和情人相会心理的描绘："每常时，霎霎眼便过了一日，偏生这日的日子，恰像有条绳子系住，再不能够下去。心下好不焦躁。"再如《二刻拍案惊奇》卷二十六写势利女儿不愿父亲来家中过年，得知表弟来为父亲取礼服，知父亲不会再来，极为高兴，"恨不得急烧一付退送钱"。凡此种种，语言都非常诙谐、幽默。甚至那些喜好教化、语多严肃的作者，亦时露诙谐、调侃语调。如《西湖二集》卷三对穷书生准备上京的形容："不免把破衫衿彻骨捶洗、挑洗起来。"再如《型世言》卷二十六对吴尔辉妻之粗蠢、婢之邋遢的描绘："虽没有晋南阳王保身重八百斤，却也重有一百廿。一个脸大似面盘，一双大脚夫妻两个可互穿得鞋子……一个髻而长歪扭在头上，穿了一双跋鞋……身上一件光青布衫儿，龌龊也有半寸多厚。"这种诙谐有时还不免流于油滑。如《照世杯》卷四写穆太公悭吝成性，途中出恭，犹然肥水不流外人田，"将那一个饶头荷叶放在近山涧的地上，自家变高耸尊臀……将那菏叶四面一兜，安顿在中央，取一根稻草，也扎得端正"，带回家中。不料被儿媳误为新买回的"稀酱"。穆太公情急之下，掷于地下，为狗所食后，又深悔没有倾在新坑内，反"造化那黄狗"。

江南文化不仅对话本小说的内容造成影响，还一定程度地影响到其艺术性，使作品的叙述方式、语言风格等呈现出与地域文化内涵比较一致的取向。小说是内容与形式的相契统一，当地域性形式与地域性内容互为表里时，可以说，完美的地域小说就诞生了。这同样离不开江南文化的有力催发。

孙旭：《话本小说与江南文化》，
《北京科技大学学报（社会科学版）》，2005（3）。

选文3

朴丽娇论才子佳人小说中的江南地域文化特色

　　小说的创作与作者的社会生活和感知密不可分，南北朝时钟嵘在《诗品序》中起首就提出，"气之动物，物之感人，故摇荡性情，形诸舞咏。"作品作为"物之感人"的产物，它既是对"物"的世界的再现，也是对"人"的心灵的表现。据学者研究发现，才子佳人小说的创作大家和大多数的作者大多是江南人士，因此小说中反映出浓厚的江南地域文化色彩，应该是很自然的。

一、大量反复出现的南方物象

　　才子佳人小说富于江南文化特色的依据之一，便是其中反复出现了大量具有江南水乡特点的物象，包括交通工具、植物物象、动物物象和风景名胜等几个方面。

　　从自然环境看，江南一带地势低平，河网密布，具有浓郁的水乡特色。船只是水乡交通最主要的工具，旧时的江南就有"无船即无脚"、"不能一日无舟楫"等说法。乾隆《苏州府志》"风俗"载，当地人"以舟楫为艺，出入江湖，动必以舟，故老稚皆善操舟，又能泅水……小民生长波涛中，其行舟便捷，他处莫能及。古云：使船如使马也"。才子佳人小说中也大量出现了上述体现江南水乡特色的交通工具，如舟、船、轿等意象在小说俯仰皆是，在某种程度上暗示了此类小说的江南身份。

　　"暮春三月，江南草长，杂花生树，群莺乱飞。"（丘迟《与陈伯之书》）草长莺飞、燕语呢喃的江南，动与静是那样完美的结合在一起，成为诗意地栖息于大地之上的人类完美地精神家园。江南的动物种类繁多，较有代表性的动物物象有：莺、燕、鸳鸯、杜鹃、蜂、蝶等。在才子佳人小说中，这样极具江南特征的动物物象随处可见，它们的存在不仅暗示了它们江南身份，也把读者拉进了一幅诗意盎然的图画中，给人以美的享受。江南作为四季温润、气候宜人的所在，生于斯长于斯的植物就有别于北方苦寒之处的植物。在对以《玉娇梨》为代表的六部才子佳人小说的考察中，发现此类小说的叙述中存在着大量诸如桃、柳、海棠、竹等具有江南特色的植物物象。诸如此类的植物物象在其他才子佳人小说中也是反复经常的出现，这从某种程度上来说也提示着小说所依托的江南地域环境。

江南有着悠久的历史文化传统，青山秀水间透着灵动之气，它的风物名胜多不胜举。如杭州的钱塘江、金山寺、灵隐寺、西湖、西泠桥、凤凰山、燕子矶、禹穴等等；苏州的玄墓、支硎山、虎丘、馆娃宫、吴王井等等；南京的乌衣巷、灵谷寺，等等；扬州的二十四桥、烟雨楼、文选楼、观音山、禅智寺等等。在才子佳人小说中，随处可以看到这些名胜的身影。如《玉娇梨》中提到的钱塘江、西湖、西泠桥、灵谷寺、乌衣巷和禹穴等名胜古迹。《合浦珠》中涉及了钱塘、虎丘、桃叶渡、燕子矶、卢沟桥和金山寺等名胜古迹以及阳羡茶、鲈鱼等江南特产。在《飞花艳想》中，又提到了断桥、桃花坞、苏公堤等风景名胜和著名的太湖石。又如《蝴蝶媒》中的灵隐寺、飞来峰、苎萝山等名胜古迹。而在《巧联珠》中，江南的名胜古迹出现得最多，诸如馆娃宫、西施洞、吴王井、玩月池、虎丘山等不胜枚举。在其他的才子佳人小说中，也经常可以寻见这些名胜古迹。同时，在《驻春园小史》和《英云梦传》中还提到了江南特产金谷酒。又如《吴江雪》中男女主人公第一次见面的场所——支硎山，《春柳莺》中石生与怀伊人等人赏梅之处——玄墓。还有一些江南的地名，如金陵、镇江、钱塘、江阴、常州、扬州等等，在几乎每一部的才子佳人小说中或多或少的都有所涉及。小说中的这些描写，流露出了作者对江南地区风物名胜的熟稔、热爱之情。同时，这些典型性的南方物象大量出现在才子佳人小说中，提示着小说所依托的地域环境与文化背景。

二、柔婉的文章风格

"在同一时代和同一民族的不同地域中，由于环境条件的不同，民俗风情的不同，反映在文学风格上，可能形成不同地域的特点。"在明净多水的自然地理环境的熏染下，江南地区渐渐形成了温柔婉美的文学传统。这种文学传统反映在文学作品中，就形成了柔婉的风格。具有柔婉风格的作品，秀丽和美、委婉曲折，给人以静谧和谐的感受。柔婉风格的文学作品，多以离愁别恨为主题。无论是"庭院深深深几许"的哀愁，还是"杜鹃声里斜阳暮"的凄切，都是那样的缠绵悱恻，在审美效果上令人依恋感叹不已。

产生于江南的才子佳人小说，其行文风格也具有温柔婉美的江南地域文化色彩。才子佳人小说总的风格中"柔婉艳丽"、"缠绵悱恻"，是偏向于柔、艳等方面的。具体到才子佳人小说各个作者的风格，也是如此。如《玉娇梨》第四回"吴翰林花下遇才人"中才子苏友白在媒婆的鼓动下去打探美人虚实的一段描写：

> ……不多时，只见有两个侍妾，把中间一带纱窗都推开，将修帘卷起两扇。此时日色平南，微风拂拂，早有一阵阵的异香吹到苏友白鼻中来。苏友白闻了，不觉情动。又立了一歇，忽见有一双紫燕从画梁上飞过来，在帘前飞来飞去，真是轻盈袅娜，点缀得春光十分动荡。……

这段描写风光旖旎，具有柔婉艳丽的风格特点。在其他的才子佳人小说，如《平山冷燕》中的燕白颔与山黛墙头和诗，卖扇寻人；冷绛雪与平如衡闵庙和诗；《金云翘传》中的翠翘与金重饮酒品诗，彻夜长谈；等等，都情景浪漫、令人欣悦，给人以美的享受。

根据以上的论述不难得出这样的结论：才子佳人小说的文章风格是具有柔婉特征的，而这种柔婉的行文风格，与江南温柔婉美的文学传统是相统一的。因而，从文章风格方面可以说才子佳人小说是具有江南地域文化特色的。

三、吴越俗语方言的运用

俗语，古时称谚语。《礼记》云："谚，俗语也。"《汉书》云："谚，俗之善谣也。"《说文解字》云："谚，俗所传言也。"谚，就是古代广泛流传的俗语。才子佳人小说的语言基本上属于南方话，它大量吸收了苏北地区的方言词语，包括当地特有的一些俗语和俚语。下面以孙楷第先生《中国通俗小说书目》中所收录才子佳人小说中较为典型的几部作品中的一些词语为例，按汉语拼音字母音序排列如下：

（一）挨一脚

例：他却一得了钱，又挨一脚去掷。掷不上一掷、两掷，偏又掷不出好面色来，不是差，便是七，把这几个有限的钱，依旧送掉了。（《快心编》上第9回）

注：挨，音啊，四声。"挨一脚"意为参与进去。

（二）出门

例：老婆婆道："哟啰！怎么不认得！我记得送你出门时，你只得二十来岁，你如今已是半老的人了。"（《雪月梅》第4回）

注："出门"，在吴语中特指女儿出嫁。

（三）打觉

例：……丘石公去抱他亲嘴，把他打觉了，惊动江潮喊将起来。……（《吴江雪》第12回）

注："打觉"指将人"打"醒。

（四）单墙薄壁

例：（那人）因见他单墙薄壁，夫妇三人怕寒畏冷。他便在草铺中暗暗地将口张开，吐放出三昧火气。（《麟儿报》第1回）

注：同"壁脚"，即墙脚、墙根之意。

（五）垫刀头

例：若没有我们通今博古的君子来发纵指示，你那些走狗凭着匹夫之勇，只好去做垫刀头！（《锦香亭》第4回）

注：替死鬼、牺牲品。

（六）掐不入

例：众人齐声问道："什么叫做掐不入？"那学生道："掐不入者老也。"原来吴中的乡谈，父亲叫做老官；匏瓜瓠子老了掐不入，就把来做称呼父亲的雅号。（《吴江雪》第3回）

（七）有日

例：……小姐不可如此！老爷被贼监固，自然有日出来，小姐岂可先寻死路？（《锦香亭》第8回）

注：有一天。日，音热。

（八）中中

例：约定了，到次日，果然同到一个人家，领出一个女子来——年纪只好十五六岁，人物也还中中——见了礼，就坐在宋信对面。（《平山冷燕》第5回）

注：不好不坏、不美不丑，中等程度。

　　除上所列举的词语之外，才子佳人小说中还有一些吴方言词语，如：惫赖、不尴尬、闹热、事体、物事，以及饮酒、喝茶的谓语均用"吃"字，等等。与此同时，还有一些词语，《现代汉语词典》已作为普通话词语收录，释义也与方言相近，但这些词汇在江南地区人们的口语中使用频率很高，在才子佳人小说中也大量存在。例如：讨打、讨好、寻事、费事、晦气、作贱、齐整、难处、受气、无心、拾掇、女眷、恶寒、相与、难为，等等。限于篇幅，恕不一一列举。

　　从以上列举的语言现象可以看出，才子佳人小说确实是极具江南地域文化特色的，这也从另一面证实了此类小说作者的江南身份。因为若非特别熟悉江南一带的方言土语，小说中一大批方言俗语不会运用得如此娴熟，运用得如此广泛，运用的如此恰到好处。

四、江南一带的民俗描写

才子佳人小说的地域文化色彩，还表现在作者对江南一带民俗文化的熟稔与描写上。民俗文化是一种民间文化，是一种俗文化，是经过长期的历史积淀而形成的，它包含衣食住行等方方面面的内容。民俗文化具有地域性特征，"哪里有人群，哪里就有社会生活，因此哪里就有相应的社会风俗。"江南一带的民俗带有浓厚的江南水乡韵味，同时也充满了重教崇礼的气息。下面笔者拟以才子佳人小说中所写到的江南娱乐习俗和信仰习俗为例，来说明才子佳人小说中丰富的江南民俗现象，及此类小说由此所体现出的江南地域文化特色。

（一）江南娱乐习俗的描写

"苏州好，鼓棹去探海。公子清歌山顶度，佳人油壁树间来。玄墓正花开。"（沈朝初《忆江南》）每至农历的正月底、二月初，苏州玄墓山的山前山后梅树成林，繁花如雪，疏影横斜，暗香浮动；花树随山坡起伏，迤逦数十里，俨然一片花海。每至其时，江南一带的人们便争相贾船，向玄墓遨游。才子佳人小说《春柳莺》第一回中就写到了石生同友怀伊人到玄墓观梅所见到的盛大场面：

> 二人正饮酒闲谈间，听得箫鼓如麻，歌声聒耳。……岸上游人如蚁，皆傍梅岭而行。……

"苏州好，海涌玩中秋。歌板千群来石上，酒旗一片出楼头。夜半最清幽。"（沈朝初《忆江南》）虎丘是苏州名胜，那里绿树成荫，井泉淙淙，古刹肃穆，宝塔巍峨，一年四季到虎丘游玩的人络绎不绝。特别是中秋之夜游虎丘，尤其别有一番韵味。每年的中秋之夜，江南市民们多带上佳肴美酒雇舟而往虎丘，在虎丘塔下，千人石上席地而坐，徜徉于林壑泉石之间，享受美妙绝伦的景色。才子佳人小说《吴江雪》在第十二回写众书生中秋虎丘玩月的情景：

> 正饮酒间，不觉已到虎丘了。……家人带着水火炉并茶具。明月初升，

尽坐在千人石上。四个侍从，吹箫弹瑟，品竹鼓簧。妙娘歌出绕梁之声，真正莫愁复出，其实动人。……朝赏花等江南的娱乐习俗，限于篇幅，在此不一一举例。

（二）江南信仰习俗的描写

才子佳人小说《飞花咏》中有一段关于江南民间社会活动的描写：

> ……只见家家悬彩，户户垂帘。无数的老少妇女，俱穿红着绿，站在门前看会。……家家门首，都是些女人，甚是热闹。……又停了半晌，一阵阵一队队的鲜明旗帜，里长社火，俱各扮了故事，跳舞而来。后面就有许多的台阁，内中或有扮苏轼游赤壁的，也有扮陶渊明赏菊的，也有扮张生游佛殿的。众人俱围住观看。……

天花藏主人的才子佳人小说《两交婚》中也有一段关于江南民间酬神活动热闹场面的描写：

> ……（甘颐）正在沉吟，忽庙门外锣鼓喧天，无数乡人，男男女女，一阵一阵的都拥入庙来。也有抬着猪羊酒果，用巫师祝赞的。也有挑着猪头三牲，就叫庙祝祈祷的，纷纷不一，竟将一座庙都塞满了。……

这种民间酬神活动俗称"出会"。"江南……其俗信鬼神，好淫祀。"（《吴郡志·风俗》）才子佳人小说中有相应的民俗描写，是符合"社会生活是文学创造的客体和唯一来源"这一文学创作原则的。其他的江南民间习俗，如婚嫁习俗、生养习俗、赏荷习俗等在才子佳人小说中也多有表现，限于篇幅，在这里就不一一列举。

从这些才子佳人小说中，我们能看到江南社会人们生活的方式、民间技艺、礼仪规范、道德观念、文化形态等。换句话说，才子佳人小说对江南民间习俗的描写，是含有浓郁的江南地域文化信息的。

综上所述，才子佳人小说无论是从物象风格上，还是从方言习俗上，都含有浓郁的江南地域文化信息。从作品接受的角度来看，这些信息能让本地的读者感受亲切，如临其境，如睹其物，从而拉近小说同读者之间的距离，产生一种逼真、切近的审美效应。一般说来，作家赋予作品的地域文化特色越鲜明，就越能吸引读者。因此，在才子佳人小说中，这种以江南民俗作为表现对象的手法，对于增强小说的可接受性，体现此类小说的民间性和本土性的文化特征，无疑具有一定的作用。

朴丽娇:《才子佳人小说中的江南地域文化特色》，

《安徽文学·文学评论》，2009（8）。

选文4
雷霞对女性弹词小说繁荣于江南的成因分析

女性弹词小说是指明清时期由女性作家创作的一种以七言韵文为主，韵散结合的长篇叙事小说。它那细腻的描绘，冗长的篇幅，动人的情节，尤其适合市民文化消费的口味，为广大江南妇女所厚爱，由此激发了知识女性创作弹词小说的热情。弹词作家多出自江南，现在可考的 21 人中，有 17 人是江南人，占总数的 85%。其中浙江 10 人，江苏 4 人，上海 3 人。在这 21 位作家中，女性有 12 人，占总数的一半以上。

明清时期女性弹词小说在江南呈现如此繁荣之貌，与明清时期江南独特的社会面貌、自然环境、人文环境等因素密切相关。

一、明清江南的社会经济文化

首先，人口流动带动了经济的发展。商品经济的繁荣和手工业的发展，吸引了大量乡村劳动力涌向城镇谋财求利，促进了江南市镇的蓬勃兴起，数千户、上万户的繁华市镇如雨后春笋般崛起。如松江府的朱泾镇以大宗棉布交易为主，明中叶镇上"居民数千家，商贾辐辏"，成为"走两浙达两京"的要津。据不完全统计，清朝乾隆年间，苏州府吴江县市镇居民的总人口占全县总人口的比例高达 35%。在这样的经济氛围中，女性市民受利益的驱使，纷纷参与手工劳作和商业活动。其次，消费结构的变化。集居于市镇的市民随着经济状况的改善，不再满足于吃饱穿暖这种最低级的物质需求，开始向精神层面过渡。为了调节做工经商的紧张节奏，缓解工作带来的精神压力，他们开始要求改变呆滞寡闻的生活常规，需要有适合本阶层的富有开放性和进取性的文化消费，渐渐的，市民的文化消费呈现出多样化、新颖化的特色。节庆名目开始繁多，在传统的崇祀活动基础上，增添了市民自身需要的节日庆典。如正月初五日市镇牙行铺肆以及各路商人等为了祈求发财，为 5 路财神庆祝生日。同时，市镇的富庶使传统的祭祀活动向娱乐活动转变，节庆的规模也趋于宏大。据《清嘉录》所载，元宵灯市、祭城隍、端午龙舟赛等节俗都有持续几天的热闹场面，甚至搭台演戏，士女倾室往观。在这些节庆娱乐活动中，市镇妇女装扮一新，踊跃参加，更增添了祥和欢乐的气氛。

但是，这些定日进行的节庆娱乐活动毕竟有限，难以满足市民经常性的文化消费需求，他们开始寻求一种更简单、更方便、更日常化的文化消费，女性弹词小说迎合了广大市民的消费心理，很快成为市民日常喜爱的文化娱乐活动。女性弹词小说以讲故事的方式叙述历史事件和生活琐事，篇幅冗长，可以连续讲演二、三个月，甚至半年，恰好满足了市民每日消遣的需求，尤其是终日闲居于家中的妇女更以听赏弹词小说为嗜好。正是在市民文化消费的促动下，弹词小说成为江南流传最为广泛的休闲活动，到明末已有"弹词万本将充栋"之说。

二、江南深厚的文化底蕴

女性弹词小说空灵蕴藉、闲散舒缓的阴柔气质是与江南人文大环境分不开的。艺术是环境的产物，江南水土柔和，"山川草木，润媚而韶秀"，江南人"机慧疏秀而清明"，"喜艺而厌凡鄙"，形成了"俗务儒雅，士兴文艺"风俗，"布衣韦带之士，皆能摛章染墨，其格甚美"。在这样的人文环境中，明清女性弹词小说的面目自然会日渐典雅起来。其回环往复、宛转细腻的叙事风格，空灵儒雅的审美倾向，温润绵丽的语句，都是受环境的培养、熏陶形成的，是与它的生存环境相适应的。明清女性弹词小说的生存土壤在江南，是江南的人文环境孕育、培植了它，它是江南文化的"特产"。

"地理环境对中国古代文化兴起与发展具有重大影响"。有异于国内其他区域的生态环境和经济状况，江南孕育出一连串璀璨的文化明珠：崧泽文化、河姆渡文化、吴越文化等，从而构成有江南特色的社会文化。东汉以降，江南的社会经济迅速发展，曾经被中原人称为蛮夷之地的吴山越水，也逐渐成为"谷帛如山，稻田沃野，民无饥岁"的全国首富之地。随着北方人口的大量南迁，这里的文化空气日渐活跃，名士云集，文人冶游，流为滥觞。东晋士人在兰亭集会的"曲水流觞"；昭明太子的山中读书；陶渊明采菊东篱下而"不为五斗米折腰"的事迹，令后世多少文人雅士津津乐道，钦羡不已。此后，隋唐科举制度的确立，南宋以来文化中心的南移，江南的崇文风气日趋高涨，为文化事业的发展和兴盛奠定了基础。元代杨维桢的诗词就道出了江南人崇尚文化的时风："阊阖城里痴儿女，始识千金重聘师"。明清时期，江南特有的文化氛围，吸引了众多文人雅士前来寓居，更增添了江南的求学为文之风。长洲谢徽说：姑苏"民俗富而淳，财赋强而盛，故达官贵人，豪隽之士与羁旅逸客无不喜游而侨焉。"使江南的城市乃至乡镇无不以学文为上，争相以文人雅士自居。吴江黎里镇"上岸多士夫之家，崇尚学术，入夜诵读声不绝"。常熟唐市为人文荟萃之地，自晚明迄于清前期，"文章道德之彦，掇巍科高第者，后先挥映，皆尚气节而重声闻"。江南富户大族都十分注重私家教育，许多宅地都建有家族藏书楼。府县开始建办社学，将家庭教育扩展为社会教育。在江南文化日趋兴盛的影响下，使部分女子接受文化教育成为可能，不仅名门闺秀学诗作文，而且小户女子也执笔以试，虽流传后世者甚鲜，但从史料中零星的记载，也可反映一时之风尚。自从明代吴江沈宜修母女4位女才子的突现，更激发了江南名门女子舞文弄墨的兴趣。明清之际文学大家钱谦益评价当时江南女子的学文之风说：自有沈宜修母女后，"于是诸姑伯姐，先后娣姒，靡不屏刀尺而事篇章，弃组纴而工子墨。松陵之上，汾湖之滨，闺房之秀代兴，彤管之诒交作矣。"于是，江南闺门涌现出了一批有才识的女子，这些女子获得了一定的知识之后，渐渐拓宽了视野，不再囿于家庭狭小的范围内，开始关注国事，为女子没有应具的社会地位和没有与男子平等竞争的机会而鸣不平，她们通过文学创作的方式，自觉为自强而呐喊，呼唤着女性意识的觉醒。

三、特定文化市场的需要

明代中叶以后，经济的发展使得江南一带商品经济空前发达，市民阶层空前扩大，茶楼、书场、勾栏、瓦子遍布大小城市，而这些地方正是江南市民、百姓的聚散消闲之地。为了吸引顾客，他们专门请一些弹词艺人说唱表演。高层知识分子和贵族豪门的家庭宴会或朋友集会，也习惯召集盲女弹唱。袁枚《随园诗话》卷五载："杭州宴会，俗尚盲女弹词。"在这种风气的影响下，普通民众的宴会上也开始以弹词助兴。周作人《书房一角·桑下丛谈》里详细介绍了乾隆时业余弹词家胡文汇为人唱南词的情况。这样的风俗一直持续到清末，甚至一些巨家世族豢养弹词艺人以供宴会娱乐。

在清代一些小说中也有反映弹词被用作宴会上娱乐节目的风俗，《红楼梦》第 54 回提到了女先儿为贾母说书的情节，《红楼复梦》第 23 回祝母生日，也用了家养的弹词艺人说书。弹词作为一种侑酒娱乐，是与江南的宴饮习俗相始终的。民间说唱就这样成为大众的主要文化娱乐形式。

嘉靖二十六年（公元 1547 年），田汝成描绘杭州西湖民间娱乐盛况说："其时，优人百戏、击球、关扑、鱼鼓、弹词，声音鼎沸。"万历年间臧懋循说："有弹词多鼓者，以小鼓、拍板，说唱于九衢三市，亦有妇人以被弦索。"王士禛有诗："两岸画红照水，船争唱木鱼歌……"如此声势、规模的民间说唱自然需要大量的说唱材料，于是，弹词创作便在这种文化市场需要之下逐渐发展起来。

最初的弹词属于民间说唱曲艺，它的创作是一些活跃在民间的具有创作能力的说唱艺人，他们一般上是自编自演。后来有了文人的加入，至康熙、乾隆年间，文人创作已成轰轰烈烈之势，尤其是妇女的创作更是呈现一派欣欣向荣的局面。

四、江南家族文化的繁荣

明清时期的江南，出现了许多文学世家。在这些家庭里，以一男性为首，提倡指导女性读书学习，形成了该家庭一代或数代女性的文学群体。一家之中，祖孙、母女、婆媳、姊妹、姑嫂、妯娌，均系诗人、词人、文学家，这种现象在明清两代的江南尤为多见，往往是一门风雅，作家辈出。最著名的自然要属明末清初吴江叶氏午梦堂，一门珠联，相映生辉。叶绍袁妻沈宜修（1590—1635），字宛君，为著名曲家沈之犹女，工诗词，为吴江女性诗坛的中坚人物，著有诗集《鹂吹》。沈家本为吴江望族，她与同邑文士叶绍袁（1589—1648）结婚后，生有5女8男，均有文采。著名的诗论家叶燮就是她的第6子。长女叶纨纨、次女叶小纨、三女叶小鸾、五女叶小繁、三儿媳沈宪英，以上女性均工诗词，并著有诗集。后由叶绍袁编成《午梦堂集》，流芳后世。其中尤以小纨、小鸾姊妹最有文名。小纨不但诗词清丽秀美，而且还是一位剧作家，她的杂剧《鸳鸯梦》是中国文学史上保存下来的女性写的第一个完整的剧本。小鸾，更是姊妹中的佼佼者，陈廷焯称其"词笔哀艳，不减朱素真，求诸明代作者，尤不易觏也"。他如桐城方氏（方孟式、方维仪、方维则姊妹、弟媳吴令仪及其姊吴令则等），杭州许氏（许宗彦妻梁德绳及其女许云林、云姜），吴江计氏（计嘉禾妻金兑、金兑母杨珊珊、金兑弟媳丁阮芝、沈清涵、宋静仪、金兑女计捷庆、趋庭、小鸾、侄女瑞英、同族女计七襄、计垛、计珠容），仪征阮氏（阮元妻孔璐华、姜刘文如、谢雪、唐庆云、女阮安、长媳刘綮荣、次媳许云姜、女孙阮恩滦等），太仓毕氏（毕沅母张藻、妹毕汾、女毕慧、侧室周月尊、张绚霄），武进张氏（张琦女摅英、珊英、纶英、纨英和她的女儿王采苹），闽南郑氏（郑荔乡9女，除9女冰纨早忘、5女长庚无考外，其余7女：镜蓉、云荫、青苹、金銮、咏谢、玉篑、凤调，均有诗集），贵州金筑许氏（许芝仙、其妹遇贞、淑贞、梦贞、侄女芳欣、芳晓、芳盈、纺素），再如阳湖恽氏、阳湖庄氏，均是一门风雅，出了很多女诗人、女词人、女文学家。这种家族文化的繁荣，诗礼之邦、书香门第的文化传统形成了明清两代才女辈出、女性文学发达的繁盛局面，女性弹词小说便是其中的一种。

五、女性文学艺术的全面繁荣

明清江南女性文学家由于接受过良好的家庭教育，加之女性自强意识的觉醒，她们刻苦学习，在操持家务之余，全身心地投入艺术与文学创作中，除诗词外，她们还创作了各类体裁的文学作品，并取得了一定的成就。

明清之前的女性文学样式比较单调，仅限于诗词文赋，到了明清时期，女性中出现了散曲家、戏剧家、弹词作家和小说家。而且，她们的文学活动并未局限于文学创作，还介入了文学评论领域。除女性自撰的诗话、词话、诗文序跋外，明清女性的戏剧评论在中国女性文学史上是具有开创意义的，值得我们关注。就目前所知，明清时期，参加戏剧评论的女性大约有50余人，其中著名的有汪端、张襄、王端淑、王筠、张藻、林已宁、关瑛、归懋仪、吴藻、许延礽、习慧文等人。

除文学外，书法和绘画、音乐也是明清江南女性的特长。文艺是相通的，文学培养了她们艺术家的气质，艺术方面的修养反过来又给她们的文学创作提供了丰富的营养源。浙派女词人关瑛，不仅工诗词，书画方面也有很高的成就。她曾学书于魏滋伯，学画于杨渚白，学琴于李玉峰。女诗人金淑（字文沙）诗书画三绝。著名词人郭麐赠诗云："似闻妙绘兼三绝，试画天风萝屋寒。"金坛女诗人吴规臣，能诗、工画、精医、善剑。钱连因（名守璞）工诗善画，精音律。上虞女诗人徐昭华，"诗名噪一时，工楷隶，善丹青"。毛奇龄题其画云："书传王逸少，画类管夫人。"张摺英，工书善画。这种多才多艺的现象在明清女性中屡见不鲜。明清女性弹词小说之所以繁荣是与创作主体深厚的、多方面的文化艺术修养密切相关的。

六、江南女性的结社

明代结社的风气已经很浓厚。谢国桢先生说："结社这一件事，在明末已成风气，文有文社，诗有诗社，普遍了江、浙、福建、广东、江西、山东、河北各省，风行了数百十年。大江南北，结社的风气，犹如春潮怒上，应运勃兴，那时候，不但读书人要立社，就是女士们也要结起诗酒文社，提倡风雅，从事吟咏。"在这种结社风气的影响下，江南女子诗社，在明代有著名的桐城"名媛诗社"。该诗社以方维仪、姊方孟式、妹方维则为骨干，以及方维仪弟媳吴令仪、吴令则姊妹，围绕在她们周围的尚有其亲友眷属多人。

到了清代，江南女性诗社蔚然成风，著名的有"蕉园诗社"（钱塘顾之琼发起，骨干为柴静仪、朱柔则、钱凤纶、林以宁、徐灿，后5人号称"蕉园五子"），"清溪吟社"（由吴江张允滋联合当地诸女诗人，诗社成员号称"吴中十子"，即张允滋、张芬、席惠文、沈纕、陆瑛、李微、沈持玉、尤澹仙、朱宗淑、江珠，以张允滋的号"清溪"命名），他如梅花诗社、惜阴社、湘吟社等。有的诗社还跨区越省，当然其中的女作家除了江南人之外，还有其他全国各地的女作家，如"秋红吟社"。她们或在节日（如清明、七夕、端阳）饮酒赏花，或闺中谈论琴棋书画，或登山泛舟，或出游访古探幽，每次雅集，均有诗词唱和。她们相互切磋琢磨，不仅增进了女性的诗艺，而且也开阔了她们的视野，丰富了她们的生活，这对于提高女性的文学创作水平是很有积极意义的。

同时，江南女性的联吟唱和虽无组织之名，但行结社之实。据《名媛诗话》卷六记载，金逸（字纤纤）与吴江汪玉珍（字宜秋）、沈纕、江珠等女友经常在一起联吟唱和，乡里老人美称之为"真灵会集"。至于家族中诗歌联吟唱和更是女性经常的活动。阳湖刘琬怀在《问月楼草·自序》中记载："昔年家园中红药数十丛，台榭参差，栏杆曲折，与诸昆仲及同堂姊妹常聚集期间，分题吟咏。"再如山阴祁氏，祁彪佳之妻"商夫人又二媳、四女咸工诗，每暇日登临，则令媳女辈载笔床砚匣以随，角韵分题，一时传为盛事；而门墙院落，葡萄之树，芍药之花，题咏几遍，过梅市者，望之若十二瑶台焉。"商夫人即女诗人商景兰，他的二媳即张德蕙、朱德蓉，4女即祁德渊、德琼、德茝和甥女徐昭华（商景兰妹、诗人商景徽之女）。

女性结社，使女作家们可以定期交流思想，切磋诗艺，促进了江南女性的诗词创作，同时也促进了江南女性文学的繁荣，女性弹词小说亦不例外。

七、江南出版业的繁荣

经济的发展推动了江南出版业的繁荣，以前不能接触到印刷品的或不得不花费时间和精力去借阅和抄写书籍的人，尤其是江南女性，现在可以毫不费力地从市场上购买到自己需要的书籍，这势必影响江南女性读者与女性作家的出现。首先，出版业的繁荣预示着知识生产的加快和流通渠道的多样化，对女性读者和女性作者而言，她们的作品可以像男性作家的作品一样被出版，被出售。其次，江南地区家刻的繁荣，改变了家庭生活的内容和结构，对闲居家中的女性来说，虽然她们在身体上仍保持着与世隔绝的状态，但其闺房已不仅仅是女工针黹的场所，而是具有了书香气息，因为她们可以博览家中藏书，观看搭建于厅堂舞台上的戏剧，还能够与远近的来访者交往。再次，出版业不仅将文化和学问带给妇女，使她们可以自由的读书写作，而且许多家长还资助她们家庭中女性作品的出版，将她们的才华视为家庭的骄傲。这样，女性才华就名正言顺地被纳入家庭文化中，促进了女性教育的合法性，也促使了地方志对女性作家的推助。掌握了一定文化知识的女性，对客观世界和人生哲学难免会有独立的思考，有时往往不再以封建儒家说教为准则，突破封建舆论的藩篱。女作者们才思横溢，有自己独到的见解。她们深感封建世道对女子的不公正待遇，为男女不平等而叫屈，为女子不能凭自身的才华与男子竞争而鸣不平。这些民主思想在弹词小说中的表达远比在诗词中来得明确与直率。

明清女性弹词小说就是这样在江南肥沃的土地上生根、发芽、开花、结果，成为女性文学史上一朵奇葩。女性弹词小说离不开江南这块生它、养它的地方，当然，离开女性弹词小说，明清江南的文坛也将缺少一颗令人炫目的明珠。

雷霞：《女性弹词小说繁荣于江南的原因》，

《平原大学学报》，2007（5）。

第二章

江南小说中的景物描写

选文 1

胡海义、田小兵谈小说与西湖

"西湖小说"一词最早为明清之际史学家谈迁提出。他在《北游录·纪邮上》中说杭州人周清源"尝撰西湖小说。噫！施耐庵岂足法哉"，其特指拟话本小说集《西湖二集》。此后，"西湖小说"这一概念罕有人论及。近年来，学术界开始重提"西湖小说"。在此，笔者将"西湖小说"界定为：以西湖或杭州为主要的故事发生地，且出现西湖场景的小说，它包括"三言二拍"、《西湖二集》《西湖佳话》等相关白话短篇小说、《情史》等相关文言小说和《麴头陀传》《集咏楼》《鸳鸯佩》等章回小说。从明天启年间到清康熙中前期是西湖小说的兴盛时期，其以鲜明浓郁的地域特色与浪漫色彩在中国小说史上独树一帜。运用西湖梦境是它重要的表现手法，把西湖与梦境完美结合，把地域特色与浪漫情调融为一体。在笔者研究的 111 篇（部）西湖小说中记梦多达 136 处，平均每篇都涉及梦境。根据梦境的内容，可分为以下四类：

一是繁育型梦境。中国古代的占梦与生殖文化十分发达。帝王圣贤的出身常被罩上一层神秘的光环，如大禹的出生是"父鲧妻修己，见流星贯昴，梦接意感，又吞神珠薏苡，胸坼而生禹"；老子是"玄妙玉女梦流星入口而有娠，七十二年而生老子"；汉高祖刘邦是"其先刘媪尝息大泽之陂，梦与神遇"而生，等等。异于常人的表象似乎更能获得大众的崇拜，神奇诡秘的梦谕则符合统治者"君权神授"，圣贤"天赋其才（德）"的观念，用以神化统治，昭示天命不可违。明末清初西湖小说中的帝王将相、圣贤高僧在娘胎受孕或分娩之时，多有奇异梦幻相随。如宋徽宗与郑娘娘梦见吴越王索还江山，声色俱厉地抢入后宫。此时，后来成为宋高宗的赵构降生（《西湖二集》第一卷《吴越王再世索江山》）；宋濂的母亲陈氏怀孕之时，"梦见西方一尊古佛，金童玉女擎着幢幡宝盖"（《西湖二集》第八卷《寿禅师两生符宿愿》）；苏洵的妻子王氏，"夜梦一瞽目和尚，走入房中"，第二天早晨便生下苏轼。与此同时，章氏"亦梦一罗汉，手持一印，来家抄化"，惊醒后生下佛印（《喻世明言》第三十卷《明悟禅师赶五戒》）；陈可常的母亲生下他时"梦一尊金身罗汉投怀"（《警世通言》第七卷《陈可常端阳仙化》）。此外，于谦、归烈妇、波斯菩萨与济公等出生时都伴随有父母梦见异象或祥瑞。涉及这些怀孕生育梦境的主角，都是为作者所钟爱的正面人物形象。作者正是运用这些神奇的梦幻，拉开了主人公们卓越传奇的人生序幕。

二是预兆型梦境。把梦境当作对未来的预示与征兆，是中国古代占梦文化的重要内容。在明末清初西湖小说中，此类梦境最为常见，计有79处。如《情史·小青》、《西湖佳话·梅屿恨迹》和《集咏楼》等"小青"系列小说中，都写到了小青"梦手折一花，随风片片着水"，这预示着小青的命运将会如同"落英飘零水中花"一样，无根无着，不能长久。小青自己解梦说："水中花，岂能长久乎？大都命是此矣！"《警世通言》第六卷《俞仲举题诗遇上皇》中，上皇高宗"梦游西湖之上，见毫光万道之中，却有两条黑气冲天"。据圆梦先生解释说，黑气预示着有贤人流落西湖，"口吐怨气冲天，故托梦于上皇"。上皇第二天果然寻访到落榜后几欲自尽的秀才俞良；再如贾似道少时"曾梦自己乘龙上天，却被一勇士打落，堕于坑堑之中，那勇士背心上绣成'荥阳'二字"。"荥阳"是郑姓的郡名，此梦预示着贾似道将会倒在郑姓人之手。后来，他果然死于郑虎臣之手。预示型梦境的大量出现，是中国古代小说重因果报应观念的重要体现。命运是神秘的，也是不可捉摸的；梦，也是神秘而飘忽不定的，但它作为日常生活中人们常有的生理现象，是人类共有的经历和体验，把它作为宿命这种超现实的唯心观的表现形式之一，果报之说也就显得更具有说服力，易于被人们理解接受。

三是教化型梦境。"淳风俗，美教化"是中国古代文学作品的一个重要的创作动机。通过梦境中地狱、天堂的鲜明对比，或是神仙鬼怪的郑重宣讲，伦理教化具有更加强烈的心理定势，给读者留下更加深刻的印象，甚至是心灵的巨大震撼。在明末清初西湖小说中，教化型梦境又可以分为两类：第一，通过凡人梦游地府，亲眼目睹果报范例从而受到教化。如《喻世明言》第三十二卷《游酆都胡母迪吟诗》中，在胡母迪梦游地府之前，作者用一首诗来阐明教化主旨："自古机深祸亦深，休贪富贵昧良心。檐前滴水毫无错，报应昭昭自古今。"在地狱中，冥王高谈阔论转世报应，宣称"合幽明古今而观之，方知毫厘不爽"，胡母迪茅塞顿开，顿首道："承神君指教，开示愚蒙，如拨云见日，不胜快幸。"并请求"遍游地狱，尽观恶报，传语人间，使知儆惧自修"。接下来他遍游地狱，目睹岳飞受荣封、秦桧遭酷刑等历朝因果报应范例，"目击冥司天爵重，皇天端不负名贤"。最后，这位曾怨恨"天道何曾识佞忠"的寒儒在梦醒后领悟到"果报原来总不虚"，自告奋勇充当伦理教化的传声筒。又如《麴头陀传》第二十一则中，居士告诉梦游地府的济公说："凡人一饮一啄，都是前生派定，譬如你今生该吃酒多少，吃肉多少，都有簿籍注定。"总评又对此梦的教化主旨做进一步阐发说："才晓得天堂地狱，只差一线，善恶报应，不爽丝毫。"第二，由鬼神现身说法，直接宣讲。如《西湖二集》第十六卷《月下老错配本属前缘》中，朱淑真梦见氤氲大使详解她的前世孽债，宣称"总是一报还一报之事，并无一毫差错"，一再强调"这婚姻簿籍就如算盘子一般，一边除进，一边除退，明明白白，开载无差"。并列举西子、卓文君、蔡文姬、薛涛和绿珠等，一一加以诠释，以证明"俱有姻缘报应"。又如《欢喜冤家》续集第五回《王有道疑心弃妻子》中，孟月华梦见土地神盛赞柳生"见色不迷，莫大阴骘"，吩咐属下将此呈报城隍司，以便为好人好报备案，等等。这些梦境以伦理教化为主旨，以果报故事为内容，借用鬼神现身说法，成为道德说教的工具。

四是神助型梦境。当小说情节几经曲折跌宕，达到"山重水复疑无路"时，神仙相助的梦境就能产生柳暗花明、绝处逢生的转机。如《西湖二集》第四卷《愚郡守玉殿生春》中，"资性愚鲁"的赵雄赴京应举被人耻笑，感觉无望。谁知开考前夜梦一女子指点迷津，果然高中，"从睡梦中得了一个举人"。后来在梦中又经梓潼帝君的指点，这位不知李白杜甫为何人的太守在应对皇上时，背出"两边山木合，终日子规啼"两句杜诗，博得龙颜大悦，最终位极人臣做到了宰相。姻缘组合的偶然与巧合常被人们认为是冥冥之中有神的主宰，神灵通过梦境向世人传达信息，帮助有缘人结成夫妻。所谓"姻缘本是梦里定，曾向蟠桃会里来"。如《西湖佳话·断桥情迹》中，文世高在梦中得到城隍的指点，做出"且待婚姻到手，再作区处"的打算；《警世通言》第二十三卷《乐小舍拼生觅偶》与《情史·乐和》中，一筹莫展的乐和在梦中经潮王的指点，树立了"此段姻缘，十有九成"的信心，于是立即请求母亲央人说媒；再如《女才子书》卷十二《宋琬》中，宋婉与钱惠卿失散后，历尽劫难，幸有观音大士托梦告知在某月某日于庵中相会，才使有情人破镜重圆。

这四类梦境在明末清初西湖小说中的作用表现为：

第一，衔接情节，拓展空间。这主要是神助型梦境的作用。当小说情节几经曲折跌宕，达到"山重水复疑无路"时，梦境能衔接异峰突起前后的情节线索，并拓展新的故事空间，导出新的叙事线索，使情节发展富有后劲与伸展力。首先，梦境承上启下，成为不同类型故事情节过渡的桥梁，很好地衔接前后不同发展走向的情节，一定程度上调和由于过分追求曲折离奇而造成的矛盾与脱节，使其合乎情理，流畅发展，而不至于生硬突兀。如《月下老错配本属前缘》中，朱淑真因为所嫁非人，"愁恨之极，日日怨天怨地，无可告诉"，情节发展至此，如《梅屿恨迹》等"小青"系列小说，一般会以郁郁而终作为尾声，但作者却安排了氤氲大使现身说教的梦境，一方面试图合理地解释"绝世佳人，闺阁文章之伯，女流翰苑之才"的朱淑真为什么不可思议地嫁与"奇形怪状，种种惊人，连三分也不像人"的金罕货；另一方面也为情节提供新的转机与走向，拓宽了叙述的空间。朱淑真从梦中得知此为偿还前世孽债，是命中注定的报应，于是"怨恨少减，因戒杀诵经，以保来世"，与志趣相投的魏夫人诗词唱和，"互相谈论古今文义，极其相得，竟如夫妻一般"。不仅故事情节有了新的发展变化，情感笔调也豁然明朗轻快。由于梦能自圆其说，梦前与梦后的情节衔接紧密，变化自然，叙述流畅。

其次，梦境还创造出与现实空间相对的人神交流的梦幻空间，变单一平面空间为真幻交织的立体空间，变单一写实的平面叙事为真幻结合、虚实相生的立体叙事。如《西湖二集》第二十一卷《假邻女诞生真子》，罗慧生在现实中与邻女眉目传情，在梦境中数次与狐女幻化的邻女幽会，后又回到现实与邻女成亲，寻找与狐女所生孩子，埋葬狐女尸体。形成"现实——梦境——现实——梦境——现实——梦境——现实"的板块结构：第一次入梦是罗生饱受相思之苦，"伏枕而卧，一念不舍，遂梦至方氏门首……"，醒来后觉得意犹未尽，十分懊恼；第二次入梦时是："罗慧生打点得念头端正，到晚间上床，果然又梦到女子之处。那女子比昨日更觉不同……"在被鸡鸣打搅后，"慧生只得踉跄而归，醒来甚是懊悔"；第三次进入幻境是在"书馆中僮仆俱已熟睡，忽闻得有叩门之声，静听即止，少顷又叩……"的情境中展开。以狐女吐露真相，嘱托后事结束。多重板块之间的切换显得自然流畅。又如《月下老错配本属前缘》中，朱淑真在祈祷时被青衣童子引入、唤出梦境；《救金鲤海龙王报德》中，杨铁崖在西湖船头发闷时被青衣童子请入梦中的龙宫，以失足坠水而惊醒，"恍惚是南柯一梦。见鲛绡二匹在于桌上，腹中甚是饱胀，酒气冲人，耳中隐隐闻得音乐之声，二龙王言语光景，历历如在目前"。这些虚幻的梦境由现实情景生发，将实者虚之。进入梦境后，朦胧缥缈之中却又蕴涵着深刻的现实意义，是对现实社会的折射，可以说是将虚者实之。这种"实者虚之，虚者实之"的手法使小说产生了"双重视野"结构层次与叙事空间，具有半透明的、朦胧的艺术效果。

第二，埋下伏笔，照应前后。这主要是预兆型梦境的作用。因果报应构成了宿命轮回，形成了中国古代小说半封闭的环型结构。利用梦境来传达鬼神对未来的预告，是这个环型结构中的一个重要链条。梦境为后文埋下伏笔，做了铺垫，形成预叙的方式，使故事情节曲折生动而又不生硬突兀，符合生活中的情理逻辑。同时前后照应，脉络分明，环环相扣，在结构上显得紧凑集中。如《木棉庵郑虎臣报冤》中，贾似道梦见自己乘龙在天却被身穿绣字"荥阳"的勇士打落，此梦为后文一系列的情节埋下了伏笔。贾似道于是立即排挤郑姓官吏，"宦籍中竟无一姓郑者"；测字与此梦契合的术士"见似道举动非常，惧祸而逃"；太学生郑隆被黥配而死；最终贾似道在贬官途中被郑隆之子郑虎臣槌击而死。围绕梦的验证，前后照应，环环相扣。篇末也用两句诗做了总结："理考发身端有自，郑人应梦果何祥？"又如《王有道疑心弃妻子》中，孟月华梦见土地神赞誉柳生"见色不迷，莫大阴骘"，为后文柳生因神仙相助而金榜题名、洞房花烛埋下了伏笔，篇末又照应"柳生春一点阴骘，报他一日欢喜"，已经由梦境做好了铺垫；还有《虞初新志·小青传》等"小青"系列小说中，小青梦见落花飘零，为后文小青的命运多舛、愁苦终穷埋下伏笔。如此等等，不一而足。

第三，以梦境构建全篇。即整篇小说以梦境为结构框架，以梦始，以梦终，人物活动与故事情节大都在梦中进行。梦境成了小说结构与故事情节最重要的因素。如《游酆都胡母迪吟诗》中，正话一开始就叙胡母迪"独酌小轩之中，饮至半酣，启囊探书而读"，读后题诗，"觉得酒力涌上，和衣就寝"。于此展开梦境，神游地府，与阎王论辩，观览各种酷刑与天爵之府，听阎王与鬼神不厌其烦地宣讲历朝各代忠奸典型的转世轮回，细致详尽地描绘地狱中"普掠之狱"、"火车之狱"与"奸回之狱"等等的面貌状况。在绝大部分的篇幅中，作者极尽描绘之能来表现梦中地狱的果报轮回之灵与恐怖惨烈之状。最后，朱衣二吏送他还家，"迪再三挽留，不觉失手，二吏已不见了。迪即展臂而寤，残灯未灭，日光已射窗纸矣"，梦境到此收场。还有些西湖小说中的梦境虽然不占较大篇幅，但梦是全篇的主旨与灵魂，是情节发展的枢纽与关键。如《三台梦迹》中，正文先后写了五个梦境，其中有于谦因其父得吉梦而生，长嫂因关公托梦问前程而笑骂口头禅"天杀"预示了悲惨结局，可谓因梦生，因梦死。"故于公一生信梦，自成神后，亦以梦兆示人"，以点明主旨；《石点头》卷十《王孺人离合团鱼梦》中，乔氏被劫持后梦见一个大团鱼说"你不要怀念着金簪子。寻得着也好，寻不着也好。你不要想着丈夫，这个王也不了，那个王也不了"。此梦概括了小说的中心内容与主干线索，故事情节也都围绕此梦展开，所有的悲欢离合都是对该梦的灵验进行诠释；再如《愚郡守玉殿生春》中，自始至终每当赵雄在危急或关键时刻，梦境总能及时出现，助其化险为夷，因祸得福。"在睡梦中得了一个举人"，也在睡梦中得了太守，得了宰相，得了荣华富贵，得了平安终老。所有的一切都是梦境的赐予。因此，如果没有梦境，赵雄的传奇人生无从展开。

第四，梦境的运用，使西湖小说富有浪漫主义色彩。弗洛伊德说："梦是愿望的满足"，因而富有理想与浪漫色彩。梦境，使用不同于写实风格的艺术手法，描绘了一个迥异于现实世界的虚幻境界，使小说具有浓郁的浪漫主义情调。如《情史·司马才仲》中，司马才仲"昼寐，梦一美姝牵帷而歌"，并约定相见。少章以此美梦入词，续作美姝所歌《黄金缕》："叙插犀梳亏半吐，檀板轻敲，唱彻《黄金缕》。梦断彩云无觅处，夜凉明月生南浦。"明月、美姝、佳词……无不蕴含着浪漫情调；《假邻女诞生真子》中，当罗慧生"相思这女子时刻无休"时，便来到"桃李满经，屋宇华丽"的梦境与邻女幽会。两次梦中相会，使罗慧生对缠绵悱恻、美丽浪漫的梦境十分留恋。当醒来时，再三叹息道："可惜是梦，若知是梦，我不回来，捱在女子房内，这梦不醒，便就是真了……"又如《救金鲤海龙王报德》中，杨廉夫梦游龙宫，"鼓乐喧天，笙歌鼎沸"，宾主吟诗唱和、龙女献舞敬酒，杨又重逢"日夕忆念"的竹枝娘，梦境中充满了神奇浪漫的氛围。

第五，梦境深化了明末清初西湖小说中的"怀旧"情结。"然西湖无日不入吾梦中，而梦中之西湖，未尝一日别余也……今所见若此，反不若保我梦中之西湖"。面对现实社会感到强烈不满，明末清初的小说家们将感情寄托在对前朝盛世的怀念与追忆之中，"梦回"是他们怀旧心态的自然流露，"只将旧有的一切一切，当作昨夜的一场好梦"。西湖小说的梦境中不时能看到怀旧的影子。如《麹头陀传》第二十一则中，济公随判官梦游地府，济公问为何只有唐朝罪囚，"判曰：历代俱有大狱，惟唐最近，故以示君耳。"暗示此乃宋朝，所论繁荣盛世乃指宋朝。

总之，梦，只是作为一种生理现象时，它短暂得稍纵即逝。但梦与西湖融为一体，进入西湖小说的艺术创造中，它就有了生命，把地域特色与浪漫情调融为一体，变得鲜活灵动，化为永恒的艺术魅力。

胡海义、田小兵：《明末清初西湖小说中的西湖梦境》，

《理论月刊》，2007（8）。

钟毓龙谈江南小说与江南祭祀风俗

　　杭人于小说中虚构之人物唱信以为真而祠祀之。如《水浒传》中之人物即是。西湖四眼井有杨雄庙。石屋洞有石秀庙。赤山埠有武松庙。艮山门城楼上有时迁庙，偷儿常于夜间往祭之。《水浒传》中有"鲁智深坐化六和塔"一回，明世宗嘉三年修六和塔，于塔中贮鲁智深像，皤然一老衲也。清雍正十三年重修，于塔之第四层安鲁智深像。又有"涌金门张顺归神"一回，写张于夜间从湖西潜水至涌金门，欲摸上城楼袭敌，为守者发觉，遇难后封为神祇。杭人乃于其地立庙祀之。拱宸桥北旧有高冢名梁山坟。传宋江及其部属均丛葬于此，民国时上海帮会中人每岁恒来祭之，可谓荒唐。又据陆次云《湖壖杂记》，宋江藏兵于白塔岭下进龙浦之铁岭关。有石门，进次者每为伏弩所射。是否确有其事不可知。据宋史《侯蒙传》及《张叔夜传》，宋江，山东郓城人，徽宗时以三十六人横行河朔，剽掠十郡，莫敢撄其锋。侯蒙知亳州（安徽颍州），上书言江有过人之才，请赦之而令讨方腊以自赎。帝纳其言，即调蒙知东平（山东泰安）任招抚事。蒙未及赴而卒，擒其副魁，江乃降。明初施耐庵、罗贯中据此，并益以宋以来民间之传说撰小说《水浒》（原名《江湖豪客传》）。其中人物除宋江外，均于史无据。徽宗时杭州却有名武松者，行侠仗义之士，但与宋江无涉。（见前"武松墓"）《水浒》作者或知其人其事而用其名，亦未可知。因小说中有宋江来浙江平方腊之事，而形成在杭之种种故事。按方腊之乱，据宋史为童贯所平。是否曾用宋江都无可考。另据张端义《贯耳集》，方腊原名朕，童贯改名腊。腊后不知所终，就擒者非腊也。

　　又孙悟空为明吴承恩小说《西游记》中之虚构人物。好事者于秦望山半山立齐天大圣庙，塑孙悟空之像祀之。是亦为杭人信小说之一证。又小说《岳传》中，有"马前张保，马后王横"，为岳飞之随从，然史无二人之记载。小车桥曾有墓，碑曰"宋王将军横之墓"。抗战胜利后犹见之，在当时省立医药专科学校校舍前空地之一隅，谅亦附会小说中人物而设者。

钟毓龙:《说杭州·杂说》,见王国平主编《西湖文献集成》(11),

第1124—1125页,杭州出版社,2004年。

选文3

邱江宁论江南女性与清初才子佳人小说的盛行

江南仕女阶层的崛起促进了才子佳人小说的盛行

才子佳人小说所以能在清初的江南盛行,起决定性作用的外围条件就是江南仕女阶层的崛起。今人胡文楷的《历代才女著作考》著录了近4000位女作家的著作,其中百分之八十是明清两代的,而明清两代中,清代女作家有3500余人,而且,明清两代中的女作家,有百分之八十是江南女性。胡文楷的著录虽并不完全,却基本描摹出事实。

仕女阶层的崛起,为才子佳人小说的繁盛准备了充分的读者群。对于当时的市场而言,无论是现今资料著录的女性作家还是那些不被著录的女性,都反映了共同的事实,那就是有大量的女性能够认字,她们也需要阅读。仅以清初出版的《吴吴山三妇合评牡丹亭还魂记》为例来分析当时闺阁中的女子是怎样地阅读和需要阅读这一事实。"吴吴山"是指钱塘人吴人,因居处名为吴山草堂,故名"吴吴山",三妇是指他前后三次娶的妻子,她们分别是陈同、谈则、钱宜。三位女性以狂热的情绪收集、校订《牡丹亭》的各种版本,并进行评点,最后出版题名为《吴吴山三妇合评牡丹亭还魂记》。该书问世之后,成为《牡丹亭》的一个重要版本,并受到女性的热烈欢迎。《牡丹亭》是一部歌颂青春与爱情的、充满浪漫氛围、措辞文雅优美的剧作,这么多女性青睐它,即表明市场亟须这类作品。才子佳人小说在这样的时候出现并盛行也就是意料中的事了。现今保存的才子佳人小说的开山作、代表作《平山冷燕》《玉娇梨》版本还有45种之多,它们被不同的书坊以不同形式翻印。而尤其值得一提的是，其时还出现了所谓"平山冷燕体"诗。当时，像何焯那样的学者也受风气影响阅读《平山冷燕》，并学习"平山冷燕"体创作诗歌，且毫不羞怯地示人，足见小说盛行之广，影响之深。其实《平山冷燕》不过是一部书写一对才女与一对才子邂逅、相恋，最终成为眷属的小说，可是它像《牡丹亭》一样充满青春气息、浪漫氛围与才情，投合了市场的需要，于是一上市，就受到了空前的欢迎，产生了令人难以置信的效果。

仕女阶层的崛起，为才子佳人小说准备了充分的人物原型和心理基础。那时的文章大量记载那些风雅绝伦的女士，出现了很多推崇才女的论调。赵世杰《古今女史序》曰："海内灵秀，或不钟于男子而钟女子。"葛征奇说："非以天地灵秀之气，不钟情于男子；若将宇宙文字之场，应属乎妇人。"叶氏家族叶绍袁曾在《午梦堂集序》中说："丈夫有三不朽，立功、立德、立言，而妇人亦有三焉，德也，才与色，几昭昭乎鼎千古矣。"这些论调在才子佳人小说作品中俯首可拾。《玉娇梨》中，才子苏友白看过白红玉的《新柳诗》之后惊讶道："天下怎有这般高才女子！可不令世上男人羞死。"《平山冷燕》中才子燕白颔看过冷绛雪的题诗后，"连声叹息道：'天地既以山川秀气尽付美人，却又生我辈男子何用！'"平如衡远远看见山黛挥洒如飞的题诗气势，"连声称赞道：'罢了，罢了。女子中有如此敏才，吾辈男子要羞死矣。'"明清之际江南风气，不仅对才女称赏有加，还以女子能诗为荣。叶绍袁妻子沈宜修的才华"吴中人艳称之"。沈自徵在塞上收到甥女叶小鸾所寄诗篇，向人夸耀以之为荣。在才子佳人小说中，才女的地位被抬到了无与伦比的地位，人们对她们趋之若鹜。

现实生活中才华出众的女子在人们心中留下了深刻的印象，成为传奇，这些现实生活的传奇人物在才子佳人小说中以完美的形象被再现。例如，1634年被人杖杀的常熟佳人翁孺安，时人记载她，才情独绝，意趣高雅且有些浪漫：她常在深夜的时候，穿着胡人的衣袍，骑着马，在月下徜徉。在《玉娇梨》中，身着男子长袍的才女卢梦梨令风流才子苏友白自惭形秽，十分钦羡。女扮男装的卢梦梨亲自约会苏友白，并自荐婚姻。又例如，1635年去世的吴江名媛沈宜修，她与吴江才子叶绍袁结为连理时的情景是吴中人极其艳称的传奇，其时："仲韶（叶绍袁）少而韶令，有卫洗马、潘散骑之目。

宛君（沈宜修）十六来归，琼枝玉树，交相映带，吴中人艳称之。"几乎所有的才子佳人小说中的结局都是风流偶傥的才子与绝代佳人结成良偶。《平山冷燕》中，才貌双全的才女山黛、冷绛雪与风流偶傥的状元燕白颔、探花平如衡的婚姻是皇帝钦赐。再如，1640 年 11 月，江南第一名妓柳如是，著男式长袍，戴儒冠自雇舟楫拜访了住在常熟的钱谦益。钱、柳结合之后，唱酬相和，琴瑟和鸣。《宛如约》中赵如子身着男装，云游天下为自己选婿，选定丈夫之后，赵如子又跟踪男友，冒男友之名替男友定亲。不同的是，那些作为才子佳人小说创作最好原型的江南才女们在小说中没有了现实世界的所有缺憾与不平，她们成为完美女性与完满生活的象征。在著名的才子佳人代表作《平山冷燕》中，女主人公山黛得到了皇帝御赐的玉尺，可以打死任何一个胆敢侵犯她的人，所以她绝不会像现实中的翁孺安那样被人杖杀却无处稽查凶手；山黛的婚姻是皇帝钦点的，她不可能像沈宜修那样要被严厉的婆婆辖制，乃至一年中都不能与丈夫相聚；山黛婚后的生活也是风雅的、富足的，她也绝不会遭遇柳如是那样的被人逼迫至死的情形，也不可能需要像沈宜修那样出卖自己的嫁妆来填补家用的亏空，等等。正因为小说既再现了现实世界里最浪漫、最令人艳羡的情境与情节，又隐略了由于现实生活所必有的一切烦恼、困境以及灾难，所以它能够迅速做到既满足人们虚荣艳羡的心灵又暂时弥补人们对现实的失落与焦虑，故成为当时最流行的阅读作品。

女作家天花藏主人对才子佳人小说的定位意义重大

现存著名才子佳人小说作品基本与天花藏主人有关系：诸如《金云翘传》《两交婚》《飞花咏》《画图缘》《赛红丝》《锦疑团》《麟儿报》，这些小说都没有作者署名，却都有尾署"天花藏主人题于素政堂"的序言。"素政堂"据考证是姑苏的一家书坊。在"玉娇梨叙"、"定情人序"中出现的署名"素政堂主人"者与天花藏主人是夫妻。由于《玉娇梨》、《平山冷燕》等著名才子佳人小说在市场上的热销，像李烟水散人、惠水安阳酒民、吴中佩蘅子、渭滨笠夫、南岳道人、云阳嗤嗤道人、烟霞散人、烟霞逸士、冠史者、苏庵主人、名教中人、樵云山人、步月主人、龙邱白云道人、白云道人、惜花主人、古吴素庵主人等作家蜂拥出现，如此众多的人参与才子佳人小说的创作，才子佳人小说由之兴盛。很显然，天花藏主人对于这一创作类型的兴起功不可没，是她参与、引领并导致了清初才子佳人小说的兴起。这位天花藏主人，经考证，是一位女性。据《天花藏批语平山冷燕四才子书》（郑振铎旧藏，今归国家图书馆）第十二回回评说："予向阅诸小言，味都嚼蜡。今始见四才子，异而评之。第恨妾生较晚，不及细为点缀耳"，句中前文中的"予"即为后文中的"妾"，这是批评者自己告白了她乃是女性。而该本封面又点明批评者为"天花藏"，故而可以推测天花藏主人是位女性。

这位天花藏主人对于才子佳人小说的定位以及创作影响深远，她不仅写了数量众多的小说序言，而且留下了极其重要的小说评点，是今天人们研究才子佳人小说的重要证据和理论依据。在天花藏主人写作序言和评点中，以女性视角探寻女性流芳世界的因素，表达女性微妙细腻的情感，同情被侮辱被损害的女性，并对性别歧视表示极大的愤慨。

在《两交婚》的序言中，天花藏主人深切地探讨女子应该凭借什么来使自己流芳后代这样的问题。她认为美丽的女子只能带给人们耳目的感觉，让人一时心动。只有既美丽又富才华的女子，才能深刻地打动人心，不会磨灭。序言写道："……必有秀骨妍肌，出幽阁之类，拔香闺之萃者也。……此犹佳美于耳目，而销一时之魂者。……故远山之眉，有时罢笔，而白头之句，无今古而伤心。以此知色之为色必借才之为才，而后佳美刺人人心，不可磨灭也。"作者还指出，那些不能深切理解女性的人，以为只要写漂亮女子，就能写出好作品，实际上这样的作品不过是让人捧腹牙酸的作品。整篇序言中，作者关注和探讨的问题始终是，一个女子如何才能流传千古。即使是非常欣赏同情有才华女性的男性，也很难有这种深切探讨女性如何流芳千古的想法，只有女性意识开始觉醒的女性才会如此深刻地反思女性的地位，并对那些男性笔下的女性不满。

谈及女性意识的觉醒，就必然绕不开一个问题，那就是对被侮辱被损害女性的态度。只有女性自己意识到并且真正对自己被侮辱被损害的同胞表示同情与尊重，那么其意识才堪称觉醒了的女性意识。天花藏主人在尾署"天花藏主人偶题"的《金云翘传》序言中写道："余感其情而欣羡焉，聊书此以代执鞭云。倘世俗庸情，第见其遭逢，不察其本末，曰此辱人贱行也，则予为之痛哭千古矣。"《金云翘传》中的主人公王翠翘卖身救父，以后两度为妓，最后嫁给徐海成为贼婆。身世传奇坎坷，是被侮辱被损害女性的典型代表。但天花藏主人被其情所感动，深为"欣羡"，甚至愿意为她驾车以表达自己的崇敬之情。天花藏主人表示深感惋惜和遗憾是因为人们因王翠翘的身世而歧视她。中国古代文学传统中，以妓女为书写对象的作品不计其数，男性作者们或赞扬或玩赏或贬谪她们，但从来没有谁像天花藏主人这样深以自己为王翠翘的知音，并对其表示崇敬和欣羡。天花藏主人的话固然不能认为是在为被侮辱被损害女性正声正名，但至少她已经因为同情而开始为之呼吁和鸣不平了，这在17世纪的中国是极其难能可贵的。

正因为天花藏主人的女性意识是初步觉醒的女性意识，所以，她不仅能正视且表达自己的女性视角和意味，并对男性们存在的性别歧视表现出极大的愤慨。这些思想在她评点的《天花藏批评平山冷燕四才子书》一书中表现得比较明显。第十五回评语："燕、平二人，见闻不同，意中各有所注，彼此不服，故两相争论；山、冷二人，红丝无定，肝胆不知谁向，辗转无聊，故两相慰藉。彼争论者，明剖是非，心犹不晦；慰藉者，暗茹荼柏，情更可怜。"第十七回评语："只叙考时光景，一番情态已勃勃动人；又各述错落姓名，并情长情短之事，与形容肥瘦，使二人（指山黛、冷绛雪——引者）柔肠内又各添出一段相思，低回想象，不禁伤神。"第二十回评语："天子已许择婿，而所择之婿，又皆素所悦慕之人，可谓快心矣；而快心中仍有许多不快之虑。因知儿女情波，一荡一漾，实无已时。"这些段落的评点无不体现出一种对女性微妙心理感同身受的体会。评点者能够用如此真诚、热烈的笔致来抒写这种微妙的女性心理，至少是由于她敢于正视这样一种女性经验，不因为一直处于强势的男性没有这样的体验而有所顾虑。

既然女性的体验可以独特于优势地位的男性，那么，男性们一直存在的性别歧视自然就令人耿耿。天花藏主人在小说评点中多次对男性们的性别歧视大发议论，且言词激烈。第三回评点写道："窦国一之参山黛，虽受晏文物之托，贪其千金，然其心实实不信小女子有此大才，非妄言也。天子目为'腐儒坐井观天'，罪案定矣。荐五名公，一山人，与一小女子并较，亦可谓万无一失矣；而不知'迂腐儒绅'四字，已为山小姐笑尽矣。由此知迂腐儒绅于国家无毫发之补。"关于这段评点的缘由是，小说写十龄幼女山黛赋《白燕诗》震动京城，令不能赋诗的大臣们很无颜面。恰值山黛因赋诗得罪窦文物，于是窦国一弹劾山黛。评点者天花藏主人则认为不能意识到女子有大才的官员是迂腐的儒士；小视女子才华的大臣对国家事业也不会有什么补益和作用。这样的思考逻辑是由很明显且强烈的女性意识所导致的，没有一个男人会认为，公卿大臣能否做好国家大事与他是否瞧得起女子的才华有着必然联系。类似的评点在小说中屡见不鲜。例如小说第四回评点这样写道："天下文才，原有一定之品，毫忽假借不得。却被一辈无真识见人，只就眼前等第，模糊揣度，害事不浅。譬如山黛，有才无才，当就其所已见之才而参观之，当再求其未见之才而推究之，或真或假，庶乎得之矣。奈何全不探访，但以一小女子轻薄之？虽所荐之五名公皆享科甲荣名，然到与人对考之时，亦须自揣所学，限于一时之中，果能成词、成诗、成赋，出语惊人、压倒寻常否。奈何竟不自揣，但以科甲自雄，但以小女子藐视之？既不知己，又不知人，几何而不取辱也耶！"小说中，窦国一纠集一帮大臣与山黛斗才，结果大败。天花藏主人由此而极其愤激地批驳官员们轻薄、藐视女子才华的言行，直目他们为"无真识见人"，"害事不浅"，所以对他们最终被小女子战胜并招致取笑和羞辱的结果表示强烈的快意。只有女性意识强烈、具有比较先进思想的女性才会对男性们的性别歧视表现出这么激动的感情。

才子佳人小说是以女性为表现主体的小说

才子佳人小说能在清初盛行，固然有天花藏主人等作家的努力，喊出了正在兴起的女性群体的声音，但从根本上说，是由于才子佳人小说适应了市场的需求，塑造了令人耳目一新的女性形象。可以说，由于清初才子佳人小说竖起了一面女性文学的大旗，与江南城市受教育女性群体的需求相应，才使它成为一时风光无俩的小说创作类型。与以往作品中的女性极其不同的是，才子佳人小说中的佳人，才华与知识成为她们出彩的原因和基础。知识与才华为她们赢得了权力和尊重，成为她们更主动积极地表达自己的愿望，更主动地掌控自己命运的原因。以备受时人推崇的《平山冷燕》为例。小说主人公山黛由于才华出众，得到皇帝的赏识，赐给她一根玉尺，赋予她丈量天下才子的权力，而且，凭她这根玉尺，可以不受法律约束打死任何一个敢于侮辱她的人。知识为她赢得了至高的权力，使她得以绝对自信、安全地生存。小说的另一位女主人公冷绛雪尽管出身低微，却才华自赏，不甘嫁给凡夫俗子，终老乡下。所以她以出奇制胜的方式，假卖身山府为奴的机会，不仅让自己的才华崭露头角，而且也因此改变了自己的生存环境和命运。在冷绛雪的言行中没有任何怯弱的成分，她要自己掌握自己的命运，而且发誓要凭自己的才华为父亲争得名号，光耀门楣。女性可以像男性一样执掌生杀权利，可以像男性一样光宗耀祖，这在传统文学作品中简直是匪夷所思，但《平山冷燕》却这样书写了，而且还产生了令人难以置信的市场效应，这不能不让人相信时代变了。

由于小说赋予知识能够改变命运，获得权力的想象，所以，才子佳人小说中的佳人与传统作品中的女性相比，更加主动积极、勇敢地表达自己，她们的行动中不再有怯弱、畏惧和卑微的成分。以传统作品中的女性代表莺莺为例，小说写她"甚工刀札，善属文"，而且言辞敏捷善辩，但是，即便是亲近如张生亦不能轻易看到她的文章，听到她的议论。也就是说，尽管莺莺很有才华，却以低调的、谦卑的态度对待自己的才华，坚决不肯对她周围的人包括她的情人构成威胁。《玉娇梨》《平山冷燕》等才子佳人小说中的才女们则完全相反，她们恣肆地张扬自己的才华，甚至骄傲地嘲笑、戏弄那些自以为优越的男性，给他们造成巨大的压力。《平山冷燕》中，平如衡与山黛比诗失败后，"立起身来辞谢道：'烦致谢小姐，请归读十年，再来领教'。因欲走出，那女子道：'先生既要行，贱妾还有一言奉赠'，遂又题诗一首，遂与平如衡。平如衡已走出亭外，接来一看，只见上写着：'论才须是此心虚，莫认鲛人便有珠。旧日凤凰池固在，而今已属女相如'。平如衡读完，知是讥诮他前日题壁之妄，便也不答，竟笼在袖中，闷闷的走了出来。"山黛不仅没有以温婉的态度安慰失败的才子，反而以更加强硬凌厉的姿态讥讽失败的才子，令其颜面尽无地退出。

不仅如此，这些才女们还敢端严自信地跨出家门，去面圣朝君，在完全陌生的环境中展示自己的才华，争取自己的权力，敢于主动地表白爱情，追求爱情甚至控制爱情的主动权。与传统作品中出现的为爱冲破约束的女性们相比，这些佳人首先意识到了自己的优秀与独特，因为不甘埋没而自己决定自己的行动，这种行动没有发生在男性的意志与欲望之后。例如《宛如约》中的赵如子，无父无母，独立支撑家业，自强不息地读书进取。因不甘容貌与才华枉自埋没，女扮男装，登门自媒自荐于司空约。之后，还要亲自规划情人的事业前途。为确保自己的婚姻完满，又明里暗中为情人再选妻室，并摈除奸小的诬陷。赵如子身上所表现出的独立性、自主性甚至控制欲虽然已远非传统女性道德所能涵盖，但却非常符合那个时代新女性的潜在愿望，令人读后振奋。

……

综上所论，才子佳人小说的意义在于它是女性作家引领参与创作的创作类型，反映了比较明显的女性意识，更塑造出了异质于传统作品女性的新的富于自我意识的女性形象，这在当时是新鲜的，且迎合了时代的潮流，很容易引起人们的阅读兴趣，从而致使这派小说在当时极其盛行。

尽管才子佳人小说曾经盛极一时，可是，它们后来却成为艺术创作的反面典型，人们纷纷诟病此类小说的创作并与之划清界限。其实，至《红楼梦》创作及其脂评评点之际尚需不遗余力地批评和抨击它，就说明此类小说在那时还影响甚大。从今天的版本情况来看，就是到了清末，这类小说中的翘楚者如《玉娇梨》《平山冷燕》《金云翘传》等作品还被一再翻印，让人不能不承认这类作品生命力的顽强。这些小说的女主人公们的行为与以往女子的形象很不同。但是，小说对于这些人物的塑造和刻画却是相当肤浅、模式化的，由于这种塑造的肤浅、模式化，人物身上的独特性、惟一性没能得到很好的表达，从而给人"千人一面"的深刻印象。正如《红楼梦》"脂评"所云："可笑近之小说中，满纸羞花闭月等字"，"可笑近之小说中有一百个女子，皆是如花似玉一副脸面"。《红楼梦》脂评批评说："最恨野史有一百个女子皆曰聪敏伶俐，究竟看来他行为也只平平。"由于小说创作存在严重缺憾，才子佳人小说逐渐淡出历史舞台。

邱江宁:《江南女性与清初才子佳人小说的盛行》,《江苏社会科学》,2006(5)。

第三章

江南小说中的人物塑造

选文 1

孙旭谈西湖小说对杭州地域人格的摹写

杭州自古以来自然条件优越，经济发达，至北宋已有"东南第一州"之称。吴越国及南宋两度为都，全面提升了杭州的政治、经济、文化地位，成为颇具影响力的城市。同时，由于杭州独特的地理风貌，使它逐渐凸显出城市山林的地域文化形态，即繁华的都市与优美的湖山相傍相存。杭州在宋明两代是全国通俗文学创作中心和刻书中心之一，小说、戏曲的创作，刊刻非常繁荣，其中不少小说、戏曲以杭州本地事件为题材。话本小说篇幅短小，体制灵活，在描写杭州本地故事方面尤为突出，出现了《西湖二集》《西湖佳话》这样专门述写与杭州有关的故事的话本集子，成为小说史上一个独特的现象。为了更好地研究这一现象，我们把故事发生地与杭州有关的话本小说称为西湖小说。除《西湖二集》《西湖佳话》外，还有不少西湖小说散见于其他话本小说集中。

西湖小说的作者不少是杭州人，还有些虽是外地人但在杭州生活时间较长，对杭州地域文化有相当的了解，在小说中比较全面地反映了杭州地域文化的各个层面，如自然风景、风俗习赏、偏安情结、文人色彩、爱情婚姻、佛道景况等等，其中对于杭州地域人格的揭示值得我们重视。地域人格指在特定地域独特的自然及人文因素影响下，该地域民人普遍具有的性格、心理等精神特征。地域人格是地域文化中最为核心、最为稳固的部分，它广泛存在于普通民人身上，地域文学对地域人格的表现也正是通过普遍民人来展示的。杭州自宋以来，手工业及商业一直很发达，百姓生活富足，市民阶层庞大，这使基于农业文明的传统道德价值观受到冲击，社会风气容易导向浮华、诈伪；同时秀丽湖山的熏染，加之富裕的物质生活和浓厚的崇文风气，又使杭州人的心性趋向灵慧、高雅，浮华、诈伪与灵慧、高雅就成为杭州人看似对立、实则兼具的精神特征。西湖小说所表现的杭州地域人格也主要集中在这两方面。

一、浮华、诈伪

明代田汝成《西湖游览志馀》载"盖杭俗浮诞，轻誉而苟毁"（《西湖游览志馀·委巷丛谈》）。杭州人好臧否人物，且言语尖酸刻薄，为人缺乏宽厚仁爱之心，多势利之见。西湖小说描绘了主人公处于身体残疾或仕途坎坷等困厄境地时，杭州人表现出的轻薄言行。《西湖二集》卷四写资性愚鲁的赵雄要来杭州应举，"临安人口嘴好不轻薄"，以"文章不会做，专来吃粉汤"相讥讽，绝无一丝同情；《西湖二集》卷三写甄龙友时运不济，召对见弃，于是"西湖上的朋友一味轻薄……一发不瞅不睬，连'永嘉狂生'四字也不敢奉承了"，又极见冷淡。当主人公命运出现"半生坎坷，一朝发迹般"的转机后，周围的人即刻前倨后恭，表现了另一副嘴脸。甄龙友被孝宗授予翰林院编修一职后，"西湖上的人又一齐都称赞他是个才子了，都来呵脬捧屁"，全然忘却当初的鄙夷不屑；《西湖佳话》卷十一写文世高高掇巍科后，以前说秀英"不守闺门的，到今日又赞他守贞志烈，不更二夫"，称羡赞叹不已。贫困则重毁相加，富贵则轻誉踵至，正是商业氛围浸润下浮躁、浅薄心理的表现。

"四方辐辏"（《梦粱录·铺席》）的发达商品经济为杭州人的日用消费提供了坚实的物质基础，使其充分享受到同时代大多数人所无法想象的生活乐趣，但高消费的物质生活也容易养成为争耀奢靡而重视外表的虚荣、浮华的心理。西湖小说通过描述杭州人对服饰、饮食、住所的不同奢简要求，揭示了这一心理。杭州人的服饰、饮食极为讲究。就服饰而言，《西湖二集》卷十二说灯节日妇女不仅要佩带"珠翠、闹娥、玉梅、雪柳"等首饰，还要帕衣尚白，"盖灯月所宜也"。就饮食而言，杭州的酒楼山珍海味一应俱全，如"翁厨、任厨、陈厨、周厨"等"只卖好食，虽海鲜、鼋羹皆有之"；酒家还根据开胃、下酒、醒酒等不同用途，在菜肴的烹调方法上大做文章。与奢华讲究的服饰、饮食相比杭州人的住所就显得相当寒酸了，《西湖二集》卷二十四描述其"板壁居多，砖垣特少"，甚至如《石点头》卷十所说"只要门面好看，里边只用芦苇隔断，涂些烂泥，刷些石灰水，就当做妆折"，外事奢侈而内实空虚。此外，杭州人的好尚浮华还体现在其对无聊时尚的盲目追逐上。《西湖二集》卷二写高宗每游湖上，必食宋五嫂所做鱼羹，杭州人听说，"都来买食，其门如市，遂成富媪"；高宗游幸湖山，杭州人簇拥更是如山如海之多，以致"圣驾进城，诸人挨挤，争前看视，竟至踏死数十人"。

　　传统的农业经济推重"日出而作，日落而息"的辛苦劳作，发达的商品经济则崇尚"不耕寸土而口食膏粱，不操机杼而身衣文绣"（《纪录汇编·兼葭堂杂著摘抄》）的灵巧投机。就商品经济发展的本身而言，灵巧投机的经营策略无可厚非，但其一旦与"金钱至上"的庸俗观念及城市生活中游手好闲、不劳而获的生存方式相结合，便不可避免地蜕变为不择手段的恶劣作风。杭州诈伪之风极为盛行，"宋时，临安四方辐辏浩穰之区，游手游食，奸黠繁盛，有所谓美人局，以倡优姬妾，引诱少年。有柜坊局，以博戏关扑骗赚财物。有水功德局，以打点求，脱瞒财货。有以伪易真者，至以纸为衣，以铜铅为银，以土木为香药，变换如神，谓之白日鬼"（《西湖游览志馀·委巷丛谈》），花样层出不穷。西湖小说客观上指明了这一点。如《生绡剪》十三回："浙江杭州府水新关外，离称四五十里地面，有个市镇，人烟凑集，百货俱有，叫做塘楼，乃是南北水路通衢，其间乡绅富室颇多，游手好闲的人却也不少。"再如《石点头》卷十："（抱剑营前）有了这般做买卖的，边有偷鸡剪绺、撮空撒白、托袖拐带有夫妇女一班小人丛杂其地。"同时，西湖小说对"美人局"、"柜坊局"等诈骗手段也予以了生动描绘。如《型世言》第二十六回写光棍见吴尔辉时常在张二娘门首徘徊，其夫又常年经商在外，遂设下"美人局"：他先是冒充二娘之夫主动结交吴尔辉，以妻子不孝为名情愿"出妻"；之后，又假扮二娘丈夫之友，借口助二娘追查移情别恋的丈夫，将其骗至吴家。当张吴两家为此事闹得不可开交之际，光棍带着诈骗来的钱财早已逃之夭夭。《西湖二集》卷二十写曹妙哥为帮助丈夫积聚升官发财的资本，设下"柜坊局"妙计；让其先与十个人结为异姓兄弟以为帮手，然后引诱财主子弟或贪官之孙前来聚赌，"若是骰子兴旺，便出大注；若是那人得了彩头先前赢去，须要让他着实赢过，待后众人一齐下手，管取一鼓而擒之。"诈伪手段令人防不胜防。诈伪手段使一些人得利的同时，也给受害者带来了悲剧命运。《西湖二集》卷十六中朱淑真之所以嫁给丑陋不堪的"金怪物"，即是因为上了其舅"皮气球"的当——"男人只要当得家，把得计，做得生意，赚得钱来养老婆儿子，便是好男子。"朱淑真事本于《西湖游览志馀》，所嫁非人是因"父母无识"（《西湖游览志馀·香奁艳语》）周清原改为"皮气球"的贪财欺诳，并对欺诈过程细加描摹，借机突出了杭州人的诈伪风气。

当然，轻薄浮华、诈伪百端并不是杭州民风的全部，传统道德价值观念依然在民心中有深厚留存，杭州人在许多时候能表现出辞切时弊、诚实重信的特点，如《西湖二集》卷七写史弥远为相后专权跋扈，杭州人知他是觉阇黎转世，叹息"怎么觉阇黎作出这般行径？"《西湖二集》卷三十二说至许敬宗陷害褚遂良一家，杭州人"无不忿恨，无不笑骂"，后其妾、子私通事败，杭州人大为快心，痛斥其为"贼臣老龟"。《醒世恒言》卷三写秦重因为诚实重信，得到周围人的信任和赞许，生意十分红火，并因此得到了美好的爱情。不过相对于传统道德观念，杭州轻薄浮华、诈伪百端的民风更有时代性，更值得我们注意。

二、灵慧、高雅

杭州气候温润宜人，水土清淑饶，富生活于其上的杭州人可谓倍受自然抚爱；依靠"日销寸金，日生寸金"（《金西湖游览志馀·委巷丛谈》）的西湖，轻而易举就可达到衣食无忧；清山秀水又可提供舒放身心、荡涤情怀之所。生存条件的优裕惬意使杭州人有精力关注精神方面的需求，与那些生活于恶劣气候、瘠薄土地的民人相比，杭州人的心性更为灵慧和高雅，对生活有更多的诗意追求。通过西湖小说对杭州人节日制作的精巧物品的描绘我们可以看出这一点。元旦清晨，杭州人有吃柿饼的习俗。柿饼的制作极为讲究，《西湖二集》卷十六介绍道：先要于柿饼之上插"柏枝"，然后"以大桔承之"，最后还要取名"万事大吉"以讨口彩。再以杭州人元宵节所制作的鳌山灯为例，《西湖二集》卷十二记道："高数丈，人物精巧，机关转动，就如活的一般"，令人叹为观止。杭州人还爱好文艺。清慧能文。《西湖二集》卷一中的吴越王虽为一介武夫，却嘱归省妃嫔"陌上花开，可缓缓归矣"，颇富艺术情趣。吴人以之为歌，"杭人遂传为《陌上歌》"，情思婉转，风流蕴藉，闻之令人凄然。《西湖二集》卷四中杭州儿童腊月除夜所唱的"卖呆歌"——"卖痴呆，千贯卖汝痴，万贯卖汝呆，现卖尽多送，要赊随我来，"语言则极为流畅诙谐。

喜好游赏也是杭州人情趣高雅的一种表现。秀美的湖山和雄奇的江潮为杭州人提供了游赏玩乐的绝佳去处，湖海士言西湖"春则桃李呈芳，夏则芙蕖设色，秋则桂子施香，冬则白雪幻景。其雨既奇，其晴亦好，白日固可游览，夜月尤属幽奇"（《西湖二集序》）。宋人吴自牧《梦粱录》谓"临安风俗，四时奢侈，赏观殆无虚日"（《梦粱录·五月》），明人高濂专作《四时游赏录》介绍杭州四季湖山特点及宜游之处，从中可见杭州人游赏风气之盛。西湖小说对杭州人的应时游赏多有描摹。《西湖二集》卷十四写清明节上坟祭扫时，"苏堤一带，桃红柳绿，莺啼燕舞，花草争妍，无一处不是赏心乐事"；《西湖二集》卷二交待了每年八月十八日潮生日，杭州"自龛山以下，贵邸豪民，彩幕绵亘三十余里，挨肩叠背，竟无行路……江面之上，有如铺锦一般。"在纵情游赏的过程中，杭州人还可享恣意观瞻、绝无禁忌之乐。如《石点头》卷十写杭州女子出门，"无论民家官家，都用凉轿。就是布帏轿子，也不用帘儿遮掩。就有帘儿，也要揭起凭人观看"，十分坦然大方；《警世通言》卷二十三写游湖之时，"或三朋四友，或带子携妻，不择男女，各自去占个座头"，又绝无一丝忸怩作态。徜徉留连于明山秀水之间，又无世俗礼法的束缚，杭州人可谓浪漫逍遥至极。

由于话本体制及作者地域意识的局限，西湖小说对杭州地域人格的揭示总体上还不够全面和深入，浮华、诈伪与灵慧、高雅是杭州地域人格的突出特征，但也只是其中几个方面，其他如自负、自足等心理并没有得到表现。小说中表现地域人格时所涉及的人物和情节不是主人公和中心情节，只是中心情节发展的衬托和背景，没有与主人公的生平命运、性格情趣紧密结合，影响了对地域人格的深入揭示。在西湖小说中，浮华、诈伪与灵慧、高雅这两种人格特征体现在不同人群身上，事实上它们完全可能汇聚在同一个人身上，若从这一角度着眼，可以更鲜明地揭示出它们对立而又兼具的特点，但西湖小说缺乏这方面的描述。地域人格的合理载体是普通民众，西湖小说的题材多取自名人轶事，限制了对普通民众的关注，从而也限制了对地域人格的开掘。尽管如此，西湖小说对杭州地域人格有意识的揭示在古代文学中还是具有独特地位的，是文学反映地域文化深化的表现。地域人格具有较强的稳固性，西湖小说所揭示的杭州地域人格在今天依然有很多留存，如何发扬、利用传统地域人格中的积极因素，改造、摒弃消极因素，是杭州在现代化进程中不应忽视的问题。

孙旭：《西湖小说对杭州地域人格的摹写》，
《西安电子科技大学学报》(社会科学版)，2005(3)。

选文 2
李静论古代小说中的江南小人物

普列汉诺夫说："任何一个民族的艺术都是由它的心理所决定的；它的心理是由它的境况所造成的，而它的境况归根到底是受它的生产力状况和它的生产关系制约的。"江南独特的地理区域与意识形态、传统文化积淀，造就了其独特的平民娱乐审美气质。江南小人物虽然没有显赫的家世、显要的地位、渊博的学识，但却深谙生活的智慧。具体表现在如下两大方面：

一、日常生活饱含诗性气质与审美风度

作为江南文化载体的江南小人物，其日常生活饱含诗性气质。所谓诗

性气质，是相对于文化实用主义而言的，即在日常生活中其追求不是仅仅停留在衣食住行等物质层面上，而是在其人文世界里，多了一些超越物质文明与精神文明的审美精神。这种特征主要表现为：

（一）寄情于自然山水

自然山水的秀丽是江南地区显著的自然景观特征，这一自然景观特征为江南人寄情于山水、享受日常生活带来的审美愉悦提供了前提条件。马克思在著述中说："从理论领域来说，植物、动物、石头、空气、光等等，一方面作为自然科学的对象，一方面作为艺术的对象，都是人的意识的一部分，是人的精神的无机界，是人必须事先进行加工以便享用和消化的精神食粮。"人与自然是密不可分的，人一旦离开了自然这一"精神食粮"，其精神也就会随之枯竭。大自然是人释放心灵的场所，人只有回归自然，才能接近诗性本源，只有走向自然，心灵的诗性情怀才能得到释放。因此，欣赏秀丽的自然风光，成为江南人抒发诗性情怀的重要手段。

《儒林外史》第二十九回云：

> 坐了半日，日色已经西斜，只见两个挑粪桶的，挑了两担空桶，歇在山上。这一个拍那一个肩头道："兄弟，今日的货已经卖完了，我和你到永宁泉吃一壶水，回来再到雨花台看看落照！"杜慎卿笑道："真乃菜佣酒保都有六朝烟水气，一点也不差！"

永宁泉现在被称为"江南第二泉"，雨花台则是历代文人墨客乃至帝王将相吟咏之地，李白、王安石、陆游、朱元璋、康熙、乾隆等，皆留下了吟咏雨花台的优美诗篇，"南朝四百八十寺，多少楼台烟雨中"，即是对雨花台的描述。可见永宁泉、雨花台绝不仅是普通的吃茶、看落日之地，而是诗意的象征，"挑粪工"选择这两个去处，足见其追求绝不仅仅停留在吃饱喝足的层面上，而是超越了对物质的享受，寄情于山水风光，追求诗意的生活。

据《明代城市生活长卷》记载："杭州，每当暮春时节，春风和煦，独可人意。桃柳芳菲，苏堤六桥之间，一望如锦。于是，阖城士女，尽出西郊，逐队寻芳，纵苇荡桨，歌声满道，箫鼓声望。游人笑傲于春风中，乐而忘返。"由此可见江南百姓普遍追求山水的愉悦。

生活中，人往往会遭遇各种挫折或困苦，甚至会被现实"污染"。回归自然，事实上是让人暂时忘记现实的烦愁，让生命得到舒展，回归人性最本真的一面，最终获得心灵的愉悦。

（二）日常生活追求审美愉悦

所谓审美风度，是相对于功利主义而言的，即用审美的眼光看待事物。看待世界不是以有多少好处、是否有用来衡量，而是以是否让自己内心愉悦为标准来衡量的。

明朝冯梦龙《醒世恒言》第四卷《灌园叟晚逢仙女》云：

> 凡花一年只开得一度，四时中只占得一时，一时中又只占得数日。它熬过了三时的冷淡，才讨得这数日的风光。看它随风而舞，迎人而笑，如人正当得意之境，忽被催残。巴此数日甚难，一朝折损甚易，花若能言，岂不嗟叹？

秋先爱花、惜花可谓到了极致境界。他视花为神圣不可侵犯之物，以赏花为人生至乐。若以实用主义的标准衡量，秋先的行为一点实惠都没有。诚然，将精力花在赚钱、升官的行当上，的确可以给自己带来实惠，而世间的钱财是挣不尽的，为官的欲望也会无限膨胀，即使做了皇帝还想称霸世界，恐怕到老都不能获得满足。正如"艰苦奋斗当然是最有希望成为人上人，但这个人上人仍然需要区分解释的。如果用来指有钱有势，当然无可厚非。而如果说这就是一种高品质的生活，显然是要让人贻笑大方的"。而用审美的眼光看待世界，首先会让内心获得宁静，不会因为计较财产的多少，或者官职的高低而妒恨不已。人的内心只会充满了缘于对欣喜之人、之物的爱而感觉到的祥和、喜悦、温暖和幸福，人的思想与情感便从而得到升华。

生活的意义不在于拥有多少钱财，抑或位居多么重要的官职，而是扪心自问究竟有多少时间发自内心地快乐过。只有用审美的精神体味生活，立足诗性的高度衡量人生的价值，挣脱世俗功利的束缚，凭借超越功利主义的审美追求，才能获得真正的快乐。

（三）追求浪漫的爱情

江南自古相对富庶，生活在这片土地的人们，当然也不乏苦难，但多数时候他们的生活还是相对安定、温馨的，尤其是自唐宋之后，这种安定的局面较之于北方显得更加明显。且江南远离封建政治中心，再加上江南人自身追求浪漫的主观愿望也比较强烈。这些因素共同促成了江南多情而浪漫的气质。

《卖油郎独占花魁》云：

> 却说秦重和莘氏，夫妻偕老，生下两个孩儿，俱读书成名。至今风月中市语，凡夸人善于帮衬，都叫做"秦小官"，又叫"卖油郎"。有诗为证：
>
> > 春来处处百花新，蜂蝶纷纷竞采春。
> > 堪爱豪家多子弟，风流不及卖油人。

秦重是卖油郎，而辛瑶琴则是青楼女子，他们之间能产生爱情，并最终过上幸福的生活，看起来这样的结局多少有些偶然，然而偶然性中也存在着必然性。因为只有在江南这片大度而多情的土地上，才常见痴情种爱上青楼女子，也只有在江南，才易见身价百倍的辛瑶琴爱上一贫如洗的卖油郎。

江南人追求浪漫的爱情，即使一贫如洗，依然执着于爱情；纵然万贯家财，亦会为爱情而抛弃之。在爱情面前，凡尘中的东西都变得黯然失色，也只有如此，才是真正的浪漫，内心才能因为追求爱情、体味爱情而享受精神上的审美愉悦，心灵才会获得极大的满足。

概括来讲，江南小人物大都处于社会底层，他们既无万贯家财，也并非官居要职，更无显赫的社会地位及影响力，甚至有的人连基本的生活亦无法保证，然而他们并不刻意追逐名利，而是保持洒脱的心境，将平凡的生活调理得有滋有味。

二、精神世界追求自由与洒脱

卢梭认为："人是生而自由的，但却无往不在枷锁之中。"人本质上是自由的，但却受到来自生理上、物质上、社会上的限制与束缚。因此，人要想完全摆脱掉这些束缚，获得行动自由是不可能的，但人可以从这些限制与束缚中解脱出来，获得精神自由。本文强调的就是相对于行动自由的精神自由，也即心灵自由，它是"自由"的真正涵义，也是人类对生活更高层次的追求。

江南人拥有的正是一种精神层面的自由意识。刘士林先生说："在江南文化中，还有一种最大限度地超越了儒家实用理性、代表着生命最高理想的审美自由精神。儒家最关心的是人在吃饱喝足以后的教化问题，如所谓的'驱之向善'，而对于生命最终'向何处去'，或者说心灵与精神的自由问题，基本上没有接触到。正是在这里，江南文化才超出'讽诵之声不绝'的齐鲁文化，把中国文化精神提升到一个新境界。"不为功名利禄等凡事干扰、牵绊，追求心灵的自由与洒脱的诗性精神，正是江南人区别于其他区域人群的特质。概括而言，这种自由意识主要体现在如下几个方面：

（一）追求人与人之间的和谐关系

黑格尔认为"：人必须在周围世界里自由自在，就像在自己家里一样，他的个性必须能与自然和一切外在关系相安，才显得自由。"人要想获得自由，就必须与外界保持和谐的关系。江南人追求人与人之间的谦和与互爱，营造着一种和谐共乐的生活氛围，人与人之间只有保持和谐的关系，才能避免很多不必要的矛盾与冲突，也才不会被诸多矛盾所牵绊，从而拥有平静的生活，最终获得心灵自由。

《说宽厚富》云：

> 扬州便益门外有个陈之鼎，这人家赀没多，总不过百余两，生有三子，开个小米铺糊口度日。他立志要救难济贫，每恨力不从心，因自立一法，将本银百两，到秋成收稻价贱时，尽数买稻堆贮，

因冬米久贮不坏，即于冬腊人牛闲时，碾出米来堆在庄上，平时只在近处随买随卖……

　偶一夜，有小人把他米铺门前垫沟厚板偷起了去。早起三个儿子在街坊喊叫……不意黑晚有个某利棍，吃酒吃得大醉。此时三月春天，他把衣服脱得精光，在陈米店指名大骂……

　那人因大醉脱衣受冻，喊损气力，本夜三更时就死了。他妻子说："虽同陈老儿家相骂，他闭着门，并不曾回言，又不曾相打，没得图赖，只得自家买棺收殓。"

陈老为人处事宽厚，因此才免了一桩祸事，并且他看轻钱财，用自己的财富尽力去帮助身边的人，让大家都过得好。这种仁慈、博爱的处世态度，不仅让自己避免了祸事，而且让自己与周围人保持了一份和谐融洽的友爱关系，最终拥有了一份保持心灵自由的诗意生活。

江南人重视心灵自由，追求诗意生活，因此才会尽力建立和谐友善的人际关系，不斤斤计较财产等身外之物的得失，或者说用钱财等"换取"人与人之间的和谐、友爱，进而获得心灵的自由。

（二）追求自由自在的生活方式

《明清市井闲话》中的《渔家傲》云：

　打鱼的利息，虽是轻微，却尽有受用去处。青天绿水，是我们叨住得惯；明月清风，是我们僭享得多，好酒好肉，不用钱买，只消拿鱼去换；好朋好友，走来就吃，不需用帖子去招。这样的快乐，不是我夸嘴说，除了捕鱼的人，世间只怕没有第二种。……你如今要我跟随上任，吃你的饭，穿你的衣，叫做一人有福，带帮一屋，有甚麼不好？只是当不得，我受之不安，于此有愧。况且我这一对夫妻，是闲散惯了的人，一旦闭在署中，半步也走动不得，岂不郁出病来？

渔夫觉得为官太拘束，不如"退而结网"，过一种逍遥快活的神仙日子。

渔夫通过选择维持生计的方式来追求一种自由自在、无拘无束的生活，进而让精神获得自由。

江南人普遍具有轻视官场生活的人生态度。官场生活的拘束，专制制度的黑暗无不让人感到为官的艰辛，因此江南人宁愿弃官而从农、工、商，选择自由自在的从业方式，让生活自在，从而让精神自由。就连中国商人的鼻祖范蠡亦是倍感辅佐君主的无奈，毅然弃官从商，选择过一种逍遥快活的生活。

（三）超越现实，追求心灵的自由与洒脱

明人何良俊《四友斋丛说》卷二十六云：

> 朱野航乃华亭一老儒也，颇攻诗，在荡囗王氏教书。王亦吴中旧族。野航与主人晚酌罢，主人入内。适月上，野航得句云："万事不如杯在手，一年几见月当头。"喜极，发狂大叫，扣扉呼主人起，咏此二句。主人亦大加击节，取酒更酌，至兴尽而罢。明日遍请吴中善诗者赏之，大为张具征戏乐，留连数日。此亦一时盛事也。

衣食无依的老儒，本该将全副心思花在养家糊口上，然而他却完全没有为生活所迫的沉重感，反而拥有洒脱的精神境界，可以"万事不如杯在手，一生几见月当头"。所谓金银财宝、高官厚禄，不过是过眼云烟、稍纵即逝，只有超越现实的牵绊与束缚，保持一份自由快乐的心境才是最重要的。

人活在世，名利皆是身外之物、过眼云烟，若被这些世俗之物所牵绊、束缚，就会烦恼不断，永远无法真正快乐，只有凌驾于现实之上，才能摆脱现实烦恼的束缚，最终获得心灵的自由。

三、结语

"江南诗性文化是中国人文精神的最高代表，江南审美生活是中国历史上最精致的古典生活方式。"通过小说研究江南小人物的生存状态，能够为我们了解古代江南小人物提供一些资料，并或多或少地为我们如何规划自己的生活提供些许借鉴。现代社会，物欲横流，人们为了追名逐利，不停地忙碌，心灵的需求不断受到压制，于是人类遭受到了种种精神危机的威胁，才发现心灵也需要"呵护与照顾"，生活除了追求功名利禄，更应争取满足精神层面的需求。而要摆脱各种精神危机，首先要转变人生态度，改变生活方式。"挑粪工"都可以在干完一天活后，"相约去永宁泉吃一壶水"，"到雨花台看落照"，我们亦可以在工作后享受生活的乐趣，或欣赏美景，或与亲人朋友相聚，让身心得到放松；亦可以向秋先学习，保持热爱美、追求美的人生态度，过一种有品味的生活。古人在物质条件相对贫乏的环境下，依然追求浪漫的爱情，而我们在生活水平大大提高的今天，为什么却要感情麻木、游戏人间呢？两性只有回归到单纯的真情真爱上，才能更加幸福。人们不应被各种束缚牵绊，人与人之间也不应为了名利而勾心斗角。人只有超越了现实利益的束缚，才能获得真正的快乐逍遥。

在社会物质条件越来越充裕的今天，人类精神危机出现得越来越频繁的当下，普通大众怎样让生活更加幸福，值得我们每个人去思考。而古代小说中江南小人物留下的点点滴滴，正可以给我们带来一些启示。

李静：《古代小说中的江南小人物研究》，
《廊坊师范学院学报》（社会科学版），2010（3）。

结　语

　　江南小说多以江南山水为故事背景，让江南的山性、水性不经意间成为江南生活的言说者。同时，江南温柔的山水环境让人很自然地与女性联系在一起，因此"佳人"成为江南小说中最动人的形象。在《红楼梦》中，薛宝钗的"不见奢华，惟觉淡雅"、"品格端方，容貌美丽"让无数惜花人留恋眷顾。在烟水散人的小说《合浦珠》中，佳人赵友梅"巧慧绝伦，言不尽袅娜娉婷"。这些佳人大概都是应"景"而来的吧。春波碧草烘托着才子佳人们的柔情蜜意；依呀舟楫诉说着才子佳人们的离情别绪，或许只有在江南，才可能有如此地道的才子佳人小说吧！

■ **进一步思考的问题**：

　　当代江南小说中的"江南特色"正在慢慢淡去，这是时代发展的必然还是一种暂时的偶然？

■ **关联性思考的问题**：

　　江南小说在中国小说美学研究中具有怎样的地位和作用？

■ **进一步阅读的书目**：

　　1. 王国平主编：《西湖文献集成》，杭州出版社，2004 年。

　　2. 苗壮：《才子佳人小说简史》，山西人民出版社，2005 年。

■ **关联性阅读的书目**：

　　1. 愈汝杰：《小说 24 美》，中国青年出版社，2009 年。

　　2. 林辰：《中国小说的发展源流》，辽宁教育出版社，1992 年。

第四编 | **江南音乐美学**

导　读

优秀的音乐应该是对天地正气的张扬，这是中国古典美学中一个很重要的观点。《庄子》中有"帝张《咸池》之乐于洞庭之野"（《天运》）的说法，庄子认为，音乐是人与大自然进行沟通的最重要的媒介，音乐演奏是人类所从事的一项神圣活动，音乐所建构的是人类精神活动的崇高境界，最为伟大的音乐是人与大自然合作完成的交响乐，是"充满天地，苞裹六极"（《天运》）的"天乐"，因而这样的作品应该在大自然中进行演奏。嵇康在《琴赋》中曾满怀深情地盛赞音乐乃"含天地之醇和兮，吸日月之休光"、"澹乎洋洋，萦抱山丘。"在嵇康看来，音乐超越了个体的喜怒哀乐，表现的是整个世界生生不息的进化精神，最优美的音乐存在于大自然中，人也只有在自然山水间才能真正领悟音乐的妙谛。在魏晋时期，士人们也确实在自己的生活实践与艺术实践中构筑了一个岩泽与音乐共远的世界："啸歌于川泽之间，讽味于渑池之上，泛滥于渔父之游，偃息于卜居之下"（《梁书·张充传》）、"临池观鱼，披林听鸟，浊酒一杯，弹琴一曲"（《梁书·徐勉传》）、"提琴就竹条，酌酒劝梧桐"（徐陵《内园逐凉》）。当潘岳的清悲之音、陶渊明的无弦琴趣、萧思话的松石间意、张充的川泽啸歌、徐勉的鱼鸟琴曲在山水间响起时，整个山川美景在音乐的氛围里显得更富于诗意，那置身山水间的人也在音乐的感染下情意缠绵、潇洒高蹈。山水与音乐一起在历史的长河中培育了人们的山水情结，这种情结如同种子一般在一代又一代音乐人的创造中潜相传递，直至今天，它仍然能够开放出奇异的美来。

第一章

乐器之美

选文 1

齐琨谈"淡妆浓抹总相宜"的丝竹之音

作为乐器类别的名称,"丝竹"最早见于先秦文献,《周礼》中记载了中国最早的乐器分类法——"八音",其中即提到"丝"与"竹"两类乐器:

> 大师掌六律六同,以合阴阳之声……皆文之以五声:宫、商、角、征、羽。皆播之以八音:金、石、土、革、丝、木、匏、竹。教六诗:曰风、曰赋、曰比、曰兴、曰雅、曰颂。以六德为之本,以六律为之音。(《周礼注疏·春官宗伯》)

成书约在战国初年的《国语》中,已将"丝"与"竹"连称。从文献中也可看到,这种连称并不固定,因为除"竹"之外,"丝"亦可与"木"连称"丝木":

> 夫政象乐,乐从和,和从平。声以和乐,律以平声。金石以动之,丝竹以行之,诗以道之,歌以咏之,匏以宣之,瓦以赞之,革木以节之,物得其常曰乐极,极之所集曰声,声应相保曰和,细大不逾曰平。如是,而铸之金,磨之石,系之丝木,越之匏竹,节之鼓而行之,以遂八风。(《国语·周语下》)

由文意推断，"丝竹以行之"中的"丝竹"，属于以丝和竹为基本材料制成的乐器的泛称，而非特指丝竹乐器组合形式。此外，先秦时期，"丝"与"竹"作为伴奏乐器，已同歌舞相配合。《吕氏春秋》称：

> 乱世之乐与此同。为木革之声则若雷，为金石之声则若霆，
> 为丝竹歌舞之声则若噪。(《吕氏春秋·仲夏纪》)

自汉代开始"丝竹"与"管弦"同用，以指称丝竹器乐组合形式。如《汉书》中记载了汉成帝时丞相张禹在府中欣赏"丝竹管弦"演奏的情形：

> （张）禹性习知音声，内奢淫，身居大第，后堂理丝竹管弦。
> (《汉书·匡张孔马传》)

汉代"丝竹"与歌舞相配合的方式得到进一步发展，当时出现的"相和歌"即是用这样一种音乐形式。

> 相和，汉旧歌也，丝竹更相和，执节者歌。(《晋书·武帝纪》)
> 凡相和，其器有笙、笛、节歌、琴、瑟、琵琶、筝等七种。(《古今乐录》引张永《元嘉技录》)

由此可知，汉代所用丝竹伴奏乐器为笙、笛、节歌（节鼓）、琴、瑟、琵琶、筝等七种，此时"丝竹"已成为丝竹乐器与小型打击乐器组合的总称。

东晋至南北朝（317—589）时期，中原战事不断，兵连祸结。江左的东晋王朝在政治、经济、文化等体制上沿袭了汉魏以来的旧规，"相和歌"即在这一阶段流播到江南，改称为"清商乐"。其后随着政权更迭和形势发展，"清商乐"又带着大量南方民间音乐重新回传至北方，此时正当是公元五、六世纪，北方正处于北魏一朝的统治之下。

隋以降，"清商乐"简称"清乐"。作为宫廷音乐，其伴奏形式已变得华丽繁复，乐器增为钟、磬、琴、瑟、击琴、琵琶、箜篌、筑、筝、节鼓、笙、笛、箫、篪、埙等十五种，曾成为"丝竹"的笙、笛、琴、琵琶、筝等等仍是其中的主要部分：

清乐者，其始即清商三调是也，并汉氏以来旧典。乐器形制，并歌章古调，与魏三祖所作者，皆备於史籍。属晋朝迁播，夷羯窃据，其音分散。符永固平张氏，於凉州得之。宋武平关中，因而入南，不复存於内地。及隋平陈後获之。文帝听之，善其节奏，曰："此华夏正声也。昔因永嘉流於江外，我受天明命，今复会同。虽音逐时迁，而古制犹在，可以此为本，微更损益，去其哀怨，考而补之。以新定吕律，更造乐器。"其歌曲有《阳伴》，舞曲有《明君》并契。其乐器有钟、磬、琴、瑟、击琴、琵琶、箜篌、筑、筝、节鼓、笙、笛、箫、篪、埙等十五种，为一部。工二十五人。（《隋书·音乐志下》）

进入宋代，"丝竹"这一总名中包括的乐器有所改变。由《武林旧事·圣书》中所描写的南宋宫廷宴乐情形来看，其时所用乐器有"筚篥、笛、笙、方响、琵琶、筝"，较之隋唐时期简约了许多。这一时期"丝竹"已进入市井、瓦舍等表演场所，逐渐抛弃隋唐以来的繁缛作风，转而追求自然简便的表现形式。如南宋时期勾栏瓦舍中的"细乐"即舍弃了唐代以奢华靡丽为尚的宫廷音乐中的大鼓、杖鼓、羯鼓、头管、琵琶等乐器，转而代之以箫、笙、筚篥、嵇琴、方响等贴近市井民众生活的乐器：

> 今士庶多以从省，筵会或社会，皆用融和坊、新街及下瓦子等处散乐家，女童装末，加以弦索赚曲，祗应而已。大凡动细乐，比之大乐，则不用大鼓、杖鼓、羯鼓、头管、琵琶等，每只以箫、笙、筚篥、嵇琴、方响，其音韵清且美也。（《梦粱录·妓乐》）

此外，南宋时期还使用一些小型丝竹乐器合奏，如以双韵合阮咸、以嵇琴合箫管、锹琴合葫芦琴等，希望借此达到"清细轻雅"的境界：

> 若合动小乐器，只三二人合动尤佳，如双韵合阮咸，嵇琴合箫管，琴合葫芦琴，或弹拨下四弦，独打方响，吹赚动鼓《渤海乐》一拍子至十拍子。又有拍番鼓儿，敲水盏，打锣板，和鼓儿，皆是也。街市有乐人三五为队，擎一二女童舞旋，唱小词，专沿街赶

趁。元夕放灯、三春园馆赏玩、及游湖看潮之时，或于酒楼，或花衢柳巷妓馆家祇应，但犒钱亦不多，谓之"荒鼓板"。若论动清音，比马后乐加方响、笙与龙笛，用小提鼓，其声音亦清细轻雅，殊可人听。(《梦粱录·妓乐》)

至此，隋唐宫廷音乐中的丝竹乐转化为宋代勾栏瓦舍间的"细乐"和"小乐器"，审美特点亦由繁华富丽一变而为"清、小、细、雅"。隋唐时期得到高度发展的歌舞音乐，宋时虽继续流行，但已不再占有首要的地位，代之而兴起的是民间说唱音乐与戏曲音乐。在为说唱和戏曲演出伴奏的过程中，丝竹音乐自身也在发生着变化，这与宋时不断壮大的市民阶层积极寻求适合其需要的文化形态不无关系。

在剽悍的蒙古人统治的元代，文献中很少见到"丝竹"的加载。《元史》中曾提到过这样一些史实：

（至元）二十一年（1284）春正月乙卯……二月辛巳……丁未，括江南乐工……二十二年（1285）春正月戊寅……戊子……徙江南乐工八百家于京师。(《元史·世祖本纪》)

从上引《梦粱录》等材料看，南宋以来江南地区丝竹乐极为繁盛，所以元世祖至元年间成批地迁往大都的乐工中，擅长丝竹演奏者当不在少数。

明代万历以前盛行北曲，以丝竹伴奏。万历以降，南曲盛行，主要以鼓板伴奏，"吴人"在伴奏中还用上了月琴和洞箫：

南都万历以前，公侯与缙绅及富家，凡有宴会小集，多用散乐，或三、四人，或多人唱大套北曲；若大席，则用教坊打院本，乃北曲四大套者。北曲乐器用筝、琹、琵琶、三弦子、拍板……后乃变而尽用南唱。歌者只用一小板，或以扇子代之，间有用鼓板者。今则吴人盖以洞箫及月琴。(《客座曲话》)

自明代中期开始，随着大量农村人口流入城市，乡野歌曲也随之进入市镇。由于得到职业艺人的加入和文人的推动，这些乡村民歌慢慢衍变成城市小曲，演唱时又加入丝竹伴奏，适应了市民的欣赏趣味。正是这些新出的曲调极大地丰富了明清时期丝竹乐的演奏曲目，从而推动了丝竹的发展。从当时的一些记载中可以看到，明清小曲丝竹伴奏所用乐器有琵琶、弦子、月琴、檀板等：

> 小唱以琵琶、弦子、月琴、檀板合动而歌。最先有《银纽丝》《四大景》《倒扳桨》《剪靛花》《吉祥草》《倒花篮》诸调，以《劈破玉》为最佳。（《扬州画舫录·虹桥录下》）

明清时期，在江南流传着两个丝竹锣鼓乐种："十番锣鼓"和"十番鼓"。"十番锣鼓"产生于明代，至明末清初始加上丝竹乐：

> 至崇祯末，吴阊诸少年又创为新十番，其器为笙、管、弦。（《阅世编》）

李斗《扬州画舫录》中记述了"十番鼓"乐器配置情况，其中笛、管、箫、弦、提琴五种丝竹乐器已占到乐器组合的一半。

> 十番鼓者，吹双笛，用紧膜，其声最高，谓之闷笛，佐以箫管。管声如人度曲，三弦紧缓与云锣相应，佐以提琴。龟鼓紧缓与檀板相应，佐以汤锣。众乐齐乃用单皮鼓，响如裂竹。所谓头如青山峰，手似白雨点，佐以木鱼檀板，以成节奏，此十番鼓也。（《扬州画舫录·虹桥录下》）

综上所述，丝竹乐在汉代正式成型，以歌舞伴奏形式出现；至隋唐突破"丝竹"范畴，加入钟磬，形成富丽堂皇的宫廷音乐。宋代"丝竹"再度转型，趋于世俗化，且形成了"清新细雅"的审美格调。明清两代，戏曲、小调繁兴，作为伴奏的丝竹乐，主要延续了南宋小型乐器组合的方式及其清雅的审美取向，但在"十番"中，丝竹亦能与热闹红火的锣鼓密切配合，彼此映衬。因此，从其发展演进的历史来看，"丝竹"并非都是"清雅"的代名词，还可营造或为华丽、或为红火的音乐氛围。

"丝竹"一词在不同历史时期所指称的具体乐器虽有不同，但这些指称都采用了先秦时期的"八音"分类法，将"以丝为弦"、"以竹为管"的乐器组合，统称为"丝竹"。虽然，现代乐器制作材料的质地发生了变化，琵琶、三弦、二胡的弦已改成金属"丝"，而不再像古代一样以蚕丝制成，竹管乐器中也多以金属连接，但人们仍习惯使用从"丝"、"竹"两种乐器材料中抽象而得的"弦"、"管"概念，以指代"张弦的乐器"琵琶、三弦、二胡等和"管状的乐器"箫、笛、笙等。

齐琨：《江南丝竹》，浙江人民出版社，2009 年，第 4—10 页。

选文 2
《浙江风物志》对江南民间丝竹的介绍

浙江民间音乐除民间小调和民歌曲调之外，还有一部分很有价值的民间吹打乐和民间吹奏乐。其中最著名的浙东的器乐曲"将军令"，舟山的锣鼓器乐曲"舟山锣鼓"，嵊县的民间器乐曲"夏雨"，宁海的吹打乐"十番"，奉化的吹打乐"八仙鼓"，金华的婺剧音乐"花头台"，绍兴的民间唢呐曲"拜堂菱花"，诸暨的民间锣鼓经"迎神锣鼓"等，具有浓厚的浙江乡土味道。

在民间吹奏乐中的江南丝竹，在浙江有悠久的历史。唐代白居易任杭州刺史时，管弦之乐已相当盛行。白居易诗道："灯火家家市，笙歌处处楼。"足见管弦之乐，唐代已盛极一时。南宋定都杭州，百乐聚集。民间作曲家王公谨作"菊花新"一曲，曾被称为绝品。

具有浙江特色并流传至今的民间丝竹，有"小霓裳"、"龙虎斗"、"三六"（即"梅花三弄"）、"竹街"、"老六板"等；由广东音乐演变过来的"步步高"、"小桃红"等；由戏曲音乐演化而成的有"三五七"、"流水板等"。新中国成立后，著名笛子演奏家赵松庭，在广泛学习民间丝竹和地方戏曲音乐的基础上，创作了《早晨》、《婺江风光》、《幽兰逢春》等笛子演奏歌曲，誉满海内，成为具有浙江地方特色的一代新曲。

《浙江风物志》，第 306—307 页，浙江人民出版社，1985 年。

选文 3

刘承华对江南丝竹音乐形态特征的文化诠释

关于江南丝竹的音乐特色，已有不少人作过论述。早在 60 年代初，就有金祖礼在其《江南丝竹概述》讲义中提出"小、轻、细、雅"四字来概括其音乐风格。"小"是指乐队组织和乐曲结构大多是小型的；"轻"指音乐情趣侧重于轻快典雅；"细"指演奏风格上的精致细腻；"雅"指曲调优美秀雅，柔和清澈。后来高厚永对此作了进一步的理论化阐述，并有所发展，指出"江南丝竹的实际表现为：小中见大——小大由之；轻不失重——轻重相宜；细中透宏——宏细有致；雅中含俗——雅俗共赏"。此后还不断有人对江南丝竹音乐特征作出自己的概括，如《中国民族民间器乐集成·江苏卷》将其归纳为：花、细、轻、小、活。其中"花"，即华彩；"细"，即细腻；"轻"，为轻快；"小"，即小型；"活"，为活泼。李民雄《民族器乐概论》归纳为：柔、细、轻。"柔：指乐队合奏音响柔润的特点。细：指演奏风格精致、细腻的特点。轻：指乐曲侧重于表现轻快、愉悦的情趣。"秦鹏章、周大风《说古道今话丝竹》则归纳为十个字："绚丽、华彩、幽静、文静（雅？）、流畅、清越"。现在又有乔建中先生在《江南丝竹音乐大成·代序》中将其概括为"精致、柔婉、轻快、典雅"。这些概括都很正确，互相之间也没有太大的差别，可以作为把握江南丝竹音乐特征的指南。但是，当我们在听赏江南丝竹实际音响时，所感受到的似乎比上述概括又更为细致具体，更具形态性和可感知、可把握性。那就是：江南丝竹的音响形态具有"细"的特点，旋律形态具有"密"的特点，节奏形态具有"稳"的特点。而所有这些，又都与江南文化直接相关，都是从江南文化中孕育生成的。

一、音响形态的"细"及其文化内涵

江南丝竹是由几种不同类型的乐器合奏而成的音乐形式。最少可以是两种，最多可达近十种甚至十余种。演奏中最为常用的有笛、箫、笙、二胡、琵琶、扬琴、三弦等丝竹乐器和彩盆、拍板、点鼓等打击乐器。这些乐器音色不同，音响效果不同，音乐的功能也有所不同，但在音响形态上表现出一个共同特点，即"细"。所谓"细"，是指音量较小，音质较轻，不同于唢呐、管子、锣鼓等室外乐器的洪亮、浑厚和凝重。在江南丝竹乐队中，笛子用的是筒音为a1的六孔D调曲笛，发音饱满、悠扬，柔而不暗，明亮而不过分刚强，多以连音演奏旋律，有线的韵味。箫用筒音为d1的G调洞箫，音量较小，音色柔和、恬静、甘美，气息绵长，韵味醇厚。笙则用十三簧小笙，音量不大，音形细巧柔弱，音色甜美闲静；使用传统四、五、八度叠置的和音手法，有简朴、纯净的效果。二胡音色柔和细润，定弦为d1—a1，通常只用一个把位，音域在d1—c2之间，弓弦乐器的线状发音有人声效果。琵琶的常用音域在中音区以上，音色细亮，声部清晰。扬琴是小型蝴蝶琴，音量小，余音短，发音清晰。三弦用的也是小三弦，定弦为Ad—a，声音亦以清实为主。合奏中一般只用一两种打击乐器，最常用的是点鼓和拍板，有的地区用彩盆。彩盆是用陶瓷所做，音色清亮，节奏轻巧。拍板则用红木、紫檀等硬木制作，发音亦清脆、细润。在江南丝竹的演奏中，一般由不同种类的乐器构成不同的声部。由于各声部的乐器音响均以细润、清亮为主，故整体的音乐效果也是清秀、明快、细腻。传统丝竹艺人在总结这方面的特点时有一个形象化的描述，即："胡琴一条线，笛子打打点；洞箫进又出，琵琶筛筛边；双清当板压，扬琴一蓬烟"。又说："糯胡琴，细琵琶，脆笛子，暗扬琴"。这里，前一句讲的是各种不同乐器相配合的特点，后一句是配合中不同乐器的不同音色效果。不难见出，它们都反映了"细"的特点。

音响形态的"细"是与江南景致、文物和音乐功能的特征有着直接的联系，它是江南文化的必然产物。就江南的自然景致和文物工艺来说，细巧、清秀、精致是其共同特征。江南地区面积不大，但人口稠密，物产丰饶；人均占有的空间较小，但其空间中所含有的景与物却较为繁多。在一个有限的空间中进行文化创造，是无法开辟广袤雄浑的境界，也无法容忍粗犷和质实。它能够做的，就只能是立足有限空间进行精雕细刻的文化创造，这在江南的绘画、雕刻、建筑、器具等造物工艺上即可见出，同时也就在音乐音响形态上得到表现。不是粗犷，不是气势，不是阔大，而是精致、细腻、深婉；

不是雄放有力，震撼人心，而是浅吟低唱，细细品味，无限把玩，才是江南文化的精髓。从根本上说，江南丝竹音响形态的"细"即植根于此。

决定音响形态之"细"的，还有一个更为直接的原因，那就是音乐的功能模式。江南丝竹从其诞生时起，就是用于人的自娱自乐，是一种单纯休闲消遣的活动。"无论在广大农村和繁华的城市里，人们'每于劳动之暇，合奏丝竹音乐'，以'涵养性情，荡涤邪秽'，把抚弄丝竹视为高尚的娱乐。"江南丝竹演奏的典型形式是"清客串"，其特点是演奏者都是业余的，且都是临时聚合的。虽然有时也为婚丧喜庆之事而奏，有着一定程度的民俗功能，但大都不是赢利性，而仍然是自娱自乐的。从演奏场地来说，这类活动一般在较小的空间进行，最通常的是在室内、庭院或廊檐之下，加之功能又主要是自娱，所以无需较为响亮、具有震撼力的声音。尽管早在二十世纪二三十年代，江南丝竹也开始到舞台演出，但那都是小型舞台，场地不大，听众也不多，虽有娱人的因素，但其基本性质仍然是自娱。也正因为此，那些更多民俗功能、声音粗犷洪亮的室外乐器——唢呐、管子、锣鼓等，就不会进入他们的挑选范围。江南丝竹音响形态的"细"亦与此有关。

二、旋律形态的"密"及其文化内涵

除了音响的"细"外，江南丝竹的演奏给我们的另一强烈印象，是旋律进行中音与音之间的"密"。这一点，与同为丝竹音乐的广东音乐、潮州弦诗或福建南音均有所区别，更与西北二人台、陕北民歌或河南梆子等中西部音乐有着根本性的不同。然而，值得注意的是，对于江南丝竹，如果仅仅看其乐谱，我们并不会产生音乐旋律形态的"密"的印象，而是疏密相间，张弛有度，布局合理。而一旦去听赏其演奏音响时，就会产生紧凑连贯、甚至密不透风的感觉。究其原因，是因为江南丝竹音乐普遍地运用了支声性复调织体。这种支声性复调织体遵循"嵌挡让路"、"填充"、"分离"等原则，使各个声部之间形成"相嵌"、"互补"的旋律效果。就织体中的主要声部而言，它的每一乐句一般都是有密有疏，通常是在最后一拍或两拍要疏，形成疏密相间的格局。但是，当它与别的声部同时进行时，其疏部就往往因其与其他声部的密的旋律同步而被填满，或在演奏时以"加花"的形式使乐句变疏为密，形成乐曲从头到尾连绵不断、密不透风的旋律效果。这种支声复调中的声部关系，就是丝竹艺人所说的"你进我出，我进你出；你繁我简，我繁你简；你高我低，我高你低；你正我反，我正你反；你长我短，我长你短；你停我拖，我停你拖。"总体而言，江南丝竹乐曲中用得最多的是十六分音符，约占总谱面的50%以上，其次是八分和四分音符，然后是二分音符，全音符几乎不用。可见其密度已经够大了。但是，如果将其各个声部整合成一个旋律音响（将其他声部的旋律"嵌"入主要声部的旋律），那么，十六分音符就要占到全曲的90%以上，其密度之大就可想而知了。我们听赏时的"密"的印象，正由此而生。

旋律形态的"密"也与江南的自然、人文有着密切的关系。就自然而言，江南气候温润，物种繁多，造就了人的高密度的生存环境和生存状态。在江南，你是看不到一望无际的单一景色，它不像黄土高原那样一马平川，不像茫茫草原那样广漠无垠，也不像汪洋大海那样浩瀚而了无尽头。面对着黄土高原或茫茫草原或浩瀚海洋，我们会感受到它的雄伟阔大，它会不由得使我们挺起胸脯，深深地呼吸或长长地呼喊；若要歌唱，也一定是引吭高歌，而不会是浅吟低唱，但终于掩不住个中的空旷和单调。而在江南则完全不同。这里的一切都是丰富的，令人目不暇接的，你永远不可能将它一览无余。在任何一个有限的空间里，你都可以看到多样的景致和物类。在一个山脚下面，它就会有居住的人家、高高低低的树木、五颜六色的鲜花、大大小小的牲畜。哪怕就在一棵树上，也能发现几个种类的鸟。即使是一望无际的平原，也绝不会像高原和草原那样，是单一的色彩，单一的物种，单一的景致；它呈现于我们眼前的总会有一幢幢的民居，一块块的庄稼，一行行的树木，一条条的河流。无论是物的种类大小，还是景的色彩浓淡，都是繁富密丽，多彩多姿。所以，在江南，人是密的，物是密的，景是密的，河流湖泊星罗棋布，也是密的。那里的每一个人，无论身处何处，他的身边都有着丰富繁盛的景和物，够他看，也够他享用，够他起兴作比、寄托情思的了。在这种情况下，他不需要抬起头来眺望远方，内心中也就没有深长的呼唤，因为他所需所求的就在身边，抬眼可见，也唾手可得。所以，在江南丝竹音乐的旋律进行中，我们才看不到像陕北民歌或草原长调那样特别舒展悠长的拖腔曲调；相反，一旦在其旋律进行中出现疏放之处，就立刻会由其他人（乐器、声部）将别的旋律"嵌"入进去，将其"填"满，使之变"密"。可见，这种音乐旋律上的"密"，反映的正是江南人充实、富足的生存状况和勤勉、旺盛的生命活力。

三、节奏形态的"稳"及其文化内涵

听赏江南丝竹还有一个突出印象，就是节奏的平稳和节拍的均匀，很少出现速度上的大起大落和对比转换。节奏是由节拍和速度两个因素构成，是节拍与速度相结合的产物。就节拍来说，江南丝竹传统乐曲通常使用的是较为稳定平衡的 2/4 拍和 4/4 拍，较少使用急促的单拍子（1/4 拍）和富于动感的、不稳定的三拍子（3/4、3/8、6/8 拍），这样的节拍构成保证了江南丝竹音乐节奏的平稳性。就速度来说，江南丝竹传统乐曲大致有以下几种情况：

1. 全曲速度基本不变，或只有极微小的变化，故音乐节奏平稳，匀称。即以流行于上海地区的乐曲为例，《慢六板》通篇是以每分钟 36 拍的慢板速度进行，《中六板》《絮花落》《小六板》则都以每分钟 60 拍的中慢板速度进行，除了有些乐曲的开头有短暂的"慢起渐快"，结尾有"渐慢"来表示乐曲的收束而外，基本上没有速度变化。

2. 全曲速度虽有变化，但是以渐变的形式进行，因而感觉仍然平稳。如流行于上海市区的《中花六板》，其速度便是从每分钟 40 拍到 46 拍再到 56 拍这样一个微量的渐变过程；《行街四合》是从每分钟 36 拍的慢板起奏逐渐增加到每分钟 72 拍，后半部又从每分钟 72 拍逐渐增加到 132 和 160 拍的快板。无锡地区的《行街》也是如此，它从每分钟 42 拍的慢板起奏，后连续渐快至每分钟 96 拍和 120 拍的快板。

3. 速度有明显的起落，甚至是对比性的变化，但在不同的速度进行中，节拍仍然是均匀的，故而仍然给人平稳之感。如南京地区的《八合》是由几只曲子联奏而成，不同曲子间的速度有时变化较大，如用每分钟的拍数来表示，则是：《云庆》36 拍——《怎轻狂》46 拍——《小拾面》34 拍——《小拜门》120 拍——《玉娥郎》36 拍，虽有 120 拍的突变，但总体上仍以渐变为主，故没有破坏乐曲节奏的平稳风格。

音乐节奏与音乐所欲表现的思想情感内容有着直接的联系。如果要表现的思想情感较为复杂，且富于动态变化，音乐的节奏就会打破"稳"的状态，进入具有高度紧张性和张力性的状态；反之，音乐的节奏就会较为平稳、均匀，音乐的情绪也会变得较为和缓、轻松。我们常说，中国音乐的节奏是弹性的，是橡皮筋式的。这没有错，但这个特点主要体现在抒写性的器乐和声乐上，尤其是在戏曲音乐之中。为什么？因为这类音乐的主要目的是完满地表现音乐的特定内容——一个情境、一种情感、一个事件，随着被表现内容的复杂变化，音乐不能不随之变化以与它相适应，其中也包括节奏。抒写性音乐（特别是戏曲音乐）的节奏之所以特别富有弹性，伸缩的幅度也特别大，就是因为所要表现的情感情绪在作强弱、高低、张弛的变化。江南丝竹则不同，它的节奏是平稳的，节拍和速度是均匀或趋于均匀的；即使有变化，也是平滑和缓，而非大幅度的起落和突然性的张弛转换。从这个意义上说，江南丝竹应该是一种形式大于内容的音乐，它不表现某种具体或确定的音乐内容，无论是特定的情感还是形象。事实正是如此，在江南丝竹代表曲目中，我们找不到象《流水》那样描摹水态水势的作品，找不到象《平沙落雁》那样描摹飞鸟盘桓的作品，找不到象《酒狂》那样描写人的动态的作品，也找不到象《长门怨》《阳关三叠》《忆故人》《广陵散》那样抒写某种确定情感内容的作品。这里所有的往往只是一种抽象的情绪、一种气氛，最多也只是将这种情绪或气氛加以强弱高低的变化。从某种意义上说，这也许更接近音乐的本体，更是将音乐还原为音乐，更接近汉斯立克的那句名言："音乐就是乐音的运动形式"。

但我们感兴趣的还不在这里，而是要追问"为什么"。前面说过，江南的自然空间特点是地少人多，每个人所拥有的空间十分有限，但这有限空间中的物产景致却极为丰富。这一特点造就了江南人对其生存环境和生存状态的自信和满足。因其空间有限，所以一切都是可以把握、可以有效支配的；因其物类丰盛，所以它是富足的，无须企望远方的。有人曾撰文谈到苏州文化的"闲适性"，认为苏州人具有温和持中，勤而不俭，善于享受的特点。这个概括很对，其实还可以放大开来，作为整个江南文化的共同精神。事实正是如此，在江南人的生存状态中，一切都是和谐自适、且带有享受心理。在那里，人与自然几乎是完全和谐的，没有矛盾，没有对抗，没有冲突。它没有沿海人面对浩瀚海洋的恐惧，没有中原人面对贫瘠土地的无奈，也没有游牧民族面对无边草原时常会产生的渺小感和孤独感。例如陕、甘、内蒙古一带的丝竹乐"二人台"，就是秦、晋地区的人因逃荒避乱而到西北求生，结合草原地区游牧民族的音乐而慢慢形成的，自然会深刻地蕴含着他们浓烈的人生苦难和内心祈求，形成内容大于形式、内容溢出形式的音乐，音乐的节奏也必然会充满弹性和张力。江南人则始终处于安居乐业的状态，充实、安定而富足，故而表现出的是从容、悠闲和平静。它没有什么足以牵动心肠的匮乏，因而不会产生紧张的内心祈求，也就不会在音乐中出现那种变化多端、充满张力的弹性节奏，像二人台、陕北民歌抑或是戏曲中的甩腔那样。可以说，在江南丝竹音乐节奏的"稳"和"匀"中所包含的，正是江南人人在富裕、自信与满足中所透出的悠闲、平和与恬适。

结语

江南丝竹，从小的方面说，它只是长江三角地区的一个器乐合奏的乐种，在现代社会生活中似乎是非常边缘的一个现象；但从大的方面说，它早已是超越了音乐本身，而直接是人的一种生存状态，一种特别的文化载体和符号。江南丝竹作为江南文化的产物，自然体现着江南文化的精神意蕴。如何在阐释中将两者打通，使它们在广大听众的音乐接受（感知和理解）中互相涵融，应该是音乐美学与音乐文化学研究工作中的一个重要课题。

刘承华：《江南丝竹音乐的形态特征及其文化诠释》，
《中国音乐》，2005（4）。

选文 4

古人说江南声色

戏班

　　杭州有四大班,曰:鸿福、恒盛、三元、四喜。行头脚色,均相仿佛。行头之好,不过新鲜齐整。至于小旦,则有自备时式衣裙等类。脚色每班通计约百人,其中各有专技,而所最为出色,人人尽知者,惟花旦中有小桂,老外有余德水,小生有许三儿,小丑有曹笏板,此四者,数十年中翘楚也。每年五月十三关帝戏后,均须散班,名曰"歇伏"。八月中再聚,行头藉此修理一新,故六七月中,只有路班子看也。旗下营梅青院戏台,名失魂台,盖惯捉破绽者。如剪发卖发之赵五娘带金戒指之类,定要罚戏一本。以故四班中,无不拣点,而无倒架之事也。每本以上半本五出,下半本三出为规定,戏价每本十六洋上下。

范祖述:《杭俗遗风·声色类》,见王国平主编《西湖文献集成》(19),

杭州出版社,2004 年,第 64 页。

堂名

　　堂名即清音班,多自姑苏来者,共有十余班,有万福、全福、增庆、增福、双寿、双桂、福寿、荣华、秀华等班。每班以十岁以上至十五、六岁之儿童八人,一式装束,四季衣服,均皆华丽,吹弹歌唱,各句戏文,昆腔居多,近今亦会唱徽调,敲打十番锣鼓,闹龙舟等锣鼓。惟荣华、秀华两班,每班共有三四十人,亦有演戏行头,又称堂名班。如遇大满蓬日,亦可分作三四班。堂名有架,用八仙桌两张,直长鋐摆,四角缚柱高丈余,迎面有西洋盘瑶台一座,上列玻璃短匾一层,在列玻璃屏扇一层,四面周围上中下三层,均挂玻璃小灯,或四方,或六角,或八角,或花篮不等。灯之挑角下坠,均悬红色线须。桌面铺毡,迎面摆紫檀雕花小戏台一座,下列人物,上插笙、箫、管、笛四对,亦有大红须绦。旁摆玻璃灯罩一对,桌中玻璃围屏一座,后面安置九云锣一架,罩以大红绣花披帷,其余安放乐器。八孩分座两横,后坐围屏内,坐教师一人,管班一人。凡灯、屏、匾、扇等物,均用五彩绘画人物花卉、各式戏剧,不一而足。晚间点灯,须用红烛百支。如花轿送丧,用以上街,则有清吹一起,……

范祖述:《杭俗遗风·声色类》,见王国平主编《西湖文献集成》(19),

杭州出版社,2004年,第65—66页。

徽调

徽调排场,与歌司大、中箱子等,惟唱徽调一门而已。人家开丧市材,多用之。

> 案:徽调在今日,不仅用语开丧闹材,祀神还愿皆用之,名之曰"楚曲"。大箱子有灯家伙,仿佛如堂名之铺排,不过局面略小而已,价须四元或三元不等。小箱子名曰"平台",价不过两元五六角,只须备点心一餐,或给钱亦可。若开丧闹材,当劳之以酒面也。

范祖述:《杭俗遗风·声色类》,见王国平主编《西湖文献集成》(19),

杭州出版社,2004年,第67页。

滩簧

以五人分生、旦、净、丑角色,用弦子、琵琶、胡琴、鼓板,所唱亦系戏剧,以谒师、劝农、梳妆、跪池、和番、乡探之类,不过另编七字句,每本五出,阄钱一千六百文。近又兴锣鼓滩簧,亦有串客,不称阄,须盛设酒饭以待。小孩弥月,百禄周岁,皆用之。喜事生日,亦多用之。

案：滩簧一名安康，盖声之转音也。在南宋时，乡村市落间，置一滩场，佐以音乐，取《琵琶记》《牡丹亭》《西厢记》等曲书目，编成七字句唱之。陆剑南诗云："身后是非谁管得，沿村听唱蔡中郎。"即指此。所唱乃当日盛行之《琵琶记·赵五娘卖发》也。时至今日，极为盛行。操是业者，设立一正始社。唱书时间，有日班、给烛、阴阳、夜班、花烛之分。在日间唱者为日班；半日半夜者为阴阳；在下午唱起至上灯时止者，为给烛；夜膳后开场者为夜班；唱至天明者为花烛。定价每本五元，花烛须加半价。每本八出为限。三十年来，所最著名者，首为平庆保，次为陆叶，又次为冯奎。冯奎善琵琶，能弹四弦，工唱老外，口齿清白，又善编书。凡今所唱，大半为冯所编，或为其修削也。串客不能取钱，若不称阄而盛饰酒筵以待者，名曰"邀海板"。

范祖述：《杭俗遗风·声色类》，见王国平主编《西湖文献集成》(19)，杭州出版社，2004年，第68—69页。

花调

亦以五人分脚色，用弦子、琵琶、洋琴、鼓板，所唱之书，均系七字唱本。其调慢而且烂，每本五六回，阄钱一千二百文。大户人家多不行，小户人家爱，及人头聚会，街书，多用之。

案：此项花调，已早消灭，因其近于郑声也。

范祖述：《杭俗遗风·声色类》，见王国平主编《西湖文献集成》(19)，杭州出版社，2004年，第69页。

道情

以渔鼓、简板为用，所唱多劝世文。小户大家多不行，惟街书多之。

范祖述：《杭俗遗风·声色类》，见王国平主编《西湖文献集成》（19），

杭州出版社，2004年，第70页。

年鼓

年鼓莫盛于禾中，吾矣尚之。然能合拍者，甚尠。

春雷十棒酒微醺，繁响多宜静夜闻。鼓叠镫鸣漫无次，直教呼作破柴军。俗以年鼓之无节次者，为乱劈柴。

吴存楷：《江乡节物诗》，见王国平主编《西湖文献集成》（19），

杭州出版社，2004年，第156页。

选文5
《浙江风物志》对浙江地方戏剧音乐的介绍

中国的戏剧在春秋战国时代就已有其雏形，有名的楚国艺人优孟装扮孙叔敖的故事就是证明。到了唐代，出现了参军戏，戏剧已初具规模。但就表现形式来说，仍比较简单。到宋代，北方出现了杂剧，在浙江出现了南戏，中国的戏剧就有比较成熟的形式了。元杂剧（元曲）在北中国兴起时，浙江舞台上早已出现了南曲戏文。南戏最初流行于浙东沿海一带，故又称温州杂剧或永嘉杂剧。

南戏在浙江兴起有许多方面的原因。南宋迁都杭州，宋杂剧亦由北而南移到杭州。当时杭州供百戏杂剧演出的"勾栏"、"瓦肆"，遍布城内外，它们对戏剧的发展起了重要作用。在南宋时期，温州是一个重要的海口城市，设有市舶司，海外商船多停泊于此，是两浙地区对外的一条通道。当时温州

人口繁多，商贾云集，许多流浪艺人就在此驻足谋生。徐渭在《南词叙录》中说："南戏始于宋光宗朝，永嘉人所作《赵贞女》《王魁》二种实首之。……或云宣和间已滥觞，其盛行则自南渡，号曰永嘉杂剧，又曰'鹘伶声嗽'。"祝允明在《猥谈》中也说："南戏出于宣和之后，南渡之际，谓之温州杂剧。"现在所知南戏剧本有一百七十种左右，其中宋人所作的南戏《张协状元》《王魁》《王焕》《赵贞女》等是宋时南戏的代表作。南戏中影响最大的作品当推元时高明的《琵琶记》和柯丹丘的《荆钗记》、佚名的《刘知远》（《白兔记》）、施惠的《拜月记》、萧德祥的《杀狗记》。这五部南戏，一经问世，即成为舞台上的流行剧目，直至今日，全国许多地方剧种还作为保留剧目。……戏班能演出这些剧目，就被认为是脚色齐全的大班，不然就表示脚色不全。可见浙江南戏流传之广和影响之大。因此南戏可以说为明清以来的传奇奠定了基础，在中国戏剧史上的确应占重要地位。

……

明代浙江还出现了会稽王骥德、余姚吕天成等戏剧理论家。他们所作的《曲律》《曲品》问世以来，一直为人所重，被誉为"论曲的双璧"。明末会稽祁彪佳的《明曲品》《明剧品》的成就亦不在他们之下。

从南戏《琵琶记》《拜月亭》到清代洪昇的《长生殿》和李渔的戏剧理论，浙江的戏剧创作可以说历久不衰，并直接影响着今天戏剧的发展。

……

今日，在浙江流行的戏剧，可以说是百花齐放，万卉争艳。全国的剧种，共有三百七十多个。把它们从大的声腔范围来归纳，有昆腔、高腔、梆子、皮黄、民间歌舞、民间曲艺，以及少数民族戏曲等七大类。浙江除了少数民族戏曲外，其他六种均有流传。这些戏与浙江的方言、民间音乐相结合，赋有一定的地方特色。

戏曲剧种的兴衰与历代人民的审美要求有关，也与各历史时期的政治、经济状况有联系。各个时期，各种剧团的多寡、从业人员的多少、影响之大小，都在变化。目前，浙江的戏剧约有十七种，主要是越剧、婺剧、绍剧、瓯剧、甬剧、湖剧、姚剧、睦剧、新昌调腔、宁海平调、永嘉昆剧、台州乱弹以及昆曲、京剧、锡剧等（还有歌舞、话剧、滑稽戏等等）。

......

一、古朴典雅的昆腔诸剧种

昆腔是我国现有剧种中最古老的一种，历史上影响极大，在全国各地流传较广，剧目最多，表演艺术极为丰富，音乐曲牌多达数千首。历代所有的地方戏曲，都向之吸收和借鉴了不少好东西，故有"祖剧"之称。它源于元代的南北曲，实际上综合了古代中国戏曲的音乐、舞蹈、杂技、曲艺、美术、刺绣、民间乐器等精华，是一种综合艺术。它南北兼蓄，光采博收，文武俱全，雅俗共赏。

昆腔自清代道光以后，就渐趋衰落。到解放时，全国仅存一个活动于苏嘉地区的"国风昆苏剧团"，且以主唱苏滩为主。浙江省文化局贯彻党中央抢救民族遗产的指示，于一九五二年开始将流落在嘉兴农村的昆剧团人员陆续调转到杭州，组成了浙江昆剧团。接着又重新整理、改编了古典名剧《十五贯》，在各地上演，颇受群众欢迎。一九五六年，昆剧团带了《十五贯》上京演出，得到中央首长和专家们的好评，《人民日报》并发表社论："一个剧目救活了一个剧种"，昆剧新生了。

目前，浙江尚有两个昆剧团，演出剧目以百数。主要有《十五贯》《牡丹亭》《西园记》《墙头马上》《红霞》《琼花》。以及传统折子戏《痴梦》《狗洞》《太白醉写》等。

浙江昆剧团有"传字老辈"艺人周传瑛（小生）、王传淞（丑）、沈传锟（净）、姚传芳（旦）等。浙江的婺剧、绍剧、瓯剧、调腔、台州乱弹等剧目中，原来也有昆腔戏，作为一支声腔保留着，现因无传人，大多不演了。

二、诸腔并蓄的乱弹诸剧种

浙江近二三百年，有"乱弹之乡"之称。所谓乱弹，一是指北方单声腔的梆子腔诸剧种，如陕西的秦腔、同州梆子，山西蒲州梆子、上党梆子，山东的莱芜梆子，四川的弹戏等；一是指南方的"诸腔并蓄"的剧种，即在一个剧种中，包含有昆曲、高腔、皮黄、梆子、吹腔、滩簧时调等等。浙江属于后者。

一百年前，流行在浙江的乱弹剧种，约有几十个；剧团因组合的方式不同，有"二合班"、"三合班"、"二合半"等等之分。它们所唱的不外上述几种声腔的曲调，演出剧目也差不多，表演形式也无很大差别，故艺人们说："天下乱弹是一家"。

经几百年的变迁，现在浙江的乱弹剧种大致可分为一下几种：

（一）婺剧

浙江目前的主要地方剧种之一。婺剧是新中国成立后的名称，原来称金华戏，金华乱弹，或因各剧团所唱的声腔不同，又称二合班、三合班、二合半班、徽班、高腔班、乱弹班等等。总的说来，它拥有下列几种不同剧目的几类声腔：

1. 昆腔：以唱金华当地的草昆为主，比较粗犷、朴实，与传统的苏州一带昆曲风格，即文雅缠绵的曲调有所不同。著名剧目有《孽海记·思凡》《悟空借扇》《光普卖酒》等等。

2. 高腔：各地班社因历史传统不同，所唱高腔也不尽相同，如衢州唱西安高腔，金华唱西吴高腔，东阳唱侯阳高腔，遂昌唱松阳高腔。它们都沿着明代弋阳腔的对南北曲"改调歌之"的道路发展，且有"一人启唱，众人帮和，锣鼓助节，不托管弦"的特点。西吴高腔及松阳高腔，几十年前加入弦管伴奏，但仍保持帮腔的形式，这是浙江高腔与其他省市高腔的主要区别。

……各类高腔均拥有曲牌数十到几百支，唱时乡音土调加帮腔，气势宏伟，感情纯厚，地方特色甚浓。

3. 乱弹：婺剧本身属于乱弹，但在婺剧内部的六个声腔中，又有一个俗称"乱弹腔"者，实际上它是明末清初安徽的"石牌调"的流变。婺剧乱弹中的主要曲调有四种："芦花调"是吹腔的正宗；"三五七"是它的变体，可能即是明代的太平腔；"二凡"又是由吹腔所衍变出来的，也可能是明代的四平腔遗音；"拨子"则属于老徽戏中的一种曲调，与吹腔也有一定的关系。这四种曲调，均用竹笛及大筒板胡为主奏，风格绮丽，华彩流畅，并初步有了一些灵活运用的"板式"。

……

4.徽戏：这里所指徽戏，是指唱西皮及二黄两声腔曲调的戏剧，与京剧的西皮二黄不同，更原始古朴些。因为它长期活动于浙西山区，变化较少。……

5.滩簧：是近百年来在江南地区形成的滩簧声腔在金华一带的流变。它较多地保留着滩簧初期的风格，……

6.时调：是民间小戏，唱明清俗曲及当地民歌小调，如"卖鸡调"、"胭脂"等等，约有几十曲。主要演小戏，生活气息较浓。……

（二）绍剧

原名绍兴大班、绍兴乱弹、绍兴高调等，已有二百多年历史，也是浙江主要地方剧种之一。

最早的绍剧唱调腔，昆曲、吹腔、梆子，现在则以"三五七"及"二凡"为主。偶尔也唱"阻路"（即吹腔）。因为运用了绍兴方言稍带绍兴官话，风格上具有绍兴的地方特色。

……

（三）瓯剧

原名温州乱弹，也已有百余年发展的历史。最早集昆腔、高腔、乱弹、滩簧、皮黄于一堂，后来逐渐地向乱弹腔发展，并且只向乱弹腔中的吹腔发展。群众称之为"正乱弹"及"反乱弹"，实际上是一个曲调的男女分声及两个定调。

瓯剧曲调很华丽流畅，伴奏也极为丰富多彩。采用温州书面语言，地方特色较浓……

（四）台州乱弹

又名黄岩乱弹，最早也是诸腔并需蓄的，现则以唱"紧中慢"为主腔，并辅以"人参"、"玉琪"诸曲调。采用台州书面语言，表演风格粗犷、泼辣。

三、传统深远的调腔诸剧种

据明代的文献记载，当时在浙东一带就流行着调腔。调腔诸剧种是仅次于昆曲的古老剧种。经历了三百多年的岁月，到新中国成立前夕，它已没有一个专业剧团了。

调腔的剧目原来很丰富，有几百出之多，曲调也有几百首。

新中国成立之后调腔的主要活动地点是新昌、嵊县、天台、宁海、奉化、台州一带。……它曲调高亢、泼辣、朴实，词格及曲格比较严格，基本上保留明清两代古典戏曲的形式及传统，表演上也独具一格。

新昌腔与宁海平调，虽同属调腔，但宁海平调比较纤细，平和。著名的绍剧《女吊》《调无常》就是唱调腔的。

四、丰富多彩的滩簧诸剧种

清代中叶，地方戏蓬勃兴起，各地纷纷以民间曲调或曲艺为基础，加入较原始的民间舞蹈及表演，发展了"对子戏"，后又加入二人成"三花、四花戏"。后来，因受明清俗曲"弹簧调"、"南词弹簧调"等曲艺音乐的影响，又以弹簧调作主腔，扩大成员，逐步从业余班社发展为职业性班社。戏的题材多为当时城乡农民、手工业者的生活琐事、婚姻纠纷、家庭矛盾等，通俗易懂、颇受群众欢迎。近百年内，浙江大多数县内均有滩簧小戏的演出。这些小戏都是以说唱性较浓、口语化较强的"滩簧调"作为主要曲调，辅以当地民歌小调，因而有较强的地方特色。

现在浙江专业的滩簧剧种，有甬剧（宁波滩簧）、姚剧（余姚滩簧）、湖剧（湖州滩簧）以及保留在婺剧中的滩簧四种。

1. 甬剧：至今还只有近百年历史。最早由"马灯班"演变为"串客班"，二十年代后到上海演出，改称宁波滩簧。主要在宁波地区及上海活动。

甬剧擅长演清装剧及现代剧，采用宁波方言。它语汇丰富，语言风趣，其曲调特色是清唱和快速叠词，口语化甚强，生活气息甚浓；不用大锣大鼓，只用轻巧的衬锣衬鼓作点缀，通俗易懂。

2. 姚剧：最早以"灯班"吸收弹簧调成"鹦歌班"，发展成余姚滩簧。主要曲调称"平四"，是上、中、下韵的起平落结构。采用余姚方言，语汇丰富，曲调变化灵活自由。戏的内容基本上是反映现实生活的，通俗易懂，生动活泼。……

3. 湖剧：原名湖州滩簧，已有百年左右的历史。最早系由民歌、说唱、杂耍、民间歌舞等发展而来的，俗称"百花戏"。后吸收了弹簧调，并逐步把它作为湖剧的主要曲调。称"本滩调"，把说唱"三跳"民歌小调等作为辅助性曲调，采用湖州方言。

《浙江风物志》，浙江人民出版社，1985年，第284—294页。

第二章

吴　　歌

选文 1

刘士林论吴方言与吴歌的关系

中国诗人尝有疑问："日暮乡关何处是？"

海德格尔则说："语言是存在之家"。

在这一问一答中之间，可以说包含了语言本体论的所有秘密。即使无论是历史陈迹的还原与复活，还是向内深入开掘中国民族的诗性精神，实际上都是不可能脱离我们所说的江南话语的。

江南话语的语言学基础是吴方言。根据语言学家的看法，吴方言形成主要有这样几个关键环节：（一）吴语出源来自楚语；（二）江东方言生出吴语。作者最后得出的结论是："吴语从江东方言分别独立发展则应在南朝以降。吴语形成的下限应该至少不晚于唐，而其祖语上限可以追溯到汉以至东吴时代。"（詹伯慧《吴语的源流》）也可以说，吴语同样是江南轴心期的产物。而它的两个最大的特点无疑是：一是它在起源上不同于北方方言；二是它的审美特色与意味特别丰富。也就是说，吴语本质上是一种既实用又美丽的语言，它既不是完全实用的交际工具，也不是只在艺术创作中才有美感，它的美在艺术中与在生活中是完全一致的。

把这种江南声音体会最深刻的，无疑是精通戏曲音律的王骥德。他说："凡曲，北字多而调促，促处见筋；南字少而调缓，缓处见眼。北则辞情多而声情少，南则辞情少而声情多。北力在弦，南力在板。北宜和歌，南宜独奏。北气易粗，南气易弱。此吾论曲三昧语。"正是在这个吴方言的语言基础上，才产生了美丽到极致的南宋词、南曲、昆曲、越剧等。一切江南文化都是在这个语言本体论基础上发生的。

刘士林：《江南文化的诗性阐释》，

上海音乐学院出版社，2003 年，第 145—147 页。

选文 2
张晓玥论吴歌的魅力

　　吴歌，即吴语地区的民歌民谣，它是江南水乡的天籁，吴文化的明珠。

　　吴歌在丰蕴悠长的吴文化环境中孕育成长，它的历史至少可以追溯到三千多年前的春秋战国时期。据顾颉刚先生推测，"吴歌最早起于是何时，我们不甚清楚，但也不会比《诗经》更迟。"目前所能见到的较早的吴歌辑录，是南朝郭茂倩的《乐府诗集》。这些被当时称作"清商曲辞"的民间俗乐歌词，以"子夜歌"为代表，含蓄缠绵，委婉清丽，独具艺术的魅力。其婉约清新的民间气息注入文坛，一度引起一场关于古风与新声的争论。吴歌的绰约风姿、水乡文采，倾倒无数文人雅士，吴歌形成"吴格"，深刻影响了后世诗歌创作，具有开一代诗风之功。唐代诗人纷纷拟作吴歌，李白有《子夜吴歌》："长安一片月，万户捣衣声。秋风吹不尽，总是玉关情。何日平胡虏，良人罢远征。"缠绵之柔情，悲悯之愁肠，流传千古，脍炙人口。明代苏州文人冯梦龙对吴地民间曲辞偏爱有加，曾辑录《童痴一弄·挂枝儿》和《童痴二弄·山歌》，反映了资本主义萌芽出现之后新兴市民阶层的思想情感与丰富生活，成为吴歌发展历史上继南朝乐府之后的"第二个里程碑"。上世纪初期，在五四新文化大潮裹挟之下，以北京大学为中心，一场歌谣运动蓬勃开展，吴歌被大规模收集并纳入现代学术研究视野。顾颉刚编录《吴歌甲集》，作为"独立的吴语文学的第一部"，引起学界注目，被胡适誉为"是给中国文学史开一新纪元了"。刘半农辑《江阴船歌》，不仅作出了"中国民歌的学术的采集上第一次的成绩"，而且有意仿效吴歌创作新诗，结《瓦釜集》，在当时普遍的欧化潮流中，荡起一股清新质朴之风。20世纪80年代，更大规模的吴歌研究高潮兴起，随着长歌《五姑娘》等的挖掘整理，使长期以来认为汉族没有长篇民间叙事诗的观点受到挑战，具有重大的文学史意义，美学家王朝闻赞之为"卓越的发现，伟大的诗篇"。

吴中雅韵风情的浸染，江南软水温山的滋养，造就了吴歌清婉隽秀的独特美学风貌。"吴地山清水秀，风光明丽，影响到艺术上，表现为秀美细腻，与北方的粗犷豪健、中原的淳朴敦厚，殊为不同。"如果说慷慨激昂、尚武好勇的北方民歌是英雄之歌，那么缠绵婉转、柔媚多情的吴歌则可谓儿女之歌。自然天成的文学性与音乐性相交融，形成了吴歌以"情"为核心的艺术魅力。无论短歌小调，还是长篇叙事诗，吴歌都具有浓郁的抒情性。生在水乡，传唱在水乡，吴歌可谓典型的南曲水调。水网交错、湖塘星布的吴地风情，赋予了吴歌清新的水的气息、鲜活的水的灵性和开放的水的品格。其情感色调与传情方式，都像江南的流水一般，随物赋形，变幻多姿。吐柔情如涓涓细流，曲水通幽；诉悲情如大江东来，卷起千堆浪；悯人间，如烟波太湖，深沉浩淼。

《乐府诗集》选辑《子夜歌》四十二首，都是五言四句的抒情短章。《唐书乐志》曰："子夜歌者，晋曲也，晋有女子名子夜造此声，声过哀苦。"一千多年前是否真有一位名叫子夜的多情女子，如今已无从考证，但这些以"子夜"为题的诗篇，缠绵悱恻，哀婉动人，鲜明地体现出吴歌缱绻温柔的特色。如"长夜不得眠，明月何灼灼。想闻欢唤声，虚应空中诺。"描写一个女子深夜里独守空房，思恋情人，好像听见了他温情的呼唤，情不自禁地应出声来，多情思妇的孤形只影、寂寥心声，刻画得惟妙惟肖、生动传神。又如"揽裙未结带，约眉出前窗。罗裳易飘飏，小开骂春风。"女子晨起凭窗，一袭暖风拂起衣裳，让她念起闺中欢愉，竟与春风打情骂俏起来。其娇嗔佯怒之态，甜蜜陶醉之心，跃然纸上，如在目前。

吴歌的柔情不仅体现为低回吟咏的柔媚，也有大胆率真的一面。以苏州为中心的吴文化地区，在历史上较早产生了资本主义经济萌芽，城市商业的发展，市民阶层的兴起，带来了追求个性自由的人本思想潮流。在这种新兴的思想文化背景下，明清以来，吴歌中出现了大量的"私情歌"。这些情歌大胆地抒写青年男女的爱情生活和生命欲求，"借男女之真情，发名教之伪药"，呼唤人性，张扬情欲，是对封建礼教的抗争。尤其可贵的是，私情歌所描写的爱情关系中，女子往往更加主动大胆，充分肯定了女性的独立人格和生命意识。甚至在性爱关系中也不例外，《卖盐商》中："十二杯酒凑成双啊，小妹搭伲情哥郎君两个轻轻悠悠进香房，香房里向小妹姑娘顺手弯弯撩开格顶青纱帐，济手弯弯搭郎解带脱衣裳。"私情歌杰出的艺术成就在于细腻的心理描摹。盘答是一种重要的抒情形式。"郎唱山歌唱私情，句句唱动姐妮心"，"丢块石头探深浅，唱支山歌探郎心"。情投意合的男女双方一问一答，一唱一和，彼此试探，时进时退，时掩时露，展开心灵的碰撞，宛如流水般跌宕起伏、缓急相间。长篇叙事歌大多有"熬郎"唱段。熬即思念的意思，"熬郎"就是孤单女子思恋情人的长篇内心独白。如《白六姐》中的"大熬郎"，以时间为序，从正月唱到腊月，有十二个段落，数百句唱词，围绕一个"熬"字，铺展出自然气候、花草农物、耕织劳作、往事回忆等方方面面，希冀与落寞相交织的心理情感流淌其间。以情带事、事中含情的叙情性，是吴歌长篇叙事诗的一个普遍性特点。

吴歌的儿女情长，时常也蕴涵着深沉的人文情怀、深刻的悲剧精神。这种大境界，来自水天一色的浩淼太湖，来自广袤开阔的江南土地。"月子弯弯照九州，几家欢乐几家愁？几家夫妇同罗帐？几家飘散到他州？"这首脍炙人口的吴歌，最早的完整记录见于宋人话本小说《冯玉梅团圆》，传唱至今，已有八百多年的历史。其声凄切，其意凄凉，在发自胸臆的哀愁中，交融着家的牵挂，乡的惆怅，以及生命的同情。悲，是吴歌情感的重要色调。吴歌的长篇叙事诗，大都是倾诉悲情的悲剧诗，而且具有彻底的悲剧性。由文人参与加工的中国古典戏曲几乎都有一个大团圆式的结局，从现代艺术精神的角度看，这淡化了作品的悲剧性力量，甚至有人因此得出中国传统艺术缺乏真正的悲剧精神的判断。但在长篇吴歌中，大团圆的结局并不常见，而是一唱三叹、九曲回肠之后，以苦难的殉情作结。当美好的爱情姻缘不能实现，五姑娘投河自尽（《五姑娘》），赵圣关遁入空门（《赵圣关》），张二娘撞柱身亡（《张二娘》）。民间有"唱完赵圣关，口中吐血痰"之说，这不仅是形容其歌篇幅之长，更是强调其情哀怨之深切。这种彻底的悲剧性，由吴歌主情性的特点所决定。吴歌来自民间，发诸自然，不假修饰，是下层普通民众心灵的呼声。他们将所闻、所见、所遭遇的种种苦难传唱为歌，抒发心灵深处的愤懑与哀痛，不吐不快。他们要冲破礼教的桎梏，追求生命的解放和自由，他们不需要廉价的安慰，也无所依凭，只有将一腔爱恨唱个荡气回肠、淋漓尽致。数百年前，冯梦龙断言"有假诗文，无假山歌"，道理正在于此。这也如刘半农所言："自由的空气，在别种文艺中多少总要受到些裁制的，在歌谣中却永远是纯洁的，永远是受不到别种东西的激扰的。"

吴歌"慷慨吐清音，明转出天然"，其情感色调，无论温柔、率真、深沉、悲切，都是自然的流露，自由的抒发。《乐府诗集》中的《吴声歌曲》以五言四句为主，间有杂言。明清以降，吴歌的体式日益趋于活泼自由，不讲究句式匀齐，也不讲究平仄押韵，而是依照吴语发音吐字的节奏自然抒唱。吴方言天成的音乐性，赋予了吴歌和谐的韵律与声调波动之美。吴歌唱句多用衬字，又多以叠句形式联缀成段，伸缩自如，富有弹性和韧性。衬字叠句不仅使吴歌的声韵婉转，也形成了描写细腻的特点。如《杨村丫枝》中的淘米是"嘎格三嘎"、"淘格三淘"、"漾格三漾"，接着烧粥则"托格三托"、"煎格三煎"，精致入微地活画出妇人操持家务时的细心和耐心。吴歌历来为人称道的形式特点是"指物借意"与"上句述其语，下句释其义"，前者即双关，后者具有起兴色彩。双关既采谐音，也取谐意，其中最盛行的是"莲藕芙蓉"和"蚕丝布匹"，充分体现出江南养蚕缫丝、种藕采莲的水乡风情。诸如"寝食不相忘，同坐复俱起。玉藕金芙蓉，无称我莲子"，"前丝断缠绵，意欲结交情。春蚕易感化，丝子已复生"，都是含蓄缠绵的清辞俊语。吴歌独特的修辞与句法，被诗坛称作"吴格"，曾引起很多后世诗人的仿拟，其中李商隐的"春蚕到死丝（思）方尽，蜡炬成灰泪始干"，刘禹锡的"东边日出西边雨，道是无晴（情）却有晴（情）"，都已成为千古流传的佳句。

吴歌作为民间歌谣，既通俗晓畅，又雅韵天成，具有俗中见雅的独特风貌。这是风采卓然的吴文化孕育滋养的结果。以苏州为中心的吴地，是中国最具雅风的地区之一，也是通俗文艺的大本营。吴歌字字生香、句句有情，她的影响早已不限于江南一隅。20 世纪 30 年代，电影《马路天使》的插曲《天涯歌女》，由田汉、贺绿汀根据吴歌《知心客》加工而成；40 年代，《一江春水向东流》插唱《月子弯弯》；1993 年，联合国教科文组织派代表专程赴苏州考察吴歌；2005 年，根据吴歌长篇叙事诗创作的音乐剧《五姑娘》摘得"文华奖"桂冠；2006 年，吴歌被列入第一批国家级非物质文化遗产名录。吴歌不仅是民俗学、社会学、历史学、语言学的珍贵文献，而且在文艺美学的意义上，具有永久的魅力。

张晓玥：《吴歌的魅力》，《文艺争鸣》，2007（3）。

选文 3

柏桦论江南诗人作品的吴声之美

胡适之先生曾在《〈吴歌甲集〉序》中说过：

> 论地域则苏、松、常、太、杭、嘉、湖都可算是吴语区域。论历史则已有三百年之久。三百来凡学昆曲的无不受吴音的训练，近百年中上海成为全国商业的中心，吴语也因此而占特殊的重要地位。加之江南女儿的秀美久已征服了全国的少年心；向日所谓的南蛮舌之音久已成了吴中女儿最系人心的软语了。故除了京语文学之外，吴语文学要算最有希望的方言文学了。

的确，胡适的话有典可查，清末民初的中国吴语小说还颇有声势："在《海天鸿雪记》和《九尾鱼》以前，有两种类型的吴语小说，一以韩子云的《海上花列传》为代表，叙述语言用官话，人物对白用苏白；一以张南庄的《何典》为代表，叙述语言和人物对话全用北部吴语。二春居士的《海天鸿雪记》承袭《海上花列传》余绪，写妓女生涯而人物对话出于吴语，颇为生动活泼，时人称为'笔墨在近今流行之《繁华梦》《九尾鱼》之上'。其实《九尾鱼》别有追求，叙述语言用官话，只是部分人物对话用方言：倌人操苏白，嫖客说官话。这么一来，其他方言区的读者大致可以读得下去，而懂吴语者则更能体味其中北里娇娃的神态风情。"但吴语对白还是让吴语区别之外的读者头痛，因此被胡适认为"吴语文学的第一部杰作"的《海上花列传》便一直滞销，以至于19世纪末出版不久便于民初自生自灭了。后来经胡适、刘半农等人鼓吹，尤其是经张爱玲译成国语之后才重显势头。

一开始便用如此篇幅来赞美吴语，又希望读者不要误会，以为我赞成江南诗人也用吴语（即方言）写作（其实这种实验，新月派诸多诗人早就写过，徐志摩就用浙江海宁硖石家乡话写过许多诗，但最后仍湮没了），如果条件允许，我是举双手赞成，但这么一来问题就大了，首先要编一本吴语词典，要为吴语立法，这不就是在宣布吴语区独立吗？因此，此举是我们现在说的普通话（普通话涵盖面大，不仅黄河流域的人能说，长江流域的人大致也能说）。这里要谈的是，即使是用普通话写作，各地区的诗人还是有区别的，如四川诗人的普通话与江南诗人的普通话还是不同的，而且不同的地理、气候、饮食起居等因素会使不同地域的诗人虽操持同一语言，但所呈现的文艺之风貌仍是有区别的，这应是一片语言学专家才能写来的文章，非我之所长，但又不得不写，下面便是勉力写来吧。

《册府元龟》卷八五七中谈到一位音乐家赵师，他这样论及吴歌与蜀声的分别："吴声清婉，若长江广流，绵绵徐逝，有国士之风；蜀声躁急，若急浪奔雷。"此说真可谓点中了穴位。殊不知前几天我就听了几位当代江南古琴大家与蜀中大家弹琴，比较下来，的确如此。如成公亮的琴声就古朴、清缓，龚一的琴声风雅悠悠；而蜀中琴家的琴声就用两个字来形容："响"、"躁"。如果在细细比较当今四川诗人与江南诗人的诗风与声音，我想情形也大致如此吧（恕不展开）。

一、陈东东与吴文英

每当读到"长江妒盼，遥山羞黛，渔灯分影春江宿。"（吴文英《莺啼序》）或"素秋不解随船去，败红趁一叶寒涛。"（吴文英《惜黄花慢》）这些诗句时，我就会立刻想到诗人陈东东。他写下的《梳妆镜》、《幽香》、《导游图》等许多诗篇简直就是吴文英（文英为宁波鄞县人，点此特别指出）的手笔。吴瘿庵在《词学通论》中说吴梦窗的诗："以绵丽为尚，运思深远，用笔幽邃，练字连句，迥不犹人，藐视之，雕缋满眼，而实有灵气运行乎其间。"周介存也评："梦窗词之佳者如水光云影，摇荡云波；抚玩无极，追寻已远。"以上评说虽是说梦窗，但我敢肯定地说，用在陈东东的诗歌评论上万分准确，毫厘不差，无须多作解释，行家里手一见便会认同，难怪臧棣要说陈东东的诗是汉语中的钻石，我以为加上"现代"二字更为准确。陈东东诗歌最大的特点是善用词语，并通过词语达至音乐性（这一点包括"钻石"后面还要谈），他"能令无数丽字——生动飞舞，如万花为春……"（况周颐论吴文英）陈东东能将词语逼至如此险悬的高度并"炫人眼目"（张炎）也是有一个过程的。早在20多年前，当我读到"灯也该点到江水里去，让他们看看／活着的鱼，让他们看看／无声的海／也应该让他们看看落日／一只大鸟从树林里腾起"，我已感受到他的禅与超现实主义诗风，他与废名的相通处等等，"南朝四百八十寺，多少楼台烟雨中"的现代版通过"点灯"映照于我的目前（此点不展开谈，因已被论及多多）。那是他还没有让我想到吴文英，但现在回想起来，也是有着文英的影子吧。

　　说点题外话（其实也是紧扣文脉的），"梦窗的词在后世并不是始终为所有人所推重的。比如喜欢赤裸裸的纯粹感情的王国维等人，就当然不会喜欢南宋的文人词，而作为其代表的吴梦窗等人，当然也就只能成为受批判的对象了"王国维在《人间词话》中认为："词人者，不失赤子之心者也。"他首推李煜，并批判南宋词，认为"隔"。他又说："白石写景之作，……虽格韵高绝，然如雾里看花，终隔一层。梅溪（史达祖）、梦窗诸家写景之病，皆在一'隔'字。北宋风流，渡江遂绝。"（见《人间词话》）国维此说差矣，犹如以上引文中被日本学者村上哲见所讽刺的那样，他只能喜欢那些"赤裸裸的纯粹感情的流露"的诗，作为一代大家，这样的思路未免太狭窄简单了吧。须知诗乃"不为无益之事何以遣有涯之生"的事业，它的本质是"尽可能多地包含技艺的快乐。"（罗兰·巴特的一个观点）而南宋文人词，尤其是梦窗的词"在形式、修辞以及音乐性方面已达到高度洗练。"给予这烂熟至纯的诗词技艺以中国文化的精粹地位是情理之中的事。再说，风流何绝？渡江之后，风流在江南大盛也！联想到陈东东的诗被一些人十分推崇又被另一些人不屑一顾，他似乎还真有一点吴文英的命运哩。无论怎样，我要说：陈东东让吴文英——这位我最热爱的宋朝江南诗人——复活了，这是值得庆幸的，不是吗？最精致风雅的江南诗歌传统终于未被湮没，终于在陈东东的当代笔端流溢出水云波动的闪光。这闪光也可以是"外滩"之水，"在银行大厦的玻璃光芒里缓缓刹住车"（陈东东《外滩》）并又在"黑河黑到了顶点"（陈东东《低岸》）。现代江南在诗人笔下徐徐展开，与"——风荷举"形成古今之张力；它有时甚至还是"海神的一夜"，这"海神"企图以"马蹄踏碎了青瓦"（陈东东《海神的一夜》）来完成一次跨文化的中西对话，而对话的主导者理所当然是从江南出发，从上海出发，为此，来一番中西合璧的诗意想象，我们又何乐而不为呢？

前面已说过，陈东东似乎得了吴文英的真传，写起诗来能"举博丽之典，审音拈韵；故其为词也，沈邃缜密，脉络井井，缒幽抉潜，开径自行；学者非造次所能陈其意趣。"（朱疆村语）他下语用字也像吴文英一般加深锻炼、字敲句打；在音韵上更是雅致非凡，一字一音都不放过，常有金石丝竹之音辉。如早期的《雨中的马》，后来的《八月》《形式之一者爱箫》《锦沧文华》等；再后来，如《应邀参观》《全装修》等，越往后，他的诗之音节就变得越屈曲劲健，锵锵聱牙但也微妙细润，这种破格之写法（即拗口屈曲之特点）在古代江南诗人中多的是了（唐吴体诗便是明证），随手拈一个例子，连杜甫在吴语的影响下也写过如下的诗："前年渝州杀刺史，今年渝州杀刺史。群盗相随剧虎狼，食人更肯留妻子。"（杜甫《三绝句其一》）

关于陈东东词语的繁华典丽，臧棣从西洋理论的角度亦说得好（其实与我对陈的评说应是殊途同归），在此全文引来不嫌其长：

> 陈东东则可以说是优美地专注于文本的快感。他的诗歌是本文的本文，洋溢着一种漂亮的、华美的、新奇的，将幻想性与装饰性融于一体的，执着于本文表层的语言的光辉，犹如汉语诗歌的巴黎时装。这种对文本表层的执着突出地意指着一种诗歌想象力的欢悦，一种从容、自如、优美、飘逸的诗歌感性。它顽强地抵御意义的侵袭，但又并非排斥意义，而是以一种绝对的艺术才能把

意义束缚在本文的表层上，让意义在那里堆积、分解、游移、转化，从而最终呈现出一种单纯的、宁静而又引人入胜的诗歌意蕴。……陈东东的诗歌自有一种本文的自足性，无需我们向本文外寻求阐释的背景因素。陈东东的写作不仅直接地包容着诗歌，而且由于诗人对具体本文操作持有严格态度，写作在其内部又具有一种自我缩减的功能。这种功能巧妙地制约着语言实验所特有的癫狂性质，并最终把写作压缩成阅读意义上的诗歌，从而出色地避免了大多是后朦胧诗人在语言实验中所陷入的难以自拔的混乱状态。这样的写作创造着我们对汉语现代诗歌的阅读，也创造着（从一个方面）汉语现代诗歌的本质。尽管站在批评的立场，我不认为陈东东的写作在诗歌洞察力方面是没有缺陷的，但他在诗歌的感受力方面所臻及的完整和活力，几乎是无可挑剔的。谁还会比陈东东更具备这样一种才能：可以将丰富的、对立的、甚至是激烈的诗歌感性，转化成言辞纯净、意蕴充盈、神采奕奕的诗歌本文呢！很可能，陈东东的诗歌就是汉语的钻石。

而如今许多诗人只纠缠着"意义"不放，哪稀奇"钻石"。不过我也懒得与他们谈论，若谈起来，恐怕刺伤某些道德家并对其深有得罪。弄不好，他又要以什么"灵魂"、"高尚"等令人思睡的词来压迫我了。在此，我只以瓦雷里一句最简洁的话来回答所谓诗歌中的意义："观念要求着它的声音"或者威廉·卡洛斯·威廉斯的话："No ideas but in things."（不要思想除非在物中）要不就按胡兰成所说："讲思想不如讲风景。"要不就按马拉美所说："诗不是思想写成的，是词语。"

前文已有交代，陈东东的诗歌最大特点是善用词语，他往往通过一个词扩展为一首诗，其独有的（带有陈氏特征）音乐性也是用词语串出的诗句与诗节构成，在此"诗歌要求或暗示出一个迥然不同的境界，一个类似于音乐的世界，一种各种声音的彼此关系的境界：在这个境界里产生和流动着音乐的思维。"恕我再说一遍：陈东东的诗首先是词语（即意象），然后才是声音（即音乐性），而最后的意义必须服从声音，并在服从的前提下允许与之建立或维持一种联系。如果二者（声音与意义）非得牺牲一个，那毫不犹疑牺牲意义，最终哪怕在整首诗中只剩下作为能指的词语，也在所不辞（当然最理想的状态是声音与意义的完美合一）。又比如陈东东非常早起的作品《雨中的马》，此诗除了音乐还是音乐，我们又何必非要去要求意义呢？只要它能愉悦我们的耳朵，就够了。至少，诗人做了一次（之前好几代诗人所做过的）努力，那"就是还诗歌以伟大的现代音乐从它那里夺去的同等力量"常常，诗人们的确需要从音乐中收回那本属于自己的财富。

二、杨键与陆龟蒙

让我们再来看一看杨键写的一首《故乡》：

> 当可以凋零的时候，
> 我还是个孩子，
> 在古老而金黄的枫树林里，
> 我十五，十三岁的样子，
> 像河水上温和的微光，
> 伴着镇河的小兽，
> 天心楼空阔的钟声……

这首诗整个调子属于怀旧与隐逸的，颇得晋人《子夜歌》的神韵："欢从何处来，端然有忧色。"此诗一缕端然的忧色，合了我华夏一贯的"温柔敦厚"的诗教，没有惨烈的悲音。后两行尤其重要，全凭这两行的中国意象使得这首诗脱离某种西洋的影响之嫌，恕我直言，此诗如没有后两行的汉风或江南走向，我会说它是曼德尔斯塔姆式的内心充满奇异强力或隐秘情结的俄罗斯诗歌。这首诗的成功之处就在于它来源的丰富性，首先是作者纯个人的强力意志（这一点外人是不可知的，可能连作者自己都说不清楚），然后是加上有益的俄罗斯情怀的催生（胡兰成说过类似的话，受西洋文学的刺激并不坏，但不要一味学它，这犹如闻鸡起舞，但是不要学鸡叫），最后是拥有了一个作者非常明确的汉族意识形态背景（不要误会，须知儒、道、释皆可认为是一种意识形态），三种大力（儒、道、释）汇合一处，而仅以七行出之，此诗的隐秘的力量便可想而知，可直抵项羽的"力拔山兮气盖世"。但又并不使猛力，而是细若游丝。这正应了至柔便是至刚，至苦也是至乐的辩证法。而且"我十五、十三的样子"很好，让我想到胡兰成的一个说法，"佛没有小孩气，禅宗的小孩气是黄老的。而佛是像十五六岁人的端正。"

另外，这首诗的声音虽有一点埋伏得极深的俄罗斯调子，但它的音色（依然是最后二行）却是压倒性的江南风，可与陆龟蒙的《怀宛陵旧游》作一个互文比较：

> 陵阳佳地昔年游，谢朓青山李白楼。
> 唯有日斜溪上思，酒旗风影落春流。

陆龟蒙号江湖散人，一生热爱茶、山水、垂钓。这首诗是他昔年游历安徽宛陵小城后追忆写成的，其中对江南山水的眷念与热爱尤其可见。

陆龟蒙为晚唐苏州大诗人大隐士，至今甪直还有他的墓地及当年玩耍时的"逗鸭池"。

清人沈德潜曾评此诗"佳句，诗中画本。"的确，此诗堪称一幅十分清丽的小山水画。而杨键的《故乡》却以情绪（或可说音调）胜，虽也具画本之优。陆龟蒙此诗二、四句尤见作者运用文字来为诗上色彩的功夫。江南灵秀之地，多青山酒楼，而以谢朓、李白的名字嵌入此种，让人有一种初逢谢、李二人的欢喜，名字入诗使诗美而自然，而且还将二人当时的游踪间接带出，让我辈读来又骋想翩翩。青山是谢朓曾登临的青山，而此时青山依旧；酒楼是李白狂歌当醉的酒楼，而目前酒楼宛在。如此风景，在傍晚时分，在余晖洒向水溪之时，当令诗人生出些许思绪来。这思绪有对"昔年游"的感怀，有对"谢朓青山李白楼"这一胜迹的追慕，有对眼前景致与逝去诗人的眺望与怀念。

"酒旗风影落春流"一句，音、色、形俱佳，江南之美在此轻盈飘出。又不禁让人感到汉字竟如此美丽，仿佛汉字之美是从"酒旗"、"风影"、"春流"开始的。这几个词虽从大处着笔（并不细腻），但却包含了唐诗的魅力以及唐人的大气（唐人不像宋人那样精致、烂熟、颓废）。这句诗还令我想到俄国作家巴乌斯托夫斯基所言："许多俄国字本身就出诗意，犹如宝石放射出神秘的闪光。"换句话说，陆龟蒙这句诗亦是这样，这些字本身就显出了诗意，只是它们并不像"宝石放射出神秘的闪光"，而是像一幅清雅飘飘的水墨画，为我们传达出一种欲说还休的气氛与意境。这也是汉字常常让人出其不意、羚羊挂角之处。汉字的轻重缓急、声音与色彩从来是妙不可言，杨键也在他的那首诗中达到了这一点，"小兽"、"天心楼"、"钟声"，接着是串成："伴着镇河的小兽／天心楼空阔的钟声……"奇迹产生了：这两句诗并不给词语上色，但在情绪的轻重缓急上却通过声音的对比十分引人注目：前一句平仄基本相谐，但以仄声为主，显得沉郁；后一句几乎全以平声为主，显得清空，平声节奏陀宕，造成钟声悠悠不绝，加之用了省略号，这一点更为明显，仿佛一下便成了道地的江南佛法的光阴，引人遥叹，同时也直逼了陆龟蒙这首七绝。如果说陆龟蒙是以辞色胜，那么杨键就以音色胜。看来二人在此是打了一个平手。

真是"一个好时代的言语像银碗里盛雪。"（胡兰成）

杨键的诗歌有两副声音：浑厚（我自高歌）与清空（我自遣幽情），前者如《啊，国度》《祖国》《新春献辞》《惭愧》《在悲痛里》等；后者如《故乡》《馈赠》《醒着》《河边柳》《冬日》等。总起来说，杨键的声音显得单纯，他写诗主要依靠气韵，尤其重视整体之法度，但也有极为独到的地方，有时他会以一种江南人才具有的锐感突然在某个细节上激发我们的想象力，如以下神来之笔：

> 一阵风吹过肛门上的毫毛，
> 风好干净。

> ——《冬日》

写宁静、寂寞以及自然的锋芒能写到这样既感慨又和平的程度，简直非人力所为。而且力量下得极端轻柔，让你毫无感觉，但它其实又来得如此之重（因肛门可是一个非同小可的器官啊，这便是重），轻与重的辩证在同一时刻一起呈现，叫人欲罢不能、欲说还休。这两句诗读过，我仿佛目睹了佛法就应有这样的激烈新鲜、去留无迹，然而又皆是自己。这真是无穷的光景呢。

昆曲里的嗓音讲究六喜六忌。六喜是宽、亮、清、甜、厚、润；六忌是炸、劈、干、飘、皇、肉。撇开"六忌"不说（因江南的好诗人普遍的声音都无这六忌），单说这六喜，杨键基本都具备了，除了"甜"、"润"稍弱外，总之，这样的声音已经很丰富了，又何必一定要六喜都配备呢。而且杨键的般若之音已独具一味，与众声音是可以区分的。犹如我在另一个地方所说：袁枚曾在《随园诗话》中说过："凡作诗者各有身份，亦各有心胸。'得留六宫眉黛好，高楼付与晓妆人'是闺阁语；'莫向离亭争折取，浓阴留覆往来人'是大臣语言；'五里东风二里雪，一齐排着等离人'是词客语。"那么，杨键的诗该作何语焉？佛陀语。他就是这么醒着，不能老睡着，坐在他家对面的小山坡上，参悟着周遭的静寂，参悟着野鸭的叫声以及人世间隐约的凶兆和恐怖。另，杨键诗的造型是纯然中国的，符合胡兰成所说的中国诗造型三原则："一、诗的形式必是简单的。二、诗的音乐性在汉字的音韵阴阳。三、诗有调，但不是旋律。"

柏桦：《江南诗人的吴声之美——以陈东东、杨键为例》，
《诗探索·理论卷》，2007（3）。

第三章

越剧、昆曲与苏州评弹

选文 1

《浙江风物志》对越剧的介绍

越剧是目前最普遍的剧种，剧团遍及全省各县。

越剧自发展至今，还只有七十多年的历史，但它在这几年中，善于吸收各兄弟剧种之长，不断改革创新，因而发展甚快。

越剧唱调，优美动听，颇能反映江南地区民间丝竹音乐的特色。它的基本曲调只有两句，经过艺人的变化运用，发展了慢板、中板、快板、散板，形成了许多流派唱腔，似简而却繁。

越剧一方面吸收了昆曲文戏中的诸如身段、台步、形体动作等表演技巧，一方面又吸收了话剧从内心情感出发来设计外形动作的特色，表演既真实、逼真，又运用了一定的艺术夸张手法，有细腻精巧的特色。正因为如此，它对于抒情的题材就更为擅长。

越剧从四十年代开始，就讲究布景，运用灯光，化妆不打脸谱，而施以淡妆油彩，从而更富真实感。

越剧最早纯用嵊县地方语言。二十年代在上海开始运用浙江书面语言，直至今日。

越剧中最早只有男性演员，一九二三年后，开始纯由女性演员扮演角色。现在是女子越剧与男女合演两种形式并存。

越剧的著名传统剧目有《梁山伯与祝英台》《西厢记》《红楼梦》《追鱼》《胭脂》《孔雀东南飞》等。现代剧有《祥林嫂》《五姑娘》《风雪摆渡》等。越剧名演员袁雪芬、范瑞娟、傅全香、徐玉兰、尹桂芳、戚雅仙等，所创的流派唱腔，现在颇流行。她们对越剧的发展有一定的贡献。

《浙江风物志》，浙江人民出版社，1985年，第294—295页。

选文2
陈荣力说越剧如水

如果是液体，那它就是妩媚的水；如果是植物，那它就是水边的柳；更如果江南是一艘典雅精致的画舫，那它分明就是咿呀的橹声和旖旎的水波。从六朝金粉的秦淮到晓风残月的西湖，从烟花三月的扬州到枫桥夜泊的姑苏，再没有哪种戏剧比越剧更令人缱绻悱恻、至性至情了。

很难想象近一百年前，越剧于江南的诞生，是怎样的一种奇迹。许是因了江南之水太多清丽柔美的滋润、江南之地太多烟雨岚风的漫渍，一出"小歌班"，几许半农半艺人，"绍兴文戏"的越剧便如三月里的桃花汛，在乌檐粉墙的江南，在鹂啭莺啼、河埠纤道、家家枕河的江南恣意泛滥开来。同样是诞生于江南的戏剧，总以为昆曲的精致而典雅，只迎合通儒硕彦、显绅名士作阳春白雪的把玩和品尝；绍剧的阳刚又太浓烈而铺张，仅能为壮士侠客、忠臣武将作慷慨激昂的鼓噪和张扬。唯有越剧才是一条灌灌沃野的河流，在吸收容纳昆曲、绍剧、滩簧、京剧以至话剧、舞蹈等诸多精华的同时，更构筑起一座美妙的岛屿，让所有热爱江南戏剧的芸芸众生，无不以登临为乐。

就像婉约清丽的江南之水体现了江南的本性一样，曲调和唱腔同样以委婉柔美、深沉哀怨著称的越剧，亦淋漓尽致地演绎着江南之水的本性和特质。四工调的明快恰如春天里的桃花汛，弦下调的幽怨仿佛深秋中的芭蕉雨，而尺调作为越剧最主要的唱腔，那一份无以复加的洒脱和柔美，则更似初夏时节新绿荷塘里孟浪的涟漪。袁雪芬的纯朴真切，傅全香的跌宕多姿，戚雅仙的迂回沉郁，尹桂芳的流畅雅儒，范瑞娟的奔放淳厚，徐玉兰的烂漫华丽，这一切无不皆是江南之水形态的聚合，品性的张扬。

曲调和唱腔是如此，越剧的器乐无疑亦是江南之水的天籁和传真。越胡荡漾出十里蛙声出山来的逶迤，二胡盘桓着黄梅时节家家雨声的缠绵，琵琶的起伏里具有春江花月夜的纷繁，洞箫的呜咽中听着雨到天明的惆怅。至于赋予越剧另一名称"的笃班"的鼓板，清脆的击打里分明更是清泉石上流的自然和野趣了。

说不清越剧上演的剧目到底有多少种。如果说"私订终身后花园，落难公子中状元"，不无肤浅地概括了诸多越剧剧目故事主题、情节主线的话，那么哪怕在如此肤浅的概括里，越剧所演绎、所展示的情感审美，尤其是女性情感的审美，其内涵和形态也已如江南之水的绮丽和丰沛一样，是何等缤纷和华美了。《红楼梦》里焚稿葬花的林黛玉，渗透的是一腔彻骨的愁怨和苍凉；《白蛇传》中断桥寄情的白素贞，泅漫的是一份大胆的追求和浪漫；而《梁山伯与祝英台》里十八相送的祝英台，鼓荡的更是一种惊世的叛逆和勇敢；《血手印》里的冤屈、《祥林嫂》中的苦难、《碧玉簪》中的贤良、《柳毅传书》里的烂漫——一部越剧大典，何尝不是水做骨肉的江南女性、乃至中国女性情感的演示台、命运的演示台、人生的演示台。总说柔情如水，如水的越剧却让如水的柔情化为冰、化为火、化为永远芬芳在江南天空和地域上一坛情感的女儿红，让每一个品尝过越剧的人从此情也缱绻、梦也缱绻，侠骨氤氲、柔肠百回。

"西湖山水还依旧，憔悴难对满眼愁"，"既然你说我是呆头鹅，从此莫叫我梁哥哥"——当一阵阵水样委婉的喝腔、一声声水样妩媚的娇嗔，在江南的乡野市肆间、在江南的谷场河流上悠悠沉浮的时候，那是如水的越剧在水样地流淌。

陈荣力：《如水的越剧》，《散文百家》，2005（6）。

选文 3

叶圣陶谈昆曲的平民情调

昆曲本是吴方言区域里的产物，现今还有人在那里传习。苏州地方，曲社有好几个。退休的官僚，现任的善堂董事，从课业练习簿的堆里溜出来的学校教员，专等冬季里开栈收租的中年田主少年田主，还有诸如此类的一些人，都是那几个曲社里的社员。北平并不属于吴方言区域，可是听说也有曲社，又有私家聘请了教师学习的，在太太们，能唱几句昆曲算是一种时髦。除了这些"爱美的"唱曲家偶尔登台串演以外，职业的演唱家只有一个班子，这是唯一的班子了，就是上海"大千世界"的"仙霓社"。逢到星期日，没有什么事来逼迫，我也偶尔跑去看他们演唱，消磨一个下午。

演唱昆曲是厅堂里的事。地上铺一方红地毯，就算是剧中的境界；唱的时候，笛子是主要的乐器，声音当然不会怎么响，但是在一个厅堂里，也就各处听得见。搬上旧式的戏台去，即使在一个并不宽广的戏院子里，就不及平剧那样容易叫全体观众听清。如果搬上新式的舞台去，那简直没法听，大概坐在第五六排的人就只看见演员拂袖按鬓了。我不曾做过考据功夫，不知道什么时候开始有演唱昆曲的戏院子。从一些零星的记载看来，似乎明朝时候只有绅富家里养着私家的戏班子。《桃花扇》里有陈定生一班文人向阮大铖借戏班子，要到鸡鸣埭上去吃酒，看他的《燕子笺》，也可以见得当时的戏不过是几十个人看看罢了。我十几岁的时候，苏州城外有演唱平剧的戏院子两三家，演唱昆曲的戏院子是不常有的，偶尔开设起来，开锣不久，往往因为生意清淡就停闭了。

昆曲彻头彻尾是士大夫阶级的娱乐品，宴饮的当儿，叫养着的戏班子出来演几出，自然是满写意的。而那些戏本子虽然也有幽期密约，盗劫篡夺，但是总要归结到教忠教孝，劝贞劝节，神佛有灵，人力微薄，这就除了供给娱乐以外，对于士大夫阶级也尽了相当的使命。就文词而言，据内行家说，多用词藻故实是不算稀奇的，要像元曲那样亦文亦话才是本色。但是，即使像了元曲，又何尝能够句句像口语一样听进耳朵就明白？再说，昆曲的调子有非常迂缓的，一个字延长到十几拍，那就无论如何讲究辨音，讲究发声跟收声，听的人总之难以听清楚那是什么字了。所以，听昆曲先得记熟曲文；自然，能够通晓曲文里的故实跟词藻那就尤其有味。这又岂是士大夫阶级以外的人所能办到的？当初编撰戏本子的人原来不曾为大众设想，他们只就自己的天地里选一些材料，编成悲欢离合的故事，藉此娱乐自己，教训同辈，或者发发牢骚。谁如果说昆曲太不顾到大众，谁就是认错了题目。

昆曲的串演，歌舞并重。舞的部分就是身体的各种动作跟姿势，唱到哪个字，眼睛应该看哪里，手应该怎样，脚应该怎样，都由老师傅传授下来，世代遵守着。动作跟姿势大概重在对称，向左方做了这么一个舞态，接下来就向右方也做这么一个舞态，意思是使台下的看客得到同等的观赏。譬如《牡丹亭》里的《游园》一出，杜丽娘小姐跟春香丫头就是一对舞伴，从闺中晓妆起，直到游罢回家止，没有一刻不是带唱带舞的，而且没有一刻不是两人互相对称的。这一点似乎比较平剧跟汉调来得高明。前年看见过一本《国剧身段谱》，详记平剧里各种角色的各种姿势，实在繁复非凡；可是我们去看平剧，就觉得演员很少有动作，如《李陵碑》里的杨老令公，直站在台上尽唱，两手插在袍甲里，偶尔伸出来挥动一下罢了。昆曲虽然注重动作跟姿势，也要演员能够体会才好，如果不知道所以然，只是死守着祖传来表演，那就跟木偶戏差不多。

昆曲跟平剧在本质上没有多大差别，然而后者比较适合于市民，而士大夫阶级已无法挽救他们的没落，昆曲恐将不免于淘汰。这跟麻将代替了围棋，豁拳代替了酒令，是同样的情形。虽然有曲社里的人在那里传习，然而可怜得很，有些人连曲文都解不通，字音都念不准，自以为风雅，实际上却是薛蟠那样的哼哼，活受罪，等到一个时会到来，他们再没有哼哼的余闲，昆曲岂不将就此"绝响"？这也没有什么可惜，昆曲原不过是士大夫阶级的娱乐品罢了。有人说，还有大学文科里的"曲学"一门在。大学文科分门这样细，有了诗，还有词，有了词，还有曲，有了曲，还有散曲跟剧曲，有了剧曲，还有元曲研究跟传奇研究，我只有钦佩赞叹，别无话说。如果真是研究，把曲这样东西看做文学史里的一宗材料，还它个本来面目，那自然是正当的事。但是人的癖性往往会因为亲近了某种东西，生出特别的爱好心情来，以为天下之道尽在于此。这样，就离开研究二字不止十里八里了。我又听说某一所大学里的"曲学"一门功课，教授先生在教室里简直就教唱昆曲，教台旁边坐着笛师，笛声嘘嘘地吹起来，教授先生跟学生就一同嗳嗳嗳……地唱起来，告诉我的那位先生说这太不成话了，言下颇有点愤慨。我说，那位教授先生大概还没有知道，"仙霓社"的台柱子，有名的巾生顾传玠，因为唱昆曲没前途，从前年起丢掉本行，进某大学当学生去了。

这一回又是望道先生出的题目。真是漫谈，对于昆曲一点儿也没有说出中肯的话。

叶圣陶：《昆曲》，《太白》，1934（3）。

选文 4

郑锦燕论昆曲与江南舟楫文化

江南地区水域纵横，"地形四达，水陆交通，浮江达淮，倚湖控海"，舟船是日常出行的主要交通工具。得天独厚的水乡地理环境，不仅带动了经济繁荣，而且造就了作为娱乐文化的组成部分——舟楫文化的丰富和发展。

明中叶，新兴的昆山腔"调用水磨，拍捱冷板"，"功深熔琢，气无烟火，启口轻圆，收音纯细"，其流丽悠远的唱腔，在艺术格调上契合文人的审美习惯和审美趣味。听歌唱曲，甚至蓄养声伎，因此成为明清文人士大夫的享乐生活的一部分。而画船载酒、声色享乐，"春昼画船相次泊，氍毹小部拂云和"，则更是最高的生活享受了。袁宏道认为人生的"五快活"之一就是："千金买一舟，舟中置鼓吹一部，知己数人，游闲数人，泛家浮宅，不知老之将至。"

一、舟上之戏：舟楫作为昆腔传奇的观演场所

从历史上来看，画船载歌游泛是君王、士大夫甚至平民百姓所乐此不疲的雅事。在画舫上欣赏昆曲，是明清江南社会上层极其享受的风雅之事。画

舫往往装饰灯烛，入夜时分，"灯船毕集，火龙蜿蜒，光耀天地，扬槌击鼓，蹋顿波心。波光流翠，灯彩摇曳"，远远望去"不啻今斗牛而观列宿也。"一派一掷千金恣意享乐的盛景。在船上饮宴的同时听歌度曲，"入夜羊灯照春，凫壶劝客，行令猜枚，欢笑之声达于两岸，迨至酒阑人散，剩有一堤烟月而已。"

明代学者高濂和文震亨对舟船形制上的描述，则典型地代表了当时士大夫区别于其他阶层的审美思想和趣味。对舟楫的要求既不同于帝王官府的豪华霸气，也不同一商人富贾的豪奢铺陈，体现了文人士大夫重视简约精致、实用，忌讳俗奢，对趣和韵的追求。"用之祖远钱近，以畅离情；用之登山临水，以宣幽思；用之访雪载月，以写高韵；或芳辰缀赏，或艳女采莲，或子夜清声，或中流歌舞，皆人生适意之一端也。"

舟楫成为文人审美的物态观照，是一种文化形式和生活方式。如水般缠绵悠远的昆腔，尤其适合在舟船上缓缓展开。冯梦祯、祁彪佳等明清文人的日记中多次写到在舟中观看昆曲表演，如："九月初九，水乡无处登高，一叹。初十，拜屠长卿。长卿先一日邀太主上席，复演《昙花》，夜半散席，归舟。""（明崇祯十五年十月十七日，在杭州）刘雪涛公祖见招，赴酌于湖舫，观《红梨花记》。""（十月初五日，在苏州）及舟，则李子木张宴待矣，举酌，观《·捧雪记》。"

船上同样可以进行规模较大的群众性的民俗观演活动。如张岱在《陶庵梦忆》里多次谈到在船上作乐的事。张家一次在楼船上用木排搭高台演戏，城里乡下来看戏的大小船只有千余艘，场面十分宏大壮观，飓风来了，大雨如注，楼船孤危，但这仍不能阻挡看戏人的兴致，要看完才能散去。

昆曲的船上演出与在私家园林演出有着很多不同点。同样是宴饮、唱曲、享乐的场所，舟楫与自然更加亲近，而相比之下园林是第二自然，有更多的雕琢。放舟太湖，枕倚真山真水，与自然融为一体。正如陆萼庭所言："舟中的戏更为精彩，舞台调度和表演上有许多巧思，加上性格风趣的艄翁例须唱几段当时流行的吴歌，愈发显得山光水色，情景如画。"从组织者和观众来说，私家园林中的昆曲欣赏对象主要是文人及其亲朋，多是非营业性的，功能旨在娱己；而舟楫中的昆曲，观众更加广泛，很多新兴的商人阶层成为组织者，更多的平民成为欣赏者，营业性演出也比较普遍，其功能除娱己之外，很大程度上也有炫富和娱人的功能。

由于船舱空间有限，一般来说，在船上不适合演出整本戏，多适合演出折子戏，不适合较多动作的武戏，多适合以唱为主的文戏。由于多是宴饮中观戏，折子戏中又以那些唱词细腻、曲调婉转的居多。文人在船上听歌赏曲，体现了对昆唱的重视，这可以充分发挥昆山腔抑扬宛转、悠邈缠绵的特点，细致地刻画剧中人物的思想感情和心理状态，适合文人的审美心理特点。"闹处笙歌宜远听"，临水听曲，藉水扩音，从物理学角度，使音效更为婉转动听。正如《红楼梦》中提到贾母等人在缀锦阁底下吃酒听曲，"不一时，只听得箫管悠扬，笙笛并发，正值风清气爽之时，那乐声穿林渡水而来，自然使人神怡心旷"。

由于船戏受天气等因素影响较大，遇到风雨，或戏船、船上观众过多，造成拥堵河道、混乱场面，或因戏不佳，岸上人掷砖抛物等情况，官府对此多次制定规章加以限制或禁止。顺治年间已经出现设有宴席的戏馆，至雍正年间，出现专业戏园，江南船戏于是就慢慢衰落下来。

二、戏中之舟：舟楫作为传奇的意象和符号

明清传奇作品中，以"舟""船"等字题名的就有《彩舟记》《钓鱼船》《绣春舫》《画舫记》《竹叶舟》等。而折子戏则更多，如《荆钗记》的《男舟》《女舟》《雷峰塔》的《舟遇》，《渔家乐》的《藏舟》，《翡翠缘》的《杀舟》等。

（一）摹写儿女情长、铺陈离情别绪

以舟子来写情缘，成为两情开始的地方。如《雷峰塔》中，清明时分，许仙与白娘子在舟中互相心许。沈璟的《红蕖记》第十三出，青年男女在两舟间大胆传情，男女主角郑德璘和楚云在风景如画的洞庭湖渔船上隔窗相望，眉目传情，并且互赠定情信物。水窗垂钓、红绡题诗、勾惹钓钩、回赠红笺等情节设置令人耳目一新。正如吕天成评价《红蕖记》："着意铸熔，曲白工美，郑德璘事固奇，无端巧合，结撰更异。"这一出舟戏，极富意境美。

一弯新月下，"云影汉影，山影水影船影"，映衬着美人"竿影带影、丝影手影香影"，恍若仙境，细腻地刻画出两人隔舟"眉语神暗迎"的缱绻心绪。

"只恐双溪蚱蜢舟，载不动许多愁"。一叶扁舟承载了太多的悲欢离合，尤其适合铺陈离情别绪。如《玉簪记》的秋江送别，水与舟，寄托着浓浓的相思，天各一方的惆怅。舟楫可以表现儿女情长，也同样可以写英雄豪气。兴亡之感，历史的沧桑，更适合以舟子为媒介来表达。李玉《万里圆》中，史可法乘舟长江，眼见得"山水犹存，舆图非故"，尽被"劫火烧残，罡风吹黑"，不禁长叹："望中原，惨迷离烽尘蔽天。回首斗牛边。石头城依稀旺气，当年做不得小朝廷处堂雀燕，还须念旧江东开创山川，待旦枕戈眠。""拼拆槛出师重建，博得个贾生流涕席须前。"通过舟子迤逦前行，特定的历史时空随着苍凉悲愤的唱腔展现在观剧者的眼前。

苦海无边，一叶扁舟往往被赋予宗教、哲学的象征意味。《竹叶舟》中的《归舟》，剧叙西晋石崇，家贫，以打渔为业，一日至佛寺，僧取竹叶为舟。之后尝尽繁华，也历经倾轧争斗，在将戮市曹时，乘舟潜逃，其梦遂醒。"以竹叶舟为僧家妙用，譬之邯郸之枕，入梦出梦，将石崇实迹皆作幻境，借舟为喻，示宦海风波之意也。"以竹叶扁舟作为攘攘凡尘之中的超脱之舟，有着很强的宗教形上意蕴。

（二）在情节关目、结构上的作用

舟楫经常成为情节关目、情节推进的媒介。《渔家乐》的《藏舟》，刘蒜为躲避追杀，躲入渔家女邬飞霞舟中。《红梅记》中的《泛湖》，李慧娘在舫上，看到伫立断桥的裴生，叹曰"美哉，少年！"继而惹来杀身之祸。在月黑风高、变化莫测的水面，船只又难免成为杀人越货、谋财害命的场所。《罗衫合》中苏云登进士，授兰溪县令，携妻赴任。舟至黄天荡，船户徐能行劫，缚云投水中，掠其妻郑氏还家。

巧合是戏剧艺术审美特征的重要手段，传奇往往突出情节之奇，通过使用大量偶然性的因素，从而完成"生活戏剧化"。而船往往成为戏中的关键场景。舞台上经常搬演的《荆钗记》中的《男舟》《女舟》，舟船成为亲人相认、夫妻团圆的场所。《六十种曲》本《荆钗记》本无《女舟》一出情节。本出所演系演员敷衍而成，剧述设宴舟中，姑媳相见，夫妻重圆。这两出舟中戏，故事曲折凝练、引人入胜，小小的舟子承载了一切悲欢，连接了过去和未来，个体的悲欢和社会历史的沉重。

（三）展现江南独特地域文化

通过舟为媒介，可以展现江南地域特有的水乡美景，赋予传奇鲜明的地域文化特色。如苏州作家沈自晋的《望湖亭》中《泛景》，舟上只见苏州洞庭山、太湖的春日美景如斯："震泽连江控全吴，只见水面双螺入画图。""镜里舟行景堪模，真个一片冰心冷玉壶，布帆无恙影儿孤，春波渺阔天边路，纵苇萍虚拍掌呼。"

舟中戏往往与江南的吴歌交映成趣，富于清新的生活色彩。如《精忠记》第九出《临湖》，剧中吴歌中描绘了渔家清贫但逍遥自在的生活："到春来泊船在桃花洞口，绿柳桥边；到夏来鸡头莲子，兼白藕新鲜；到秋来香橙黄蟹，新酒菊花天；到冬来三冬景雪漫漫，上铺被，下铺毡，三杯浊酒，一枕高眠。"吴歌的运用，渲染了气氛，调剂了戏曲中的冷热场。江南作家笔下所呈现的江南风物民俗，蕴含着丰富、鲜明的江南地域文化信息，增强了戏剧的舞台效果，体现昆曲艺术的民间性、本土性文化特征。

船戏表演的最大的特点是抒情性强、动作细腻，歌唱与舞蹈的身段结合得巧妙而谐和，载歌载舞、歌舞并作。这种以有形表无形、以简驭繁、流动虚拟的特点，体现了昆曲作为传统写意艺术的美学精髓。

郑锦燕：《一湖烟月总归船——昆曲与江南舟楫文化》，

《时代文学》（上），2010（3）。

选文5
孟庆琳、晓倩、骏灵说苏州评弹

去苏州的人，怎能不去听吴侬软语的评弹呢。吴侬软语，琵琶弦乐柔和清丽、委婉动人，再配和着唱词，更具有江南水乡的特点。评弹的音乐是典型的水乡音乐，优美儒雅，婉转沉静。这样一种艺术，就像江南的曲水清流，顺畅又轻游慢转，清澈纯净又韵味悠长。那种感觉就像江南的水一样亲近人心，不知不觉间这种艺术的氛围好像侵占了人的整个思想，让人再也没有心去想别的事情。好多人恋上了这种如痴如醉的感觉，同时也恋上了这吴侬软语的苏州评弹。

过去的苏州，很容易便可以寻见这种唱评弹的书场。深深庭院、浅街小巷、茶馆酒楼、闹市码头，凡是客多人杂的地方都可以搭建戏台，都能安上一桌两椅。评弹的演出方式非常简单，有双档，有单档，一个人独自表演是单档，两人搭档是双档。评书主要是单档，弹词两种形式都有。演员们也不化妆，除了桌子和茶杯，一块醒木，一条手帕，一把折扇，以及演员用的乐器，几乎不用准备什么道具。

当演员调试过乐器，只听"啪"的一声，堂上的人便咿咿呀呀地唱将起来。评弹以说为主，这是评弹艺人最主要的功夫。苏州评弹因为用的是苏州的方言，因而更有韵味。说书艺人们运用了大量的生活语言，苏州方言所特有的幽默、轻松、微妙、传情，被评弹艺人运用得出神入化。艺人们熟悉这些吴地语言的特殊意蕴与丰富的表现力，组成了书中的表与白。这些说书艺人与评弹艺人是世界上最优秀的表演者，他们用自己的理解来表情达意，他们不时模拟书中人物，声形皆备，让下面的观众身临其境，这叫做"白"。有时也会发表个人的观点，有时插科打诨，以调动观众的情绪，这叫做"表"。弹词的演员有时也会唱，通常会在需要渲染感情，或者调解气氛的地方，辅助一些声情并茂的演唱。抑扬顿挫的曲调更能让人感到戏中人物内心情绪的波澜起伏。而有些繁琐的叙述或者重复因为唱可以转换角度，化繁为简。对于那些景物描写，唱词也更容易铺排，不显啰嗦。

评弹演唱的内容大多是发生在普通老百姓身边的故事，东家长李家短，鸡毛蒜皮；也有国家大局，边关战事；更多的是文学故事，传统小说。像《三国志》《水浒传》《西游记》等名著，还有《三笑》《白蛇传》《玉蜻蜓》等来自民间的传说故事，都是人们喜欢的内容。关于评弹的起源，说的是明代大书画家董其昌的故事。董其昌是当时的艺术名人，但在当地的名声却不怎么好，喜欢拈花惹草，竟然抢了一个普通人家的女儿做小妾。有人就把这件事编成了歌谣，在大街小巷、茶馆酒楼传唱开来。这大约就是评弹的最初形态了。

苏州评弹因为简单的演出设备以及灵活多样的表演形式，再加上吴地人喜闻乐见的内容，从一开始便有广泛的群众基础。它的欣赏群体三教九流无所不有，学者文人，贩夫俗子，马夫走卒，闺秀村姑，老人孩童等，无不喜欢这种艺术形式。演员在上面表演的时候，观众尽可以随便找个地方坐下来，翘了二郎腿，嘴里吃着瓜果，喝着刚泡好的碧螺春；姑娘们还可以一边听一边绣花，老妈妈还可以纳着鞋垫。听到高兴处尽可以哄堂大笑，跟演员一样眉飞色舞，伤感处也可以痛哭流涕——一切都显得自自然然，毫无矫饰。

明末清初，是苏州评弹最流行的时候。明清之际，江南经济发达，苏州更是富甲东南。经济宽裕，人们自然会有更高的精神追求。白日里，人们埋头于喧哗嘈杂的生意经；夜晚，市民们便需要歌舞戏曲来消闲了。清代乾隆年间，苏州弹词更加发达，有出名的艺人，有专门的弹词本子，还出现了专门总结弹词技巧的专著。清代中后期，苏州评弹处于鼎盛时期，茶馆书场遍及城乡，《三笑》《岳传》等本子脍炙人口。评弹的艺术形式在这个时期也基本上确定下来，世俗性的文化品格因为江南文化的滋养更显得细腻雅致。

孟庆琳、晓倩、骏灵：《民间江南》，济南出版社，2007年，第113—116页。

结　语

　　"丝竹"以其"小、轻、细、雅"的特点成为"江南形象"和江南文化的另一种标志。小，小到精致；轻，轻而不浮；细，细的柔婉；雅，雅而明快。丝竹来自自然，又奏出了自然的精髓，琴的悠扬、笛的明朗都是带着天地灵气沁润了我们尘世的心灵。江南丝竹确实有这样的魅力，伯牙遇到子期，即使没有语言的交流，一样可以体会知音的默契；相如和文君，不须过多话语，一样奏出凤求凰的传世佳音。不过，古人也说"听丝竹之声，而天下治"，这说明江南丝竹音乐也在相当程度上代表了是"根正苗红"的以陶冶德行为宗旨的中国传统古典音乐。相对于江南丝竹而言，吴歌则有着"软、糯、甜、媚"的鲜明特色。自古以来，吴歌以其委婉清丽、温柔敦厚、含蓄缠绵、隐喻曲折的特色赢得了众多文人骚客的钟爱。吴歌如涓涓流水一般，清新亮丽，一波三折，柔韧而含情脉脉，和吴侬软语有相同的格调，加之吴歌能令草木起舞的独特声调、节律，使得吴歌尤其具有了独特的民间艺术魅力。

　　在具有地方特色的文学和音乐基础上发展而来的江南戏曲有着以景言情的诗质，委婉清丽的乐性，以及唯美的曲艺人生。江南戏曲种类繁多，而其中最具地方特色的当数越剧、昆曲和评弹。曲调和唱腔以委婉柔美、深沉哀怨著称的越剧，淋漓尽致地演绎着江南之水的本性和特质："功深熔琢，气无烟火，启口轻圆，收音纯细"。昆曲流丽悠远的唱腔，在艺术格调上契合江南文人的审美习惯和审美趣味；吴侬软语、琵琶弦乐柔和清丽、委婉动人，再配和着唱腔，让评弹更具有江南水乡的特点。典型的水乡戏曲，反映了江南人民如水、如诗般的审美情趣。

■ 进一步思考的问题：

虽然没有人会否定古典江南音乐的美，但纯粹的江南古典音乐及相关艺术形式的生存状态并不理想，如一些苏州评弹、昆曲作品等只有在苏州、扬州、杭州的少数茶楼中才能欣赏到，这是为什么？是不是意味着它们只属于古典的江南？

■ 关联性思考的问题：

古典江南音乐作为一种音乐元素融入现代音乐中的现象是很多的，如何占豪、陈钢在越剧《梁山伯与祝英台》音调基础上创作的小提琴协奏曲《梁祝》，又如张士燮、朱正本根据赣南民歌《长歌》改编的电视剧《长征》的主题歌《十送红军》等，这是否说明，古典江南音乐只有融入现代音乐中才能延续自己的艺术生命？

■ 进一步阅读的书目：

1. 顾颉刚：《吴歌·吴歌小史》，江苏古籍出版社，1999 年。

2. 高义龙：《越剧史话》，上海文艺出版社，1991 年。

3. 王强、李洋、谷依曼：《昆曲》，中国文联出版公司，2010 年。

4. 周良泉：《苏州评弹》，苏州大学出版社，2000 年。

■ 关联性阅读的书目：

1. 周大风：《越剧流派唱腔》，浙江人民出版社，1981 年。

2. 刘静：《幽兰飘香：昆曲之美》，紫禁城出版社，2009 年。

第五编 | **江南园林美学**

导 读

　　园林是人类模山范水的产物,在我国,早在东汉桓帝时已经出现了规模很大的园林,其中外戚孙寿在洛阳所造的宅第就很有名,《后汉书》上有非常具体的描述:"采土筑山,十里九阪,以象二崤;深林绝涧,有若自然;奇禽驯兽,飞走其间……又多拓林苑……包含山薮,远带丘荒,周旋封域,殆将千里。"(《后汉书》列传卷24,《梁统传》)孙寿的宅第总体上看是以"模山"为主,这是早期北方园林的共同特征。从魏晋开始,江南山水成为人们建造园林时模范的主要对象,如南朝时刘缅在南京钟岭之南筑园,"以为栖息,聚石蓄水。朝士雅素者,多从之游。"(《六朝事迹编类》卷2,《形势门·钟阜》)晋人戴颙隐居吴下,与吴下士人"共为筑室,聚石引水,植林开涧,少时繁密,有若自然。"(《宋书》卷93,《列传·隐逸》)在这两条涉及江南园林建造的文献资料中分别使用了"聚石蓄水"和"聚石引水"的说法,这表明随着模范对象的改变,园林设计的风格也发生了很大变化,其中最关键的一点是园林设计中水的比重逐渐大了起来。刘庭风指出:"江南园林水多，北方园林山多。北方皇家园林在后来更多地运用水体，亦源于对江南水景的模仿，如在圆明园中水面占 1/3，北海公园中水面占一半以上。"①江南园林中水的成分增多最主要的原因是江南地区水多，理水比较容易，但也不仅如此，还有江南人的性格与文化方面的原因，正如有学者指出的那样，"积聚在内心的冲突与不安宁往往自觉或不自觉地通过各种建筑符号曲折地表现出来，园林因素成为园主自我宣泄、平衡、粉饰或向往，甚至祈祷的形式。"②自江南山水在中国文人心目中取得崇高地位之后，整个社会形成了一股推重江南山水柔美姿韵的审美潮流，原始性的江南山水成为人们评价园林得失的范本，那些园林设计者和园主在设计和建造园林的过程中也自然而然地向本然的江南山水靠近。

---

① 刘庭风：《中日古典园林比较》，天津大学出版社，2003 年，第 2 页。
② 居阅时：《庭院深处——苏州园林的文化涵义》，生活·读书·新知三联书店，2006 年，第 2 页。

第一章

江南园林形成的历史

选文 1

周学鹰、马晓介绍江南园林发展史

园林是人们有意识的创作，是以人的审美为主体的有选择地创造环境的过程。这种人为创造的艺术景观与自然风景区、名胜区等郊野胜地，实有着相当的区别。

周维权先生认为，按照隶属关系，我国古典园林一般分为皇家、私家、寺观园林三大类，以及衙署、祠堂、书院、会馆以及茶楼酒肆附属园林等，它们相对数量不多，类于私家园林。囿、台与园圃是中国古典园林的三个源头。这些均属于帝王所有。

我国园林艺术源远流长。随着社会文化的逐步发展，人类认识、理解、追求与改造自然能力的逐步增强，且人口数量增长引起局部自然环境衰落、资源紧缩时，园林开始普及、逐渐为社会各阶层所拥有，规模相应缩小，园林存在着自上而下的历程。因此，早期园林实际是宫苑一体，结合不可分；晚期又是宅园一起，休戚与共。

江南水乡是以太湖流域为中心的区域，涵盖江苏南部、浙江东北部等地，大致由太湖平原、杭嘉湖平原和宁绍平原三部分组成。唐宋以降，江南水乡一直是我国经济、文化之重心，引领潮流。

江南水乡园林的兴起

1. 春秋战国

史籍所载，江南水乡园林始于吴王寿梦。"夏驾湖，寿梦盛夏乘驾纳凉之处。凿湖为池，置苑为囿"。此为春秋吴国最早的苑囿，在今苏州城内吴趋坊一带。或认为，在钮家巷的"武真宅"，为泰伯第十六世孙，其宅中有池，周宣王时凤集其家，故名"凤池"。

其后吴王阖闾，"自治宫室，立射台于安里，华池在平昌，南城宫在长乐。阖闾出入游卧，秋冬治于城中，春夏治于城外。治姑苏之台，旦食山，昼游苏台。射欧陂，驰于游台"。《越绝书》云："秋冬治城中，春夏治姑胥之台。旦食于钮山，昼游于胥母。射于躯陂，驰于游台，兴乐越，走犬长洲"。"阖闾置豆园在陂东"。"（华）林园在华林里，石龙在龙坛里。里在乌鹊桥东，皆阖闾作"等。

其子夫差更不甘落后，"贪功名而不知利害"，"好起宫室，用工不缀"。"好罢民力以成私好，纵过而弩谏，一夕之宿，台榭陂池必成，六畜玩好必从"。起姑苏之台，"三年聚财，五年乃成，高见二百里"。范成大引《山水记》云"造九曲路，高见三百里"。由此，中原诸侯甚为羡慕，"今闻夫差，次有台榭陂池焉，宿有妃嫱嫔御焉"。与此同时，越王勾践起"中宿台在于高平，立苑于乐野，斋台在于襟山。勾践之出游也，休息食室于冰厨"等。

这时的吴国宫殿不仅有花园，更已有前、后花园。譬如前园，"殖吾宫墙，流水汤汤，越吾宫堂，后房鼓震簇簇有锻工，前园横生梧桐"。或认为此为后人所称之"梧桐园，在吴宫，本吴王夫差园"。"梧桐园，吴王夫差所建，在甫里塘枫庄"。又如后花园，吴王夫差太子友，"清旦怀丸持弹，从后园而来"。

此外，吴国历代君王还大肆建造离宫别馆。如馆娃宫，在苏州城西南三十里木渎镇北的灵岩山上，山上下苑囿众多。

虎丘，"两岸划开，中涵石泉，深不可测"，亦他山所无，美景与传说流传至今，千古不衰。

消夏湾，"深入八九里，三面环峰，一门水汇仅三里耳"，为吴王避暑处，在洞庭西山。

华池、华林园、南城宫等，"故传皆在长洲界，阖闾之旧迹也。有流杯亭，在女坟湖西二百步，亦云游乐之地。又有吴宫乡，陆鲁望以为在长洲苑东南五十里，盖夫差所幸之别观，故得名焉"。《吴越春秋》记载阖闾称霸时，"立射台于安里，华池在平昌，南城宫在长乐里"。《越绝书》载："居东城者，阖闾所游城也，去县二十里"。"石城者，吴王阖闾所置美人城也，去县二十里"。"锦帆泾，即城里沿城壕也。相传吴王锦帆以游，今故濠在，亦通大周"。

长洲苑在吴东，"姑苏南太湖北岸，阖闾所游猎处也"（今苏州西南山水之间）。"吴故苑名，在郡界"，是吴王阖闾、夫差主要宫苑。唐白居易《长洲苑》赞曰："春入长洲草又生，鹧鸪飞起少人行；年深不辨娃宫处，夜夜苏台空月明。"

可见，此时之园林已运用植树栽花、构筑池沼等造园手法，并有宫苑、离宫别馆，已从早期功能单一的游猎之苑囿发展出来，园林游赏、享乐之功能凸现，为后世水乡园林之发展拉开大幕，它们是江南水乡早期园林之雏形，唯先秦时帝王苑囿与私家园林差别不大。

2. 秦汉

秦汉时，被汉高祖刘邦封于江南的吴王刘濞，重新修葺长洲苑。枚乘曰："夫吴有诸侯之位，而实富于天子；有隐匿之名，而居过于中国。夫汉并二十四郡，十七诸侯，方输错出，运行数千里不绝于道，其珍怪不如东山之府。转粟西乡，陆行不绝，水行满河，不如海陵之仓。修治上林，杂以离宫，积聚玩好，圈守禽兽，不如长洲之苑。游曲台，临上路，不如朝夕之池"。"则知刘濞时嗣葺吴苑，其盛尚如此"，可见吴王刘濞长洲苑之富丽，甲于天下，景致竟然胜过西汉皇家的上林苑。

此时，苏州地方官在衙署中起造园林。《越绝书》载："太守府大殿者，秦始皇刻石所起也。至更始元年，太守许时烧。六年十二月乙卯凿官池，东西十五丈七尺，南北三十丈。"可见官池面积之广。

汉武帝时，会稽郡治在子城吴宫故址，太守朱买臣于衙署内掘池堆山，植树种草，故而朱买臣才能够"驻车，呼令后车载其夫妻，到太守舍，置园中，给食之"。可见此时，在满足私人起居生活的前提下，在自家宅院中寻求自然山水之趣渐起，第宅园林逐渐发展，故通常认为我国私家园林发轫于汉代。

《越绝书》又及："桑东里，今舍西里，故吴所畜牛羊、豕鸡也，为名牛宫。今以为园。"可见，东汉时曾将吴国苑囿，改建为园。

将吴王长洲苑与汉家上林苑对比，佐证以梁孝王之兔园（《汉书·梁孝王传》："梁孝王好营宫室、苑囿之乐，作曜华宫，筑兔园。园中有百灵山，有肤寸石、落猿岩、栖龙岫。又有雁池，池间有鹤洲凫渚。其诸宫观相连，延亘数十里，奇果异树、珍禽怪兽毕有。王日与宫人宾客弋钓其中。"），都透露出此时皇家园林对南北各地园林之深刻影响。如西汉昆明池中的神仙诸岛"蓬莱、方丈、瀛洲"，成为后世皇家园林"一池三山"、私家园林池中置岛之渊源。

这些帝王园林均借助优美的原始自然环境。如吴国苑囿地处灵岩山、洞庭西山、太湖等，均是借山势因水利而稍加整饬的天然山水园，园林规模宏大、气势壮观，充满"野致"。

当然，秦汉以降的帝王苑囿与第宅私园逐渐有着相当的区别。秦汉以降，大体上随着时间的推移而越加明显。皇家园林中的神仙宗教思想递减，而私家园林中个人旨趣渐浓，而随着后世越来越多的文人、学者的参与，私家宅园中的文人意味逐渐兴起。

3. 三国

汉末三国，赤乌八年（245年），孙权游"后苑，观公卿射"。

公元267年，吴主孙皓建显明宫，"又破坏诸营，大开园囿，起土山楼观，穷极技巧"，"皓初迁都武昌，寻还建邺，又起新馆，缀饰珠玉，壮丽过甚，破坏诸营，增广苑囿，犯暑妨农，官私疲怠"。江表传曰："会（皓）夫人死，皓哀愍思念，葬于苑中，大作冢，使工匠刻柏作木人，内冢中以为兵卫，以金银珍玩之物送葬，不可称计"。

《三国志·吴书·孙·传》："留于宫内，取兵子弟十八已下三千余人，习之苑中，连日续夜，大小呼嗟，败坏藏中矛戟五千馀枚，以作戏具"。是为皇家园林。

又大建西苑（池），即太子的园林，"太初宫西门外池，吴宣明太子所创为西苑。初吴以建康宫地为苑，其建业城……"《晋书·五行中》云："孙皓建衡三年，西苑言凤皇集，以之改元，义同于亮"等。

而肇始于汉代的苏州私家园林，以吴大夫笮融所建"笮家园"为真正发端。

此时，佛教极其兴盛，佛教建筑蔚然而起，多附属有公共性质的园林，即今人所谓之寺观园林。如始建于三国赤乌年间的通玄寺（今苏州报恩寺，俗称北寺），寺中有园。至唐代时，韦应物往游，咏曰："果园新雨后，香台照日初。绿阴生昼寂，孤花表春馀。"

此外，如承天寺、瑞光禅院、永定寺、云岩寺、天峰院、秀峰寺、光福寺以及昆山的慧聚寺、常熟的兴福寺等不但是著名的寺院，且都具花木泉石之胜。晋·左思《吴都赋》云："尔乃地势坱圠，卉木跃蔓。遭薮为圃，值林为苑"。可见，寺观园林还颇为兴盛。

综上所述，先秦至三国为江南水乡园林兴起之阶段。先秦时期的水乡园林已经从早期功能单一的游猎之苑囿发展起来，游赏、享乐之功能凸现。

秦汉时期，作为诸侯王一级的江南水乡王家苑囿，深受同期的我国经济文化中心关中的皇家园林的深刻影响，西汉时已有具有私人性质的衙署园林。至东汉，发展出真正意义上的私家宅园。

三国时，江南水乡佛教寺庙园林蔚然而起。

周学鹰、马晓：《江南水乡园林发展史略》，《华中建筑》，2008（8）。

选文 2
钟毓龙说杭州著名园林

庚园

在横河桥大河下，为昔时杭州三大名园之一。始建于清顺治十四年，后为周氏产业。园有八景。有白皮松，世所罕见。又有奇石名"玉玲珑"，传为宋代花石纲之遗。石高余丈，有"皱、瘦、透、漏"之美。苍润嵌空，叩之有声。故此园亦有"玉玲珑阁"之称，民国二年至十六年，省女子师范用作校舍，仍擅亭阁花木之盛。今园毁，玉玲珑石亦不知所往。

南园

在皮市巷，为清诗人王见大之故居。见大，名文诰，号二松居士，嘉庆时官岭南。工诗，亦善画山水。尝注苏文忠公诗，折衷诸家，最称精审，曰《王注苏诗》。解组归杭，卜宅于皮市巷，于宅南辟一园曰南园。园中有四面厅，额曰"韵山堂"。堂南浚一折扇形大池，曰文明池。池南垒土石为山，植乔木数株。山坡遍植书带草。筑阁其上，曰星带阁。一时文宴，与皋、庚两园比盛。……

红栎山庄

在苏堤之西，定香桥"花港观鱼"之后，以有红栎树，故名。庄建于清光绪丁未，为双陈巷高家别墅，习称高庄。地约十余亩，布置精雅。有鸥渡楼，登楼则山色湖光尽收眼底。有临湖水阁曰田田榭，为观荷佳处。又有藏山阁筑于假山之上。有且住轩，可供餐饮。俞曲园曾为高庄书一联曰：

选胜到里湖，过苏堤第二桥，距花港不数武；

维舟登小榭，有奇峰四五朵，又老树两三行。

主人喜鹤，豢于园内，客至则唳。后鹤死，即瘗庭中为鹤冢，吴昌硕为书碑焉。……

钟毓龙：《说杭州·说园林别墅》，见王国平主编《西湖文献集成》，
杭州出版社，2004年，第841—843页。

选文 3
王士禛介绍扬州园林

广陵古所称佳丽地也。自隋唐以来，代推雄镇。物产之饶，甲江南而旁及于荆豫诸上游。居斯土者，大都安乐无事，不艰于生。又其地为南北要冲，四方仕宦多侨寓于是。谨往相与，凿陂池，筑台榭，以为游观宴会之所。明月琼箫，竹西歌吹，盖自昔而然矣。余顺治中，佐扬州，每于谳决之暇，呼朋携酒，往来于平山、红桥间，燕游之盛，迄今人争道之。昨岁儿沆从淮南归，为言绿杨城郭，依稀如旧，余溯洄久之，犹若前游在我心目中也。辛卯初夏，门人殷彦来书来，为其友乔君逸斋征余文纪其东园之胜，且绘图邮示，披卷谛视，不自觉其意移焉。夫广陵本无所谓严壑幽邃、江河浩渺之观，亦不过蜀冈一环、邗沟一曲耳。然而富家巨室，亭馆鳞次，金碧相望，偿更得一山水绝胜处，则人将争据之矣。乔君斯园，独远城市，林木森蔚，清流环绕，因高为山，因下成池，隔江诸峰，耸峙几席，珍禽奇卉，充殖其中，抑何其审处精详而位置合宜也：余足迹未经，不能曲写其状，姑就图中所睹，已不啻置身辟疆、金谷间矣。彦来又言，乔君孝友谨厚，笃于故旧，其行谊有过人者。余深憾道里辽远，且迫于老年，无由与之把臂，至其风雅好事，则固于图中窥见一斑矣。书报彦来，寄语逸斋，五十年前旧使君，白头无恙，犹能捉笔记斯图之胜，亦不可谓非今之幸也已。

王士禛：《东园记》，见马家鼎选注：《扬州文选》，
苏州大学出版社，2001年，第83页。

第二章

江南园林的美学风格与追求

选文 1

周维权谈江南园林的"空间意识"

一定闭合度的自然空间所产生的安全感和庇托感既有利于封建社会的分散的小农耕作经营，也能够适应于它的血缘家族的聚落生活要求。久而久之便在人们的心理上产生了对这种环境的认同感，在经过长期积淀而成为全社会成员所共有的"空间意识"。这样的空间意识原本是出于功利的目的，到魏晋南北朝受到时代美学思潮的影响，又被赋予了审美的意义。人们开始从空间的角度来认识大自然之美，把空间美与居住环境的自然景观的选择联系起来。当时的文学作品中多有描述文人士大夫经营的别墅、庄园时如何相地卜宅，以求的一个美好的自然空间作为生活环境的地貌基础，如像东晋门阀士族谢灵运家的庄园。

谢灵运《山居赋》描写谢家庄园"南居"的自然环境——

南山南山则夹渠二田，周岭三苑。九泉别涧，五谷异穰。群峰参差出其间，连岫复陆成其坂。众流溉灌以环近，诸堤拥抑以接远。

对北居则这样写道——

其居也，左湖右江，往渚还汀，面山背阜，东徂西倾，抱含吸吐，款跨纤萦。绵连邪亘，侧直齐平。

显而易见，都是从空间的角度来审视基址的自然景观，进行居住聚落的营构。……于勾画出一幅自给自足的庄园经济图景的同时，也表露了经营者对山环水抱的自然空间之美的追求和居住环境之和谐于这个美的自然空间的良苦用心。

周维权：《园林·风景·建筑》，百花文艺出版社，2006年，第365页。

选文2
周维权谈江南园林与石头的关系

现存的许多优秀的叠山作品如苏州环秀山庄的太湖石假山；上海豫园的黄石假山；北京北海镜心斋的北太湖石假山，最高不过六七米，都是以小尺度而创造峰、峦、岭、岫、壑、谷、悬崖、峭壁等的形象写照。从他们的堆叠章法和构图经营上，既能看到天然山岳构成该规律的概括提炼，也能看到诸如"布山行，取峦向，分石脉"（荆浩《山水节要》），"主峰最宜高耸，客山需是奔趋"（王维《山水诀》）等的画理乃至于某些笔墨技法如斧劈皴（黄石假山），荷叶（湖石假山），矾头、点苔等的模拟。可以说，叠山艺术把借鉴山水画的"外师造化，中得心源"的写意方法在三度空间的情况下发挥到了极致。因而能在很小的地段上展开咫尺山林的局面，幻化千岩万壑的气势。它既是园林里面再现自然的重要手段，也是造园之表现画意，以画入景的主要内容。正因为"画家以笔墨为丘壑，掇山以土石为皴擦。虚实虽殊，理智则以一"（计成《园治》），所以著名的叠山匠师大都精于绘事。

周维权：《园林·风景·建筑》，百花文艺出版社，2006年，第170页。

选文 3

陈从周谈江南园林的艺术追求

晋陶渊明（潜）《桃花源记》："中无杂树，芳草鲜美。"此亦风景区花树栽植之卓见，匠心独具。与"采菊东篱下，悠然见南山"句，同为千古绝唱。前者说明桃花宜群植远观，绿茵衬繁花，其景自出；而后者暗示"借景"。虽不言造园，而理自存。

看山如玩册页，游山如展手卷；一在景之突出，一在景之联续。所谓静动不同，情趣因异，要之必有我存在，所谓"我见青山多妩媚，料青山见我应如是。"何以得之，有赖于题咏，故画不加题则显俗，景无摩崖（或匾对）则难明，文与艺未能分割也。"云无心以出岫，鸟倦飞而知还"。景之外兼及动态声响。余小游扬州瘦西湖，舍舟登岸，止于小金山"月观"，信动观以赏月，赖静观以小休，兰香竹影，鸟语桨声，而一抹夕阳，斜照窗棂，香、影、光、声相交织，静中见动，动中寓静，极辩证之理于造园览景之中。

今不能证古，洋不能证中，古今中外自成体系，决不容借尸还魂，不明当时建筑之功能，与设计者之主导思想，以今人之见强与古人相合，谬矣。试观苏州网师园之东墙下，备仆从出入留此便道，如住宅之设"避弄"。与其对面之径山游廊，具极明显之对比，所谓"径莫便于捷，而又莫妙于迂"，可证。因此，评园必究园史，更须熟悉当时之生活，方言之成理。园有一定之观赏路线，正如文章之有起承转合，手卷之有引首、卷本、拖尾，有其不可颠倒之整体性。今苏州拙政园入口处为东部边门，网师园入口处为北部后门，大悖常理。记得《义山杂纂》列人间杀风景事有："松下喝道。看花泪下。苔上铺席。花下晒（裈）。游春载重。石笋系马。月下把火。背山起楼。果园种菜。花架下养鸡鸭。"等等，今余为之增补一条曰："开后门以延游客"，质诸园林管理者以为如何？至于苏州以沧浪亭、狮子林、拙政园、留园号称宋、元、明、清四大名园。留园与拙政园同建于明而同重修于清者，何分列于两代，此又令人不解者。余谓以静观为主之网师园，动观为主之拙政园，苍古之沧浪亭，华瞻之留园，合称苏州四大名园，则予游者以易领会园林特征也。

造园如缀文，千变万化，不究全文气势立意，而仅务辞汇叠砌者，能有佳构乎？文贵乎气，气有阳刚阴柔之分，行文如是，造园又何独不然。割裂分散，不成文理，藉一亭一榭以斗胜，正今日所乐道之园林小品也。盖不通乎我国文化之特征，难以言造园之气息也。

南方建筑为棚，多敞口；北方建筑为窝，多封闭。前者原出巢居，后者来自穴处。故以敞口之建筑，配茂林修竹之景。园林之始，于此萌芽。园林以空灵为主，建筑亦起同样作用，放北国园林终逊南中。盖建筑以多门窗为胜，以封闭出之，少透漏之妙。而居人之室，更须有亲切之感，"众鸟欣有托，吾亦爱吾庐"，正咏此也。

文学艺术作品言意境，造园亦言意境。王国维《人间词话》所谓境界也。对象不同，表达之方法亦异，故诗有诗境，词有词境，曲有曲境。"曲径通幽处，禅房花木深。"诗境也。"梦后楼台高锁，酒醒帘幕低垂。"词境也。"枯藤老树昏鸦，小桥流水人家。"曲境也。意境因情景不同而异，其与园林所现意境亦然。园林之诗情画意即诗与画之境界在实际景物中出现之，统名之曰意境。"景露则境界小，景隐则境界大"。"引水须随势，栽松不趁行。"亭台到处皆临水，屋宇虽多不碍山。""几个楼台游不尽，一条流水乱相缠。"此虽古人咏景说画之辞，造园之法适同，能为此，则意境自出。

陈从周：《说园》，见伍蠡甫主编《山水与美学》，

上海文艺出版社，1985 年，第 314—333 页。

选文 4

陈从周谈江南园林的"自然"品质

造园之学，主其事者须自出己见，以坚定之立意，出宛转之构思。成者誉之，败者贬之。无我之园，即无生命之园。

水为陆之眼，陆多之地要保水；水多之区要疏水。因水成景，复利用水以改善环境与气候。江材湖泽，荷塘菱沼，蟹簖渔庄，水上产物不减良田，

既增收入，又可点景。王渔洋涛云："江干都是钓人居，柳陌菱塘一带疏；好是日斜风定后，半江红树卖鲈鱼。"神韵天然，最自依人。

旧时城墙，垂杨夹道，杜若连汀，雉堞参差，隐约在望，建筑之美与天然之美交响成曲。王士禛诗又云："绿杨城郭是扬州"，今已拆，此景不可再得矣。故城市特征，首在山川地貌，而花木特色，实占一地风光。成都之为蓉城，福州之为榕城，皆予游者以深刻之印象。

恽寿平论画："青绿重色，为浓厚易，为浅淡难；为浅淡易，而愈见浓厚为尤难"，造园之道正亦如斯，所谓实处求虚，虚中得实，淡而不薄，厚而不滞，存天趣也。今经营风景区园事者，破坏真山，乱堆假山，堵却清流，另置喷泉，抛却天然而好作伪。大好泉石，随意改观。如无喷泉，未是名园者。明末钱澄之记黄檗山居（在桐城之龙眠山），论及"吴中人好堆假山以相夸诩，面笑吾乡园亭之陋。予应之曰：吾乡有真山水，何以假为，惟任真、故失诸陋。洵不若吴人之工于作伪耳。"又论此园："彼此位置，各不相师，而各臻其妙，则有真山水为之质耳。"此论妙在拈出一个"质"字。

山林之美，贵于自然，自然者存真而已。建筑物起"点景"作用，其与园林似有所别，所谓锦上添花，花终不能压锦也。宾馆之作，在于栖息小休，宜着眼于周围有幽静之境，能信步盘桓，游目骋怀，故室内外空间并互相呼应，以资流通，晨餐朝晖，夕枕落霞，坐卧其间，小中可以见大。反之高楼镇山，汽车环居，喇叭彻耳，好鸟惊飞。俯视下界，豆人寸屋，大中见小，渺不足观，以城市之建筑夺山林之野趣，徒令景色受损，游者扫兴而已。丘壑平如砥，高楼塞天地，此几成为目前旅游风景区所习见者，闻更有欲消灭山间民居之举，诚不知民居为风景区之组成部分，点缀其间，楚楚可人，古代山水画中每多见之。余客瑞士，日内瓦山间民居，窗明几净，予游客以难忘之情。我认为风景区之建筑，宜隐不宜显，宜散不宜聚，宜低不宜高，宜麓（山麓）不宜顶（山顶），须变化多，朴素中有情趣，要随宜安排，巧于因借，存民居之风格，则小院曲户，粉墙花影，自多情趣。游者生活其间，可以独处，可以留客，"城市山林"，两得其宜。明末张岱在《陶庵梦忆》中记范长白园（即苏州天平山之高义园）云："园外有长堤，桃柳曲桥，蟠屈湖面，桥尽抵园，园门故作低小，近门则长廊复壁，直达山麓，其缀、楼幔阁、秘室、曲房，故故匿之，不使人见也。"又毛大可《彤史拾遗记》记崇祯所宠之贵妃。扬州人，"尝厌宫闱过高迥，崇杠大牖，所居不适意，乃就廊房为低槛曲楯，蔽以敞槅，杂采扬州诸什器，床罩供设其中。"以证余创山居宾舍之议不谬。

陈从周：《说园》，伍蠡甫主编《山水与美学》，

上海文艺出版社，1985年，第314—333页。

选文5
戴旋论江南园林的美学意蕴与哲学根据

拙政园建筑设计精巧，造型别致，是江南园林建筑中的奇珍妙品。"苏州有'香山邦'工匠的优良传统，自明代蒯祥而下，世传其业者众多。"这是苏州园林建筑美的直接原因，而根本原因在于园林建筑艺术是中国古代美学思想的反映。儒家思想认为，人与自然相比，人的地位更为重要，但并不把自然看作异己力量，而是主张人与自然和谐相处，天人可以相通，强调"天人合一"。这导致艺术审美心境融合于自然，艺术创造师从自然而高于自然。江南园林建筑恰到好处地把握统一之中有变化、变化之中有统一的美学原则。按照这一原则，设计者巧妙地处理好空间关系，空间是"虚实"两种对立的因素和谐而又动态地共存于统一体之中，两种对立因素始终处于一个互相对峙、转化、无限运动的关系之中，周而复始。在拙政园建筑设计中，建筑师充分利用这种"虚实"关系立基造屋，梧竹幽居就是一个典型。它的四个圆洞是画框，从不同的角度看，画面虚实相生，富于变化，产生奇妙的节奏美、韵律美，也可以说体现出类似陶瓷云纹抽象图案闪点透视般的视觉效果。这种虚实相间的连续和渐进，充分显示了中国人空间意识中"虚实相生"的审美思想。

江南园林在建筑的单体造型方面自觉地回避纯几何图案的形式，建筑的屋顶、檐部、脊饰都是自然曲线构成，形成一种反宇的形象。单体建筑不但与整体环境相协调，而且单体建筑也刻意求工，在艺术趣味上追求"离方

遁圆"的形象，形成鲜明的个性特色。如扇亭、笠亭等。涵青亭因势而造，虽属一般的半亭，但建筑从空间整体出发，具有倾向性的张力，产生了"不动之动"之势，在建筑设计方面具有可贵的独创精神。见山楼与园中造园要素气脉贯通，楼梯与整体环境浑然一体，其单体造型显示出江南私家园林建筑秀丽端庄、中和平易之美。

古代哲学家认为天有天的创造，人有人的创造。"在儒家哲学中，人有裁成辅相之能、参赞话育之功，宇宙为一创造本体，人在宇宙中，不是匍匐于天地之下，而须激发人昂奋的创造意欲。"《易传》上讲"天行健，君子以自强不息"，在美学思想上、在艺术上则表现为一种变更求新的创造精神。老、庄似乎对于巧采取否定态度，但是按照徐复观先生的解释老、庄因矫当时贵族文化腐烂而来的虚伪、奢侈、巧饰之弊，因而否定世俗浮薄之美、世俗纯感官性的乐，轻视世俗矜心著意之巧。老、庄实际上并不否定艺术的创造性，而是充分肯定艺术上的创造精神。江南园林建筑玲珑、活泼、通透、淡雅，并不是木砖瓦片沙石等物无情无趣的简单堆砌，既是一种物质产品，同时也是一种精神产品，其中蕴含着诗情画意，只是它采取了建筑艺术语言的方式来表达而已。江南园林建筑是中国古代匠师艺术创造的结晶，从一个侧面体现了中国传统美学的艺术创造精神。

戴旋:《江南园林建筑的美学意蕴探析——以拙政园为例》，
《重庆科技学院学报》(社会科学版)，2009(8)。

选文6
周维权谈园林与诗画

中国绘画与造园之间关系之密切程度。这种关系历经长久的发展而形成"以画入园 因画成景"的传统，甚至不少园林作品直接以某个画家的笔意，某种流派的画风引起造园的粉本。里来的文人和画家参与造园蔚然成风，或为自己营造，或受他人延聘而出谋划策。专业造园匠师亦努力提高自己的文化素养，有不少擅长于绘画的。流风所及，不仅园林的创作，乃至品评，鉴赏亦莫不参悟于绘画。

中国艺术讲究触类旁通，诗文与绘画往往互为表里，所谓"诗中有画，画中有诗"。园林景观之体现绘画意趣，同时也涵涌着诗的情调——诗情画意。这情景意。三者的交融形成了中国园林特有的艺术魅力。

周维权：《园林·风景·建筑》，百花文艺出版社，2006年，第177页。

选文7
崔淑兰、张冀论中国古典园林的美学价值

中国园林在世界园林宝库中占有重要的一笔，具有神秘的东方神韵，也富有独特的审美价值和艺术魅力。其美学特征大致可以概括为以下几个方面：

一、追求人与自然的和谐统一

中国园林的造园根本思想是"虽由人作，宛自天开"，反对任何的牵强附会和故意雕琢，所以中国的园林无一例外的都是艺术地再现自然，都是模山范水，取法自然，为生存主体的人创造一个和谐统一的客体环境。自然山水是美的典型，所以中国古典园林凭山临水，山因水活，水得山势，青山绿水构成古典园林的基调。山是园林的骨架，能工巧匠多使用天然土石堆筑假山，叠石堆山既有伏地千尺的大手笔，也有精妙绝伦的小品。园林假山，讲究"做假为真，以假乱真"，以小山之形，传大山之神，在很小的面积内，展现出重峦叠嶂、峰峦起伏的气势，从而增添古典园林的自然之美。水是古典园林的灵魂，水既可以成景以供观赏，又可以在一定范围内调节温度和湿度；既可以种植藕、莲花，又可以划水行舟，"风乍起，吹皱一池春水"，乐趣融融；水绕山行，山静水流，动中有静，静中伏动，山水相得益彰，赋了古典园林无穷活力。

二、中国古典园林注重体现人的情趣和精神追求

中国古典园林虽然是艺术地再现自然，但却不是无目的地再现，而是在自然景物中寄托一定的理想和信念，借助自然景物来表达园主人的志向和情趣，以满足人的某种精神追求。

古典园林寓情于景，它的艺术魅力在于立意深邃，造景奇妙，给人留下充分的联想和回味的余地。陈从周先生说中国古典园林"妙在含蓄，一山一石耐人寻味"。这句话概括了中国古典园林形有尽而意无穷的意境美。意和景的关系就是心与物的关系，在意境中主观与客观统一的具体表现就是情境交融。

园名景名也是中国古典园林表情达意的一种手法。文人骚客把出世入世的人生态度和对景物的理解转化成充满个性和诗情画意的文字，由此引发他人的思索，激发别人的情感，从而使景不单纯成为景，而是融合了人文情怀的景观。苏州的"拙政园"为明代御使王献臣所建，王不满朝政，退而居家，取晋代潘岳《闲居赋》中"拙者为政"之意命名，寄托了娱乐山水而避朝政的愿望。扬州有座"个园"，相传是郑板桥的私家园林，"个"是竹的象形，竹有高尚的品德。园林主人的用意既在于标榜其自身的"清风亮节"，又可获得"风中雨中有声，日中月中有景，诗中酒中有情，闲中闷中有伴"的自然美和艺术效果。

中国古典园林借景抒情，把深远的意境、人文的思索、悠然自得的情趣蕴藏在具体的景物形象中，正所谓"景愈藏，境愈大而意愈深"。

三、重视"写意"手法的运用，赋予有限形象
深远的寓意，创造含蓄幽深之美

中国古典园林在造园手法上讲究含蓄、曲折、变化，反对僵直、单调、一览无余。在景点的空间布置上追求"山重水复疑无路，柳暗花明又一村"的境界。因此在园林内布局设景，

尽量避免形成一览无遗的视觉效果，使人在有限的园林空间内，仿佛置身于变幻的仙境中，忽而山水开阔，别有洞天，忽而林荫蔽日，疑入深林，此情此景，岂能不使人陶醉！

崔淑兰、张冀：《论中国古典园林及其美学价值》，
《重庆科技学院学报》（社会科学版），2008年（6）。

第三章

江南古典园林的现代意义

选文1

朱建宁、杨云峰论江南古典园林的警示意义

就中国古典园林的警示作用而言，有以下几个方面值得注意：

（1）中国古典园林是在长期封闭的社会状况下，主要在私家领域里沿着山水格局一脉相承逐渐走向成熟和完善的，而这与现代人的生活方式相距甚远。这是中国古典园林使人们敬而远之的主要原因之一。

（2）近一个世纪以来，由于人类活动的影响，中国的自然环境与景观资源发生了巨大变化，北方城市水资源十分贫乏。因此，山水式园林更适合江南的自然环境和资源条件，而北方大部分地区并不适宜建造大规模的山水园林。像颐和园、圆明园这些大型山水园林都是在原有水面或沼泽地的基础上加以疏浚而成的。然而现在对一些新建水面的维持消耗了大量珍贵的水资源，正在建造中的奥林匹克森林公园不惜在平地上挖湖堆山，其实是劳民伤财的反生态设计理念。

（3）由于交通条件的改善，现代人融入真山真水之中已十分便利，无须再在城市之中尽享山林之乐。而真山真水的气势及其丰富的景观环境却是假山假水难以比拟的，导致以人工山水为主的古典园林失去了存在的必要性，紧紧抱着古典园林形式不放不利于中国园林的发展。

（4）中国古典园林表现自然的写意手法和传统建筑的体量与形式十分

融洽，但在高楼林立的现代城市中则显得格格不入。随着城市与建筑设计的全盘西化，现代国人也趋向于西方园林形式。

（5）中国古典园林中惯用的山石、小品和木结构建筑等造园元素，或因材料难觅，或因功能丧失，或因维护成本较高而更换材料，且精湛的技艺大多失传，导致现代仿古园林作品设计制作水平低下，精工细作荡然无存。

（6）中国古典园林大多营造在一个相对封闭的小环境中，对周围大环境的影响甚少，未能突破私家园林的局限性。在追求急功近利，希望全盘照搬的现代社会中，也难免遭到摈弃。

虽然古典园林在现代社会的生存面临上述种种不利条件，但它所蕴含的思想文化内涵以及对地域性景观的认识，有助于现代人对本土景观资源和历史传统的深刻认识。惟有营造出既符合本土地域景观特征，又满足本地居民生活习惯和审美趣味的园林作品，才能使中国现代园林真正走向发展与成熟。

朱建宁、杨云峰：《中国古典园林的现代意义》，《中国园林》，2005（11）。

选文 2
刘彦顺从现象学角度阐释陈从周的江南园林美学

第一，以时间性为核心的审美生活是其园林美学思想的核心。

……

时间性在现象学哲学中是最核心的概念之一，也是最令人费解的谜题之一，但是"时间性"概念还是有其基本的被广为认可的特性，即"时间性"再也不是抽象意义上的本体存在，而是某一真实发生过的主观"感觉"、"意识"的"过程"特性。现象学的时间性问题首先要寻求的就是这一"过程"是如何构成的。前文之所以说，中国古典美学是最成熟、最典型的现象学美学，就是从这个角度而言的，也就是说，中国古典美学绝不侧重探讨抽象的"美"的本质，从来不离开主观"感觉"之中"主体"与"客体"的"同时性"

角度，来进行谈艺论道。

在陈从周先生的园林著作中，"游人"的幸福感受是唯一的而且是坚实的出发点，即使是在极"左"思潮横行的年代也是如此。就陈从周先生最主要的几篇理论性较强的文章而言，如《说园》五篇中的第一篇，始发于1978年，丝毫没有沾染上自新中国成立以来就流行的文艺学与美学的庸俗气息，从学术语言与思想来看，我们几乎可以把陈从周先生的著作称作纯正的古人之作。之所以如此说，原因就在于陈从周先生在园林美学中一贯秉承的就是"游人"的"幸福感"至上的基本理念，这一理念可以说被很纯粹地贯彻在陈从周先生的学术文章与造园实践之中。

"游人"的"幸福感"，从字面而言，似乎是仅仅针对审美主体的主观感受的，实际上，"游人"的"幸福感"是实现于"游人"对"园林"的游历过程的，虽然陈从周先生没有在自己的著述中明确地表述审美主体与审美客体之间的关系，但是其旨意却是非常明显，即"幸福感"被对"园林"的"游历"所构造，这一审美生活之中的审美主体与客体的关系，就可以表述为一句带有鲜明现象学色彩的语言——"游人"总是一边"游历"着"园林"，一边快乐着，即在一个已经实现了的审美生活之中，审美主体与审美客体之间是一种"同时性"关系，而且这种"同时性"绝不是"客观时间"之中的两个物体在"物理空间"中自在地并列的"同时性"，而是一种类似于《周易》中"咸"卦里说的男女所达到的同时性快乐，在陈从周先生的许多文章中，审美主体与审美客体再也不是"主"、"客"之生硬区分，而是一种兄弟间、夫妇间的主体间性关系。

在《说园》第一篇中，陈从周先生就说："园有静观、动观之分，这一点我们在造园之先，首要考虑。"其中以"静观"、"动观"称呼"园"，可谓大有深意。如果单纯地称呼"园"，就仅仅使用"动"与"静"即可，这只是对审美客体进行孤立的分析而已，充类至尽，那就是把"园"作为僵死的对象了；唯其加上一"观"字，才显示出"园"的存在有待于"观"，而"观"有待被构造于"园"，因而"游历"的"幸福感"就作为唯一自明性的、无可置疑的与生活的意义而存在了。

……

第二，"第一人称"的现象描述法。

……

陈从周先生在谈及南北园林差别时有如下描述：

> 余初不解宋人大青绿山水，以朱砂作底，色赤，上敷青绿，追游中原嵩山，时值盛夏，土色皆红，所被草木尽深绿色，而楼阁参差，金碧辉映，正大小李将军之山水也。其色调皆重厚，色度亦相当，绚烂夺目，中原山川之神乃出。而江南淡青绿山水，每以赭石及草青打底，轻抹石青石绿，建筑勾勒间架，衬以淡赤者，清新悦目，正江南园林之粉本。

此段文字既是江南园林美学，同时，又可以视作现象学的美学方法，也是美学治学方法的不二法门。就现象学方法而言，陈从周先生的这段话是对曾经有过的、发生过的审美体验的描述，即对"回忆"的描述，当然"原初"的体验只发生在时间流之中的"那时那地"，现象学式的"还原"绝对不可能是在这个"原初"意义上对体验的还原，但是，在"回忆"中对过去体验的"再现"仍然能够保持这一体验的特定面貌，比如"中原嵩山，时值盛夏，土色皆红，所被草木尽深绿色，而楼阁参差，金碧辉映"，引发不出"软"、"糯"的江南风味；而"江南淡青绿山水，每以赭石及草青打底，轻抹石青石绿，建筑勾勒间架，衬以淡苹，清新悦目"，也不可能是"大小李将军之山水也"。也就是说，包括江南园林美学在内的美学研究，其研究对象其实是研究者的私人体验，而且这一私人体验是以往确实发生而且在回忆中保持着相对新鲜面貌的。从思维的角度而言，回忆中的审美生活体验的积累正是思维的材料。

陈从周先生的"园林生活"或"园林体验"无疑是"丰富"而且"敏锐"的。就"丰富"而言，一是体现为见多识广，二是体现为"回忆"的强化与深刻。从陈从周先生对幼年园林体验的回忆中就可见一斑："余小游扬州瘦西湖，舍舟登岸，止于小金山'月观'，信动观以赏月，赖静观以小休，兰香竹影，鸟语桨声，而一抹夕阳，斜照窗棂，香、影、光、声相交织，静中见动，动中寓静，极辩证之理于造园览景之中。"就"敏锐"而言，陈从周先生对体验的时间性过程何以构成做了极为精微的描述，比如谈到园林色彩，他说江南园林的粉墙黛瓦就是适应软风柔波垂柳的小桥流水，而使用北方宫殿建筑的红墙黄瓦也就与环境格格不相入了，针对常熟园林建筑的这样做法，他提出"火烧常熟城"以讽刺挖苦，入木三分。"园林生活"既是园林美学研究对象，也是所有概念、范畴、命题、问题的反思之基础。无论针对任何概念、陈述、命题，我们都要反问自己的体验，反问在自己的"园林生活"中到底发生了什么。美学只能研究自己体验过的东西。当陈从周说"江南园林"的时候，他并不是指江南所有的园林，而只能是指他"所游历过的江南园林"，只能是"所游历的园林给我带来的快乐"，结合"时间性"来说，"体验"是处在"回忆"之中的种种遭际。陈从周先生的所有著述，其叙事的视角都是"第一人称"的，讲述的是自己的所爱所惜，对于美学的治学门径而言尤为可贵。原因在于——作为美学学者的工作与生活占据了人生时光的大部，我们常常做的是从概念到概念，从命题到命题，从抽象到抽象，而没有把大部分精力用在"体验"上，所说的"审美对象"在很多情况下是空的，甚至我们依据的是"他人"的"体验"，如果"他人"的"体验"再来自"他他人"呢？陈从周先生的江南园林美学可谓为何以治美学提供了一个典范。

第三，对可栖居的空间感的寻求。

前文所述陈从周先生江南园林美学中的"时间性"问题，其实是"空间感"的具体存在。悠游、舒适、怡神、富于变化、流畅的空间感，是陈从周先生园林美学思想一贯寻求的。具体来看，其主要的表现有两端。

其一，寻求"游历"中流畅的幸福体验。

既然在审美生活之中，主体与客体的关系是同时性的、不可分离的关系，那么，主体的感受就是始终被构成于客体的结构之中的，如果仅仅就审美客体而言，陈从周先生认为，一个园林的所有细节必须做到寓杂多于统一，即如《文心雕龙·附会》所言："杂而不越"，而且陈从周先生更为高明之处在于，他并不是以某一处园林，比如私家园林，在空间地域上的客观区域营造对象，也不是把它作为欣赏的刻板对象，而是以"游人"所观所闻所嗅所行的范围作为园林的区域，也就是说，空间感是大于园林空间的，所以，自园林而言，"杂而不越"既指"某一处"具体的园林中所有要素的统一，也包括"某一处"园林之外，主体所感受到的区域，也就是说，与"某一处"园林所处的外部因素相加而达成的统一。因而"借景"成为陈从周先生江南园林美学最主要的部分之一。

刘彦顺：《从现象学论陈从周的江南园林美学》，
《河南师范大学学报》（哲学社会科学版），2010（4）。

选文3
金学智论苏州古典园林的生态学、未来学价值

从世界史的宏观视角看，20 世纪与 21 世纪的交替，不仅是百年之间或千年之间的交替，而且还是整个人类历史大时代的交替——人类的非生态时代与生态时代的交替，不可持续发展时代与可持续发展时代的交替。

在新的生态文明时代，对苏州古典园林的理论研究，必须更新观念，根据时代的需要，面向生态危机的世界，面向生态觉醒的现实，面向人类可持续发展的未来，其中包括我国建设小康社会重要目标之一的生态文明，来多方探究、阐发苏州古典园林对当代特别是对未来的"绿色启示"。

一、全面认识中国思想史上的"天人合一"观

对于苏州古典园林，要研究其生态学、未来学乃至文化学的"绿色启示"，不可能离开天人合一这一具有中国特色的思想渊源。为此，本文首先拟对中国思想史上的天人合一观试作较为全面、深入的辨析、梳理和阐发。

天人合一的理念，当今虽已得到人们普遍的认同，但却往往被误解为是涵盖古代中国全部哲学思想的一种完美无缺的思想体系，这是把复杂的问题简单化了。其实，中国的天人关系论中，就存在着与天人合一相对的天人相分的观点，而各家所谓"天人合一"，也并非百分之百都是合理的；所谓"天人相分"，也不应不问青红皂白妄加否定。这里先说后者。儒家学派代表人物荀子，就是杰出的天人相分论者，其《天论》中就提出："大天而思之，

孰与物畜而制之；从天而颂之，孰与制天命而用之。"他明确地划分了天、人的界限，认为人应该制服自然，利用自然。这一论述，和西方某些思想家的观点相近，它对于人类彻底告别原始的、屈从自然的被动状态，对于认识自然，掌握规律并进一步合理地加以利用，无疑都有重大的价值意义。因为只有这样，才能有效地创造物质文明和人类福祉，强有力地推动社会历史进步。至于"天人合一"，古代各家说法又有所不同，本文拟从董仲舒论起。

董仲舒是汉代大思想家，是儒家哲学在汉代的重要代表，他那"天人相类"、"人副天数"的合一说。虽然是唯心的甚至是神秘的，但它又"猜"到了"人"对"天"不可分离的依附关系。这种"人体与自然同构"之说，不能认为没有可取之处。马克思就曾科学地指出，"自然界是人为了不致死亡而必须与之形影不离的身体。说人的肉体生活和精神生活同自然界不可分离，这就等于说，自然界同自己本身不可分离，因为人是自然界的一部分"。这是以人的身体为喻证，深刻地揭示了人对于自然不可分离的关系——生命维系关系。当然，董仲舒牵强附会的同构合一说，和马克思关于人与自然的系统学说，是不可同日而语的。

董仲舒的《春秋繁露》在荒谬不经的"类比同构"思想体系基础上，一再强调了他的天人合一观：

> 天地之生万物也，以养人。(《服制象》)
>
> 为人者，天也。人之（脱一"为"字）人，本于天。(《为人者天》)
>
> 身犹天也……故命与之相连也。(《人副天数》)
>
> 人之居天地之间，其犹鱼之离（即"附"）水，一也。(《天地阴阳》，苏舆《义证》："人在天地之间，犹鱼在水中。")
>
> 与人相副，以类合之，天人一也。(《阴阳义》)
>
> 天人之际（际，交会），合而为一。(《深察名号》)
>
> 和者，天地之所生成也。(《循天之道》)
>
> 与天同者，大治；与天异者，大乱。(《阴阳义》)

这就是中国思想史上较早出现、并最早建立在初步完整体系基础上的

"天人合一"论。

它的合理内核是令人想到：天地自然作为人的生存环境，它生长万物以供养人，人可以"取天地之美以养其身"(《循天之道》)；人是由天生成的，一刻也离不开天；人必须依靠自然，"循天之道"，"与天地同节"(《循天之道》)；和谐合同是天地之道，天、人应该相连相和，合而为一，否则就会酿成灾乱……。不管怎么说，这种天人合一的整体观，对于人类的"可持续发展——永续生存"是颇有启发意义的。

可是，从我国对传统哲学的现代研究来看，哲学史上包括董仲舒在内的所有的天人合一观，均无一例外地受到了连续近一个世纪的严厉批判和全盘否定，因此，要翻案是不容易的。直到 20 世纪 80 年代初，李泽厚以及刘纲纪先生才以极大的理论勇气和可贵的学术识见，进行深入的挖掘、认真的梳理和出色的阐发，从而将其建立在科学的基础上并予以高度的评价：

> "天人合一"或"天人相通"的思想在中国起源很早……孔孟也曾涉及天人关系问题，特别是孟子所谓……"君子"能"上下与天地同流"等等说法，就包含有天人合一的思想，而为后来的《中庸》进一步加以发展。……这一类的思想，近几十年在我们关于古代思想的研究中，一般都是被当作唯心主义、神秘主义来加以批判的。不错，这一类思想的确常常包含有唯心神秘的东西，但另一方面，它强调人与自然的统一性，认为人与自然不应该相互隔绝相互敌对，而是能够并且应该彼此互相渗透，和谐统一的……我们认为，坚信人与自然的统一的必要性和可能性，乃是中华民族的思想的优秀传统，并且是同中华民族的审美意识不可分离的……
>
> 在距董仲舒的时代有两千年的今天，我们认为已不必多花笔墨去嘲笑它的错误和荒谬。值得注意的反倒是董仲舒认为人的情感的变化同自然现象的变化之间有一种对应关系，存在着某种"以类合之"的思想……几千年来，"天人合一"、"天人感应"、"天人相通"，实际上是中国历代艺术家所遵循的一个根本原则，尽管他们

不一定像董仲舒那样唯心地理解这一原则……

这番论述,不但概括和梳理了我国天人合一的优秀思想传统,而且符合于中华民族审美和艺术的历史事实,具有历史首创的意义,给人以多方面的深刻启示。

再从中国思想史上看,表达过天人合一观点的,不只是董仲舒一家。在儒家学派中,除《礼记·中庸》里的"[人]可以与天地参"等而外,被黑格尔称为"中国人一切智慧的基础"的《周易》,也是重要的一家。例如:

> 夫大人者,与天地合其德……与四时合其序……先天而天弗违,后天而奉天时。(《乾卦·文言》)
>
> 与天地相侪(一作"似"),故不违。(《系辞上》)
>
> 天地感而万物化生,圣人感人心而天下和平。(《咸卦·彖辞》)

这都要求人与天地相感相类,相依相合,而不应违反天时规律,其含义是极其深刻的,不过没有从字面上提出天人合一的明确纲领和完整的思想体系而已。

在道家学派中,天人合一的观点更为突出,如:

> 道大,天大,地大,人亦大……人法地,地法天,天法道,道法自然。(《老子·二十五章》)
>
> 四时得节,万物不伤,群生不夭……莫之为而常自然。(《庄子·缮性》)
>
> 天地与我并生,而万物与我为一。(《庄子·齐物论》)
>
> 与天为徒,天与人不相胜也。(《庄子·大宗师》)
>
> 人与天一也。(《庄子·山木》)

人仅仅是"四大"之一,应该尊重和效法更为重要的天道自然;不应横加干涉万物的自然生长,致使其受到伤害或夭折;必须顺应四时的自然规律;人不应与自然争优胜,而应消除对立,进而与天地万物合而为一……这些理论,均极有价值。

至于佛家特别是禅宗，对天人关系很少从理性上论证阐释，而是以意象感悟方式，直指本心。见于语录载体的，如：

> 天上地下，云自水由。（《永平广录》卷十）
> 日移花上石，云破月来池。（《中峰语录》卷十七）
> 清风与明月，野老笑相亲。（《五灯会元》卷十二）
> 常忆江南三月里，鹧鸪啼处百花香。（《五灯会元》卷十二）
> 数片白云笼古寺，一条绿水绕青山。（《普灯录》卷二）

这都是禅意盎然地呈示了天地间的白云幽石、青山绿水、鸟语花香、清风明月、池泉古寺等自由清静的形象，其中隐隐然皆有佛在，而其景象又酷似园林美的境界，这正是佛家的天人同一观。

在中国思想史上，以老庄为代表的道家学派、以《周易》为代表的儒家经典，董仲舒有较完整体系的《春秋繁露》，以及茹含着佛家智慧的零散语录……它们关于天人合一的论述虽互有异同，却构成了一条互为补充、互为深化的重要的思想发展线索，影响了整个古代中国的文化史、哲学史、美学史和造园史。检点和梳理这一历史的发展流程，确实可以得出这样的认识：这种"坚信人与自然的统一的必要性和可能性，乃是中华民族的思想的优秀传统"。当然，这仅仅是主要线索和传统，而并不是中国思想史的全部。此外，和中国的"天人相分"论不无负面影响一样，中国的"天人合一"论也有其负面成分，例如，一味像庄子学派那样顺应自然，以至无所作为，而不去能动地利用自然，有为地进行创造，人类社会就不可能进步，甚至会如逆水行舟，不进则退。然而，《周易》就不一样，它还强调"天行健，君子以自强不息"（《乾卦·象辞》），这又是"泰初有为"的哲学了。

二、西方的历史反思与东方的生存智慧

在西方进入了工业文明时代三百年左右的时间中，人们凭借科学理性和科技手段来认识、利用和改造自然，使社会生产力突飞猛进地发展，创造了空前未有的物质文明和经济繁荣，极大地提高了人们的科学认识水平和

物质生活水平，给人类不断带来了前所未有的幸福和欢乐，这些首先应予高度的肯定性的评价。

但是，事物发展是复杂的，它往往暗含着自己可能走向的反面，或者说，是以一种倾向掩盖着另一种倾向。这用富于辩证意味的东方哲学著作《老子》的话来概括，是"进道若退"，是"福兮祸之所伏"。（第四十一、五十八章）。在西方工业化、现代化的历史进程中，特别是 20 世纪以来，确乎凸现出一系列"进道若退"的负面现象。从主流观念的层面上看，正如美国社会学人类学家查尔斯·哈珀在《环境与社会》一书中所概括的工业社会的"主导社会范式"："自然环境被评价为是生产产品的资源；人类支配自然；而经济增长比环境保护更重要"；"剥削其他物种以满足人类需求"；"财富最大化以及为这一点值得冒风险……对科学和高技术的信念是有利可图"；"假定增长没有物理（真正的）极限；伴随资源短缺和人口增长所出现的问题，可以被人类的技术发明所克服"；"人类对自然没有严重破坏"；"强调效率……快捷的生活方式"……这些"主题范式"及其出发点，应该说是片面的、错误的。多少年来，它们还不断地恶性膨胀，愈演愈烈……

笔者曾强调，"真、善、美都不能须臾离开它们特定的'度'"，并征引列宁如下名言："只要再多走一小步，仿佛是向同一方向迈出的一小步，真理便会变成谬误。"而上述极端的经济增长癖、狂妄的科技拜物教，已不是迈出一小步，而是快速奔跑得很远很远，早就转化为十足的谬误。它把经济的重要性和科技的优越性绝对化了，也把人的眼前利益唯一化了，利令智昏使人们不懂得科学的发展观，无视于全面协调的可持续发展，无视于人类发展的宏观的、久远的利益。这种与天人合一整体观截然对立的狭隘机械论，导致了人类生存环境的严重恶化，如全球气候失常，臭氧层破坏，大气污染，水体污染，噪声污染，酸雨污染，垃圾泛滥，癌症患者激增，怪病流行，土地的沙漠化和盐碱化，沙尘暴频繁，水土流失，水源枯竭，"水泥森林"急剧增加，天然森林成片减少，农田大量减缩，植被退化，动植物的种群灭绝加剧，多样性丧失，人在生物圈里愈来愈孤立，地球上有限的资源满足不了人们无限掠夺、永不知足的物欲……

据此，美国学者里夫金、霍华德指出，科技迅速发展在创造财富的同时，又带来了有害人类的严重恶果:"我们的周围到处是堆积如山的垃圾,无处没有的污染:从地面冒出来,在江河里渗透,在空气中滞留。它刺痛我们的双眼,使我们的皮肤变色,肺功能衰退……我们陷入了泥潭,社会陷入了泥潭。"这段描述,是对工业文明片面发展中"进道若退"现象的真实反映。人们不顾后果的极端行为,在很大程度上改变了自然环境的生态结构,使其失去自组织、自调节、自恢复的生态功能,于是,自然界本身以及人与自然的关系统统失去了平衡。人类既然迫使自然发生异化,同时也就取消了自己在自然界永续生存的前提和权利,走上了通向自我毁灭之路。U. 梅勒在《生态现象学》一文中痛切地慨叹:"大地母亲已经躺在特护病区的病床上"!并引一位专家的控诉:"人已经失去了预见和预防的能力,他将毁灭在他自己对地球的毁灭之中"!这是伴随着"福莫盛焉"而来的"祸莫大焉,惨莫重焉"!

正因为如此,如何认识、制止和逐步消除这类全球性的公害,如何使人类不再自食恶果,这是严峻地摆在全人类面前具有重大战略意义的理论问题和实践课题。

其实,马克思早在 1844 年就深刻地提出了"自然界生成为人","人靠自然界来生活",人类史"是自然史的一个现实的部分"等极为重要的命题。在"人 - 自然"这个有机整体中,人是自然这个大系统所生成的一个子系统,自然界是人类不能须臾离开的生存环境,因而决不能把人类和自然荒谬地对立起来,决不能自毁生我养我的自然环境,否则必然会受到严厉的惩罚。恩格斯针对任意砍伐森林,破坏生态环境的短期行为严正地指出:

> 我们必须在每一步都记住:我们统治自然界,决不像征服者统治异民族那样,决不同于站在自然以外的某一个人——相反,我们连同我们的肉、血和脑都是属于自然界并存在于其中的……我们不要过分陶醉于我们人类对自然界的胜利。对于每一次这样的胜利,自然界都对我们进行报复……它常常把第一个结果重新消除。

这一尖锐的生态批评,不但在当时具有普遍的批判意义,而且还从未来学的视角前瞻性地想到了人类的可持续发展。

哲学确乎是时代敏感的神经。早在上世纪 20 年代,英国著名哲学家罗素就对东、西方文明作过别具只眼的比较。他在指出当时中国人某些国民性弱点的同时,又一针见血地指出西方人"颐指气使的狂妄自信……会产生更大的负面效果"。这位哲学家还通过深思熟虑写道:

> 中国人摸索出的生活方式已沿袭数千年,若能被全世界采用,地球上肯定会比现在有更多的欢乐祥和。然而,欧洲人的人生观却推崇竞争、开发、永无平静、永不知足以及破坏。导向破坏的效率最终只能带来毁灭,而我们的文明正在走向这种结局。若不借鉴一向被我们轻视的东方智慧,我们的文明就没有指望了……
>
> 我每天都希望西方文化的宣扬者能尊敬中国的文化……

这位西方颇有预见的哲学家,不满于西方极端的掠夺、竞争和无度的开发。他怀着对"进道若退"现象的忧患意识,回过头来拨开历史尘土,竟发现了东方智慧。那么,东方智慧究竟是什么?这主要如上文所论,是天人合一,是"与天地相依",是"坚信人与自然的统一的必要性和可能性"。这就是东方智慧的核心,就是东方式天人关系中所表现出来的广义深层生态学思想,而这一思想、理念,正是当今西方世界所急切关注的一个重点。试看美国哈佛大学出版社在 1997 年出版了《佛教思想与生态学》;1998 年又出版了《儒家与生态》;2001 年再出版《道家思想与生态学》……即小见大,可见西方视线的转向。再看西方学者的认识,美国环境哲学家科利考特认定,中国的道家思想是"传统的东亚深层生态学";澳大利亚环境哲学家西尔万、贝内特也说:"道家思想是一种生态学的取向,其中蕴涵着深层的生态意识,它为'顺应自然'的生活方式提供实践基础"。在一、两个世纪前,东方人曾不倦地向西方寻求真理;而今,西方又从另一视角,反过来看到了东方智慧的当代价值和未来价值。

不妨再从不同领域来综观西方的天人关系论。17—18 世纪之交英国的哲学家洛克曾宣布:"对自然的否定,就是通往幸福之路"。19 世纪意大利美学家克罗齐曾引过一句法语:"自然,这是个可恶的敌人。"可见从总体上看,西方对于自然的态度，不是否定，就是敌对。再看西方艺术领域，美国景园建筑学家西蒙德正确地指出："欧洲艺术界在艺术中背弃大自然的根本概念已有几世纪之久了，西方人想象他们自己与自然是对立的。"回眸西方艺术史正是如此，俄国画家康定斯基就说过，他的艺术"愈来愈和自然的领域相分离"；荷兰的蒙德里安也说，"现代人与自然的距离已相去甚远"，等等。

有些外国学者还把中国、东方和西方的天人关系作比较。罗素指出："典型的中国人则享受自然环境之美。这个差别就是中国人和英语国家的人大相径庭的深层原因。"他把是否享受自然环境之美作为中国人和西方人的一个重要区别。日本学者铃木大拙也指出，东方人"同自然是一体的"，而"大部分西方人则易于把他们自己同自然疏离"。西蒙德还指出："在西方，人与环境间的感应是抽象的，在东方，人与环境间的关系是具体的、直接的，是以彼此之间的关系作基础的。西方人对自然作战，东方人以自身适应自然，并以自然适应自身。"这类比较，颇有理论价值。特别有意思的是，早在19世纪20年代，歌德就已发现中国人"有一个特点，人和大自然是生活在一起的"，他们"经常听到金鱼在池子里跳跃，鸟儿在枝头歌唱不停，白天总是阳光灿烂，夜晚也总是月白风清……房屋内部和中国画一样整洁雅致"。这说明与西方人颐指气使地凌驾于自然之上不同，中国人和谐地生活在自然美的环境之中。歌德所描述的这种生活方式，似乎就是中国人的一种园林生活。而这种"与天地相依"的园林般的生活，恰恰典型地体现了今天世界上特别可贵的东方生存智慧，恰恰成了当代西方人也成了当代中国人一种梦寐以求的生活憧憬。所有这些，也都是值得当代中国人深长思之的。

三、苏州古典园林：天人合一的生态艺术典范

从20世纪中叶开始，人们鉴于环境对人类生存愈来愈严重的威胁，并通过对三百年来历史的深刻反思，不断发出了"拯救地球"、"拯救人类"的急切呼吁，表达了"回归自然"、"返璞归真"的由衷渴慕；在反对当"自然之敌"的同时，竭力主张做"自然之子"、"自然之友"，并提出"生态工业"、"生态科技"、"生态城市"等等倡议。人们不但以生态文明批判"人类中心

主义"，而且积极提出了"人地系统论"、"人地共荣论"、"人与自然协调论"、"人与动物平等论"、"可持续发展论"……于是，与这些新理念相应的新学科也迅速发展起来，如环境科学、生态经济学、生态社会学、城市生态学、生态建筑学、生态哲学、生态现象学、生态伦理学、生态文艺学、生态美学……还把我们的时代称为环境时代或生态学时代。同时，人们又呼唤着生态批评和生态艺术，而以苏州园林为代表的中国古典园林，正是最具典范性的生态艺术，最能充分体现天人合一精神和东方生存智慧的生态艺术。它虽然产生和发展于古代，却能以其"绿色启示"发挥极大影响于现代、后现代……

早在上世纪80年代，著名美学家李泽厚先生为拙书《中国园林美学》第一版所写序言就指出：

> 现代建筑艺术界似乎在进入另一个新的讨论热潮或趋向某种新的风貌，即不满现代建筑那世界性的千篇一律、极端功能主义、人与自然的隔绝……等等，从而中国园林——例如金学智同志所在地的苏州园林，便颇为他们所欣赏。以前弗兰克·劳埃德·赖特（F. Wright）曾从日本建筑和园林中吸取了不少东西，创作了有名作品；如今在更大规模的范围内展现的这种"后现代"倾向，是不是将预示生活世界和艺术世界在下世纪可能会有重要的转折和崭新的变化呢？……如何在极其发达的大工业生产的社会里，自觉培育人类的心理世界——其中包括人与大自然的交往、融合、天人合一等等，是不是会迟早将作为"后现代"的主要课题之一而提上日程上来呢？也许，就在下一个世纪？

这段言简意赅的短论，敏锐地预见了生活世界和艺术世界在上世纪末至本世纪初的重要转折和变化，预见了人类史上崭新的生态文明时代的即将到来，突出地说明了苏州古典园林天人合一、人与自然交往的取向，是符合于时代未来发展的趋势的，它有助于研究"后现代"的主要课题——广义深层生态学的课题。再往前看，整个21世纪人类亟需解决的一个重大课题，就是有效地加强环境保护，消除传统工业文明带来的严重负面影响，真正促进人与大自然的交往、融合，保证人类在地球上的"可持续发展-永续生存"……而以苏州园林为代表的中国古典园林及其美学对于这一课题的研究甚至解决，有着多方面的启发意义。查尔斯·哈珀在《环境与社会——环境问题中的人文视野》一书的中文版序里说，"中国如何处理自身的问题将会影响整个世界未来的前景"，"中国人民丰富的历史经验使得他们具有重要的潜力来帮助全世界认识环境问题。"这话是有依据，也是很有分量的。

再说歌德评价中国人时提到了中国画，而中国画的代表就是"气韵生动"、给人以"烟云供养"的山水画，这正是生态艺术最重要的品类。李泽厚先生曾说，"自然美在中国是最早被发现的。中国的山水画、山水诗的出现也比西方早得多，很早就注意到人与自然的和谐统一，情感上的互相交流"。对于中国山水画在生态、美学等方面的价值，宋代大画家郭熙在《林泉高致》中写下了如下两段文字：

> 世之笃论，谓山水有可行者，有可望者，有可游者，有可居者。画凡至此，皆入妙品。但可行可望，不如可居可游之为得。何者？观今山川，地占数百里，可游可居之处十无三四，而必取可居可游之品。君子之所以渴慕林泉者，正谓此佳处故也。

> 君子之所以爱夫山水者，其旨安在？丘园养素，所常处也；泉石啸傲，所常乐也；……猿鹤飞鸣，所常观也；尘嚣缰锁，此人情所常厌也；烟霞仙圣，此人情所常愿而不得见也……然则林泉之志，烟霞之侣，梦寐在焉，耳目断绝。今得妙手，郁然出之，不下堂筵，坐穷泉壑。猿声鸟啼，依约在耳；山光水色，滉漾夺目，此岂不快人意、实获我心哉！此世之所以贵夫画山水之本意也。

上引第一段，郭熙提出了著名的"四可"论，还认为"可行可望，不如可居可游"。他还要求画家"以此意造"，鉴赏者也应"以此意穷之"。这是要求创作和接受双方都充分发挥审美想象的功能去"畅游"山水，领略其生态环境之美。苏州古典园林绝大多数属于山水写意园林，它与山水画在"善"与"美"等方面有其同构性，但园林却是存在于三维立体空间的现实化了的山水画。如果真正从客观实存的视角来比较，那么，山水画只能实现"四可"

中的一"可"，即"可望"，其他则必须诉诸想象；而园林则不然，除了"可望"而外，不但让人真实地"可行"，而且还能集中各地山水之"佳处"，供人真实地"可游可居"。由此可见，真正让人实现"四可"的美学愿望，这是作为生态艺术典范——以苏州园林为代表中国古典园林的最大优势。

上引第二段，从今天的视角解读，主要说山水这种优越的生态环境，能给人以多方面的生理、心理上的满足。不过，真正能经常置身这种环境的美好愿望，又很不易实现，于是请山水画高手"郁然出之"。就这一"合目的性"来看，在堂室内悬挂一幅山水，就可以"坐穷泉壑"，这就是所谓"坐游"或"卧游"。但是，欣赏山水画的这种满足，毕竟还只是精神心理上的满足。至于现实地存在着的山水写意园林就大不相同，它不是"依约"在目，充当一种"代替物"，而是确确实实的立体物态存在，其中山光水色，鸟语花香，泉声石韵……就是直接在自己周围、可行可望可游可居而不是在室内"坐卧观之"的优美生态环境，它不但能给人以多方面无污染的精神心理满足，而且还能给人以多方面无污染的物质生活、生理上的真实满足。因此，与山水画相比，园林更是生态艺术的重中之重。还应指出的是，这种生态环境就近在咫尺，人们不必离开家门或城市，远行千百里去寻求。所以古典园林往往被誉为"城市山林"，这一特殊概念的出现，就意味着它既是对条件优越的城市生活的保留，又是对喧嚣污染的非生态的城市环境的扬弃。

对于历史上"城市山林"的诞生、发展，苏州园林发展史上可提供大量的典型个案。至于这种"城市山林"所引起的特殊心理效应，以及人们对这一园林美学概念及其内涵的认同，可引宋、元、明、清四代吟咏苏州古典园林的诗句为例——

> 一迳抱幽山，居然城市间。（宋·苏舜钦《沧浪亭》）
>
> 人道我居城市里，我疑身在万山中。（元·维则《狮子林即景》）
>
> 绝怜人境无车马，信有山林在市城。（明·文徵明《拙政园图咏·若墅堂》）
>
> 不知城市有山林，谢公丘壑应无负。（清·徐崧《秋过怀云亭访周雪客调寄踏莎行》，怀云亭即今苏州北半园）

隔断城西市语哗，幽栖绝似野人家。（清·汪琬《再题姜氏艺圃》）

　　谁谓今日非昔日，端知城市有山林。（清·乾隆《狮子林得句》）

　　居士高踪何处寻，居然城市有山林。（清·王赓言《游狮子林》）

　　这些古典园林，在苏州都还作为珍贵的文化遗产保存着。诗人们用了一个"居然"，又是一个"居然"，这是面对造园艺术家在喧嚣的城市所创造的生态奇迹——"第二自然"所发出的惊叹！这确乎是奇迹："城市"，这是一个富于多种优势但又突出地具有非生态性劣势的现实空间；而"山林"或"幽山"、"丘壑"、"野人家"……则是另一个迥乎不同的、幽静闲适的、最富于生态优势的现实空间。这两个空间是如此地表现为二律背反，优劣相敌对、水火不互容，然而又竟是如此和谐地结合而为"城市山林"这样一个有机整体，结合而为一个被城市喧嚣所包围的清静绿地，一个"居尘而出尘"的生态艺术空间。

　　再看苏州园林里天人融和、物我同一的生活境界，见于咏园诗文及园中对联，如：

　　鸥鸟群嬉，不触不惊；菡萏成列，若将若迎。（蒋堂《北池赋》，北池为唐宋时代苏州官府园林）

　　懒云仙，蓬莱深处恣高眠……林泉爱我，我爱林泉。（吴西逸《殿前欢·懒云窝》，懒云窝为元代苏州宅园）

　　清风明月本无价；近水远山皆有情。（沧浪亭联）

　　苍松翠竹真佳客；明月清风是故人。（狮子林立雪堂联）

　　江山如有待；花柳更无私。（拙政园与谁同坐轩联）

　　闲寻诗册应多味；得意鱼鸟来相亲。（拙政园绣绮亭旧联）

　　俯水枕石游鱼出听；临流枕石化蝶忘机。（虎丘花雨亭联）

　　这里，人和自然双向交往、融合，不但可用马克思的话说，"植物、动物、石头、空气、光等等。都是人的精神的无机自然界"，都是"人的无机的身体"，亦即自然似乎就是人，而且人也似乎就是自然。这种天人双向交融的园林生活——"幽栖"，既可说是"自然的人化"，也可说是"人的自然化"，也就是人向自然真正意义上的回归。

上引诗文联语还暗示了这样一条逻辑：既然人们如此钟情于爱恋鸥鹭、荷花、林泉、风月、山水、鱼鸟……，把它们当作佳客、故人、知音，感到它们有情，相亲，如送如迎，那么，就必然不会去惊扰它们，触犯它们，伤害它们，一句话，就必然不会去毁坏自然；相反，必然会关怀备至地善待自然，善待生命。从这个天人关系出发，又很容易理解，苏州古典园林里的树木为什么不像西方园林那样，修剪加工成齐整一律的几何造型？或者说，为什么不像西方园林那样，"把大自然改造成为一座露天的广厦"？究其深层的原因、重要的哲学根源，是要"辅万物之自然而不敢为"（《老子·六十四章》），"无以人灭天"（《庄子·秋水》）；是要遵循"万物不伤，群生不夭"（《庄子·缮性》）的顺应自然、不干预自然的原则。当然，本书并非主张园林里不能适当修剪树木。

四、苏州园林的精神文化生态与人性归复

苏州古典园林作为世界文化遗产，既是自然的赐予，更是历史文化的积淀。因此，它除了具有自然生态学的价值意义外，还具有不容忽视的文化生态学的价值意义。

传统工业文明片面的、极端的发展，对自然"改天换地"的无情征服，以及经济增长癖、科技拜物教和极端短视行为的广泛流行……其后果不但使自然异化，而且也往往使人自身的人性异化，从而使文化土壤和自然土壤一样地变性，使人性也同样地沙漠化。从现代世界史的普遍进程来看，物质文化和精神文化的增长似乎是反比例地发展的，物质层面愈繁荣、愈富足，精神层面就愈枯萎、愈贫困，或者说，人们的精神文化环境像自然环境一样地受到严重的污染，这是人类惨重地付出的又一笔巨大的代价——精神文化生态的代价。试看西方一些著名学者的论述：

我们已经征服了世界，但是却在征途中的某个地方失去了灵

魂。(L. V. 贝塔朗菲)

我们的灾难在于：它的物质发展过分地超过了它的精神发展。它们之间的平衡被破坏了，在不可缺少强有力的精神文化的地方，我们则荒废了它。(A. 史怀泽)

20世纪尽管拥有物质的繁荣、政治与经济的自由，可是在精神上20世纪比19世纪病得更严重。(E. 弗洛姆)

以上论述，言辞不免激烈，语气不免尖刻，但可谓一针见血，它们都凸显了伴随着现代工业文明发展而来的人性的异化、精神的贫困和文化的荒芜，这同样可以用"进道若退"来概括。这种精神文化方面的异化、贫困和荒芜，其具体的表现如：人们较普遍地缺乏真正的有品位的文化素养，不正常的、无顾忌地极度消费，城市病流行，物欲横流，金钱至上，生活无聊，追求刺激，精神空虚，人际冷漠，心理变态，价值崩溃，信仰危机，虚无主义，道德沦丧，为满足无穷物欲而不择手段……凡此种种，都是与自然生态严重失衡相伴而生的精神文化生态的严重失落。迪维诺指出："在现代社会中，精神污染成了越来越严重的问题……人们成了文明病的受害者……而社会心理的紧张则导致人们的不满，并引起了强盗行为、自杀和吸毒。"这类失衡与失落，唤起了包括思想家在内的有远见人们的忧患意识、未来焦虑和生态关怀，故而哲学家海德格尔援引荷尔德林的诗，提出了应该"诗意地栖居"的著名命题，并引起了世界性的广泛回响。然而这一命题，却与苏州古典园林的生活境界是完全相通的，它几乎可以作为海德格尔著名命题的典型例证。

上世纪苏州古典园林申报世界文化遗产时，笔者对其生态价值和审美文化价值有如下评价：

苏州园林……是自由布局的典型，天然图画的标志，生动气韵的范例，淡雅色调的代表，突出地体现了庄子学派的自然理念，"四时得节，万物不伤，群生不夭"(《庄子·缮性》)，又具有"澹然无极而众美从之"(《庄子·刻意》)的审美特色。在苏州园林里，景物参差错落，天机融畅，自然活泼，生意无尽，而建筑物的粉墙黛瓦，不但富于黑白文化的历史底蕴，而且抚慰人的眼目，安宁人的心灵，使人"见素抱朴"，"不欲以静"（《老子·十九章》）。在苏州园林，游息于柳暗花明的绿色空间，盘桓于人文浓郁的楼台亭阁，品赏于水木明瑟的山石池泉，徜徉于曲径通幽的艺术境界，人们会感到无拘无束，逍遥自在，清静闲适，悠然自得，也就是说，能在布局的自由中获得身心的自由，在生态的自然中归复人性的自然，自然美和人性美通过园林艺术美而交融契合……

苏州古典园林极富供人栖居的诗意，其精神文化生态和自然生态是互补共生、相与融和在一起的。或者也可以这样说，今天在被自然环境和精神文化环境双重污染所包围的清净绿地——苏州古典园林里，自然美的抚慰，高雅精神文化的陶冶，会有效地帮助人超尘脱俗，清心散忧，澡雪精神，净化灵魂……如是，人性就有可能回归，心智就有可能恢复，人们就有可能实现全面协调的可持续发展。苏州古典园林这种审美净化功能，标志性地凸现在各园景点的文学品题上，试以园为单位分别遴集如下：

沧浪亭有"闲吟亭"、"自胜轩"、"明道堂"、"仁心为质；大德曰生"、"乐山乐水得静趣；一丘一壑自风流"……

狮子林有"真趣"、"幽观"、"卧云室"、"园涉成趣"、"暗香疏影"、"曲径通幽处；园林无俗情"……

拙政园有"延月"、"梳风"、"待霜"、"听雨轩"、"得真亭"、"荷风四面"、"柳阴路曲"、"志清意远"、"归田园居"、"静观自得"、"听香深处"、"梧竹幽居"、"山花野鸟之间"、"春秋多佳日；山水有清音"……

留园有"绿荫"、"缘溪行"、"自在处"、"濠濮亭"、"又一村"、"涵碧山房"、"活泼泼地"、"白云怡意，清泉洗心"、"安知我不知鱼之乐"、"曲径每过三益友；小庭长对四时花"、"甘守清贫，力行克己；厌观流俗，奋勉修身"……

网师园有"真意"、"集虚斋"、"蹈和馆"、"可以栖迟"、"濯缨水阁"、"五峰书屋"、"小山丛桂轩"、"看松读画轩"、"月到风来亭"……

艺圃有"朝爽亭"、"响月廊"、"浴鸥池"、"渡香桥"、"荷湫傍山浴鹤;石桥浮水乳鱼"……

怡园有"隔尘"、"抱绿湾"、"锁绿轩"、"拜石轩"、"锄月轩"、"石听琴室"、"四时潇洒亭"、"舫斋赖有小溪山"……

耦园有"邃谷"、"山水间"、"便静宧"、"听橹楼"、"无俗韵轩"、"卧石听涛,满衫松色;开门看雨,一片蕉声"……

畅园有"待月亭"、"留云山房"、"涤我尘襟"……

环秀山庄有"凝青"、"摇碧"、"问泉"、"半潭秋水一房山"……

天平山庄有"听莺阁"、"来燕榭"、"鱼乐国"、"岁寒堂"、"逍遥亭"、"高义园"……

本文之所以不厌其烦地对此加以遴集,是为了以丛证的方法,集中展示苏州古典园林"绿色启示"在精神文化生态方面所含茹的种种特征:绿色的优越性、诗意的本真性、审美的直观性、景象的丰饶性、哲理的深永性……。这种绿色文化,启导人们通过美的意境和理趣,走向自然生态以及精神文化生态无比丰饶的理想境界。这种"诗意地栖居",是一种最佳意义上的人文关怀和人性归复,用著名哲学家海格德尔的话说,"这种诗意一旦发生,人便人性地栖居在这片大地上"。

《孟子·尽心上》有云:"居移气,养移体。"这两个"移"字,恰恰可用作苏州古典园林给予人的这种身心双重补益的新解。苏州园林对于人们来说,既极有利于居,又极有利于养;既极有利于自然生态方面的颐养,又极有利于精神文化生态方面的颐养。具体地分而言之:园林生活的"养移体",主要指人们可以充分享受园林自然生态"绿色空间"的绝对优势。今天,森林被人们形象地喻为地球和人类的"绿肺",苏州园林的绿色空间也具有这种"绿肺"功能,它可以帮助人们抵御或清除在园外包括乌烟瘴气在内种种自然环境污染对自身的侵害,与环境取得平衡协调,使身体逐步恢复健康;至于园林生活的"居移气",是指人们又可能凭借园林"绿色文化空间"的多种生态优势,来洗尘涤襟,静心养性,悦志畅神,澡身浴德……从而涤除园外种种精神文化性污染对自己心灵的侵蚀,实现精神文化上的"自我复归",

使心灵逐步恢复生态健康，从而实现对人性异化的扬弃。作为大型综合艺术，苏州古典园林不但是极佳的自然生态绿色空间，而且是高度优化、集中化了的精神疗养院。《庄子·外物》说："静然可以补病"。园林的"幽栖"静境，不但可以帮助人们祛除由于缺乏自然生态颐养所导致的身体疾患，实现"养移体"，而且可以帮助人们祛除由于缺乏精神文化生态颐养所导致的疾患，实现"居移气"，而所谓"移气"，也就是人们常说的"变化气质，陶冶性灵"。据此，园林美学移植郭熙"四可"的山水画论，还可以增加一"可"，成为"五可"，这就是：可行，可望，可游，可居，可养——所谓"养"，即生理和心理的颐和、修养。当然，这种对自然、人性异化的双重扬弃，这种对人的生理、心理损伤或疾患的双重祛除，并不是万能的，它更多的是一种有效的、导向性的"绿色启示"。

再从休闲文化的视角看，在当今时代，如查尔斯·哈珀所说的"快捷的生活方式"已成为主流，生活节奏愈来愈快速，生存竞争愈来愈激烈，人际关系愈来愈紧张，物质刺激愈来愈强烈，人们的身心愈来愈感到疲惫不堪，而大脑的弦始终绷得紧紧的……人们往往适应不了这种无度的或持久的紧张刺激。人们从心底发出呼声：要求放慢节奏，要求超脱，要求休闲！他们憧憬着无拘无束、逍遥自在的适意人生，向往有一个清静闲适，悠然自得的绿色空间！这种意向，也不在海德格尔"诗意栖居"的命题之外。而这种理想空间的最高典范，也就是苏州古典园林。试看历代有关苏州园林诗文中令人神往的描写：

> 当其暇，曳杖逍遥，陟高临深，飞翰不惊，皓鹤前引……种木灌园，寒耕暑耘，虽三事之位，万钟之禄，不足以易吾乐也。（宋·朱长文《乐圃记》）

> 清池流其前，崇丘峙其后……闲轩静室，可息可游，至者皆栖迟忘归，如在岩谷，不知去尘境之密迩也……余久为世驱，身心攘攘，莫知所以自释，因访公于林下……觉脱然有得，如病暍人入清凉之境，顿失所苦。（元末明初·高启《师子林十二咏序》）

> 江山昔游，敛之丘园之内；而浮沉宦迹，放之无何有之乡。庄

生所谓自适其适……徐徐于于，养其天倪，以此言赏，可谓和矣！
（明·顾大典《谐赏园记》）

物谐其性，人乐其天……濯缨沧浪，蓑笠戴偏。野老争席，
机忘则闲。（清·彭启丰《网师小筑吟》）

在园林美的冲和、清凉的境界里，人们闲适逍遥、从容徐于，游息忘归，超然忘机，物谐其性，人乐其天，"得至美而游乎至乐"（《庄子·田子方》）。这里，人与自然是平等的、和谐的，人与人也是平等的、和谐的。这种园林生活境界，也有着未来学的价值意义。早在 19 世纪，马克思就前瞻性地指出，必须寻求解答"人和自然之间、人和人之间的矛盾的真正解决"这一未来的"历史之谜"；恩格斯也企盼为"我们这个世界面临的两大变革"即"人类同自然的和解以及人同本身的和解开辟道路"。而上述园林生活的和谐境界，也多少含茹着解答"历史之谜"的某种契机，它对于创建全面协调可持续发展的和谐社会，也不无借鉴意义和启示价值。

五、苏州古典园林生命拓展的未来取向

中国的历史，早已进入了现代阶段。那么，产生于古代的特别是留存至今的苏州及它地的古典园林，其生命是否也随之而终止呢？十余年来，答案大体有两种。

第一种，认为早就应该让其生命终止，这就是影响颇大的《园林与中国文化》一书的观点。该书极力夸赞秦汉、盛唐皇家园林的规模宏大，认为中唐之后直至明、清的园林，空间愈来愈小，已进入"面目日益猥琐不堪"，"令人难以忍受"的"困境"，"一天天向'最低的境界'蜕化"，是"回光返照"，"日趋僵化"……并举例说，苏州留园的濠濮亭"体量本已很小"，是"羁天拘地"，"画虎类犬"，"灵秀全无"；沧浪亭"山体与整座园林极有限的空间……的和谐比例即不复存在"；拙政园中部"高近盈尺"的土丘太小，是"壶中天地"，其"西部……艺术水平"更"粗俗拙劣"；等等。总之，它们毫无价值可言，和宋代以来的传统文化一样，已"没有任何向外的能量辐

射"，"彻底地丧失了进一步发展所必需的空间和活力"，"最终可能演化为'黑洞'"。而一代代文人对此所作的努力，"对于后人来说……是一种历史的灾难"，因此必须"尽早从它身上卸下民族进步的重负"，让苏州园林"安安静静……躺到博物馆"里去。至于北京等地现存的中国古典园林，同样应该如此。

其实，这种以空间大小和时代先后作为园林评价标准，不但是一种绝对的机械论，而且从本质上看，只夸赞汉、唐大型宫苑，还是以国力盛衰来评园品艺的政治决定论。据此推理，亡国之主李煜短小的词比起汉大赋来，肯定是微不足道了，这种逻辑是荒谬的。从艺术美的视角看，大小并不是评判优劣的标准，王国维《人间词话》早就以杜诗为例指出："境界有大小，不以是而分优劣。'细雨鱼儿出，微风燕子斜。'何遽不若'落日照大旗，马鸣风萧萧'？"堪称确评至论。美总是丰富多样不拘一格的，境界恢宏、气势雄伟的阔大固然是一种美，而壶中天地、芥纳须弥的细微也可以是一种美。陈从周先生《苏州环秀山庄》一文就极赞该园假山的"以有限面积造无限空间"，"洞壑深幽，小中见大"。笔者的《苏州园林》一书，也特辟"芥纳须弥"专节极赞苏州各园的山水构成……以上是对第一种观点的简介和评述。

至于第二种观点，认为苏州园林的古典时期虽已结束，但其生命却并未因此终止，相反仍有其不可限量的生命力，这是绝大多数人的看法。笔者在《中国园林美学》1990年初版结束语中就写道："本书不同意对包括中国古典园林及其美学在内的传统文化加以全盘否定的虚无意识"。当然，"在总体上继承作为传统文化之一的中国古典园林及其美学的同时，又必须用分析的态度、批判的眼光予以考察、鉴别、挑选、剔除……"同时更由衷地盛赞道：中国古典园林"是美的荟萃，史的积淀，是祖国锦绣河山的缩影，中华民族艺术和科技的骄傲！在新的时代里，它又不断地走向街头，走向院落，走向室内，走向农村……它以其艺术实践证明自身不但有其灿烂辉煌的过去，而且有其蜚声中外的现在和几乎无限的未来！"在经济繁荣、生活质量大幅度提高的今天，在呼唤生态精神和精神生态、寻求全面协调可持续发展的新世纪，对于笔者上述观点特别是古典园林生命拓展和未来走向的论述，更必须以具体实践进行检验，这除了上世纪苏州古典园林已辉煌地列入《世界遗产名录》外，还拟以苏州古典园林十余年来的一系列"走向"作一简要的论证：

（一）走向街头、绿地

苏州作为古典园林的遗产地，其市容由于不断受园林生命光辉的强烈辐射而颇多改变。如古城区的街头绿地，具象的乃至现代抽象的城市雕塑较少，更多是代之以太湖石立峰的"抽象雕塑"。这些湖石立峰，"瘦漏生奇，玲珑安巧"（计成《园冶·掇山》），以别致的园林小品点缀了作为园林城市的苏州。又如公交车站，大抵被建成亭廊结合式，屋顶为卷棚歇山造或悬山造，檐有万川挂落，内挂流苏宫灯，墙有漏窗花窗，甚至柱上悬挂楹联，坐凳则为"美人靠"，凡此种种，颇能凸现出古典园林的艺品雅趣，它们和街坊商店构成古韵今风相映成趣的宜人景观。尤其是棋布于市内大街小巷的一个个苏式"小游园"，以及环城河畔长长的园林风光带，修篁一丛，湖石三五，游廊屈曲，绿树参差，亭轩翼然，低栏临水……总体上亦颇饶苏园风致……这类建构，虽有时不免巧拙互见，如有些不一定很成功或不无败笔，不一定都与环境非常协调，但它们对于作为核心的苏州古典园林群体的外在环境来说，都可看作是一种围拱环绕，一种多向延伸，一种外射生命力的物化。"众美辐辏，表里发挥"（刘勰《文心雕龙·事类》），这些和苏州古典园林一起，显示了作为世界文化遗产地苏州浓郁的园林情调和古色古香的艺术氛围，它们和古城环境构成了表里内外，旁见侧出，互生互补、相得益彰的审美关系。

（二）走向新的私家院落、庭园

这既是指私家宅院里植以花树景石，缀以园林小品，从而构成包括窗景式、天井式乃至庭院式等小景在内的这类较为普遍的现象，同样也是指有一定规模的私家园林的营造。后者如苏州市里氤氲着金石气的翠园、吴江以石文化独领风骚的静思园等等。十余年来，苏州私家造园构景，蔚为风气，这是接受苏州园林的"绿色启示"的表现之一，当然，也是"盛世造园"规律的显现，是地域经济、文化发展的表征。宋人李格非《洛阳名园记》有名句云："园圃之兴废，洛阳盛衰之候也。"今日之苏州，虽不同于昔日之洛阳，但其理是相通的。

（三）走向公共建筑的室内外环境

如图书馆古籍馆、一系列博物馆以及一些公共建筑乃至高级宾馆室内空间的陈设布置，也颇受苏州古典园林风范的影响。同时"因内而符外"（《文心雕龙·体性》），还扩展而至建筑的格调、整体的布局以及室外的环境，它们也都受到苏州古典园林的种种影响。当然，其中又融进了现代的材料技术和新的造型风格因素，表现出传统文化、时代特色和未来趋向三者的结合。

（四）走向住宅小区

这除了表现为街坊改造处处隐现着苏州古典园林的影响外，还表现于房地产开发，这是又一种值得注意的时代新走向。典型案例如"姑苏城外寒山寺"（张继《枫桥夜泊》）旁的江枫园，其大园之中，包孕着一百多个由黛瓦粉墙围合而成的苏式宅园，宅外有系列景点，宅内有大小景观，构成了"园外有园，园中有宅；宅外有园，宅中又有园"的包容性群体格局。其园中住宅建筑，外苏内洋，外古内今，内部空间处理较之古典园林住宅远为合理，适宜于现代人居住，这既是对传统的超越，又是对传统的回归。该园不但以著名的寒山寺、枫桥、唐塔为借景，而且园中还有"淇泉春晓"、"莲池鸥盟"、"霜天钟籁"、"寒山积雪"、"顽石悟禅"、"梅坞寻诗"等公共景点。从题名看，前四景就体现了庄子学派"四时得节"的观念，有利于培育正常的时序心理。该园由于较好地体现了"回归自然，天人合一；回归文化，人文合一"的自然生态和文化生态原则，创造了内外宜人的游居环境，因而其房宅虽早已销售一空，但其理念却是发人深思地指向未来的。此外，还有上海颐景园、杭州颐景山庄等也进行了引入苏式园林作为亮点的有益尝试和大胆开拓，它们气魄宏大，景点众多，中西合璧，古今一脉，并不断向佛山、淄博、西安、哈尔滨等地辐射，影响及于东南西北，这仅从发展空间来看，也就显示出一种未来学的张力和前景。

六、辉煌地走向世界

苏州园林是世界上自由式、风景式园林的历史渊源之一，今天更是饮誉世界，蜚声全球。这除了一次次被世界很多国家汲取、借鉴、模仿、融合外，还表现为一次次地走俏出口，并在西方很多发达国家和其他地区国家赢得了不绝的赞誉，它凸显了以其生命力向世界多方辐射的极为喜人的发展态势。如 1980 年，以苏州网师园殿春簃庭院为范本，在美国纽约著名的大都会艺术博物馆里建成了风格疏朗淡雅的"明轩"，这是历史上第一个出口走向世界的中国园林。对此，著名作家丁玲在访美时所写的《纽约的苏州亭园》一文中盛赞道："苏州亭园就像一幅最完整、最淡雅、最恬适的中国画"，"好似洗净了生活上的繁琐和精神上的尘埃，给人以美，以爱，以享受……"这种结合着生态学的美学评价，真可谓园林知音！再如 1986 年，在加拿大温哥华建成的"逸园"，荣获国际城市协会特别成果奖、杰出贡献奖；1992 年，又在新加坡裕廊公园内建成了与盆景相结合的"蕴秀园"；1993 年，在美国佛罗里达州建成了"锦绣中华园·苏州苑"；1994 年，在日本金泽市和池田市分别建成了"金兰亭"、"齐芳亭"，均作为双方文化交流的项目，园林又成了中外友谊的象征；2000 年世纪之交，在美国俄勒冈州波特兰市唐人街建成了"兰苏园"，这是友好城市的又一项友好工程。此外，苏州还曾赠给该市一特大湖石立峰，题为"奇石通灵"，置于市政厅前的广场，这又是把中国联系着《红楼梦》的石文化，进一步辐射到西方世界……其生命力可谓强矣！

这一系列胜于雄辩的事实，说明了苏州古典园林决不是"没有任何向外的能量辐射"，决没有"彻底地丧失了进一步发展所必需的空间和活力"，而恰恰是相反，其前程如鲲鹏展翅，不可限量！

金学智：《苏州古典园林的生态学未来学价值》

（本文系作者《中国园林美学》第三版前言的删改稿。
见 http://wenku.baidu.com/view/779ff5f8941ea76e58fa0463.html）

结　语

　　江南到处是充满神秘意味的群山，到处是温情脉脉的流水，这山和水构成了地球上最适宜人类栖居的自然环境，聪明的人们又在大自然的启示下在大江南建造了众多的园林，使自己的生活品质更加富润、精致。这些园林是人类曾经诗意地栖居于大地上的标志和明证。置身于含蓄、淡雅的江南的古典园林中，躁动不安的心灵能够真正体会到天地神人的和谐，享受到一种真正的轻松与自由。在我们这个技术爆炸、影音控制的时代，江南园林似乎正在远离人们的生活，淡出人们视野，尤其是不能激发当下年轻人的热情，但是，我们相信，人类的自然属性迟早会将人们关注的目光重新拉回到那山与水、花与木、鸟与鱼表演的剧场中来，并热情地去充当其中的一个角色。

■ **进一步思考的问题**：

　　现代人逐渐丧失了对古典江南园林的兴趣与热情，是园林这种艺术形式过时了，还是人们的审美鉴赏力出现了问题？

■ **关联性思考的问题**：

　　我国现代园林建筑多效仿欧美，这究竟是现代生活的要求使然，还是崇外心理使然？

■ **进一步阅读的书目**：

　　1. 金学智：《苏园品韵录》，上海三联书店，2010 年。
　　2. 陈从周：《园林丛谈》，上海人民出版社，2008 年。

■ **关联性阅读的书目**：

　　1. 衣学领主编：《苏州园林历代文钞》，上海三联书店，2008 年。
　　2.（法）米歇尔·柯南，陈望衡主编：《城市与园林：园林对城市生活和文化的贡献》，武汉大学出版社，2006 年。

第六编 | **江南日常生活美学**

导　读

在 20 世纪 20 年代，中国一大批著名人文学者如梁启超、王国维、蔡元培、鲁迅等都主张通过提高国民生活品质来推动国家强盛，于是提出了"人生艺术化"的口号。所谓"人生艺术化"就是人生的情趣化，就是从争温饱的状态中走出来，"积极地把我们人生的生活，当作一个高尚优美的艺术品似的创造，使它理想化，美化。"[①] 然而，在那样一个充满内忧外患和饥饿贫穷的时代，让中国民众追求艺术化人生显然是不切实际的幻想，事实上，当时的提倡者也未能将"艺术化"或"情趣化"发展成为一种广泛的社会实践，甚至连具体的评价和原则也没能提出来。不过，从此以后，在人们对生活的追求与期待中有了一个更为明确的方向，在对历史生活的评判中，也多了一个宏观的尺度。今天，我们不妨运用这个尺度来对古代江南的实际社会生活图景作一个粗略的批判。

江南山水在诗人画家那里是审美对象，但在普通百姓眼中它首先是一

---

① 宗白华：《美学与意境》，人民出版社，1987 年，第 30 页。

个基本的生活环境，如何利用这种环境来提升自己的生活质量，才是百姓最关心的问题，因此，江南山水在日常生活中的审美价值只能是和它的实用性、功利性结合在一起，一点一点地形成，并隐含在各种非纯粹的审美形式中。然而，即使这样，古代江南百姓的实际生活也已经相当"艺术化"了，由于江南山水这个客观因素的作用，使得江南百姓的生活虽然不是唯美的，却是审美的，他们对生活情趣的追求，他们对生活的审美的态度，以及这种追求和态度在其实际生活中的体现，都更加符合"艺术化"的精神实质。不过，这里也需要特别强调，由于山水环境在日常生活中所起的作用会随着人的生活方式、社会经济条件的变化而变化，其审美意趣会不断地被更新和赋予新的内涵，因此江南山水在江南百姓日常生活中的审美意义就呈现出巨大的历史的丰富性和现实的不确定性。所以，尽管我们的分析和考察主要是横向的，但又十分注意江南山水在农业文明作为基础、城市化进程不断加快和文化教育高度发达这样一些特定的社会历史条件下所发挥的作用。

第一章

小桥、流水、人家

选文 1

前人说江南风俗形胜

　　人性脆，水行山处，以船为车，以楫为马。(《吴越春秋》云)用物常足。(《汉志》)吴粤之君皆尚勇，故其民好用剑，轻死易发。(《汉志》)余杭有海陆之饶，珍异所聚，故商贾并凑。(《隋书·地理志》)人性敏柔而慧，尚浮屠，厚滋味，急进取。(《国史·地理志·总论两浙》)东南山水，余杭郡最。(白乐天《冷泉亭记》)杭自郡城，西抵四封，丛山复湖，易为形胜。(白乐天《冷泉亭记》)西界浙河，东奄左海，提封七州。(杜牧之)甲于天下。(杜牧之)辇毂之下先弹压。(唐柳仲郢云云)杨素创州城。(《九州志》)物盛人众，为一都会，而又兼有山川之美。(欧阳修《有美堂记》)环以湖山，左右映带，而闽商海贾，风帆浪舶，出入于江涛浩渺烟云杳霭之间。(《有美堂记》)钱塘兼有天下之美，(欧阳修《有美堂记》)屋邑华丽，(欧阳修《有美堂记》)自古繁华，(柳耆卿)十里荷花。(柳耆卿)杭为吴越之会州，其民物之庶，为天下剧。(吕吉甫《杭州学记》)杭于东南为大州，而其官府多因钱氏之故居，特为宏壮。(吕吉甫《监酒亭记》)杭大州也，外带涛江涨海之险，内抱湖山竹林之盛。(秦少游《雪斋记》)今州之平陆皆江之故地。(苏子瞻《六井记》)杭于吴为一都会。(蔡君谟《清暑堂记》)前有江海浩荡无穷之盛，浮商大舶，往来聚散乎其中。(蔡君谟《清暑堂记》)杭中二浙为大州，提支郡数十，而道通四方，海内诸国，物货丛居。(蔡君谟《双门记》)刺史风流，治迹有足称者。（蔡君谟《双门记》）据东南之都会，号天下繁盛之乐土，其山川秀丽，井邑浩穰。（葛澧《帝都赋》）东南之域有明区焉。（葛澧《帝都赋》）据一方之都会，萃万景而敷荣。（葛澧《帝都赋》）顾兹都督之大府，上当纪之躔次。（葛澧《帝都赋》）提封十万井丁，黄几万千，景概之佳美，白物之富繁。（葛澧《帝都赋》）清流中贯，荡漾涟漪，尽艑来舣，邮亭枕湑。（《帝都赋》）吴郡余杭，川泽沃衍，有海陆之饶。（《隋志》）珍异所聚，商贾并凑。（《隋志》）其人君子尚礼，庸庶厚庞，故风俗澄清，而道教隆恰。（《隋志》）尚礼厚庞。（《帝都赋》）江帆海舶，蜀商闽贾，水浮陆趋。（葛澧《帝都赋》）立县有十，而县之所治九十二乡，乡之所管四百二十有七里。（《帝都赋》）莲宫纷置五百三十有二。（《帝都赋》）祠庙建立一百七十有三。（《帝都赋》）虽黄巢之众，不能逾临安而深入；虽田頵之暴，弗克破北门而驰驱。（《帝都赋》）任同京邑。（《中兴小历》）

《舆地纪胜》，见王国平主编：《西湖文献集成》（1），

杭州出版社，2004 年，第 137—139 页。

选文 2
彭靖谈"小桥、流水、人家"的历史由来

任何一种区域文化，只要它自成一体，具有独特的结构与功能，一般说来都离不开两个基本条件，一是区域地理的相对完整性，一是文化传统的相对独立性。而江南水乡古镇因其特殊的地理环境、得天独厚的经济发展条件、悠久的历史文化，逐渐形成了"小桥流水人家"的城镇面貌，也因此形成了自己独特的区域文化。

一、地理特征

江南水乡古镇在地理空间上的一个鲜明特征就是地处太湖流域——江南运河这一平原水乡空间，它们与山地丘陵或盆地区域的市镇相比，有着不

同的聚落空间，地势低洼，河网密布，这一特定的地理环境决定了河道是这一区域的主要交通纽带，从而构成了江南古镇因水成镇、因水成市的亲水性文化。

由于水乡的水道是马路，交通工具都是船，人家都依水筑屋、傍河而居，形成了一条河两条街，河道拐弯街道也跟着拐弯的"依水成街，因河成镇"的水乡格局。人家被中间的河道隔断，桥就是连接人家的纽带，由于河道很小，所以形成了"小桥、流水、人家"的水乡风貌和建筑格局。

二、经济特征

历史上，江南地区一直是古代中国最富庶的地区，到了宋代更是成为全国的经济中心。现代意义上的江南古镇应该是出现在十世纪前后的宋代，这时候已经在唐末农村出现的大量草市基础上形成了日常交换商品和社交的场所。因此，江南古镇是乡村都市化的结果，同时也是商品经济发展的产物。

因为其水网密布的地理特征，为耕种渔牧创造了很好的自然条件，因而在隋唐前这里已经是中国主要的农业生产区域。到了宋代，伴随着农业生产的进一步发展，棉作、桑蚕及与之配套的家庭手工业逐渐取代了传统的耕作经济。到了明代以后，江南水乡的经济结构进入了崭新的以商品生产和市场流通为显著特点的商品经济。商品经济的形成是江南水乡古镇兴起和发展的主要原因。

在经济的发展过程中，桥起到的作用远远不止是保持陆路交通的连续性，方便生产和生活。由于是水陆的交叉，南来北往的车船聚集在这里，桥成了中心，桥的周围往往由此发展成为各种类型的商业街。如周庄的富安桥，桥的四角均建有桥楼，开有店铺、茶馆，是全镇的中心。桥堍就成为水乡城镇最活跃的场所，在白天是活跃的交易场所，晚上则是深受人们喜爱的休息场所，在这里人们谈天聚会纳凉，很好地体现了空间使用的时间性，既经济又和谐。于是江南古镇依着经济的发展和生活的需要逐步形成，同时也形成了江南地域的独特的社会经济和人文地理景观。古镇居民善于利用有限空间，营造出舒适的"小桥流水人家"这种既舒适又充满诗意的居住环境，令人叹为观止。

三、文化发展

江南水乡是我国先秦时吴越文化形成和发展的地方，南宋时候，江南一带开始成为全国文化中心。在这种大文化背景下，江南历代人才辈出，丰富的文化内涵沉淀在江南水乡古镇每一个细微的地方，当然也体现在古镇的桥上。

桥，在江南水乡随处可见，其基本功能乃是沟通河流两岸人民的正常往来。对于江南水乡来说，桥是生活中不可或缺的。同时，桥又是江南文化景观中的标志性建筑之一，桥的造型、历代文人墨客的吟诗诵词、以及后人对于先祖造桥艰辛的传说，都给桥蒙上了浓厚的文化色彩，因此桥成为江南水乡文化中的重要组成部分。水乡的桥不仅记载了建桥时代的建筑工艺技术，而且历代的民风民俗也赋予了它深厚的文化底蕴。可以说古桥是地方历史文化遗传信息的良好载体，在挖掘地方文化的积淀中是绝对不应被忽视的。

彭靖：《江南水乡古镇的桥文化解读》，《科教文汇》，2006（1）。

选文3
陈从周说江南的桥之美

提起"江南水乡"，不由使人想到"户藏烟浦，家具画船"一些水乡景色，每当杏花春雨，秋水落霞，更令人依恋难忘了。这隽秀柔美的江南风光，是与形式丰富多变的水上桥梁分不开的。它点缀了移步换景的景色，刻画了水乡的特征，同时又解决的了交通问题。我们的祖先是如何地从功能与艺术两个方面来处理了复杂的水乡交通，美化了村镇城市的面貌。

在水道纵横、平畴无际的苏南、浙北地带，桥每每五步一登、十步一跨，触目皆是。在绿满江南的乡村中，一桥如带，水光山色，片帆轻橹，相映成趣。但在城镇中，桥又是织成水乡城镇的重要组成部分之一。每当舟临其境，必有石桥相迎，人经桥下，常于有意无意之中，望见古塔钟楼，与夹岸水阁人家，次第照眼了。数篙之后，又忽开朗，渐入柳暗花明的境界。

这些水乡的桥，因为处于水网地带，在建造时运用了"因地制宜"与"就地取材"的原则，在结构与外观上往往亦随之而异，例如在涓涓的水流上，仅需渡人，便点一二块"布石"，或置略高出水面的板梁，小桥枕睡，萦回村居。在一般的河流上，大多架梁式桥，或拱桥，因河流的广狭及行船的多寡，又有一间、三间乃至五间的。上海青浦的放生桥，横跨曹港，是上海地区最大的石拱桥。江南水乡，河流纵横多支，正是为了适应这种情况，往往数桥相望，相互"借景"成趣；亦有在桥的平面上加以变化来解决这个矛盾的，浙江绍兴宋宝佑四年建的八字桥，因为跨于三条河流的汇合处，根据实际需要，在平面上与形式上有似"八"字。为便利行船背纤用的"挽道桥"，多数是较长的，像苏州的宝带桥建于明正统七年至十一年，为联拱石桥。……

桥的形式以桥拱变化最多，有弧拱、圆拱、半圆拱、尖拱、五边形拱、多边形拱等。青浦普济桥为宋咸淳元年建造，迄今已快七百年了，古朴低平，其拱券结构，不失为我国桥梁发展中的重要物证。绍兴广宁桥为多边形拱桥，重建于明万历二年，雄伟坚挺，桥心正对大善寺塔，为极好水上"对景"。……砖木混合结构桥，去年在青浦发现一座元代桥梁，名为迎祥桥，可称是比较有代表性的，它巧妙地运用了石柱木梁及砖桥面，秀劲简洁，宛如近代桥梁。除了桥的本身外，尚有用附属建筑来丰富美化它的，苏州横塘古渡的亭桥便是平添一景。宝带桥边，还置小塔、石狮，桥堍又建石亭，使修直的桥身起了匀的节奏。

水乡的桥是那么丰富多彩，经过了漫长岁月的考验，到现在还发挥其作用，无论在艺术造型上，风景点缀上，都具有鲜明的民族风格，这是我国古代劳动人民的智慧与力量的结晶。如今，我国桥梁工作者正从这些宝贵的遗产中，推陈出新，创造出不少既有民族传统，又适合今日功能的新型桥梁。

陈从周：《水乡的桥》，《陈从周散文》，
同济大学出版社，1999年，第 191 页。

选文 4

陈从周说绍兴的水

近几年来我因编撰《绍兴石桥》一书，来往山阴水上已不知多少次。古人说："山阴道上，应接不暇。"而我如今说是在水上，那岂不是唱反调了吗？原来古人越中是舟行的，一叶徐来，双桨轻漾，不像今天汽车扬尘，过眼行云，什么越山之秀，越水之清，连稍事盘桓、略作周旋的时间也没有，我只好暂叫它道上，与水上分明有今古之别了。

绍兴是个古城，又是水乡城市，如何体现水乡，水当然是主体，但组成水乡的部分，还有各式各样的桥，临水人家，粉墙竹影以及远水近水，曲岸流沙，渔村蟹簖，片帆轻舟等等，这些交映成景，绘出了浅画成图的越中山水。我本人，自然会更加流露出乡土感情，也许体会比别人多些，曾信手写过这样一首小词：

> 似睡群山入暮冬，
> 扁舟来往从容，
> 乍疑无路却相逢，
> 粉墙风动竹，
> 水巷小桥通。
>
> 潋滟波光长作态，
> 鱼龙唼影其中，
> 江湖老去乐归篷，
> 乡音犹未改，
> 雪菜味无穷。

（《临江仙》）

绍兴的雪菜又名雪里红，用来生吃也好，炒吃也好，真是其美难言。每次乡游都养尝它一下，带点回上海。全家在围炉细嚼时，便是我谈绍兴风光的最好助兴品。

绍乡真是名副其实的水乡，家家置船，人人操舟，小孩子五六岁便能上船做动作了，正如城市中小孩子学骑自行车那样，已是习以为常了。船有乌篷船、划子等。操舟有用手摇、手划，更有举世无双的脚划，男女老少无不咸宜，我看乡村中的居民，运用小舟比我们骑自行车还方便。我们久居大城市的人来看，真是羡慕啊！我常常怪来到绍兴旅游的人们，为什么不去真正享受一下水乡的情味呢？这不能错怪他们，多少也要埋怨搞旅游的同志们太现代化了。将"旅速游慢"这个基本概念没弄清。

我曾经说过山不在高，贵有层次；水不在深，贵有湾环。我从鉴湖经过陆放翁隐居过的快阁，转入九岩，曲水一回环，其间景观是由平水远山，荡入清溪危岸之中，嶙峋的山石，漫山的翠竹，先影在澄澈晶莹的水面，是一卷溪山无尽图手卷，人斜倚船舷，有时游鱼会向你逗欢，我过去对"陶醉"两字，自此自认有些体会不够，这样的醉人景色，确是使人忘世忘机。但一忽儿想起明天又要回到满眼烟尘的上海去，不觉沉默了。然而今天大家又都留恋这大城市，这又是为什么？一个人年龄一天大一天，可能逐步会得理解："小城春色"不是诗一般的美丽吗？

物质的享受与自然的享受，本来是统一的，古代的城市选址，没有不考虑山水"借景"，我们多少中小城市都具备了这个条件。无锡的惠山，扬州的瘦西湖，肇庆的七星岩，杭州的西湖等等。而绍兴城的"山阴水上"更为突出，从《兰亭集序》到《越中山水记》等，早已是引人入胜，先贤在前，也不必我再多说了。

陈从周：《山阴水上》，《陈从周散文》，
同济大学出版社，1999年，第46—46页。

选文5
前人说"断桥"

断桥"在白沙堤东端，本名宝祐桥，唐时亦呼为断桥，殆以孤山之路至此而断也。元时钱惟善竹枝词，有段家桥之名，亦名断桥。宋孝宗时吴礼之吊陶师儿、王宣教投水词，有'长桥月、短桥月'之句，或以为短桥既指断桥。'断桥残雪'为西湖十景之一，清康熙帝御书'断桥残雪'四字，刊碑立左桥。桥上有御书亭，咸丰末兵燹后，已不存，桥亦毁。同治三年十月重建之。"

《民国史志西湖文献专辑》，见王国平主编：《西湖文献集成》(11)，

杭州出版社，2004年，第280页。

选文 6
孟庆琳、晓倩、骏灵说西湖的桥

　　杭州城里究竟有多少桥，恐怕没有人能说得清楚。当年的马可·波罗在他的游记中曾经说过，这座被称为"天堂"的城市共有石桥一万两千多座。当年杭州城里的景象，我们现代人已没有眼福一睹，可是今天的杭州俨然还是一个桥乡。生就的水乡，注定这里的每一条道路，都得依靠大大小小的桥梁才能连接得起来。看那些大桥、小桥、石桥、水泥桥、古老的桥、现代的桥，转过身是桥，往前走还是桥……它们坐落在杭州城内城外的河流上，平静安详，优雅妩媚。

　　杭州的西湖，可谓是集万千宠爱于一身，那里的一草一木、一山一水、一亭一桥都好像纠结着一个风花雪月的故事，它天生就有一种浪漫的气质。而西湖上的桥也像是一个个明眸秀丽的女子，但却都有着凄美委婉的故事。杭州西湖上有三座桥，自古以来就是风月无边的，人们称之为西湖的三大情人桥，这便是西泠桥、断桥和长桥。

　　西泠桥在西湖北岸、孤山西坡，石砌的拱形石桥，模样有些断桥的影子，但没有断桥那么大气，更多些小家碧玉的风姿。这样的西泠桥，总让人想起南齐时杭州著名的歌妓苏小小。这种故事总带有一点才子佳人式的清丽凄美，但细想起来又觉得有些矫揉，不若断桥的平实。断桥就显得更加朴素大方，它透着一股活泼泼的民间味，它的色彩是民间的那种生动艳丽的色彩，它的情感也是民间的爱恨情仇。

西湖的断桥在白堤的东起点上，位于里湖和外湖的分界线上。历史上的断桥不知建于何时，但唐朝张祜已有"断桥荒藓涩，空院落花深"的诗句。可见，历史上的断桥唐朝时已存。

关于断桥名字的由来，一直众说纷纭。一说孤山之路到此而断，故名。一说段家桥，谐音为断桥。一说古时桥上建有亭，冬日雪霁，桥之阳冰雪消融，桥之阴仍冰雪不消，从葛岭眺望，桥与堤如被割断，故名。

西湖断桥自古以来就是歌楼舞榭的繁华之地。南宋俞国宝有《风入松》词，写的就是杭州桥边的繁华，词云：

> 一春长费买花钱，日日醉湖边。玉骢惯识西湖路，骄嘶过沽酒楼前。红杏香中歌舞，绿杨影里秋千。
>
> 暖风十里丽人天，花压鬓云偏。画船载取春归去，馀情付湖水柳烟。他日重携残酒，来寻陌上花钿。

断桥的繁华也许只是南宋繁华杭州的冰山一角吧，但当凤凰山的歌舞变为昨日的追忆，断桥边的灯红酒绿却一如旧日。明代的李长蘅便有"从断桥一望，便销魂欲绝"的句子，说明明代时的断桥也仍然是一个销金窟。到了明末崇祯年间，张宗子在他的《梦寻》中说道："至断桥一望，凡昔日之歌楼舞榭，弱柳天桃，如洪水淹没，百不存一矣。"说明此时的断桥一带，已是十分荒凉了。

年纪大些的人也许还会记得五十年代断桥的样子，虽然不如现在断桥的气势，可是那架石桥仍然是落落大方的，不比平常一般的乡村石桥。现在，断桥过去的一切几乎不存遗迹，人们已经习惯了脚下这座修长明丽的断桥，从远处看断桥的风景，的确有些动人之处。

走在西湖断桥，注目来往过客，怎能不让人想起那个家喻户晓的爱情故事呢。倘若有雨，便一定会想起那个手里撑着油纸伞、长发飘飘、一袭白衣的白娘子，她正在人群中寻找她的前世今生宿命中的许仙。

断桥的声名远播与这个爱情故事是分不开的。借伞定情、水漫金山、盗仙草、断桥邂逅、言归于好。这些情节妇孺皆知。

"西湖山水还依旧，憔悴难对满眼秋……看断桥未断我寸肠断啊，一片深情付东流。"这是越剧《白蛇传》中的一段唱词，袅袅清音，犹如天外仙乐。白娘子与许仙本应该幸福地生活下去，可是出了一个法海，偏偏要拆散这段美好姻缘。白娘子被压在了雷峰塔下，每天相伴的只有怨恨和寂寞。

这个故事是个悲剧，但在美丽的江南民间却又像家酿的梅酒，酸苦中总是能品出甘甜的滋味。

这个故事第一次被记录成文，应该是明代冯梦龙的《白娘子永镇雷峰塔》。冯梦龙的笔下，白娘子是一个鲜明的反面人物。一条修炼千年的蛇妖白蛇遇着温文尔雅的读书人许宣，终于按捺不住荡漾的春心，犯了天条与许宣结为夫妻。白蛇是一条蛇妖，总免不了图财害命，还让许宣惹了一身的麻烦。许宣开始厌弃她，避之不及。但白蛇却纠缠不休，百般利诱。万般无奈中，许宣主动要求法海和尚帮他铲除白蛇。于是，白蛇与小青便被封于法海的钵盂内，镇在雷峰塔下，永世不能见天日。解脱后的许宣拜法海为师，在金山寺剃度为僧，修行度世。

对于这个故事，后人多有微言。两个向往人间真情的妖怪，居然落得了如此悲凄的下场。而那个许宣明明就是一个胆小怕事、自私自利、糊涂愚蠢的男人，是一个根本不值得去爱的人。

也许，民间对冯梦龙这个故事有太多的不满意。清代时，白蛇的故事演变成为一个充满正义和感情的浪漫的民间神话故事。故事中，白蛇被定位为义妖，成了勇敢坚贞的象征。陈玉乾的《义妖传》里称白蛇为"白蛇娘娘"，而许宣变成了可爱的许仙，他知道白娘子是蛇妖后仍然爱她，并且坚决拒绝与法海合作。但是，老奸巨猾的法海利用奸计让许仙上了当，白娘子被压在了雷锋塔下。故事的最后，小青练就了一身武功，终于把法海打败，救出了白蛇娘娘。而许仙和白蛇娘娘的儿子许士林也中了状元，与白蛇娘娘相见。从此，一家人幸福地生活在一起。

这便是现在流传于民间的最完整的故事了。白蛇娘娘与许仙的传说，就这样按照人们的意愿流传演变成了一个爱情的神话，从此传遍大街小巷，并且千年不断。而一座本来普通的石桥，因着这个传说也千古留名了。于是，许多人来到断桥，为的是寻找前世今生的情缘，情人桥的美名就是这样得来的。

曾经听老人们说，如果在雨天有异性在断桥上送你雨伞，那此人就是你今生的姻缘。淫雨霏霏，白娘子的爱情曾经幻化成千古不变的传说。她那水漫金山的爱情神话、她的泪水和孤寂最终换回了民间百姓对她的理解和同情。

三大情人桥中，长桥有一些寂寞，也许很少有人会记起它，因为它的确是有些落魄失魂、与世无争的样子。明代田汝成的《西湖游览志》记载："桥分三门，有亭临之，壮丽特甚。"后来因南山一带的水源减少，西湖淤塞，湖面下降，桥景渐渐落败，到了明代，长桥仅剩不足十米长。不过桥虽荒废，但是因为在这里可以望见孤山，近观雷峰夕照，又有万松岭松涛阵阵，所以很多人仍然每日破晓出游，徐步长桥，吟诗游玩，至日出许久才回家。

西湖的三大情人桥，每一座桥都对应了一个极具浪漫色彩的传奇故事，西泠桥上苏小小的哀伤，断桥上白娘子的怨恨，长桥上则是"梁祝"化蝶的浪漫。

千百年来，"梁祝"的爱情故事一直珍藏在每一个渴望真情的年轻人的心里。东晋时，十四岁的上虞女子祝英台女扮男装赴杭州求学，途中邂逅淳朴憨厚的会稽书生梁山伯，芳心暗许。三年同窗，两人情深意笃，亲密无间，可是，木讷的梁山伯却一直没有猜透女儿家的身份和心思。三年后，祝父来信催归，梁山伯十八相送。

就在这座短短的长桥上，你送我，我送你，谁也不肯先离去，"送君送了十八里，长桥不长情谊长"。后来梁山伯依祝英台之言去祝家提亲，发现祝英台居然是一位红粉佳人，恍然大悟，后悔不迭。无奈，英台亲事已定，山伯因此一病不起，郁郁而终。出嫁那天，英台绕道山伯墓前，一番拜祭后，便以头撞墓。就在这时，突然墓穴开裂，英台毫不犹豫地纵身跃入，终于与山伯"生同窗，死同穴"。后来，梁祝的墓前常有一双大蝶翩然于花丛之间，那便是二人死后所化。后人有歌云：

> 碧草青青花盛开，彩蝶双双久徘徊，千古传颂深深爱，山伯永恋祝英台。
>
> 同窗共读整三载，促膝并肩两无猜，十八相送情切切，谁知一

别在楼台。

　　楼台一别恨如海，泪染双翅身化蝶，彩蝶翩翩花丛来，历尽磨
难真情在，天长地久不分开。

　　这便是长桥的那个让人千古传诵的爱情故事，一如江南的溪水，江南的
爱情时而委婉缠绵，时而激荡澎湃，直叫人生而可以死，死而可以生。然而，
研究者普遍认为，梁祝的故事滥觞于晋，那时多半是还没有长桥的。所以，
长桥上梁祝十八相送的浪漫故事，也许只是民间的一个美好的传说罢了。

　　宋朝淳熙后，西湖长桥又曾称为双头桥。因为有书生王宣教与女子陶
师儿相爱而终不能成双，所以二人于月夜双双投水自尽。元代诗人冯士颐
有《竹枝词》："再看双头桥下水，新开两朵玉芙蓉。"就是说的此事。

　　民间的爱情好像总是与桥有关，而桥上的爱情总是充满着难以抚慰的
伤痛。西湖三桥，便是承载着这种忧伤的爱情。

　　这些西湖边上的桥啊，究竟纠结着多少情意和苦恨，它们静静地伫立在
湖上，像在等待一个永远都不会等来的爱人，它们的爱写在眉间，惆怅却记
在心底。这不正是江南水乡那些多愁善感的民间女子们的心绪吗！

　　孟庆琳、晓倩、骏灵：《民间江南》，济南出版社，2007年，第88—94页。

选文 7

景遐东说江南的水

　　江南山川秀美，气候温暖，水域众多，居民较灵秀颖慧。司马迁《史
记·货殖列传》云："吴有三江五湖之利。"孟浩然诗《舟中晓望》称："挂席
东南望，青山水国遥。"（《全唐诗》卷160。本文所引唐诗除注明外，均引自
《全唐诗》，中华书局1960年版。下文只在引诗后括号内标注卷数）白居易
《和梦得夏至忆苏州呈卢宾客》诗形容苏州："水国多台榭，吴风尚管弦。每
家皆有酒，无处不过船。"（462）杜荀鹤《送人游吴》写道："春到姑苏见，人
家尽枕河。古宫闲地少，水港小桥多。夜市卖菱藕，春船载绮罗。"（691）

其实这也应该是整个江南地区的景象。人们对江南山川之赞美在东晋以后屡见于诗赋文章,一言以蔽之,所谓"吴越暖景,山川如绣"。显然,江南地区在地理环境上具有典型的水乡泽国及山水秀美的特征,江南居民的灵秀颖慧与江南的"水"性特征相关。水在中国传统的思维中是与"柔"、"灵动"联系在一起的,比如《老子》中有"上善若水,水善利万物,又不争",以及"天之柔弱莫过于水,而攻坚,强莫之能先"的论述。江南滨海临江,湖港相连,河道纵横交错,水系发达;气候四季分明,雨量充沛,湿润温和。因而草木繁盛植被丰富,自然生态环境良好。仁者乐山,智者乐水。生活于江南清丽自然环境中的人,性情多倾向飘逸、灵动,情感细腻而思维活跃。山清水秀,茂林修竹,不仅使人们热爱自然,也促使人们感觉敏锐,启迪遐思,更可以滋润人的灵性。魏晋以后,江南诗人、书法家、画家的大量涌现,充分说明了这一特征。在唐代,许多江南文士往往是诗、文、书、画兼长,也体现了这种整体上的灵性特质。

与江南文化水性特征相关的是人们对玉的崇尚。水与玉都有着相同的柔和润泽的特点,江南远古时期玉文化发达,在良渚文化中,具有以琮、璧等祭祀礼器为骨干的玉器系统,这些玉器制作精美,雕刻细腻,堪称巧夺天工。玉的特点是温润、皎洁、柔和、纤巧,吴越先民好玉的审美追求,很能反映他们的品性。这一特征作为江南文化的一个基本因子,直接影响着后来吴越文化的发展。吴越方言的温柔细腻,民歌的清新婉丽,也应该是江南文化水玉润泽特性的反映。江南士人性情多情善感,正如《颜氏家训·风操》所谓"江南饯送,下泣言离;……北间风俗,不屑此事,歧路言离,欢笑分首",与山东士人的儒雅敦厚、燕赵士人的刚直豪爽构成鲜明的对比。李白《春于姑熟送赵四流炎方序》云"邹鲁多鸿儒,燕赵饶壮士",齐鲁为礼乐之邦,故多鸿儒;燕赵乃草原大漠,自古多出豪侠;江南山青水秀,则富风流俊秀之士。南朝时期江南文学,如谢灵运、谢朓、沈约之诗,丘迟、陶宏景之文,崇尚清秀俊逸与自然婉丽的风格,反映了江南文化的灵巧与柔性特点。

景遐东:《东晋至唐朝江南文化特征新论》,《中华文化论坛》,2005(3)。

选文 8

邹汉明说江南的水

　　抬头是月亮——月亮是天空的白骨头；低头是水——水是江南的冰雪肌肤；水也是江南的性格——温柔中带着刚烈，古板的容颜下掩不住的任性和顽皮。在江南，与水有关的事物有：船——它在李清照的词中有一个更好听的名字：蚱蜢舟（哦，载不动，许多愁）；丝绸——它抖动时像极了闪闪的水波。还有女人，理所当然是女人——站立着的一段风情万种的水——"最是那一低头的温柔，像一朵水莲花不胜凉风的娇羞"（徐志摩），一个南方诗人对女人知根知底的描绘，尽得水之风韵；还有梦幻——水上的梦幻盛大、连绵而且神秘；还有，河边的垂柳、明月谪在凡间的客观对应物——石拱桥、沉醉在温柔乡里的石码头，甚至天空庞大的身影……在江南，当我说到水的时候，水总是和以上这些具体的事物呆在一起。由水滋生的事物绵绵不可断绝——其中滋生着我的回忆，我清水里的童年——我为了验证水的有无骨头而提了一条扁担，来到河埠头，奋力抽打水的天真的一个瞬间——那噼噼啪啪的声音至今还保存在我的耳朵里，那受伤的水可能至今还记着我的恶念。事实证明，水是有骨头的，当我以蛮横的姿态对待它时，它回应我的是更其坚硬的抵抗——倘若我不是以迂回曲折的方式进入水，求取水的和解，任我手中的扁担何其暴烈，也休想劈开眼前紧紧抱成一团的水。水也是有韧性的，我亲眼瞧见屋檐下水滴石穿的狠劲。很庆幸，我这一生，和水的关系一直不错——我有一个和水亲密无间的童年，也有一个和水（一个隐喻）互相滋润的青年。我一直记得和水嬉戏、玩耍，躲进水里想象和体验着在母亲子宫里的那个古老时刻——整个喧嚣的世界被挡在水面上，我被四面八方的水围困，我屏住呼吸，努力告诫自己，要在水底呆得时间长一点，长一点……在水底，我曾听到水密谋的声音，恐惧和颤栗也曾攫住我。看来幽居在水底，只是诗人的一厢情愿，或者只是一个转喻。而随着年岁增大，我发觉每次呆在水底的时间越来越短——直到有一天，我再也不愿听凭强大的水蒙住我头，把我摁进它令人憋闷的胸脯。在水面上，我开始高高地昂起头颅——我是在担心水越来越不对劲的那种气味吗？在水乡长大的孩子，少有不会游泳的，而飘浮在水面上的游泳，实际就是身体依傍水的飞翔。在宽阔的水面上，天空倒映在水中——蓝天和白云相得益彰，人在水上的飞翔就会更加自由。但是，这种自由自在的飞翔，早在上个世纪九十年代初，就已经彻底中断。江南河水生锈，八百里水乡的水在灯红酒绿中无声息地翘了辫子。"那么多河流从容撒谎／我一个人的悲伤全是白搭"（引自拙作《河流从容的撒谎……》），这是我中断水上的飞翔之后写给水的句子。水无言，水甚至没有悲伤——悲伤的只是一个无足轻重的诗人，一个水中的漆黑倒影。而抬头依旧是月亮——一堆白骨在静静燃烧，空悲盛大的忧伤啊；而低头还是水吗？眼前的水，连记忆的一个影子都不是，它只是水的一个谎言。

邹汉明：《江南词典》，湖南文艺出版社，2007 年，第 160 页。

选文 9
古人说江南水之精华：西湖

周回三十里，其涧出诸涧泉。山川秀发，四时画舫遨游，歌鼓之声不绝。好事者尝命十题，有曰："秋月"、"苏堤春晓"、"断桥残雪"、"雷峰落照"、"南屏晚钟"、"曲院风荷"、"花港观鱼"、"柳浪闻莺"、"三潭印月"、"两峰插云"。……白居易《钱塘湖春行》诗："孤山寺北贾亭西，水面初平云脚低。……最爱湖东行不足，绿杨阴里白沙堤。"《湖上泛舟》诗："排比管弦行翠袖，指麾船舫点红旌。慢牵好向湖心去，恰似菱花镜上行。"《西湖别留》诗："征途行色惨风烟，祖帐离声咽管弦。翠黛不须留五马，皇恩只许住三年。绿藤阴下铺歌席，红藕花中泊妓船。处处回头尽堪恋，就中难别是西湖。"苏子瞻《怀西湖寄美叔》诗："西湖天下景，谁能识其全。……三百六十寺，寻幽遂穷年。……君持使者节，风采烁云烟。……胡不屏骑从，暂借僧榻眠。读我壁间诗，清静洗烦煎。"《湖上》诗："水光潋滟晴方好，山色空蒙雨亦奇。欲把西湖比西子，淡妆浓抹总相宜。"苏子瞻云："杭有西湖，颍亦有西湖，皆为游赏之胜；而子瞻连守二州。其初得颍也，有颍人在坐，云：'内翰但只消游湖中，便可了郡事。'言其讼简也。及守杭，秦少游有诗云：'十里荷花菡萏初，我公所至有西湖。欲将公事湖中了，见说官闲事亦无。'"林君复诗："混元神巧本无形，匠出西湖作画屏。春水净于僧眼碧，晚山浓似佛头青。"

《方舆胜览》，见王国平主编：《西湖文献集成》(1)，

杭州出版社，2004 年，第 197—199 页。

选文 10
白居易说江南的田园生活

东都风土水木之胜在东南偏，东南之胜在履道里，里之胜在西北隅，西闬北桓第一第，即白氏叟乐天退老之地。地方十七亩，屋室三之一，水五之一，竹九之一，而岛树桥道间之。初乐天既为主，喜且曰："虽有池台，无粟不能守也。"乃作池东粟廪。又曰："虽有子弟，无书不能训也。"乃作池北书库。又曰："虽有宾朋，无琴酒不能娱也。"乃作池西琴亭，加石樽焉。

乐天罢杭州刺史，得天竺石一、华亭鹤二以归。始作西平桥，开环池路。罢苏州刺史时，得太湖石五、白莲、折腰菱、青板舫以归，又作中高桥，通三岛径。罢刑部侍郎时，有粟千斛，书一车，洎臧获之习管磬弦歌者指百以归。先是颍川陈孝仙与酿酒法，味甚佳；博陵崔晦叔与琴，韵甚清；蜀客姜发授《秋思》，声甚淡；弘农杨贞一与青石三，方长平滑，可以坐卧。

太和三年夏，乐天始得请为太子宾客，分秩于洛下，息躬于池上。凡三任所得，四人所与，洎吾不才身，今率为池中物。每至池风春，池月秋，水香莲开之旦，露清鹤唳之夕，拂扬石，举陈酒，援崔琴，弹秋思，颓然自适，不知其他。酒酣琴罢，又命乐童登中岛亭，合奏霓裳散序，声随风飘，或凝或散，悠扬与竹烟波月之际者久之。曲未竟，而乐天陶然石上矣。睡起偶

咏，非诗非赋，阿龟握笔，因题石间。视其粗成韵章，命为《池上篇》云：

> 十亩之宅，五亩之园，有水一池，有竹千竿。勿谓土狭，勿谓
> 地偏，足以容膝，足以息肩。有堂有亭，有桥有船，有书有酒，有
> 歌有弦。有叟在中，白须飒然，识分知足，外无求焉。如鸟择木，
> 姑务巢安；如蛙作坎，不知海宽。灵鹊怪石，紫菱白莲，皆吾所好，
> 尽在我前。时饮一杯，或吟一篇。妻孥熙熙，鸡犬闲闲。优哉游
> 哉，吾将老乎其间。

白居易：《池上篇》，见王国平主编《西湖文献集成》(1)，
杭州出版社，2004年，第23—24页。

第二章

戏台、回廊、石板路

选文 1

邹汉明阐释石板路的审美意蕴

　　石板路上走过去的是——一个挑着箩筐的小商贩，他的扁担和他穿着草鞋的大脚板正丈量着小街的长度以及青石板的数量；一个旗袍开衩很高的少妇，脸和腿和头发和眼光都是长长的。她的到来使得围绕她身体的光——石板路正上方省略号一般的太阳光、两旁的木格子窗里漏出来的白炽灯光、摩肩接踵的小市民火红色的眼光——齐打在了她的身上；一只花斑猫，警惕地守候在下水道的某个缺口；一只精瘦毕骨的白狗，脚步利索，低头嗅闻着路面上的水迹，呜呜的吠叫声像刀子锋利的边刃自大排门的缝隙里递进到沿街的深宅大院；一头黄牛，两只乒乓球一样大而暴突的眼睛，惘然地观望着，尾巴像自鸣钟的钟摆，一刻不停、自顾自地摇摆、撒欢；一辆吱吱呀呀的木头制作的手推车，发出沉闷的一记声响后停了下来，接过矮门里拎出来的一只老马桶，将秽物倒入其中，继续它的笨拙，继续执行大清早唯一的使命；一副硬邦邦的棺材，在开道的铜锣声和悲伤的哀乐曲里，在一群披麻戴孝的子孙的护送下，缓慢向着不可知的未来世界走去……啊，石板路像一部老电影，在几个精彩回放的黑白镜头里定格。定格下来的石板路，连它自己也会大吃一惊——它身上斑斑点点的时间的脚迹，究竟有多少年了？阳光、雨水和来来往往的脚步，将石板路打磨得圆溜溜、黑黝黝、亮堂堂，反射着不可捉摸的岁月之光。一个石板路的江南是……一个各种声音交汇的江南，一个夹在线装书里的旧江南。如果少数古意犹存的小镇是押在江南大地上最后一首诗的一个曼妙的韵脚，如果那保存完好的半圆形石拱桥，就是诗的眼睛，如果那一片墨黑墨黑的瓦楞是诗的气息，那吱呀吱呀的橹声是诗的语调……那么，平平仄仄的青石板就是诗行本身。就是这一行和这一行……它们之间就像用一把皮尺量过了那样的整整齐齐，决不旁逸斜出，决不允许有任何一个高音或低音自路面凸出来或者凹进去。石板路的下面通常是下水道，小镇良好的肠胃运动在这里发生。在石板路上，时间和空间宛如一条直线，无限延伸——晴天，你可以追随具体的青石板的数量去小巷里寻梦。如果碰巧遇上了狗吠，不必惊慌，那是你此刻的福气；如果不慎踩上一片绿油油的青苔，打个趔趄或者一屁股跌坐在青石板上，你一定可以借此发思古之幽情；至于下雨天，你可以放下一颗被灰尘蒙蔽的心灵，去找一家临街的小茶馆，听嘀嘀嗒嗒的檐水捧在青石板上的爽朗之声；或撑一把油纸伞，赤脚，拣最狭窄的小弄堂里走，走入灵魂的断肠里去，去领悟水滴石穿的那份忠贞，以及，另一个挨近你胸膛的……啊，两个人合一的心跳声——我常常想，从石板路上走过去的会是什么呢——一个摇着拨浪鼓的做小买卖的江北人，一个附近村子里的剃头师傅，一顶披红挂绿的前朝轿子——多么像一艘小小的蚱蜢舟，漂浮在市声的青石板的街面上，在一串精美的台词中，在锣鼓喧天的声音里——给抬了出来……

邹汉明：《江南词典》，湖南文艺出版社，2007年，第150页。

选文 2

罗敏华说"廊"

一、廊在中国古代建筑中的界定

中国古典建筑的一个重要特点是善于运用廊，廊实质上是带有屋顶的道路。它的一个很大的特点是立面是开敞的，形成可连续的开放空间。

从空间组织上看，廊可以理解为室内外化与室外内化的复合空间。日本建筑家芦原义信就曾把有无"顶界面"作为区分内外空间的主要标志，这样的约定是必要的，借助这个概念我们可以明晰地区分室内外空间。但在中国木构架建筑体系中有"顶界面"，而失去一向、两向，三向或四向侧界面的建筑空间运用得很普遍，特别是在古典园林建筑中，廊就是其中的一种。

从构造方式上看，中国木构架建筑是梁柱、棱柱承重体系，"墙倒屋不塌"，墙体是非承重构件，可厚可薄，可有可无，是形成廊这类建筑形式的便利条件。

二、廊在中国古代建筑中的形成与发展过程

夏、商、周是中国木构架建筑体系的奠定期。廊的运用在此时期已初见端倪，组群空间的庭院布局已经形成，出现了体现"门堂之制"布局形式。偃师二里头一号宫殿遗址晚夏时期的宫殿遗址，堪称"华夏文明的第一殿"。建筑组群已呈现由廊庑环绕的廊院式布局，除西廊为单面廊外，其他三面均为双面廊，廊的许多特点都可以在这里找到渊源。

春秋战国时期各诸侯兴楼建馆，楚国的"章华"，已有明廊、曲楹吴王夫差灵岩山上所建的"馆娃宫"，则有响屧廊。出土的战国铜鉴上的建筑图像显示了当时土木混合结构的台榭建筑的直观形象，鉴内刻三层建筑，地层中为土台，外接木构外廊；二、三层均为木构，均带回廊并出挑平台伸出屋

檐。可推知回廊是建筑的　种典型形式。

秦汉时期，秦灭六国，秦始皇又在渭南（长安西）上林苑中建筑更多的宫殿。传阿房宫，四面有回廊，可以环绕；廊下可供高驷马驱驰。再经殿下所筑的甬道，直达南山。后面更是五步一楼，十步一阁，并在渭水上架长桥为阁道。出土的秦咸阳一号宫殿遗址，一层夯土台体，周绕回廊；二层除敞厅外，均绕以回廊。这座基地只是东西对称的一组宫观的"西观"，它与"东观"之间有飞阁复道相连。汉朝汉武帝在未央宫西建筑绝大的宫殿，并架飞阁直达未央宫；则梁孝王（汉文帝次子）修筑的东苑，建筑宏丽，重阁修廊，实开私人园林的先河。可见回廊、飞阁复道是此时期的盛行的高台建筑重要组成部分。

唐、宋是中国封建社会发展的高峰，也是中国古代建筑发展的成熟的时期。此时期的住宅主要的房屋之间用具有直棂窗的回廊连接为四合院，但也有房屋位置不完全对称的，可是用回廊组成庭院则仍然一致。值得注意的是这些山水画中描绘的住宅运用廊组织庭院的平面布局，无疑是当时住宅建筑中比较普遍的布局方式且许多后期建筑也延用此做法。

明清时期，中国古代建筑在明代和清中叶之前，经历了最后一次发展高峰。明清故宫所在的皇城正门从大清门到天安门以长约 600 米的"千步廊"构成纵深的宫廷广场作前导；太和殿周围，在明代是廊庑环绕的形式，殿的两侧也有斜廊，这种利用平矮而连续的回廊以衬托高大的主体建筑，造成开朗而又主次分明的艺术效果，是古代建筑常用手法。娴熟地运用廊，依靠有节奏的空间组合和体量的差异创造有规律的建筑群轮廓线。在园林方面如苏州狮子林的回廊曲楹，高下升降，全依地形，特别是左边的长廊，远远望去，扩展了园的境界。是廊在园林中运用的典型手法。

三、廊在江南私家园林中的形式

廊在古典园林中最为普遍，几乎没有一座园林没有廊的。正所谓"庭院檐廊两相连，池山烟柳入窗轩"。廊的品类多样，《扬州画舫录》列举说："板上甃砖，谓之响廊；随势曲折，谓之游廊；愈折愈曲，谓之曲廊；不曲者修廊；相向者对廊；通往来者走廊；容徘徊者步廊；入竹为竹廊；近水为水廊。"在庭院中常用抄手廊、回廊。在园林中常常通过游廊的回绕，组成通透活泼的廊院，也经常利用廊的曲折围合出小巧的袖珍园。根据建筑形式廊又可分为双面空廊、单面空廊、复廊、复道四种。双面空廊两面都没有遮蔽，游人在其中可饱览两面的不同景色，如留园中的曲廊；单面空廊则一面朝主要空间，另一面靠墙，墙为是次要景物，墙上往往设露窗或花窗，使墙外一侧景物在似隔非隔若隐若现之中；复廊是两座单面廊并置，中间隔以墙，墙上有露窗或花窗，作用在于划分景区，同时又联系两面景色不同的空间；复道又称双层廊，也就是廊楼，可用来联系不同高度上的建筑或景观。

四、廊在江南私家园林中的作用

中国古典造园一个重要特点就是发挥小空间的布局之美。布置太多太密则失诸"实"，太少太疏则失诸"虚"。要求得虚实相济，就要结合地段特点，依形就势巧妙地安置曲廊、回廊、空廊，灵活地分隔出尺度不一，形态各异的大小景区空间，取得了空间的大小、明暗、虚实、开合的对比变化，形成景色多样，层次丰富的空间效果。作为划分景区的手段，廊的布置还涉及到主要景观和观赏点之间的间距，主要观赏点与次要观赏点之间的间距，以及次要观赏点相互之间的间距，都要保持适当的比例。廊本身就是疏密有致的园林建筑群中的重要组成部分。廊又可以围合或分隔不同程度的开敞空间，是园林中空间渗透的重要手段。所谓空间渗透是因借邻近的景物，以造成外有景的变幻局面。其方式有：1. 透过空廊来互相因借两边的景色，使之彼此反衬，空廊两边的景色还能构成对面景色的远景或背景。2. 从廊的门洞、露窗、花窗来窥见另一空间的景色。这样则可吸收远处的景物，同时加强空间的层次感。如果被吸收的景物恰好在门洞或窗口中央，则好似一幅画嵌在镜框之中。使廊如一条有挂画的画廊。

从江南私家园林可以看到，沿着主要的观赏路线游览，总能领略到经过精心营构的园林景观。但人的活动总是在一定的空间范围内进行的，而这个作为观赏路线的空间就是园林中的廊。人们在廊中游览就会看到一幕又一幕的连续景色，而景色不断延伸，达到流动的延续的欣赏效果。具体说来，江南私家园林廊的运用就是为了达到步移景异的效果。往往在廊的前进曲折或上下的关键处，改换所看见的前景。廊庑要回环，才能引人入胜，顾盼有景。如通过廊上的花窗门洞，能看到一幅幅小景，又绕假山池泽环行，看到山容水色忽隐忽现，直到整个景色再现眼前又与之前在景窗看到的迥然不同。而且江南私家园林一般用地有较大的限制，引导和限制人在廊中曲折穿行，而不可以随意在园中直线穿越。可以利用延长游览时间而产生扩大园林的空间感觉。这就是廊所起的引导视线，同时组织建筑空间调度的作用。古典园林建筑不仅是空间艺术，而且是一种时空艺术。这种时空性，有点类似电影镜头的时空性。那么古典园林建筑中廊就似镜头移动的轨道，游人就似在轨道——廊上移动的摄像机。景物是不动的，通过人在廊中停步观赏，属于静观；穿行游览，属于动观。产生视点的移动而形成一连串的连续画面。所以回廊的使用是突出景象引导对园景的剪辑作用，强调途径对景象的脉络、视点运行的组织作用。

罗敏华：《廊在中国古典园林中的应用》，《南方建筑》，2006（8）。

选文 3

邹汉明说江南旧戏台

　　一不留神，翻开新时光合拢的旧江南，手指肚会碰响锣鼓、二胡、唢呐、月琴等民间乐器。这些纯正的民乐被世俗的弄堂挤瘦，被炊烟拉直，被旧戏台——它们多半空落落地占据小镇的中心——收集起来，放入一只长度仅有一个半小时的露天大锅里煮——这样一顿香喷喷的晚餐，其主食、调料、搅拌的器物、盛放的器皿、拿捏的姿势、吆喝的嗓子全是地地道道的国货。但品尝国餐的主人，到底越来越不那么纯粹了。飞檐高翘的戏台下，以前，可以见到长胡子的胡人。胡人的背影远去了，现在的戏迷堆里掺杂着不少蓝眼睛黄头发的洋人——且洋人的热情看起来远比国人高涨——在另一些旅游开发的小镇上，我甚至怀疑那些连本地人也难得一见的地方小戏，名义上是朵朵精神文明之花，实则做给洋人偷窥的西洋景。旧戏台上，方寸之内，生死离别，咫尺天涯，简陋的戏台如此抽象地浓缩了古人的生活，使古代和现代犹如榫与榫头在这里合拍了（观众的情感永远是得以粘合的胶水）。吾国人民的心里，艰辛的生活正是有了这样一个旧戏台，身体的苦难才获得了心灵的回响。中国绵长的历史以形象而简约的方式在底层民众的耳朵边亲密私语。戏台的空缺部分，常常也是高潮迭起的场所。这当然是有词为证的——在我的家乡，去旧戏台看戏或公共场所娱乐，一律称之为"轧闹猛"。一个"轧"字，暗含了男女身体相触相碰的意思，期间令我不禁想到——少女的娇嗔、眸子的流转、脸颊绯红的羞涩……这些稍带着古典的画面，是多么驰魂夺魄。读者大抵也能觉出：与台上抽象的传奇不同，台下上演的恰是一幕鲜活的民间情调。为了确证此事，我曾考察乌镇一个始建于北宋咸平元年（988）的旧戏台，看到台前的石柱上隐约有这样的文字："奉宪禁演淫戏台下勿须堆积。"看来，台下的"轧闹猛"曾让历代的父母官颇费过一番脑筋——这是1872年立下的规矩。可见，吾国人民早在大清同治皇帝治下，已经有扫黄打非的高度责任感了——当然，话还是要回到台面上来说。每至逢年过节，或遇到重大的民俗活动，江南古镇的旧戏台是少不了上演好看的戏文的——曲调无非地方小戏比如花鼓、绍兴高调、越剧之类。锣鼓一响，往往，全镇老少自带木条凳、竹椅子，倾城出动，聚集在沧桑古板的旧戏台下。戏文的台词早已烂熟于心，台步也了然于胸。台上锣鼓喧天的武打，女主角前后左右频频甩出的水袖，其实也没能完全吸引国人的眼球。在看戏方面，吾国国民和西方观众恰成一个对称——西人观看歌剧，进的是金碧辉煌的剧院。男士西装革履，女士着最好的晚礼服，优雅得体，挽臂而入；吾国国民，去露天广场，光膀赤膊，手摇蒲扇，或仰或坐，自在写意。女人的小兜里通常还装满零食，其中尤以自炒的南瓜子葵花子为最多。台上咿呀，台下"的的"之声与之争分夺贝；台上，私定终身后花园；台下，邻村男女打情骂俏，拉手约会，入戏入情入理。然而，遇上戏文的关节落泪处，那些捏着瓜子儿正往齿缝间送的青筋毕露的老手，也会停在半空，僵在虚空里发呆。女人更是掏出皱巴巴的手帕儿，掬一把同情的眼泪——仿佛戏台上刚刚见背的角儿就是她的亲生爹妈一般。而等到关节一过，回神过来，立马故态复萌，仍然瓜子儿的的，语笑频频——明清以来，江南小镇的繁华，不独从商贩的叫卖声里看出端倪，还可以从旧戏台上和台下领略其实在的内容。

邹汉明：《江南词典》，湖南文艺出版社，2007年，第72页。

第三章

江南日常生活美学

选文1
灌圃耐得翁对宋代杭州日常生活场景的记录与描写

　　市井: 自大内和宁门外,新路南北,早间珠玉珍异及花果、时新海鲜、野味、奇器,天下所无者,悉集于此;以至朝天门、清河坊、中瓦前、灞头、官巷口、棚心、众安桥,食物店铺,人烟浩壤。其夜市除大内前外,诸处亦然,憔中瓦前最胜,扑卖奇巧器皿百色物件,与日间无异。其余坊巷市井,买卖关扑,酒楼歌馆,直至四鼓后方静;而五鼓朝马将动,其有趁卖早市者,复起开张。无论四时皆然。如遇元宵犹盛,排门和买民居,作观玩幕次,盖不可胜纪。隆兴间,高庙与六宫等在中瓦,相对今修内司染坊看位观。孝宗皇帝孟享回,就观灯买市,帘前排列内侍官帙行,堆垛见钱,宣押市食,歌叫支赐钱物,或有得金银者。是时尚有京师流寓经纪人,市店遭遇,如李婆婆羹、南瓦子张家米团子。若遇车驾行幸,春秋社会等,连檐并壁,幕次排列。此外如执政府墙下空地(旧名南仓前)诸色路岐人,在此作场,尤为骈阗。又皇城引马道亦然。候潮门外殿司教场,夏月亦有绝伎作场。其地街市,如此空隙地段,多有作场之人。如大瓦肉市、炭桥药市、橘园亭书房、城东菜市城北米市。其余如五间楼福客糖果所聚之类,未易缕举。

　　诸行: 市肆谓之"行"(音杭)者,因官府科索而得此名,不以其物小大,但合充用者,皆置为行,虽医卜亦有职。医克择之差占,则与市肆当行同也。

内亦有不当行而借名之者，如酒行、食饭行是也。又有名为"团"者，如城南之花团，泥路之青果团，江下之鲞团，后市街之柑子团是也。其他工伎之人，或名为"作"，如篦刃作、腰带作、金银镀作、钑作是也。又有异名者，如七宝谓之"骨董行"，浴堂谓之"香水行"是也。大抵都下万物所聚，如官巷之花行，所聚花朵、冠梳、钗环、领抹，极其工巧，古所无也。都下市肆，名家驰誉者，如中瓦前皂儿水、杂卖场前甘豆汤，如戈家蜜枣儿、官巷口光家羹、大瓦子水果子、寿慈宫前熟肉、钱塘门外宋五嫂鱼羹、涌金门灌肺、中瓦前职家羊饭、彭家油靴、南瓦宣家台衣、张家团子、候潮门顾四笛、大瓦子丘家筚篥之类。

酒肆：除官库子库脚店之外，其余皆谓之"拍户"，有茶饭店，谓兼卖食次下酒是也。但要索唤及时食品，知处不然，则酒家亦有单子牌面点选也。包子酒店，谓卖鹅鸭包子、四色兜子、肠血粉羹、鱼子、鱼白之类，此处易为支费。宅子酒店，谓外门面装饰如仕宦宅舍，或是旧仕宦宅子改作者。花园酒店，城外多有之，或城中效学园馆装折。直卖店，谓不卖食次也。散酒店，谓零卖百单四、七十七、五十二、三十八，并折卖外坊酒。门首亦不设油漆权子，多是竹栅布幕，谓之打碗，遂言只一杯也。却不甚尊贵，非高人所往。庵酒店，谓有娼妓在内，可以就欢，而于酒阁内暗藏卧床也。门首红栀子灯上，不以晴雨，必用箬覆盖之，以为记认。其他大酒店，娼妓只伴坐而已。欲买欢，则多往其居。罗酒店，在山东河北有之，今借名以卖浑头，遂不贵重也。酒家事物，门设红权子绯绿帘贴金红纱栀子灯之类。旧传因五代郭高祖游幸汴京潘楼，至今成俗。酒阁名为厅院，若楼上则又或名为山，一山、二山、三山之类。牌额写过山，非特有山，谓酒力高远也。大凡入店，不可轻易登楼上阁，恐饮燕浅短。如买酒不多，则只就楼下散坐，谓之门床马道。初坐定，酒家人先下看菜，问买多少，然后别换菜蔬。亦有生疏不惯人，便忽下箸，被笑多矣。大抵店肆饮酒，在人出着如何。只如食次，谓之下汤水，其钱少，止百钱五十者，谓之小分下酒。若命妓，则此辈多是虚驾骄贵，索唤高价细食，全要出着经贯，不被所侮也。如煮酒，或有先索到十瓶，逐旋开饮，少顷只饮五六瓶佳者，其余退回，亦是搜弊之一诀。

官库，则东酒库曰大和楼，西酒库曰金文库，有楼曰西楼。旧有"楼攻愧"书榜，后为好奇者取去。南酒库曰升□宫，楼曰和乐楼。北酒库曰春风楼。正南楼对吴、越两山，南上酒库曰和丰楼。西子库曰丰乐楼，在今涌金门外，乃旧杨和王之耸翠楼，后张定叟兼领库事，取为官库，正跨西湖，对两山之胜。西子库曰太平楼，中酒库曰中和楼。南外库在便门外，东外库在崇新门外。北外库在湖州市，有楼曰春融楼。其他则有西溪，并赤山九里松酒库，其中和、和乐、和丰并在御街，其太平、太和因回禄后其楼悉废。若欲赏妓，往官库中点花牌，其酒家人亦多隐庇推托，须是亲识其妓，及以利委之可也。

天府酒库，每遇寒食节前开沽煮海，中秋节前后开沽新酒。各用妓弟，乘骑作三等装束：一等特髻大衣者；二等冠子裙背者；三等冠子衫子裆者。前有小女童等，及诸社会，动大乐迎酒样赴府治，呈作乐，呈伎艺杂剧，三盏退出，于大街诸处迎引归库。

食店：都城食店，多是旧京师人开张，如羊饭店兼卖酒。凡点索食次，大要及时：如欲速饱，则前重后轻；如欲迟饱，则前轻后重重者如头羹、石髓饭、大骨饭、泡饭、软羊、浙米饭；轻者如煎事件、托胎、奶房、肚尖、肚胘、腰子这类。南食店谓之南食，川饭分茶。盖因京师开此店，以备南人不服北食者，今既在南，则其名误矣，所以专卖面食鱼肉之属，如铺羊面、盒生面、姜拨刀、盐煎面、鲊鱼桐支面、抹肉淘、肉斋淘、棋子、虾燥子面、带汁煎。下至拨刀鸡鹅面、家常三刀面皆是也。若欲索供，逐店自有单子牌面。馎饦店专卖大燠、燥子赶躂并馄饨菜面店专卖菜面、血脏面、素棋子、经带，或有拨刀、冷淘。此处不甚尊贵，非待客之所。素食店专卖素签、头羹、面食、乳茧、河鲀、脯焆、元鱼。凡麸面笋乳簟饮食，充斋素筵会之备。衢州饭店又谓之闷饭店，盖卖盒饭也，专卖家常虾鱼、粉羹、鱼面、蝴蝶之属。欲求粗饱者可往，惟不宜尊贵人。

市食点心，凉暖之月，大概多卖猪羊鸡煎炸、鳝蠡子、四色馒头、灌肺、灌肠、红燠姜豉、蹄子肘件之属。夜间顶盘挑架者，如鹌鹑馉饨儿、焦锤、羊脂韭饼、饼鳝、春饼、旋饼、缕沙团子、宜利少、献瓷糕、炙炙粑子之类。遍路歌叫，都人固自为常。若远方僻土之人乍见之，则以为稀遇。

其余店铺，夜市不可细数。如猪胰胡饼，自中兴以来，只东京脏三家一分，每夜在太平坊巷口，近来又或有效者。大抵都下买物，多趋有名之家，如昔时之内前下家从食，街市王宣旋饼，望仙桥糕糜是也，如酪面，亦只后市街卖酥贺家一分，每个五百贯，以新样油饼两枚夹而食之，此北食也。其余诸行百户亦如此。市食有名存而亡者，如瓠羹是也；亦有名亡而实存者，如瓮羹，今号齑面是也；又误名之者，如呼熟肉为白肉是也，盖白肉别是砧压去油者。

又有专卖小儿戏剧糖果，如打娇惜、虾须糖、宜娘打秋千、稠饧之类。

茶坊：大茶坊张挂名人书画，东京师只熟食店挂画，所以消遣久待也。今茶坊皆然。冬天兼卖擂茶，或卖盐豉汤，暑天兼卖梅花酒。绍兴间，用鼓乐吹梅花酒曲，用旋杓如酒肆间，正是论角，如京师量卖。茶楼多有都人子弟占此会聚，习学乐器，或唱叫之类，谓之"挂牌儿"。

人情茶坊，本非以茶汤为正，但将此为由，多下茶钱也。又有一等专是娼妓弟兄打聚处；又有一等专是诸行借工卖伎人会聚行老处，谓之"市头"。水茶坊，乃娼家聊设桌凳，以茶为由，后生辈甘于费钱，谓之干茶钱。提茶瓶，即是趁赴充茶酒人，寻常月旦望，每日与人传语往还，或讲集人情分子。又有一等，是街司人兵，以此为名，乞见钱物，谓之"齪茶"。

四司六局：官府贵家置四司六局，各有所掌，故筵席排当，凡事整齐，都下街市亦有之。常时人户，每遇礼度，以钱倩之，皆可办也。帐设司，专掌仰尘、缴壁、卓帏、搭席、帘幕、罘罳、屏风、绣额、书画、簇子之类。厨司，专掌打料、批切、烹炮、下食、调和节次。茶酒司，专掌宾客茶汤、暖烫筛酒、请坐咨席、开盏歇坐、揭席迎送、应干节次。台盘司，专掌托盘、打送、赍擎、劝酒、出食、接盏等事。果子局，专掌装簇、盘钉、看果、时果、准备劝酒。蜜煎局，专掌糖蜜花果、咸酸劝酒之属。菜蔬局，专掌瓯钉、菜蔬、糟藏之属。油烛局，专掌灯火照耀、立台剪烛、壁灯烛笼、装香簇炭之类。香药局，专掌药楪、香球、火箱、香饼、听候索唤、诸般奇香及醒酒汤药之类。排办局，专掌挂画、插花、扫洒、打渲、拭抹、供过之事。凡四司六局人，祗应惯熟，便省宾主一半力，故常谚曰：烧香点茶，挂画插花，四般闲事，不许戾家。若其失忘支节，皆是祗应等人不学之过。只如结席喝犒，亦合依次第，先厨子，次茶酒，三乐人。

瓦舍众伎：瓦者，野合易散之意也，不知起於何时，但在京师时，甚为士庶放荡不羁之所，亦为子弟流连破坏之地。

散乐，传学教坊十三部，唯以杂剧为正色。旧教坊有筚篥部、大鼓部、杖鼓部、拍板色、笛色、琵琶色、筝色、方响色、笙色、舞旋色、歌板色、杂剧色、参军色。色有色长，部有部头，上有教坊使、副铃辖、都管、掌仪范者，皆是命官。其诸部，分紫、绯、绿三等宽衫，两下各垂黄义襕。杂剧部又戴诨裹，其余只是帽子幞头，以次又有小儿队，并女童采莲队。又别有钧容班，今四孟随在驾后，乘马动乐者，是其故事也。绍兴三十一年，省废教坊之后，每遇大宴，则拨差临安府衙前乐等人充应，属修内司教乐所掌管。教坊大使，在京师时，有孟角球，曾撰杂剧本子；又有葛守成，撰四十大曲词；又有丁仙现，捷才知音。绍兴间，亦有丁汉弼、杨国祥。杂剧中，末泥为长，每四人或五人为一场。先做寻常熟事一段，名曰艳段；次做正杂剧，通名为两段。末泥色主张，引戏色分付，副净色发乔，副末色打诨，又或添一人装孤。其吹曲破断送者，谓之把色。大抵全以故事世务为滑稽，本是鉴戒，或隐为谏诤也，故从便跣露，谓之无过虫。

诸宫调，本京师孔三传编撰，传奇、灵怪、八曲、说唱。细乐比之教坊大乐，则不用大鼓、杖鼓、羯鼓、头管、琵琶、筝也，每以箫管、笙、秦、稽琴、方响之类合动。小乐器只一二人合动也，如双韵合阮咸、稽琴合箫管、秋金琴合葫芦。琴单拨十四弦，吹赚动鼓板，渤海乐一拍子，至于十拍子，又有拍番鼓子、敲水盏锣板、和鼓儿，皆是也。今街市有乐人三五为队，专赶春场，看潮，赏芙蓉，及酒坐祗应，与钱亦不多，谓之荒鼓板。清乐比马后乐，加方响、笙、笛，用小提鼓，其声亦轻细也。

淳熙间，德寿宫龙笛色，使臣四十名，每中秋或月夜，令独奏龙笛，声闻于人间，真清乐也。唱叫小唱，谓执板唱慢曲、曲破，大率重起轻杀，故曰浅斟低唱，与四十大曲舞旋为一体，今瓦市中绝无。

嘌唱，谓上鼓面唱令曲小词，驱驾虚声，纵弄宫调，与叫果子唱、耍曲儿为一体，本只街市，今宅院往往有之。叫声，自京师起撰，因市井诸色歌吟卖物之声，采合宫调而成也。若加以嘌唱为引子，次用四句就入者，谓之下影带。无影带者，名散叫。若不上鼓面，只敲盏者，谓之打拍。唱赚在京师，只有缠令、缠达：有引子、尾声为"缠令"；引子后只以两腔迎互，循环间用者，为"缠达"。中兴后，张五牛大夫因听动鼓板中，又有四片太平今，或赚鼓板即今拍板大筛杨处是也，遂撰为"赚"。赚者，误赚之义也，今人正堪美听，不觉已至尾声，是不宜为片序也。今又有"覆赚"，又且变化前月下之情及铁骑之类。凡赚最难，以其兼慢曲、曲破、大曲、嘌唱、耍令、番曲、叫声，诸家腔谱也。

杂扮或名杂旺，又名纽元子，名技和，乃杂剧之散段。在京师时，村人罕得入城，遂撰此端，多是借装为山东、河北村人，以资笑。今之打和鼓、撚梢子、散耍皆是也。百戏，在京师时，各名左右军，并是开封府衙前乐营。相扑争交，谓之角抵之戏，别有使拳，自为一家，与相扑曲折相反，而与军头司大士相近也。踢弄，每大礼后宣赦时，抢金鸡者用此等人，上竿、打筋斗、踏跷、打交辊、脱索、装神鬼、抱锣、舞判、舞斫刀、舞蛮牌、舞剑，与马打球、并教船水秋千、东西班野战、诸军马上呈骁骑北人乍柳、街市转焦矿为一体。杂手艺皆有巧名：踢瓶、弄碗、踢磬、弄花鼓槌、踢墨笔、弄球子、拶筑球、弄斗、打硬、教虫蚁，及鱼弄熊、烧烟火、放爆仗、火戏儿、水戏儿、圣花、撮药、藏压药、法傀儡、辟上睡，小则剧术射穿、弩子打、攒壶瓶即古之投壶、手影戏、弄头钱、变线儿、写沙书、改字。弄悬丝傀儡起於陈平六奇解围、杖头傀儡、水傀儡、肉傀儡以小儿后生辈为之。凡傀儡敷演烟粉灵怪故事、铁骑公案之类，其话本或如杂剧，或如崖词，大抵多虚少实，如巨灵神、朱姬、大仙之类是也。影戏，凡影戏乃京师人初以素纸雕镞，后用彩色装皮为之，其话本与讲史书者颇同，大抵真假相半，公忠者雕以正貌，奸邪者与之丑貌。盖亦寓褒贬於市俗之眼戏也。说话有四家：一者小说，谓之银字儿，如烟粉、灵怪、传奇。说公案，皆是朴刀杆棒，及发迹变泰之事。说铁骑儿，谓士马金鼓之事。说经，谓演说佛书。说参请，谓宾主参禅悟道等事。讲史书，讲说前代书史文传、兴废争战之事。最畏小说人，盖小说者能以一代朝一代故事，顷刻间提破。合生与起令、随令相似，各占一事。商谜，旧用鼓板吹《贺圣朝》，聚人猜诗谜、字谜、戾谜、社谜，本是隐语。有道谜来客念隐语说谜，又名打谜、正猜来客索猜、下套商者以物类相似者讥之，又名时智、贴套贴智思索、走智改物类以困猜者、横下许旁人猜、问因商者唱问句头、调爽假作难猜，以定其智。

社会：文士则有西湖诗社，此社非其他社集之比，乃行都士夫及寓居诗人。旧多出名士。隐语则有南北垕斋西斋，皆依江右。谜法、习诗之流，萃而为斋。又有蹴鞠打球社、川弩射弓社。奉佛则有上天竺寺光明会，皆城内外富家助备香花灯烛，斋衬施利，以备本寺一岁之用。又有茶汤会，此会每遇诸山寺院作斋会，则往彼以茶汤助缘，供应会中善人。城中太平兴国传法寺净业会，每月十七日则集男士，十八日则集女人，入寺讽经听法。岁终则建药师会七昼夜。西湖每岁四月放生会，其余诸寺经会各有方所日分。每岁行都神祠诞辰迎献，则有酒行。锦体社、八仙社、渔父习闲社、神鬼社、小女童像生叫声社、遏云社、奇巧饮食社，花果社；七宝考古社，皆中外奇珍异货；马社，豪贵绯绿；清乐社，此社风流最胜。

园苑：在城则有万松岭、内贵王氏富览园、三茅观、东山梅亭、庆寿庵、褚家塘、御东园系琼花园、清湖北慈明殿园、杨府秀芳园、张府北园、杨府风云庆会阁。城东新开门外，则有东御园今名富景园、五柳御园。城西清波钱湖门外聚景御园旧名西园、张府七位曹园。南山长桥西则有庆乐御园旧名南园。净慈寺前屏山御园、雷峰塔前张府真珠园内有高寒堂，极华丽。塔后内贵甘氏湖曲园、罗家园、白莲寺园、霍家园、方家峪、刘园。北山则有集芳御园、四圣延祥御园西湖胜地，惟此为最、下竺寺御园。钱塘门外则有柳巷、杨府云洞园西园、刘府玉壶园、四并亭园、杨府水阁。又具美园、又饮绿亭，裴府山涛园、赵秀王府水月园、张府凝碧园。孤山路口，内贵张氏总宜园、德生堂、放生亭、新建白公竹阁袁枢尹天府就寺重建。沿公苏堤新建先贤堂园本裴民园，袁枢新建，又有三贤堂园本新亭子，袁枢于水仙庙移像新建，九里松嬉游园天府酒库。涌金门外则有显应观、西斋堂、张府泳泽园、慈明殿、环碧园旧是清晖御园。大小渔庄，其余贵府富室大小园馆，犹有不知其名者。城南嘉会门外，则有玉津御园虏使时射弓所，又有就包山作园以植桃花，都人春时最为胜贵，惟内贵张侯壮观园为最。城北北关门外，则有赵郭家园。东西马城诸园，乃都城种植奇异花木处。

舟船：行都左江右湖，河运通流，舟船最便。而西湖舟船，大小不等，有一千料，约长五十余丈，中可容百余客；五百料，约长三十二十丈，可容三十五十余客。皆奇巧打造，雕栏画栋，行运平稳，如坐平地。无论四时，常有游玩人赁假。舟中所须器物，一一毕备，但朝出登舟而饮，暮则径归，不劳余力，惟支费钱耳。其有贵府富室自造者，又特精致耳。西湖春中，浙江秋中，皆有龙舟争标，轻捷可观，有金明池之遗风；而东浦河亦然。惟浙江自孟秋至中秋间，则有弄潮者，持旗执竿，狎戏波涛中，甚为奇观，天下独此有之。

……

闲人：本食客也，古之孟尝门下中下等人，但不著业次，以闲事而食于人者。

有一等是无成子弟失业次，人颇能知书、写字、抚琴、下棋及善音乐，艺俱不精，专陪涉富贵家子弟游宴，及相伴外方官员到都干事。其猥下者，为妓家书写简帖取送之类。

又有专以参随服事为生，旧有百事皆能者，如纽元子学像生，动乐器、杂手艺、唱叫白词、相席打、传言送语、弄水使拳之类，并是本色。

又有专为棚头，又谓之习闲，凡擎鹰、驾鹞、调鹁鸽、养鹌鹑、斗鸡、赌博、落生之类。

又有是刀镊手作，长生于此态，故谓之"涉儿"，取过水之意也。此等刀镊，专攻街市皂院，取奉郎君子弟、干当杂事、说合交易等。

又有赶趁唱喏者，探听妓馆人客，及游湖赏玩所在，专以献香送劝为由，觅钱赡家。大抵此辈若顾之则贪婪；不顾之，则强颜取奉，多呈本事，必得而后已，但在出著发放如何也。

灌圃耐得翁：《都城纪胜》，见王国平主编《西湖文献集成》（2），

杭州出版社，2004年，第32—44页。

选文2
吴自牧对宋代杭州夜生活的描写

杭城大街，买卖昼夜不绝，夜交三四鼓，游人始稀；五鼓钟鸣，卖早市者又开店矣。大街关扑，如糖蜜糕、灌藕、时新果子、像生花果、鱼鲜猪羊

蹄肉，及细画绢扇、细色纸扇、漏尘扇柄、异色影花扇、销金裙、缎背心、缎小儿、销金帽儿、逍遥巾、四时玩具、沙戏儿。春冬扑卖玉栅小球灯、奇巧玉栅屏风、捧灯球、快行胡女儿沙戏、走马灯、闹蛾儿、玉梅花、元子槌拍、金橘数珠、糖水、鱼龙船儿、梭球、香鼓儿等物。夏秋多扑青纱、黄草帐子、挑金纱、异巧香袋儿、木犀香数珠、梧桐数珠、藏香、细扇、茉莉盛盆儿、带朵茉莉花朵、挑纱荷花、满池娇、背心儿、细巧笼仗、促织笼儿、金桃、陈公梨、炒栗子、诸般果子及四时景物，预行扑卖，以为赏心乐事之需耳。衣市有李济卖酸文，崔官人相字摊，梅竹扇面儿，张人画山水扇。并在五间楼前大街坐铺中瓦前，有带三朵花点茶婆婆，敲响盏，掇头儿拍板，大街游玩人看了，无不哂笑。又有虾须卖糖，福公个背张婆卖糖，洪进唱曲儿卖糖。又有担水斛儿，内鱼龟顶傀儡面儿舞卖糖。有白须老儿看亲箭闹盘卖糖。有标竿十样卖糖，效学京师古本十般糖。赏新楼前仙姑卖食药。又有经纪人担瑜石钉铰金装架儿，共十架，在孝仁坊红杈子卖皂儿膏、澄沙团子、乳糖浇。寿安坊卖十色沙团。众安桥卖澄沙膏、十色花花糖。市西坊卖螺滴酥，观桥大街卖豆儿糕（一作"膏"）、轻饧。太平坊卖麝香糖、蜜糕、金铤裹蒸儿。庙巷口卖杨梅糖、杏仁膏、薄荷膏、十般膏子糖。内前杈子里卖五色法豆，使五色纸袋儿盛之。通江桥卖雪泡豆儿、水荔枝膏。中瓦子前卖十色糖。更有瑜石车子卖糖糜乳糕浇，亦俱曾经宣唤，皆效京师叫声。日市亦买卖。又有夜市物件，中瓦前车子卖香茶异汤，狮子巷口耍鱼，罐里鸡丝粉，七宝科头，中瓦子武林园前煎白肠、肠，灌肺岭卖轻饧，五间楼前卖余甘子、新荔枝，木檐市西坊卖焦酸馅、千层儿，又有沿街头盘叫卖姜豉、膘皮子、炙椒、酸儿、羊脂韭饼、糟羊蹄、糟蟹，又有担架子卖香辣罐肺、香辣素粉羹、腊肉、细粉科头、姜虾、海蛰、鲊清汁、田螺羹、羊血汤、猢觎、海蛰、螺头、面等，各有叫声。大街更有夜市卖卦：蒋星堂、玉莲相、花字青、霄三命、玉壶五星、草窗五星、沈南天五星、简堂石鼓、野庵五星、泰来心、鉴三命。中瓦子浮铺有西山神女卖卦，灌肺岭曹德明易课。又有盘街卖卦人，如心鉴及甘罗次、北算子者。更有叫"时运来时，买庄田，取老婆"卖卦者。有在新街融和坊卖卦，名"桃花三月放"者。其余桥道坊巷，亦有夜市扑卖果子糖等物，亦有卖卦人盘街叫卖，如顶盘担架卖市食，至三更不绝。冬月虽大雨雪，亦有夜市盘卖。至三更后，方有提瓶卖茶。冬间，担架子卖茶，徽子慈茶始过。盖都人公私营干，深夜方归故也。

吴自牧：《梦粱录》（卷十三），

浙江人民出版社，1980年，第119—120页。

选文 3

吴自牧说杭州民俗

杭州风俗，凡百货卖饮食之人，多是装饰车担，盘盒器皿新洁精巧，以耀人耳目，盖效学汴京气象，及因高宗南渡后，常宣唤买市，所以不敢苟简，食味道亦不敢草率也。且如士农工商诸行百户衣巾装著，皆有等差。香铺人顶帽披背子。质库掌事，裹巾着皂衫角带。街市买卖人，各有服色头巾，各可辨认是何名目人。自淳祐年来，衣冠更易，有一等晚年后生，不体旧规，裹奇巾异服，三五为群，斗美夸丽，殊令人厌见，非复旧时淳朴矣。但杭城人皆笃高谊，若见外方人为人所欺，众必为之解救。或有新搬移来居止之人，则邻人争借动事，遗献汤茶，指引买卖之类，则见睦邻之义，又率钱物，安排酒食，以为之贺，谓之"暖房"。朔望茶水往来，至于吉凶等事，不特庆吊之礼不废，甚者出力与之扶持，亦睦邻之道，不可不知。

吴自牧：《梦粱录》（卷十八），浙江人民出版社，1980年，第161页。

选文 4

吴自牧说杭州嫁娶

婚娶之法，先凭媒氏，以草帖子通于男家。男家以草帖问卜，或祷签，得吉无克，方回草帖。亦卜吉媒氏通音，然后过细贴，又谓"定帖"。帖中序男家三代官品、职位、名讳，议亲第几位男，及官职年甲月日吉时生，父母或在堂、或不在堂，或书主婚何位尊长，或入赘，明开，将带金银、田土、财产、宅舍、房廊、山园，俱列帖子内。女家回定帖，亦如前开写，及议亲第几位娘子，年甲月日吉时生，具列房奁，首饰、金银、珠翠、宝器、动用、帐幔等物，及随嫁田土、屋业、山园等。其伐柯人两家通报，择日过帖，各以色彩衬盘、安定帖送过，方为定论。然后男家择日备酒礼诣女家，或借园圃，或湖舫内，两亲相见，谓之"相亲"。男以酒四杯，女则添备双杯，此礼取男强女弱之意。如新人中意，即以金钗插于冠髻中，名曰"插钗"。若不如意，则送彩缎二匹，谓之"压惊"，则姻事不谐矣。既已插钗，则伐柯人通好，议定礼，往女家报定。若丰富之家，以珠翠、首饰、金器、销金裙褶，及缎匹茶饼，加以双羊牵送，以金瓶酒四樽或八樽，装以大花银方胜，红绿销金酒衣簇盖酒上，或以罗帛贴套花为酒衣，酒担以红彩缴之。男家用销金色纸四幅为三启，一礼物状共两封，名为"双缄"，仍以红绿销金书袋盛之，或以罗帛贴套，五男二女盏，盛礼书为头合，共辇十合或八合，用彩袱盖上送往。女家接定礼合，于宅堂中备香烛酒果，告盟三界，然后请女亲家夫妇双全者开合，其女氏即于当日备回定礼物，以紫罗及颜色缎匹，珠翠须掠，皂罗巾缎，金玉帕镮，七宝巾环，篾帕鞋袜女工答之。更以元送茶饼果物，以四方回送羊酒，亦以一半回之，更以空酒樽一双，投入清水，盛四金鱼，以箸一双、葱两株，安于樽内，谓之"回鱼箸"。若富家官户，多用金银打造鱼箸各一双，并以彩帛造像生葱双株，挂于鱼水樽外答之。自送定之后，全凭媒氏往来，朔望传语，遇节序亦以冠花彩缎合物酒果遗送，谓之"追节"。女家以巧作女工金宝帕环答之。次后择日则送聘，预令媒氏以鹅酒，重则羊酒，道日方行送聘之礼。且论聘礼，富贵之家当备三金送之，则金钏、金镯、金帔坠者是也。若铺席宅舍，或无金器，以银镀代之。否则贫富不同，亦从其便，此无定法耳。更言士宦，亦送销金大袖，黄罗销金裙，缎红长裙，或红素罗大袖缎亦得。珠翠特髻，珠翠团冠，四时冠花，珠翠排环等首饰，及上细杂色彩缎匹帛，加以花茶果物、团圆饼、羊酒等物。又送官会银铤，谓之"下财礼"，亦用双缄聘启礼状。或下等人家，所送一二匹，官会一二封，加以鹅酒茶饼而已。名下财礼，则女氏得以助其虚费耳。又有一等贫穷父母兄嫂所倚者，惟色可取，而奁具茫然，在议亲者以首饰衣帛，加以楮物送往，谓之"兜裹"。今富家女氏既受聘送，亦以礼物答回，以绿紫罗双匹、彩色缎匹、金玉义房坑具、珠翠须掠女工等，如前礼物。更有媒氏媒箱、缎匹、盘盏、官楮、花红礼合惠之。自聘送之后，节序不送，择礼成吉日，再行导日，礼报女氏，亲迎日分。先三日，男家送催妆花髻、销金盖头、五男二女花扇，花粉、洗项、画彩钱果之类，女家答以金银双胜御、罗花幞头，绿袍、靴笏等物。前一日，女家先往男家铺房，挂帐幔，铺设房奁器具、珠宝首饰动用等物，以至亲压铺房，备礼前来暖房。又以亲信妇人，与从嫁女使，看守房中，不令外人入房，须待新人，方敢纵步往来。至迎亲日，男家刻定时辰，预令行郎，各以执色如花瓶、花烛、香球、沙罗洗漱、妆合、照台、裙箱、衣匣、百结、青凉伞、交椅，授事街司等人，及顾借官私妓女乘马，及和情乐官鼓吹，引迎花檐子或粽檐子藤轿，前往女家，迎取新人。其女家以酒礼款待行郎，散花红、银碟、利市钱会讫，然后乐官作乐催妆，克择官报时辰，催促登车，茶酒司互念诗词，催请新人出阁登车。既已登车，擎檐从人未肯起步，仍念诗词，求利市钱。酒毕，方行起檐作乐，迎至男家门首，时辰将正，乐官妓女及茶酒等人互念诗词，拦门求利市钱红。克择官执花，盛五谷豆钱彩果，望门而撒，小儿争拾之，谓之"撒谷豆"，以压青阳煞耳。方请新人下车，一妓女倒朝车行捧镜，又以数妓女执莲炬花烛，导前迎引，遂以二亲信女使，左右扶侍而行，踏青锦褥或青毡花席上行，先跨马鞍，蓦背平秤过，入中门，至一室中少歇，当中悬帐，谓之"坐虚帐"。或径迎入房室，内坐于床上，谓之"坐床富贵"。其家委亲戚接待女氏亲家，及亲送客会汤次拂备酒四盏款待。若论浙东，以亲送客急三杯或五盏而回，名曰"走送"。向者迎新郎礼，其婿服绿裳、花幞头，于中堂升一高座，先以媒氏或亲戚互斟酒，请下高座归房，至外姑致请，方下座回房坐富贵。今此礼久不用矣，止用妓乐花烛，迎引入房，房门前先以彩帛一段横挂于楣上，碎裂其下，婿入门，众手争扯而去，谓之"利市缴门"，争求利市也。婿登床右首座，新妇座于左首，正坐富贵礼也。其礼官请两新人出房，诣中堂参堂，男执槐简，挂红绿彩，绾双同心结，倒行；女挂于手，面相向而行，谓之"牵巾"，并立堂前，遂请男家双全女亲，以秤或用机杼挑盖头，方露花容，参拜堂次诸家神及家庙，行参诸亲之礼毕，女复倒行，执同心结，牵新郎回房，讲交拜礼，再坐床，礼官以金银盘盛金银钱、彩钱、杂果撒帐次，命妓女执双杯，以红绿同心结缚盏底，地交卺礼毕，以盏一仰一覆，安于床下，取大吉利意。次男左女右结发，名曰"合髻"。又男以手摘女之花，女以手解郎绿抛纽，次掷花髻于床下，然后请掩帐。新人换妆毕，礼官迎请两新人诣中堂，行参谢之礼，次亲朋讲庆贺，及参谒外舅姑已毕，则两亲家行新亲之好，然后入礼筵，行前筵五盏礼毕，别室歇坐，数杯劝色，以叙亲义，仍行上贺赏花节次，仍复再入公筵，饮后筵四盏，以终其仪。三日，女家送冠花、彩缎、鹅蛋，以金银缸儿盛油蜜，顿于盘中，四围撒贴套丁胶于上，并以茶饼鹅羊果物等合送去婿家，谓之"送三朝礼"也。其两新人于三日或七朝九日，往女家行拜门礼，女亲家广设华筵，款待新婿，名曰"会郎"，亦以上贺礼物与其婿。礼毕，女家备鼓吹迎送婿回宅第。女家或于九朝内，移厨往婿家致酒，谓之"暖女会"。自后迎女回家，以冠花、缎匹、合食之类，送归婿家，谓之"洗头"。至一月，女家送弥月礼合，婿家开筵，延款亲家及亲眷，谓之"贺满月会亲"。自此礼仪可简。遇节序，两亲互送节仪。若士庶百姓之家，贫富不等，亦宜随家丰俭，却不拘此礼。若果无所措，则已之。

吴自牧:《梦粱录》(卷二十)，

浙江人民出版社，1980年，第186—190页。

选文5

吴自牧说杭州人育子

　　杭城人家育子，如孕妇入月，期将届，外舅姑家以银盆或彩盆，盛粟秆一束，上以锦或纸盖之，上簇花朵、通草、贴套、五男二女意思，及眠羊卧鹿，并以彩画鸭蛋一百二十枚、膳食、羊、生枣、栗果，及孩儿绣彩衣，送至婿家，名"催生礼"。足月，既坐蓐分娩，亲朋争送细米炭醋。三朝与儿落脐炙。七日名"一腊"，十四日谓之"二腊"，二十一日名曰"三腊"，女家与亲朋俱送膳食，如猪腰肚蹄脚之物。至满月，则外家以彩画钱或金银钱杂果，及以彩缎珠翠角儿食物等，送往其家，大展"洗儿会"。亲朋俱集，煎香汤于银盆内，下洗儿果彩钱等，仍用色彩绕盆，谓之"围盆红"。尊长以金银钗搅水，名曰"搅盆钗"。亲宾亦以金钱银钗撒于盆中，谓之"添盆"。盆内有立枣儿，少年妇争取而食之，以为生男之征。浴儿落胎发毕，以发入金银小合，盛以色线结绦络之，抱儿遍谢诸亲坐客，及抱入姆婶房中，谓之"移窠"。若富室宦家，则用此礼。贫下之家，则随其俭，法则不如式也。生子百时，即一百日，亦开筵作庆。至来岁得周，名曰"周晬"，其家罗列锦席于中堂，烧香炳烛，顿果儿饮食，及父祖诰敕、金银七宝玩具、文房书籍、道释经卷、秤尺刀翦、升斗等子、彩缎花朵、官楮钱陌、女工针线、应用物件，并儿戏物，却置得周小儿于中座，观其先拈者何物，以为佳谶，谓之"拈周试晬"。其日诸亲馈送，开筵以待亲朋。

吴自牧：《梦粱录》（卷二十），浙江人民出版社，1980年，第190页。

选文6
王同说杭州人祭神

杭俗好祀财神，名曰五圣。无论穷乡曲巷，多置堂图像，愚民佞神邀福，必宰牲设醴祀之。凡有祈祷，虽弗如愿，不敢不慎。至市廛列肆，每月当五日祭之必恭。民间痴习，数百年莫之或改。康熙二十五年，诏厘定天下祀典，巡抚金鋐檄令尽撤其堂，以像付水火中，岁省民间妄费无算。《仁和县志》

正月初五，烧五纸茶酒蔬，供皆五数。钱塘范祖述《杭俗遗风》：

> 今俗市井贸易者，有逢五日饷五纸肉之例，每月五日、十五日、二十五日皆然，惟不复祀神。盖禁革其祀，而市人贪朵颐者，犹存旧俗也。
>
> ……

每月初二、十六日，市肆贸易之家，俱用酒肉祀五圣，谓之"请财神"。

谚云："初二、十六，店家吃肉。"杭州俗亦之。

　　　　王同：《武林风俗记》（卷上），见王国平主编《西湖文献集成》（19），

杭州出版社，2004 年，第 181—188 页。

选文 7
古人说杭州的"五通神"

　　杭人最信五通神，亦曰"五圣"。姓氏原委，俱无可考，但传其神好矮屋，高广不逾三四尺，而五神共处之。或配以五妇，凡委巷若空园及大树下多建祠祀之，而西泠桥尤甚。或云其神能奸淫妇女，偷运财帛，力能祸福见形。人间争相崇奉，至不敢启齿谈及神号，凛凛乎有摇手触禁之忧，此杭俗之大可笑也。《武林闻见录》载：宋嘉泰中，大理寺断一大辟，处决数日矣，狱吏在家，昏时有叩门者，出视之，即向所决囚也。惊问："尔为何得至此？"囚曰："某死已无憾，但有一事相浼。泰和楼五通神，皆某等辈；近有一他适，见虚其位，某欲冲之，因无执凭，求一差檄如寻常形移，但明言差充某位神，得此为据可矣。"吏不得已，许之。又曰："烦制花帽袍带之属。"出银一笏，曰："以此相酬。"言讫而去。吏不敢泄其事，乃为书牒一道，及制靴帽袍带，候中夜焚之。次日梦有驺从若王者，下车郑重致谢而退。经数月，邂逅东库专知官，因言东库中楼上五通神日夜喧闹，如争竞状，知库人不得安息，酒客亦不敢登饮，例课甚亏，无可奈何。吏遂以向日所遇密告之，各大骇异，相与增塑一神于内，是日即安妥如初。观此则杭人之信五通，自宋已然矣。夫瞰其亡而夺之位，归又力争，真小人之雄者；而竟不能祸伪牒之吏，则其灵亦不足畏矣。予平生不信邪神，而御五通尤慢虐，见其庙辄毁之，凡数十所；斧其像而火之，溺之，或投之厕中。盖将以此破乡人之被惑者，而闻者皆掩耳而走，愚民之不可晓如此。

　　　　《杭州府部外编》，见王国平主编《西湖文献集成》（1），

杭州出版社，2004 年，第 730—731 页。

选文 8

范祖述谈清代苏州面馆

苏州面店，细而且软，有火鸡、三鲜、焖肉、羊肉、燥子、卤子等，每碗廿一文、廿八文、或三四十文不等。惟炒面每大盘六十四文，亦卖各类小吃，并酒、点心、春饼等，均全。此为荤面店。尤有素面店，专卖清汤素面，与菜花拗面，六文或八文起码。如上一斤，则用铜锅，名铜锅大面。并卖羊肉馒头、羊肉汤包。再三四月间，添卖五香鳝鱼、小菜面汤，亦各二文。

案：苏州面馆各处皆有，就其佳者论，以太平坊之六聚馆为最。所售虾黄鱼面，有为鲜美，且通年皆有。盖他家用汤，皆以肉骨煮成，独彼用火腿或笋煮成，故其味优于人也。并卖各种过桥面。过桥面者，作料与面，分为两起，如小吃然，故名。一至秋深，则兼售大河蟹。……

范祖述：《杭俗遗风·饮食类》，见王国平主编《西湖文献集成》(19)，
杭州出版社，2004 年，第 132—133 页。

选文 9

范祖述谈绍兴年糕

年糕一物，以绍兴、上虞为最，盖皆水磨也。宋恒兴为绍人所设，开张荐桥之桥堍下，生涯鼎盛。其所制年糕，坚硬而耐久，为他家所不及。余询诸个中人，谓制年糕之米，须得自上江者为佳。该号本设盐栈于衢州，盐船上后，即装载上江之米而归，用以制糕，事省而功倍，宜脍炙人口也。

范祖述：《杭俗遗风·饮食类》，见王国平主编《西湖文献集成》(19)，
杭州出版社，2004 年，第 137 页。

选文 10

赵彦卫说浙江人的"行"

自浙江东南溪行，而溪水浅涩湍急，深五七寸，碎石作底，小者如弹，大者不过盆碗，齿齿无数，五色可爱，行三五步一滩，即四边或上流；或拥起碎石，或如堆阜，或如堤堰，水势喷激怒如瀑。而舟人所用器，特与它舟异，篙用竹，加铁钻；又有肩篙拐篙，皆用木加拐，如到书某字于其上。每遇滩碛，即舟师足踏樯竿，手执篙，仰卧空中撑舟；忽翻身落舟上，覆面向水急撑，谓之身擭篙。舟师每呼"肩篙"、"头篙"、"转篙"、"身篙"、"抢篙"，诸人即齐声和曰："噢！噢！"诸人皆齐力急撑。

赵彦卫：《云麓漫钞》，见王国平主编《西湖文献集成》(13)，
杭州出版社，2004 年，第 35—36 页。

选文 11

吴自牧介绍杭州的妓乐

散乐传学教坊十三部，唯以杂剧为正色。旧教坊有筚篥部、大鼓部、拍板部。色有歌板色、琵琶色、筝色、方响色、笙色、龙笛色、头色管、舞旋色、杂剧色、参军等色。但色有色长、部有部头。上有教坊使、副钤辖、都管、掌仪、掌范、皆是杂流命官。其诸部诸色，分服紫、绯、绿三色宽衫，两下各垂黄义襕。杂剧部皆诨裹，余皆幞头帽子。更有小儿队、女童采莲队。其外别有钧容班人，四孟乘马从驾后动乐者是也。御马院使臣，凡有宣唤或御教，入内承应奏乐。绍兴年间，废教坊职名，如遇大朝会、圣节、御前排当及驾前导引奏乐，并拨临安府衙前乐人，属修内司教乐所集定姓名，以奉御前供应。向者汴京教坊大使孟角球曾做杂剧本子，葛守诚撰四十大曲，丁仙现捷才知音。南渡以后，教坊有丁汉弼、杨国祥等。景定年间至咸淳岁，衙前乐拨充教乐所都管、部头、色长等人员，如陆恩显、时和、王见喜、何

雁喜、王吉、赵和、金宝、范宗茂、傅昌祖、张文贵、侯端、朱尧卿、周国宝、王荣显等。且谓杂剧中末泥为长，每一场四人或五人。先做寻常熟事一段，名曰"艳段"。次做正杂剧、通名两段。末泥色主张，引戏色分付，副净色发乔，副末色打诨。或添一人，名曰"装孤"。先吹曲，破断送，谓之"把色"。大抵全以故事，务在滑稽唱念，应对通遍。此本是鉴戒，又隐于谏诤，故从便跣露，谓之无过虫耳。若欲驾前承应，亦无责罚。一时取圣颜笑。凡有谏诤，或谏官陈事，上不从，则此辈妆做故事，隐其情而谏之，于上颜亦无怒也。又有杂扮，或曰"杂班"，又名"经元子"、又谓之"拔和"，即杂剧之后散段也。顷在汴京时，村落野夫，罕得入城，遂撰此端。多是借装为山东、河北村叟，以资笑端。今士庶多以从者，筵会或社会，皆用融和坊、新街及下瓦子等处散乐家，女童装末，加以弦索赚曲，只应而已。大凡动细乐，比之大乐，则不用大鼓、杖鼓、羯彭、头管、琵琶等，每只以箫、笙、筚篥、稽琴、方响，其音韵清且美也。若合动小乐器，只三二人合动尤佳，如双韵合阮咸，稽琴合箫管，鏊琴合葫芦琴，或弹拨下四弦，独打方响，吹赚动鼓《渤海乐》一拍子至十拍子。又有拍番鼓儿，敲水盏，打锣板，和鼓儿，皆是也。街市有乐人三五为队，擎一二女童舞旋，唱小词，专沿街赶趁。元夕放灯、三春园馆赏玩、及游湖看潮之时，或于酒楼，或花衢柳巷妓馆家只应，但犒钱亦不多，谓之"荒鼓板"。若论动清音，比马后乐加方响、笙、与龙笛，用小提鼓，其声音亦清细轻雅，殊可人听。更有小唱、唱叫、执板、慢曲、曲破、大率轻起重杀，正谓之"浅斟低唱"。若舞四十六大曲，皆为一体。但唱令曲小词，须是声音软美，与叫果子、唱耍令不犯腔一同也。朝廷御宴，是歌板色承应。如府第富户，多于邪街等处，择其能讴妓女，顾倩只应。或官府公筵及三学斋会、缙绅同年会、乡会，皆官差诸库角妓只直。自景定以来，诸酒库设法卖酒，官妓及私名妓女数内，拣择上中甲者，委有娉婷秀媚，桃脸、樱唇，玉指纤纤，秋波滴溜，歌喉宛转，道得字真韵正，令人侧耳听之不厌。官妓如金赛兰、范都宜、唐安安、倪都惜、潘称心、梅丑儿、钱保奴、吕作娘、康三娘、桃师姑、沈三如等，及私名妓女如苏州钱三姐、七姐、文字季惜惜、鼓板朱一姐、媳妇朱三姐、吕双双、十般大胡怜怜、婺州张七姐、蛮王二姐、搭罗邱三姐，一丈白杨三妈、旧司马二娘、褙背陈三妈、屟片张三娘、半把伞朱七姐、轿番王四姐、大臂吴三妈、浴堂徐六妈、沈盼盼、普安安、徐双双、彭新等。后辈虽有歌唱者，比之前辈，终不如也。说唱诸宫调，昔汴京有孔三传编成传奇灵怪，入曲说唱；今杭城有女流熊保保及后辈女童皆效此，说唱亦精，于上鼓板无二也。盖嚖唱为引子四句就入者谓之"下影带"。无影带，名为"散呼"。若不上鼓面，止献盏儿，谓之"打拍"。唱赚在京时，只有缠令、缠达。有引子、尾声为缠令。引子后只有两腔迎互循环，间有缠达。绍兴年间，有张五牛大夫，因听动鼓板中有《太平令》或赚鼓板，即今拍板大节抑扬处是也，遂撰为"赚"。赚者，误赚之之义也，正堪美听中，不觉已至尾声，是不宜为片序也。又有"覆赚"，其中变化前月下之情及铁骑之类。今杭城老成能唱赚者，如窦四官人、离七官人、周竹窗、东西两陈九郎、包都事、香沈二郎、雕花杨一郎、招六郎、沈妈妈等。凡唱赚最难，兼慢曲、曲破、大曲、嚖唱、耍令、番曲、叫声，接诸家腔谱也。若唱嚖耍令者，如路岐人、王双莲、吕大夫唱得音律端正耳。今街市与宅院，往往效京师叫声，以市井诸色歌叫卖物之声，采合宫商成其词也。

吴自牧：《梦粱录》（卷二十），

浙江人民出版社，1980年，第191—193页。

选文 12

吴自牧介绍杭州百戏

百戏踢弄家，每于明堂郊祀年分，丽正门宣赦时，用此等人，立金鸡竿，承应上竿抢金鸡。兼之百戏，能打筋斗、踢人、踏跷、上索、打交辊、脱索、索上担水、索上走装神鬼、舞判官、斫刀蛮牌、过刀门、过圈子等。理庙时，有路岐人，名十将宋喜、常旺两家。有踢弄人，如谢恩、张旺、宋宝哥、沈家强、自来强、宋达、杨家会、宋赛哥、宋国昌、沈喜、张宝哥、常家喜、小娘儿、李显、沈喜、汤家会、汤铁柱、庄德、刘家会、小来强、鲍老儿、宋定哥、李成、庄宝、潘贵、宋庆哥、汤家俊等。遇朝家大朝会，圣节，宣押殿庭承应。则官府公筵，府第筵会，点唤供筵，俱有大犒。又有村落百戏之人，拖儿带女，就街坊桥巷，呈百戏使艺，求觅铺席宅舍钱酒之赀。且杂手艺，即使艺也，如踢瓶、弄碗、踢磬、踢缸、踢钟、弄花钱、花鼓、槌踢笔墨、壁上睡、虚空挂香炉、弄花球儿、拶筑球、弄斗、打硬、教虫蚁、弄熊、藏人、烧火、藏剑、吃针、射弩端、亲背、攒壶瓶等，绵包儿、撮米酒、撮放生等艺。淳祐以后，艺术高者有包喜、陆寿、施半仙、金宝、金时好、宋德、徐彦、沈兴、赵安、陆胜、包寿、范春、吴顺、金胜等。此艺施呈，委是奇特，藏去之术，则手法疾而已。凡傀儡，敷演烟粉、灵怪、铁骑、公案、史书历代君臣将相故事话本，或讲史，或作杂剧、或如崖词。如悬线傀儡者，起于陈平六奇解围故事也，今有金线卢大夫、陈中喜等，弄得如真无二，兼之走线者尤佳。更有杖头傀儡，最是刘小仆射家数果奇，大抵弄此多虚少实，如巨灵神姬大仙等也。其水傀儡者，有姚遇仙、赛宝哥、王吉、金时好等，弄得百怜百悼。兼之水百戏，往来出入之势，规模舞走，鱼龙变化夺真，功艺如神。更有弄影戏者，元汴京初以素纸雕簇，自后人巧工精，以羊皮雕形，用以彩色妆饰，不致损坏。杭城有贾四郎、王升、王闰卿等，熟于摆布，立讲无差。其话本与讲史书者颇同，大抵真假相半，公忠者雕以正貌，奸邪者刻以丑形，盖亦寓褒贬于其间耳。

吴自牧：《梦粱录》（卷二十），

浙江人民出版社，1980 年，第 193—195 页。

结语一

　　小桥、流水、人家是江南的标志、优美的象征和温馨生活的代名词。江南地区地处长江中下游，地形宛若"盘盂"。明人毛节卿云："浙西为区，四高中下，势若盘盂。浙西之田，低于天下；苏松之田，又低于浙西。东、南濒海，北亘长江，西界常州，地皆高仰，而列泽中汇，太湖为最。"江南腹心是以太湖为中心，四周略高、中间稍低的浅碟形洼地。区内洼地成湖，沟壑成河，水网稠密，是一个典型的湖荡水网平原，有"水乡泽国"之称。隆庆《长洲县志》："吴地卑下，触处成川，众水所都，号称泽国。"江南水乡如此发达的水陆交通系统，自然少不了"桥"。江南的"桥"数不胜数，特别是古镇里的小桥，小、巧、精，如今江南的桥已不仅仅是人们出行的交通工具，它们的形象已经深深烙印在世人的心中，成为江南人文精神与文化的代表之一。江南居民的灵秀颖慧与江南的"水"性特征相关。水在中国传统的思维中是与"柔"、"灵动"联系在一起的，比如《老子》中有"上善若水，水善利万物，又不争"，以及"天之柔弱莫过于水，而攻坚强，莫之能先"的说法。江南到处是水，充盈着秀美轻灵，湖光山色，清流潺湲，又或是春雨绵绵，杨柳依依。每一个来到江南的人，不管是静观那碧玉般的湖水，还是边走边欣赏那清澈的溪水，都会产生一种置身于水的世界中的灵动之感。在贴水而筑的街巷里缓步穿行，踏过那单拱或多拱的轻灵飘逸的石桥，青山隐隐，绿水粼粼，共同幻化出江南的半城烟雨、半城桥亭的古朴自然之美，所有的浮躁和喧哗都被洗涤干净了，心头只留下一派宁静，一派纯洁。江南的小桥、流水、人家平淡而又平常，然而正是这平淡与平常成为千百年来人们割舍不下的爱，成为世世代代人们玩味无穷的美。

结语二

小桥、流水、人家作为江南美的外在标示，就像无法引起任何涟漪的流水，发挥了他们水滴石穿的作用，在实用的基础上，将人们的视线引向了一种美的追求，已然成为江南日常审美的一种精神的彰显。立于桥头望着小小流水缓缓地眼前流过，任谁也无法抗拒"那一低头"时，忽然被攫住的"温柔"。生活在这样无须青草艳花来妆点的空间里，即使只能拥有息膝、歇肩的小小空间，也像是做了整个天地的主人了吧？

■ **进一步思考的问题**：

出于对中国古典艺术中江南意象的热爱，我们希望那个小桥、流水、人家构成的江南图景永远伴随着我们，但是，江南是一个在历史中流变的概念，江南的日常生活也在历史中流变，现代化、城市化的必然进程必将使那个让我们迷恋的图景离我们越来越远。在这样的历史时刻，我们究竟应该做些什么，能做些什么，从而使我们的要求与社会的发展能够达到一种调和？

■ **关联性思考的问题**：

从"五四"开始，文化界就提出了日常生活审美化问题，今天人们的日常生活与古代江南人的日常生活相比，在审美化程度与质量上相比是提升了，还是下降了呢？

■ **进一步阅读的书目**：

1.（明）田汝成：《西湖游览志余》，浙江人民出版社，1980 年。
2.（明）张翰：《松窗梦语》，中华书局，1985 年。

■ **关联性阅读的书目**：

1.（清）吴永芳修：《康熙〈嘉兴府志〉》。
2.（清）袁景澜：《吴郡岁华纪丽》，凤凰出版社，1998 年。

第七编 | **江南生态美学**

导　读

　　生态审美和生态美学是我国人文学者在反思现代工业文明和受到中国古代农业文明启发的基础上提出来的两个当代概念，其基本特征如生态美学家曾繁仁先生所指出的那样，"在承认自然对象特有的神圣性、部分的神秘性和潜在的审美价值基础上，从人与自然平等的亲和关系中来探索自然美问题"①。在我国古代原创哲学中，道家哲学包含着世界上最早也最彻底的深层生态学思想，它长期影响着中国古人对大自然的审美实践，为形成我国古代高度发达的生态审美文化奠定了最为坚实的思想基础。当然，这种生态审美文化的形成只有哲学观念的支持是远远不够的，优良的自然环境更是生态审美文化产生的不可或缺的基本条件。我国古代生态审美文化生成的基本依托是我国的自然环境，尤其是江南的自然环境，这主要是因为江南具有我国最优越的地理生存环境，当地人民在长期丰衣足食的渔耕生活中形成了对大自然的感恩心理，因而人民爱护自然、尊重自然，另一方面在与江南山水生命信息的交换过程中，人民掌握了与大自然和谐相处的方法与规律，这两方面的因素使得江南人民有强烈的意愿、足够的能力和卓越的智慧保持与大自然的和谐关系。因此，研究中国古代的生态美学，首先要研究中国古代江南的生态美学。

---

① 曾繁仁主编：《人与自然：当代生态文明视野中的美学与文学》，河南人民出版社，2006 年，第 7 页。

第一章

江南文士的生态关怀

选文1

陈洪绶的山水感慨

老悔一生感慨多在山水间。何则？既脱胎为好山水人矣，每逢得意处，辄思携妻子，栖性命骨肉归于此，魂气则与云影水声、山光花色同生灭，吾愿足矣。所以不如愿者，有志气，无时运，想功名，恋声色，为造化小儿玩弄三十余年。至天地反覆时，乃心灰冷，老死山水之志始坚，而买山钱不能办矣。虽剪落入云门、秦望间，山中人喜为结草团瓢，约日供薪米，而白幢百伞，又逐之投城市矣。谋还枫溪，则刀兵聚处，不第娱老岩穴不可得，即耽玩泉亦不可得矣。乃知所谓有志者事竟成，徒虚语尔。复为造化小儿玩弄五六年，良可悯叹。

庚寅七月，与胡秋观游净慈寺，访老僧般舟者，与老莲有斋戒之因，同曲蘖之好，将商略契榼提壶，从烟霞、石屋八玲珑庵，登南高峰，写佛菩萨，乃还看盂兰盆会。般舟素不出门，尽忽入城市，不亦为造化小儿玩弄一日乎？

陈洪绶：《游净慈寺记》，见王国平主编《西湖文献集成》（14），

杭州出版社，2004年，第134页。

选文2
张瀚言西湖景致的完善

夫人标物异，物借人灵。古往而今，自来风光无尽。景迁而人不改，兴会长新。是知有补斯完，无亏不满。谁非造化，转水光山色与眼前。医此人功，留雪月风花于本地。维昔孤山逸老，曾于瀛屿栽梅。偃伏千株，淡荡寒岚之月；崚嶒数树，流连野水之烟。自鹤去而人不还，乃山空而种亦少。庚岭之春久寂，罗浮之梦不来。虽走马征舆，闹前提之景色；奈暗香疏影，辜此夜之清光。是以同社诸君子，点缀冰花，补苴玉树。种不移于海外，胜已集乎山中。灌岩隙而长玉龙，纷披偃仰；叠涧湄而栖白凤，布置横斜。幽心扶瘦骨同妍，冷趣值寒枝共远。西泠桥畔，重开元圃印清波；六一泉边，载启琼楼邀皓月。非为借风霜之伴，与岸花江柳斗春光；亦将留山泽之臞，令溪饮岩居生气色，倘高人扶筇扫石，正堪读易说诗；若韵士载酒飞觥，亦足吟风弄月。使千古胜场，不沦寂寞；将六堤佳景，尽人包罗。岂独处士之功臣，亦复坡仙之胜友。余薄游湖上，缅想孤踪。策月下之驴，为问山中谁是主；指云间之鹤，来看亭畔几株花。爰快述其良图，用同贻于好事云尔。

张瀚：《补种孤山梅花序》，见王国平主编《西湖文献集成》（21），杭州出版社，2004年，第44—45页。

选文3
白居易心系寺观景观

东南山水，余杭郡为最；就郡言，灵隐寺为尤；由寺观，冷泉亭为甲。亭在山下水中央，寺西南隅。高不倍寻，广不累丈，而撮奇得要，地搜胜概，物无遁形。春之日，吾爱其草薰薰，木欣欣，可以导和纳粹，畅人血气；夏之夜，我爱其泉渟渟，风泠泠，可以蠲烦析酲，起人心情。山树为盖，岩山为屏，云从栋生，水与阶平。坐而玩之者，可濯足于床下；卧而狎之者，可垂钓于枕上。矧又潺湲洁澈，粹冷柔滑，若俗士，若道人，眼耳之尘，心舌之垢，不待盥涤，见辄除去。潜利阴益，可胜言哉！斯所以最余杭而甲灵隐也。杭自郡城抵四封，丛山复湖，易为形胜。先是领郡者，有相里君造虚白亭，有韩仆射皋作候仙亭，有裴庶子棠棣作观风亭，有卢给事元辅作见山亭，及右司郎中河南元英最后作此亭。于是五亭相望，如指之列，可谓佳境殚矣，能事毕矣。后来者虽有敏心巧目，无所加焉。故吾继之，述而不作。长庆三年八月十三日记。

白居易：《冷泉亭记》，见王国平主编：《西湖文献集成》（1），

杭州出版社，2004年，第638—639页。

选文4

欧阳修谈繁华中的山水之美

　　嘉祐二年，龙图阁直学士、尚书吏部郎中梅公出守余杭。於其行也，天子宠之以诗。于是作有美之堂。盖取赐诗之首章而名之，以为杭人之荣。然公之甚爱斯堂也，久而不忘。今年自金陵遣人走京师，命予志之。其请至六七而不倦，余乃为之言曰：

　　夫举天下之至美与其乐，有不得兼焉者多矣。故穷山水登临之美者，必之乎宽闲之野、寂寞之乡而后得焉；览人物之盛丽、跨都邑之雄富者，必据乎四达之冲、舟车之会而后足焉。盖彼放心於物外，而此娱意于繁华，二者各有适焉。然其为乐，不得而兼也。今夫所谓罗浮、天台、衡岳、庐阜、洞庭之广，三峡之险，号为东南奇伟秀绝者，乃皆在乎下州小邑、僻陋之邦。此幽潜之士、穷愁放逐之臣之所乐也。若乃四方之所聚，百货之所交，物盛人众，为一都会，而又能兼有山水之美，以资富贵之娱者，惟金陵、钱塘。然二邦皆僭窃于乱世。及圣宋受命，海内为一，金陵以後服见诛，今其江山虽在，而颓垣废址、荒烟野草，过而览者莫不为之踌躇而凄怆。独钱塘，自五代始时知尊中国、效臣顺，及其亡也，顿首请命，不烦干戈。今其民幸富足安乐，又其俗习工巧，邑屋华丽，盖十馀万家。环以湖山，左右映带。而闽商海贾，风帆浪舶，出入于江涛浩渺、烟云杳霭之间，可谓盛矣。而司是

邦者，必皆朝廷公卿大臣若天子之侍从，四方游士为之宾客，故喜占形胜，治亭树，相与极游览之娱。然其于所取，有得于此者必有遗于彼。独所谓有美堂者，山水登临之美，人物邑居之繁，一寓目而尽得之。盖钱塘兼有天下之美，而斯堂者又尽得钱塘之美焉，宜乎公之甚爱而难忘也。梅公清谨好学，君子也。视其所好，可以得其人焉。

欧阳修：《有美堂记》，见王国平主编：《西湖文献集成》(1)，

杭州出版社，2004年，第639—640页。

选文 5
苏轼对江南之水的绵绵情意

　　欧阳文忠公将老，自谓六一居士。予昔通守钱塘，见公于汝阴而南。公曰："西湖僧惠勤甚文，而长于诗，吾昔为《山中乐》三章以赠之。子闲于民事，求人于湖山间而不可得，则往从勤乎？"予到官三日，访勤于孤山之下。抵掌而论人物，曰："六一公，天人也。人见其暂寓人间，而不知其乘云驭风历五岳而跨沧海也。此邦之人以公不一来为恨。公麾斥八极，何所不至，虽江山之胜，莫适为主，而奇丽秀绝之气，常为能文者用，故吾以谓西湖盖公几案间一物耳。"勤语虽幻怪，而理有实然者。明年，公薨，予哭于勤舍。又十八年，予为钱塘守，则勤亦化去久矣。访其旧居，则弟子二仲在焉。画公与勤之像，事之如生。舍下旧无泉，予未至数月，泉出讲堂之后，孤山之趾，汪然溢流，甚白而甘。即其地凿岩架石为室。二仲谓予："师闻公来，出泉以相劳苦，公可无言乎？"乃取勤旧语，推其本意，名之曰六一泉，且铭之曰：泉之出也，去公数千里，后公之没十有八年，而名之曰六一，不几于诞乎？曰：君子之泽，岂独五世而已，盖得其人，则可至于百传。尝试与子登孤山而望吴越，歌山中之乐而饮此水，则公之遗风余烈，亦或见于斯泉也。

苏轼：《六一泉铭并序》，见王国平主编：《西湖文献集成》(1)，

杭州出版社，2004年，第640—641页。

选文 6

程端明谈与自然同化

余旧读秦太虚笔记,谓:"元丰元年中秋后一日,自吴兴过杭还会稽,龙井辨才法师书招余入山。出郭,日已夕,航湖至普宁,遇参寥道人,相与杖策,并湖而行。出雷峰,度南屏,濯足于惠因涧。入灵石坞,得支径上凤凰岭,憩龙井亭,酌泉据石而饮之。自普宁,凡经佛寺十数,寂不闻人声。旁庐舍,或灯火隐显,草木深郁,流水激激悲鸣,殆非人间也。行二鼓,至寿圣院,谒辨才于潮音堂。明日乃还。"予读其辞,想其事,甚欲一追故步者,不记几年矣。乃辛巳岁立春,出清辉门,经净慈寺,过白莲院,上凤凰岭,谒龙祠。酌龙井,遂至辨才塔,饭于月林。月林,辨才所庐也。主僧出范文正、东坡、栾城、参寥、辨才遗像,及坡遗辨才水墨罗汉八轴。轴皆二像,仁皇飞帛四字,与南唐草字四纸。已而,酌泉瀹茗,复汲二盎以归。径旁佛舍,多不知名,独白莲为近,晚,不暇入。四山多怪石,如乱云,如虎豹。下视西湖如盘,狭处仅若带。沿路居民,视昔不加密,炊烟断续相望,涧洌洌如故。但太虚乃宵征,则所不见者,怪石,与西湖及炊烟耳。元丰距今百三十七年矣,人事几变,而景物则宛然当时,可为太息。辨才结庐,今为广富寺。一山屹然内向。故备以告来游者。

程端明:《游龙井记》,见王国平主编:《西湖文献集成》(1),
杭州出版社,2004 年,第 647—648 页。

选文 7

蔡襄的径山见闻

临安县之北鄙直四十里,有径山在焉。山有佛祠,号曰承天祠。有碑籀述载本初唐崔元翰之文,归登书之石,今传于时云。始至山之阳,东、西之径二登,自其西壁绝径绕轿行,少休。松桧交错,盘折蒙翳,寻丈之间,独闻语声。跻梭，层披翠茜，尽十里许。下视来径，青虬蜿蜒，抟岩腾霄。且及其巅，峡束洞隐，几不容并行。已而，内拓一区，平盈坦墅，四面五峰，如手竖指。一峰南绝，卓为巨擘，屋盖高下，在掌中矣。庭间小井，或云故龙湫也。龙亡湫在，岁率一来。雷雨暝曀，而乡人祠焉者。憧憧然，环山多桑木，丝杉翠桎，千千万万，若神官壮士，联幢植葆、骈邻倚徙、沉毅而有待者；导流周合，锵然璆然，若銮行佩趋而中节者。由西峰之北数百步，砼然巨石，屏张筼立，上下左右，可再十尺，划而三之，若"川"字隶文，曰"喝石岩"，其石甚神。并岩披谷，修竹茂密，尝以契刀刻竹两节间，成"景祐三年十二月十五日"字云尔。由东径而往，坎窨为池，游鱼旷空。其山径东折蹑南峰，岭胫之间，平地砥然盈亩而半，偃松一本，其高丈，其荫四之，横柯上耸，如芝孤生。松下石泓，激泉成沸，甘白可爱，汲之煮茶。凡茶出北苑，第品之无上者，最难其水，而此宜之。偃松之南，一目千里，吴江之涛可挹，越岫之桂可搴。云驳霭搴，状类互出，若古图画，虫蠹断裂，无有边幅，而隐显之物尚可名指。群山属联，呈露岗脊，矫矫剪剪，咸自意气，若小说百端，欲圣智之亢而不知其下也。临观久之，恢博通幽之思生焉。古人有言"登高能赋，可为大夫"，旨乎哉！予于斯见之矣，曷止大夫之为也？大凡言之：天堑地绝，山回物静，在处神巧，举可人意。虽穷冬阒寂未睹。夫春葩之荣，薰风之凉，秋气之清，然取予者犹在也。既归，无几何，而曩所历者重钩复结，无一见焉。追而言之，若觉而言梦，使人悄怆而不知其自也。同游者，建安黄珹君度、岳阳朱师德宗哲，又君度之侄子常、子美，甥杜泝，皆从游。其前与谋，而后以事已之者，朱宗哲之兄师道希圣、杜泝之父叔元君懿、揭阳卢几举之三人，莆阳蔡襄亦与之善，惜乎不及俱也。书所经见往贻之人一通，尝刻竹两节间之十字，其游之年月日也。

蔡襄：《游径山记》，见王国平主编：《西湖文献集成》（1），杭州出版社，2004年，第653—654页。

选文 8

鲜于枢记游高亭山

元贞元年四月廿日，送客临平镇。晨起，买舟堰下，出东新桥。自高亭山以北，岸多野酴醾，香气酷烈，熏人欲醉。晚宿广严院。僧普闻好奇喜客，置酒西楼下，夜分乃罢。明日，遍历殿庑，得唐元法师碑于东庑下，乃开元廿十三年集贤殿学士徐安贞撰，谏议大夫褚廷诲书云。师姓褚氏，其先河南人。食采钱塘，因家焉。师生而慧解，从慧昶出家。本邑有故隋华严寺，乃师俗缘之地，因成此院，后改今名。碑经焚毁，今不可读。寺有录本，遂得其详。僧又指护伽蓝神曰："此元览法师之祖褚河南也。"是日，行者过期未出。普闻者煮笋荐酒，复饮故处，大出书画夸客中。有净师草圣四大幅，圆熟有法。师殊可喜，问之，乃寺僧也。绍兴初，尝被召作草，首书"名花倾国两相欢"，宋王不悦，赐罢。今钱塘人家所收，称王逸老合作者，皆其书也。又东坡、赵令铄唱和真迹一卷。坡诗集中有之，令铄有诗声，集不行世，因令录之。序云："子瞻和余致斋诗，有'端向瓮间寻吏部，老来唯欲醉为乡'之句，因道薄酒，兼成斐章，冀发笑也：古人醉以酒，盖亦有所寓。一饮百忧忘，淘淘朝复暮。公欲醉为乡，瓮间寻吏部。惜取青铜钱，浊醪安足酤？敢窃好事名，聊资子云具。巧手斧鼻端，此情知有素。"东坡和云："伯坚惠玉膏两壶，且枉佳篇，次韵戏答：神山无石髓，生世悲暂寓。坐待玉膏流，千载真旦暮。青州老从事，鬲上非所部。惠然肯见从，知我困市酤。开瓶自洗盏，肴核谁与其？门前听剥啄，烹鱼得尺素。"伯坚又诗云："子瞻辞免起居之命令，铄复用前诗之韵一首以勉之：登州与仪曹，到官如旅寓。螭陛凤凰池，翱翔未云暮。冰雪照人清，黄色盈中部。譬如千日酿，一宿陋清酤。载笔无多辞，公真济时具。叹息贺德基，尤知我尸素。"自此次韵题其后者一人：刘握。以诗跋者四人：汤思退、孙仲和、葛立芳、陈之茂。以子孙题者四人：苏籍、苏峤、赵伯醇、刘岑。观览署名者十人……僧云伯坚子孙，今居临平，贫不能自拔。此卷近来以粟易之，其他无可录者。是晚始与行者别。明日将还，普闻曰："此去佛日十里而近，有寺曰净慧，山水最佳。寺有东坡题名真迹，不可不一到。"于是下山乘马，沿田塍，转村坞，诘曲行香篆中。如是者数里，过黄鹤山，地始平，路渐广，峰峦秀爸，林麓深邃，夹道清泉，如奏琴筑。是时小雨暂止，云日鲜润，四顾阒然，唯闻一鸟啼长松修竹间。同行者人人自失，谓真在武林桃花源也。小东，姚健飞阁出木末，导者云："已到山门矣。"乃揖苍髯叟，酌甘露泉，而后入，时已破午。群僧皆醉，住持觉老入城，遂径造方丈，得东陂真迹于法堂东壁，……又有《赠荣公五绝句》石刻诗，见集中。循东庑下，入库堂，观渥洼池，池泉玉色。出东北之麓，有石坡陀，半在水中。因公有"不堪土肉埋山骨，未放苍龙浴渥洼"之句，遂名。……久矣，将出，得两石于山门之左，乃杨无为、司马才仲、秦少游之诗。杨云："元祐元年六月十五日，还自海上，入佛日山净慧道场，瞻礼怀禅师塔。时长老弼公，即阿育王大觉禅师至嗣也。道予出山，酌甘泉而别，因留诗云：'佛日山前水，行人甘露杯。须知源派远，直自四明来。'"才仲云："石冷苔生晕，风高竹度凉。道人何处去？春色半沧浪。"少游云："五里乔松径，千年古道场。泉声与岚影，收拾入僧房。"杨则手书，才仲、少游之诗，皆范石湖追写。

鲜于枢：《游高亭山记》，见王国平主编：《西湖文献集成》（1），

杭州出版社，2004 年，第 654—657 页。

选文 9
朱自清笔下的江南风情

　　南京是值得留连的地方，虽然我只是来来去去，而且又都在夏天。也想夸说夸说，可惜知道的太少；现在所写的，只是一个旅行人的印象罢了。

　　……

　　从寺后的园地，拣着路上台城；没有垛子，真像平台一样。踏在茸茸的草上，说不出的静。夏天白昼有成群的黑蝴蝶，在微风里飞；这些黑蝴蝶上下旋转地飞，远看像一根粗的圆柱子。城上可以望南京的每一角。这时候若有个熟悉历代形势的人，给你指点，隋兵是从这角进来的，湘军是从那角

进来的，你可以想象异样装束的队伍，打着异样的旗帜，拿着异样的武器，汹汹涌涌地进来，远远仿佛还有哭喊之声。假如你记得一些金陵怀古的诗词，趁这时候暗诵几回，也可印证印证，许更能领略作者当日的情思。

从前可以从台城爬出去，在玄武湖边；若是月夜，两三个人，两三个零落的影子，歪歪斜斜地挪移下去，够多好。现在可不成了，得出寺，下山，绕着大弯儿出城。七八年前，湖里几乎长满了苇子，一味地荒寒，虽有好月光，也不大能照到水上；船又窄，又小，又漏，教人逛着愁着。这几年大不同了，一出城，看见湖，就有烟水苍茫之意；船也大多了，有藤椅子可以躺着。水中岸上都光光的；亏得湖里有五个洲子点缀着，不然便一览无余了。这里的水是白的，又有波澜，俨然长江大河的气势，与西湖的静绿不同，最宜于看月，一片空蒙，无边无界。若在微醺之后，迎着小风，似睡非睡地躺在藤椅上，听着船底汩汩的波响与不知何方来的箫声，真会教你忘却身在哪里。五个洲子似乎都局促无可看，但长堤宛转相通，却值得走走。湖上的樱桃最出名。据说樱桃熟时，游人在树下现买，现摘，现吃，谈着笑着，多热闹的。

清凉山在一个角落里，似乎人迹不多。扫叶楼的安排与豁蒙楼相仿佛，但窗外的景象不同。这里是滴绿的山环抱着，山下一片滴绿的树；那绿色真是扑到人眉宇上来。若许我再用画来比，这怕像王石谷的手笔了。在豁蒙楼上不容易坐得久，你至少要上台城去看看。在扫叶楼上却不想走；窗外的光景好像满为这座楼而设，一上楼便什么都有了。夏天去确有一股"清凉"味。这里与豁蒙楼全有素面吃，又可口，又贱。

莫愁湖在华严庵里。湖不大，又不能泛舟，夏天却有荷花荷叶，临湖带屋子凭栏眺望，也颇有远情。莫愁小像，在胜棋楼下，不知谁画的，大约不很古吧；但脸子开得秀逸之至，衣褶也柔活之至，大有"挥袖凌虚翔"的意思；若让我题，我将毫不踌躇地写上"仙乎仙乎"四字。另有石刻的画像，也在这里，想来许是那一幅画所从出；但生气反而差得多。这里虽也临湖，因为屋子深，显得阴暗些；可是古色古香，阴暗得好。诗文联语当然多，只记得王湘绮的半联云："莫轻他北地胭脂，看艇子初来，江南儿女无颜色。"气概很不错。所谓胜棋楼，相传是明太祖与徐达下棋，徐达胜了，太祖便赐给他这一所屋子。太祖那样人，居然也会做出这种雅事来了。左手临湖的小阁却敞亮得多，也敞亮得好。有曾国藩画像，忘记是谁横题着"江天小阁坐人豪"一句。我喜欢这个题句，"江天"与"坐人豪"，景象阔大，使得这屋子更加开朗起来。

朱自清：《你我》，《朱自清散文全集》，商务印书馆，1936 年。

选文 10

俞平伯清河坊抒怀

山水是美妙的俦侣，而街市是最亲切的。它和我们平素十二分谙熟，自从别后，竟毫不踌躇，蓦然闯进忆之域了。我们追念某地时，山水的清音，其浮涌于灵府间的数和度量每不敌城市的喧哗，我们大半是俗骨哩！（至少我是这么一个俗子。）白老头儿舍不得杭州，却说"一半勾留为此湖"；可见西湖在古代诗人心中，至多也只沾了半面光。那一半儿呢？谁知道是什么！这更使我胆大，毅然于西湖以外，另写一题曰"清河坊"。读者若不疑我为火腿茶叶香粉店作新式广告，那再好没有。

我决不想描写杭州狭陋的街道和店铺，我没有那般细磨细琢的工大，我没有那种收集零丝断线织成无缝天衣的本领；我只得藏拙。我所亟亟要显示的是淡如水的一味依恋。一种茫茫无羁泊的依恋，一种在夕阳光里，街灯影傍的依恋。这种微婉而入骨三分的感触，实是无数的前尘前梦酝酿成的，没有一桩特殊事情可指点，也不是一朝一夕之功。我实在不知从何说起，但又觉得非说不可。环问我："这种窘题，你将怎么做？"我答："我不知道怎样做，我自信做得下去。"

人和"其他"外缘的关联，打开窗子说亮话，是没有那回事。真的不可须臾离的外缘是人与人的系属，所谓人间便是。我们试想：若没有飘零的游子，则西风下的黄叶，原不妨由它们花花自己去响着。若没有憔悴的女儿，则枯干了的红莲花瓣，何必常夹在诗集中呢？人万一没有悲欢离合，月即使有阴晴圆缺，又何为呢？怀中不曾收得美人的倩影，则入画的湖山，其黯淡又将如何呢？……一言蔽之，人对于万有的趣味，都从人间趣味的本身投射出来的。这基本趣味假如消失了，则大地河山及它所有的兰因絮果毕落于渺茫了。在此我想注释我在《鬼劫》中一句费解的话："一切似吾生，吾生不似那一切。"

离题已远，快回来吧！我自述鄙陋的经验，还要"像煞有介事"，不又将为留学生所笑乎？其实我早应当自认这是幻觉，一种自骗自的把戏。我在此所要解析的，是这种幻觉怎样构成的。这或者虽在通人亦有所不弃罢。

这儿名说是谈清河坊，实则包括北自羊坝头，南至清河坊这一条长街。中间的段落各有专名，不烦枚举。看官如住过杭州的，看到这儿早已恍然；若没到过，多说也还是不懂。杭州的热闹市街不止一条，何以独取清河坊呢？我因它逼窄得好，竟铺石板不修马路亦好；认它为 typical 杭州街。我们雅步街头，则矻磴矻磴地石板怪响，而大嚷"欠来！欠来！"的洋车，或前或后冲过来了。若不躲闪，竟许老实不客气被车夫推搡一下，而你自然不得不肃然退避了。天晴还算好；落雨的时候，那更须激起石板洼隙的积水溅上你的衣裳，这真糟心！这和被北京的汽车轮子溅了一身泥浆是仿佛的；虽然发江南热的我觉得北京的汽车是老虎，（非彼老虎也！）而杭州的车夫毕竟是人。你拦阻他的去路，他至多大喊两声，推你一把，不至于如北京的高轩哀嘶长喙地过去，似将要你的一条穷命。

哪怕它十分喧阗，悠悠然的闲适总归消除不了。我所经历的江南内地，都有这种可爱的空气；这真有点儿古色古香。我在伦敦纽约虽住得不久，却已嗅得欧美名都的忙空气；若以彼例此，则藐乎小矣。杭州清河坊的闹热，无事忙耳。他们越忙，我越觉得他们是真闲散。忙且如此，不忙可知。——非闲散而何？

我们雅步街头，虽时时留意来往的车子，然终不失为雅步。走过店窗，看看杂七杂八的货色，一点没有 Show Window 的规范，但我不讨厌它们。我们常常去买东西，还好意思摔什么"洋腔"呢？

我俩和娴小姐同走这条街的次数最多，她们常因配置些零星而去，我则瞎跑而已。有几家较熟的店铺差不多没有不认识我们的。有时候她们先到，我从别处跑了去，一打听便知，我终于会把她们追着的。大约除掉药品书报糖食以外，我再不花什么钱，而她们所买绝然不同；都大包小裹的带回了家，挨到上灯的时分。若今天买的东西少，时候又早，天气又好，往往雇车到旗下营去，从繁热的人笑里，闲看湖滨的暮霭与斜阳。"微阳已是无多恋，更苦遥青著意遮。"我时时看见这诗句自己的影子。

清河坊中，小孩子的油酥饺是佩弦以诗作保证的；我所以时常去买来吃。叫她们吃，她们以在路上吃为不雅而不吃；常被我一个人吃完了。油酥饺冰冷的，您想不得味罢。然而我竟常买来吃，且一顿便吃完了。您不以为诧异吗？不知佩弦读至此如何想？他不会得说："这是我一首诗的力啊！"

我收集花果的本领真太差，有些新鲜的果子，藏在怀中几年之后，不但香色无复从前，并且连这些果子的名目，形态，影儿都一起丢了。这真是所谓"抚空怀而自惋"了。譬如提到清河坊，似有层层叠叠感触的张本在那边，然细按下去，便觉洞然无物。即使不是真的洞然，也总是说它不出。在实际上，"说不出"与"洞然"的差别，真是太小了。

在这狭的长街上，不知曾经留下我们多少的踪迹。可是坚且滑的石板上，使我们的肉眼怎能辨别呢？况且，江南的风虽小，雨却豪纵惯了。暮色苍然下，飒飒的细点儿，渐转成牵丝的"长脚雨"，早把这一天走过的千千人的脚迹，不论男的女的老的少的村的俏的，洗刷个干净。一日且如此，何论旬日；兼旬既如此，何论经年呢！明日的人儿等着哩，今日的你怎能不去！不看见吗？水上之波如此，天上之云如斯；云水无心，"人"却多了一种荒唐的眷恋，非自寻烦恼吗？若依颉刚的名理推之，烦恼是应当自己寻的；这却又无以难他。

我由不得发两句照例的牢骚了。天下惟有盛年可贵，这是自己证明的真实。梦阑酒醒，还算个什么呢？千金一刻是正在醉梦之中央。我们的脚步踏在土泥或石上，我们的语笑颤荡在空气中，这是何等的切实可喜。直到一切已黯淡渺茫，回首有凄惨的颜色，那时候的想头才最没有出息；一方面要追挽已逝的芳香，一方面妒羡他人的好梦。去了的谁挽得住，剩一双空空的素手；妒羡引得人人笑，我们终被拉下了。这真觉得有点犯不着，然而没出息的念头，我可是最多。

匆匆一年之后，我们先后北来了。为爱这风尘来吗？还是逃避江南的孽梦呢？娴小姐平日最爱说"窝逸"。破烂的大街，荒寒的小胡同，时闻瑟缩的枯叶打抖，尖厉的担儿吆喝，沉吟的车骨碌的话语，一灯初上，四座无言；她仍然会说"窝逸"吗？或者斗然猛省，这是寂寞长征的一尖站呢？我毕竟想不出她应当怎样着想方好。

我们再同步于北京的巷陌，定会觉得异样；脚下的尘土，比棉花还软得多哩。在这样的软尘中，留下的踪迹更加靠不住了，不待言。将来万一，娴小姐重去江南，许我谈到北京的梦，还能如今日谈杭州清河坊巷这样的洒脱吗？"人到来年忆此年。"想到这里，心渐渐的低沉下去。另有一幅飘零的图画影子，烟也似的晃荡在我眼下。

话说回来，干脆了当！若我们未曾在那边徘徊，未曾在那边笑语；或者即有徘徊笑语的微痕而不曾想到去珍惜它们，则莫说区区清河坊，即十百倍的胜迹亦久不在话下了。我爱诵父亲的诗句：

只缘曾系乌篷艇，野水无情亦耐看。

俞平伯：《人生不过如此·清河坊》，

网址：http://www.tianyabook.com/yupingbo/42.htm

选文 11

陈从周说绍兴

一帘春雨隔余寒，犹有友情与楚兰；
点出芳心谁得似，怜他和泪倚雕栏。

……的确，叶老是苏州人，当时卖兰花的都是绍兴人，跳了担跑遍全国，甚至要到海外。以廉价的价格，予以无限幽香，窗前案上有此一丛，雅香馨芬之气，是世界上其他花所不能及的，因为兰香，并非无因。当年王羲之的那篇《兰亭集序》如果不在绍兴写，恐怕也不能成为千古佳作。淡是无涯色有涯，兰花无色，而色最艳。兰花香洁，而飘最远，仿佛一个高人，具有脱俗的气概。昆曲比作兰花，在雅与淡这个特点上，确是相宜的。

兰花有性格，叶韧而花香，有些像绍兴人。绍兴文风至盛，历史上出了那么多的文人、书画家，而脾气呢？却朴实坚强，不好对付，如兰花的叶子，使劲拉也拉不断。也可说植物也能熏陶影响民性、民情了。宜乎人称绍兴为兰乡。

"柔情一声舟自远，家家载得醉人归。""日午闻香桥下过，村人贻我酒颜红。"绍兴人家过去家家造酒，连生个女儿也要特制酒，准备出阁时用，称为"女儿红"，过去家藏陈酒不以为是一件大事。建筑大师贝聿铭先生最近接受同济大学名誉教授，因为他后年七十大寿，我送他两瓶六十年陈酒，那种喜形于色的"痴"态，实在可入画了。他久居海外，但醉心于绍兴酒，可绍兴酒迷人之深也。杜牧的《阿房宫赋》上写到的"五步一楼，十步一阁"，如果将其移用来描述绍兴酒家，那实在是太妥帖了。绍兴人饮酒，可说是品酒，闲适、自在，五香豆、豆腐干，无边无际，乐在其中，宜乎阿Q虽穷，也不能离开它呢！……

绍兴人似乎是几分吝啬气的，但客人来饮酒，从不计较，主客慢慢地品尝，很斯文，没有像西洋人饮酒的那中海饮情调，正如中国人欣赏风景园林一样，有着悠闲自乐的风度。而且向晚归家，对少已在小酒店中乐胃过一番，因此我上面写的几句小诗，正是为此情写照也。

绍兴是水乡，以舟代车，每当斜阳在山，人影散乱，渔舟唱晚，船头小饮，各极其态，"此身从不梦长安"，毫无官瘾，沉醉在醉乡之中，此景唯越人得之。绍兴之有名酒，与越水难分，越水清而纯，泉香酒冽，古之名言叶也。

绍兴石桥，千姿百态，数量之多，委实惊人。今年来我编著了《绍兴石桥》一书，进行了较全面的调查，才知道在四千座以上。洋洋乎大观哉，怎样不可成为桥乡呢？"姿容留得千秋貌，未把河梁一样形。"桥形式固多，其点缀而成水乡景物者在乎此。水乡总是赖桥名，水乡如果没有桥，那什么好景也形成不了呢。桥洞正如画框，有圆有方，它与桥的高低横直起作巧妙地构图，远山近水烘托得那样调和。我曾说过，江南的特色是软风柔波。去过绍兴的人，在感情上，必留下这种难以磨灭的印象。因此绍兴风光，可说是桥的风光，平地、山区、市坊、名胜，以至前街后巷，无处不是桥。"粉墙风动竹，水巷小桥通。"水巷在绍兴很普遍，巷中行船，十分方便。绍兴人对于船的理解，真是无船不能行。那小船有如自行车，男女老少，各个能使用，"临流呼棹双双去，红柿盈筐入暮秋。"生活在城市中的人，谁能不羡慕这种水乡生活呢？

水离不了桥，桥又是因水而产生，两者相依为命，越水清，越山秀，水又离不了山，古人说山阴道上，亦就是山与水所构成的越中山水特色。越水弥漫，平静如镜，固有明镜湖，而小流萦回，自成村落，是处人家。柳下枕桥，晓露濛濛，莺啭林梢，无水不成景也。

绍兴因为多水，且多石山，历代因为开山而形成了许多石景，而石景又必须有水方成，最著名的当然首推东湖了。东湖可称为石景水盆景，嶙峋峻峭，深渊平波，"虽由人作，宛自天开"，奇险出令人叫绝，深佩越人之能因地制宜，因石成景，因水成趣也。于今教人悟到风景之成，不能就山论山，就水论水，要留心主题外的周遭任何东西。我最爱水边桥下的酒坛坛影，斑驳分明，整然有序，是最空灵的图案画。绍兴水乡之成，其与乡、醉乡、桥乡不可分割。故可谓四美具了，我曾经说过："水本无形，因岸成之"，那么如今绍兴水乡景物的启发，水真是千变万化，它的千变万化，不在其身，而在环境。爱护水乡，亦就是说爱护形成水乡景物的一切，那才是使人变得聪敏一些了。

一地有一地的"味"，这个"味"，都是极微妙而最逗人留恋忘怀的感受。当然绍兴有绍兴的味，而形成邵兴味，我看这与兰、醉、桥、水是分不开的。有形无形，虚实互生，恍惚迷离，且不说是仙境，但也是人间称得上美的地方，"迎接不限"，古人已先言之，兹文之作，聊抒兴会而已。

陈从周：《说绍兴》，《陈从周散文》，
同济大学出版社，1999 年，第 247—250 页。

第二章

江南城市化与生态矛盾

选文 1
古人谈城市生活与自然生态失衡

钱塘六井记

潮水避钱塘，而东击西陵，所从来远矣。沮洳斥卤，化为桑麻之区，而久乃为城邑聚落。凡今州之平陆，皆江之故地。其水苦恶，惟负山凿井，乃得甘泉，而所及不广。唐宰相李公长源始作六井，引西湖水以足民用。其后刺史白公乐天治湖浚井，刻石湖上，至于今赖之。始长源六井，其最大者在清湖中，为相国井。其西为西井，少西而北为金牛池，又北而西附城为方井，为白龟池，又北而东至钱塘县治之南为小方井。而金牛之废久矣。嘉祐中，太守沈公文通又于六井之南，绝河而东至美俗坊为南井。出涌金门、并湖而北，有水闸三。注以石沟贯城而东者，南井、相国、方井之所从出也。若西井，则相国之派别者也。而白龟池、小方井，皆为匿沟湖底，无所用闸。此六井之大略也。熙宁五年秋，太守陈公述古始至，问民之所病，皆曰："六井不治，民不给于水。南井沟庳而井高，水行地中，率常不应。"公曰："嘻，甚矣。吾在此可使民求水而不得乎！"乃命僧仲文、子珪办其事。仲文、子珪又引其徒如正、思坦以自助，凡出力以佐官者二十余人。于是发沟易甃，完缉罅漏，而相国之水大至，坎满溢流，南注于河，千艘更载，瞬息百斛。以方井为近于浊恶而迁之少西，不能五步而得其故基，父老惊曰："此古方井也，民甲李迁之于此，六十年矣。"疏涌金池为上、中、下，使浣衣浴马不及于上池。而列二闸于门外：其一赴三池而决之河；其一纳之石槛，比竹为五管以出之，并河而东，绝三桥以入千石沟，注于南井。水之所从来高，则南井常厌水矣。凡为水闸四，皆垣墙扃鐍以护之。明年春，六井毕修，而岁适大旱，自江淮至浙右井皆竭，民至以罂缶贮水相饷如酒醴。而钱塘之民肩足所任，舟楫所及，南出龙山，北至长河、盐官、海上，皆以饮牛马、给沐浴。方是时，汲者皆诵佛以祝公。余以为水者，人之所甚急，而旱至于井竭，非岁之所常有也。以其不常有，而忽其所甚急，此天下之通患也，岂独水哉？故详其语以告后之人，使虽至于久远废坏，而犹有考也。

《古今图书集成·杭州府部艺文》，见王国平主编：《西湖文献集成》（1），

杭州出版社，2004 年，第 646—647 页。

选文 2
历史上江南的水利建设与生态环境变化

六朝已前，史籍莫考，虽《水经》有明圣之号，天竺有灵运之亭，飞来有慧理之塔，孤山有天嘉之桧，然华艳之迹，题咏之篇，寥落莫睹。逮于中唐，而经理渐著。代宗时，李泌刺史杭州，悯市民苦江水之卤恶也，开六井，凿阴窦，引湖水以灌之，民赖其利。长庆初，白乐天重修六井，甃函、笕以蓄泄湖水，溉沿河之田。其自序云：每减湖水一寸，可溉田十五余顷；每一复时，可溉五十余顷。此州春多雨，夏秋多旱，若堤防如法，蓄泄及时，则濒湖千余顷，无凶年矣。又云：旧法泄水，先量湖水浅深，待溉田毕，却还原水尺寸。往往旱甚，则湖水不充。今年筑高湖堤数尺，水亦随加，脱有不足，更决临平湖，即有余矣。俗忌云："决湖水不利钱塘。"县官多假他辞以惑刺史。或云鱼龙无托，或云茭菱失利。且鱼龙与民命孰急？茭菱与田稼孰多？又云："放湖水则城中六井咸枯"。不知湖底高，井管低，湖中有泉百

道，湖耗则泉涌，虽罄竭湖水，而泉脉常通，乃以六井为患，谬矣。第六井阴窦，往往埋塞，亦宜数察而通之，则虽大旱不乏。湖中有无税田数十顷，湖浅则田出，有田者率盗决以利其私田，故函、笕非灌田时，并须封闭，漏泄者罪坐所由，即湖水常盈，蓄泄无患矣。

吴越王时，湖葑蔓合，乃置撩兵千人，以芟草浚泉。又引湖水为涌金池，以入运河，而城郭内外，增建佛庐者以百数。盖其时偏安一隅，财力殷阜，故兴作自由。

宋初，湖渐淤壅。景德四年，郡守王济增置斗门，以防溃溢，而僧、民规占者，已去其半。天禧中，王钦若奏以西湖为放生池，祝延圣寿，禁民采捕。自是湖葑益塞。庆历初，郡守郑戬复开浚之。嘉祐间，沈文通守郡，作南井于美俗坊，亦湖水之余派也。元祐五年，苏轼守郡，上言："杭州之有西湖，如人之有眉目也。自唐以来，代有浚治，国初废置，遂成膏腴。熙宁中，臣通判杭州，葑合才十二三，到今十六七年，又塞其半，更二十年，则无西湖矣。……

元惩宋辙，废而不治，兼政无纲纪，任民规窃，尽为桑田。国初籍之，遂起额税，苏堤以西，高者为田，低者为荡，阡陌纵横，鳞次作乂，曾不容刀。苏堤以东，萦流若带。

宣德、正统间，治化隆洽，朝野恬熙，长民者稍稍搜剔古迹，粉绘太平，或倡浚湖之议，惮更版籍，竟致阁寝。嗣是都御史刘敷、御史吴文元等，咸有题请，而浮议蜂起，有力者百计阻之。成化十年，郡守胡浚，稍辟外湖。十七年，御史谢秉中、布政使刘璋、按察使杨继宗等，清理续占。弘治十二年，御史吴一贯修筑石闸，渐有端绪矣。正德三年，郡守杨孟瑛，锐情恢拓，力排群议，言于御史车梁、金事高江，上疏请之，以为西湖当开者五。……乃以是年二月兴工。先是，郡人通政何琮，尝绘西湖二图，并著其说，故温甫得以其概上请。盖为佣一百五十二日，为夫六百七十万，为直银二万三千六百七两，斥毁田荡三千四百八十一亩，除豁额粮九百三十余石，以废寺及新垦田粮补之。自是西湖始复唐、宋之旧。

盖自乐天之后，二百岁而得子瞻；子瞻之后，四百岁而得温甫。迩来官司禁约浸弛，豪民颇有侵围为业者。夫陂堤川泽，易废难兴，与其浩费于已隳，孰若旋修于将坏？况西湖者，形胜关乎郡城，余波润于下邑，岂直为鱼鸟之薮，游览之娱，若苏子眉目之喻哉！

《西湖游览志·西湖总序》，见王国平主编：《西湖文献集成》(3)，杭州出版社，2004年，第10—14页。

选文3

耿波论江南城市语境中士人的诗性情感

时至明清，由于天时地利的自然优势和受西方资本主义经济势力侵入中国的影响，江南一带的经济迅速发展起来。经济的发展，使得一批颇具规模的现代城市发展起来：南京、苏州、扬州、上海成为这些发展起来的城市的中心。在这些城市中，市场经济蔚成气候。以明初的南京而言，市场已经相当发达，史称“商贾云集，市廛鳞次，四达之衢也”。从描绘当时南京市井景象的《南都繁会图》来看，仅从三山街西的南市街到北市街一带，就出现了109种店铺招牌。在当时的苏州、扬州、松江一带，市场经济甚至还要发达。如果按照美国著名城市社会学家施坚雅在《中华帝国晚期城市》中所提出的现代城市的经济标准——市场经济冲破官方经济的控制，那么，毫无疑问，这一批江南城市是正在步入现代城市的途中的。

更加重要的是，在这些江南城市中出现了现代城市的文化标志——公共领域。在当时南京、苏州、扬州和上海等大城市中都出现了城市各个阶层互动、商谈的公共领域。比如南京的秦淮河、苏州的虎丘、扬州的小秦淮等等都是当时城市各个阶层表演互动的舞台。在这个公共领域的舞台上，士人唱主角——因为正是作为精神承担者的士人恰切地传达着城市文化的精神，他们和城市的其他阶层结成了种种新型关系，这些新型的关系在士人的文化史中是第一次出现的：一、士人和市民的关系。在江南城市文化的语境中，士人与市民的关系从以前的“老死不相往来”逐渐变成了一种表演—观赏的关系。具体而言，就是士人将自身的“士志于道”的文化身份仪式化、表演化，在市民的围观中，与市民遥遥共舞。在明清之季，江南文人好为

"定花案","攘义举",道义悬殊,但都是无一例外的铺张声势,引得市民争观。二、士人与青楼的关系。在江南城市文化中,青楼被士人们构想成纯洁精神的最后的守护地。在士人的笔下,青楼女子几乎无一例外地被描绘成吐气如兰,妍质清言。士人对于女性的理想构想,事实上是对于自身正在失守的精神世界的眷恋。三,士人与士人的关系。"君子之交淡如水"是传统社会中士人之间关系的规范,但是在城市文化语境中,士人之间的关系逐渐变成了互利互惠的组织化。士人之间互通声气,互相援系,为了能在城市文化生产的逻辑中生存而结成了一个"共同体"。

市场经济和公共领域的出现构成了江南城市文化中社会生活的组织方式,它深刻地改变着身处其中的江南士人们的精神结构:先秦"士"阶层的崛起以来,士人常常将自身的文化使命自觉地体认为"士志于道",将自己的文化之根深深地扎在道德、国家、天下的母体上,个体的热情被吸纳在这一不可超越的母体中;在城市文化语境中,在士人和城市各个阶层之间的全新关系中,不可超越的神话被祛除了,士人斩断了自己和文化母体的根,获得了自由,成为"无根"的城市"游牧民"。同时也将自身的热情解放出来——这是一种面向自身个体的热情,是一种迫切的证明自身在他人眼光中的存在价值的热情。很明显,这种面向自身个体的热情与魏晋时期的个体的觉醒是不一样的,后者是要证明自身在整个自然、宇宙中的存在,而前者则是关注自身在城市中,也就是他人眼光中的存在。因此,在城市文化语境中的江南士人往往情性毕露,兴高采烈,但总是有一只眼睛偷觑着周围的观众:"同人社集松风阁……饮罢,联骑入城。红装翠袖,跃马扬鞭,观者塞途。""忆去年暮春,公沂与吴中诸君邀余清泛,挟丽人,坐观音殿前,奏伎丝肉杂陈……观者如堵墙。"

然而,问题的另一方面在于,明清时期江南城市的城市化虽然充分发展,但还是尚在途中的。这表现为:在经济上,一方面是市场经济逐渐成为城市社会生活运作的主流,另一方面,这些市场经济又是在封建政权统治内运作的,很难跨越雷池;在公共领域方面,虽然在士人和城市各个阶层之间出现了互动、商谈,但是道德叙事仍然是城市各阶层互动、商谈的一个基本的前提或一种必不可少的限定。这样,在明清时期的江南城市中实际上是出现了一种"锋面状态"，即城市化的社会生活组织方式与非反城市化的社会生活的组织方式之间在同一个城市中的交锋共存。在这样一种道德叙事仍然相当强大的城市文化语境中，士人虽然一方面要斩断自身的文化之根，张扬个体，但另一方面肯定又不可能完全抛弃自身的"士志于道"的道德事业。如此以来，身处江南城市文化语境中的士人必然选择的就是在张扬个体和"士志于道"的事业之间寻求一种调和的方式。

应该说江南士人在城市文化语境中所产生的这种在张扬个体和"士志于道"的事业之间寻求调和的深微刻苦精神心态才是城市文化中最富诗意的因素：江南城市文化中的士人们彷徨于张力性的撕裂中，在已经变得没落、但仍然相当强大的"士志于道"的阴影中力图挥洒自身已经不可遏止的情性。因此江南城市文化语境中的江南士人的情性状态是热力的，但同时又是深微的。这种情性的发挥不同于西方文艺复兴狂放不羁的浪漫主义那样，充满着一种力量和崇高感，而是呈现出一种情感的深刻性。在江南城市文化语境中，士人深微刻苦的情感形成怀古与伤感两种审美内涵。

历史是中国士人永恒的思考纬度，因此在中国文学上"怀古"诗特别发达。在传统的怀古诗中，负载全诗的是士人那种"士志于道"的浓烈情怀。如李白《登金陵凤凰台》：

> 凤凰台上凤凰游，凤去台空江自流。
> 吴宫花草埋幽径，晋代衣冠成古丘。
> 三山半落青天外，二水中分白鹭洲。
> 总为浮云能蔽日，长安不见使人愁。

诗人放开眼界，见青山悠悠，万物自在，再远处则是阴霾沉沉，不见心之所系的长安城！其幽深真挚的"士志于道"之情怀，遂使古今于一瞬间贯通，江山代异，而此情此心永彰不隐！在这首诗中，诗人想象力得以展开的动力是诗人的"士志于道"的深挚情怀，而在城市文化语境中，士人创作想象力展开的动力则是在饱蘸着道德—政治叙事的历史阴影中诗人涌动的个体情怀的艰难突围。唐代诗人刘禹锡写下的《乌衣巷》可以说是怀古诗从"士志于道"向诗人的个体性想象力发挥转折的里程碑：

朱雀桥边野草花，乌衣巷口夕阳斜。

旧时王谢堂前燕，飞入寻常百姓家。

在诗中"朱雀桥"、"乌衣巷"、"王谢堂"所象征的无疑是覆盖着道德—政治叙事的历史；而桥畔自生自灭的野花草，慢慢沉入地平线的夕阳以及无声无息飞来飞去的燕子等则是全诗中以士人的个体性为滋养，寄托着士人个体性诉求的意象，它们在已经没落的道德—政治历史阴影中生长，慢慢地向历史深处延伸，它们蚀空了历史中士人"士志于道"的内涵，使巨大的历史空地草长莺飞，群莺乱舞——漫漶着诗人的个体性热力！

如果说在刘禹锡那里，以个体性想象为内涵的怀古诗传统尚在端绪中，那么，这一传统在明清江南士人那里被充分发扬起来，因为它正是城市文化语境中江南士人所要表达的情怀。在明清士人中，怀古诗作得最出色的是余怀，其怀古诗量多而优，兹举其二：

六朝佳丽晚烟浮，攀阮弹琴上酒楼。

小扇画鸾乘雾去，轻帆带雨入江流。

山中梦冷依宏景，湖畔歌残倚莫悉。

吴殿金钗梁院鼓，杨花燕子共悠悠。

浮家泛宅水云乡，一钓烟波入渺茫。

回首故宫春树下，关心旧事酒炉旁。

眼穿落日人何在，泪洒寒灰客自伤。

羡尔芳效共携手，城南城北看花忙。

可以看出，余怀的怀古诗其个体性历史想象更加自觉，诗中现实世界的意象和历史的意象错综纠缠，互有隐显，体现出诗人个体性在历史阴影中富有生命力的自我树立。除余怀之外，明清更有名气的几位"名士"其怀古诗也能明显地让人体会到其中的个体性历史想象《桃花扇》的主角，当时大名士侯方域的《金陵题画扇》写道：

秦淮桥下水，旧是六朝月。

烟雨惜繁华，吹箫夜不歇。

不管是六朝月，还是秦淮水，都归于烟雨繁华，谁还有心思去守护那虚之又虚的"士志于道"呢？千年君王梦，一夜箫声而已！

　　江南文宗钱谦益则有《题丁家河房亭子》其首联、颈联为：

> 小阑花外市朝新，梦里华胥自好春。
> 夹岸曲尘三月柳，疏窗金粉六朝人。

　　好一个"疏窗金粉六朝人"！王谢功业，气吞万里如虎哪里去了？钱公原是河房座上客！这种士人的个体性历史想象对于历史的侵入所形成的审美趣味几百年来流传不息，在 20 世纪 90 年代终于又得因缘，落地生根，形成了以叶兆言、苏童、余华、鲁羊为中心的一个别具一格的创作群体。这个创作群体的风格特征是鲜明的，概括地说就是历史想象的极度发达，叙述时空的错综。这一批作家对"历史"有着特殊的情感，"历史"对他们而言，是一块未经开发的处女地，有足够的空间容纳他们膨胀的私人化想象。已经远逝的历史的声音、气味、颜色、细节都那么细致入微地被他们捕捉到，历史在他们的想象中被拉长，被膨胀，最终将现实纳入历史的怀抱中。从刘禹锡到余怀到叶兆言、苏童、余华，几百年间延伸下来的精神脉络是清晰可见的。

　　"怀古"是江南士人通过个体性在历史领域内的开辟而彰显自身，而"伤感"是个体在繁华销尽，一无依傍的"虚无"境域中直面心灵。

　　较之稳定的乡村，在城市中，聚散离合，荣辱无常的戏剧上演的次数大大地增加了，还是《桃花扇》中说得好："眼看他起朱楼，眼看他宴宾客，眼看他楼塌了。"这种生灭无常的城市人生刺激着士人的心灵，一种"虚空"的人生意味油然而生。在"虚空"中，江南士人没有走向逃脱的佛禅——尽管在江南士人中，于佛禅深有会心者比比皆是——而是发现了自身"心灵"在现实幻灭中唯美的绽放。

　　首先，江南士人情有独钟的怀古诗同时也是伤感的一种形式。如果说历史是现实的一种的话，在怀古诗中，历史——作为道德、政治内涵的历史——在江南士人个体性的开辟中一点点销尽了，"六朝如梦鸟空啼"，面对着巨大的历史真空，江南士人凸显出的个体性是带着沉痛的失落的个体性，没有解放的欢呼、自由的激情，而是在深灰的幽暗中品味寂寞的心灵。这是一种怎样伤感的个体性的发现！

其次，在中晚明士人的笔记中贯穿着浓郁的伤感情调。研究中国文化的人都知道，中国士人的笔记常常是虚实参半，表面上是字斟字酌的"实录"，但往往在感兴之处，往往将自己心中的隐秘情绪夹带进去。在中晚明南京士人大量记载秦淮河的笔记中，就夹带着浓郁的伤感，不过正是这些"夹带"的伤感使全书生色。余怀的《板桥杂记》开篇就是："十年旧梦，依约扬州；一片欢场，鞠为茂草。红牙碧串，妙舞轻歌，不可得而闻也；洞房绮疏，湘帘绣幕，不可得而见也；名花瑶草，锦瑟犀毗，不可得而赏也。间亦过之，蒿藜满眼，楼馆劫灰，美人尘土。盛衰感慨，岂复有过此者乎。"伤感之情，溢于言表。在当时比较有名的文人笔记如冒襄《影梅庵忆语》，珠泉居士《续板桥杂记》，捧花生《秦淮画舫录》，雪樵居士《青溪风雨录》中都充满了此种伤感的情味。

再次，也许，在中国文学史上有这样两部伟大的作品，我们可以将其与江南城市文化语境中的"伤感"传统相勾连，即是《桃花扇》和《儒林外史》。《桃花扇》的作者孔尚任在江南追访旧踪，访问耆老，呼吸领会江南士人精神于百年之后，故而《桃花扇》可以算是传达江南士人精神心态的"信书"。在《桃花扇》中弥漫着的是繁华销尽的"虚空"：江山代异，物是人非，但是《桃花扇》不是止于消极的"虚空"，在作品中更有来自心灵对于"虚空"的积极确证：世事如流，盛衰不常，国愁家恨也罢，缠绵悱恻也罢，何必再抱残守缺，不如迎来送往，日新又日日新。在这个层面上《桃花扇》中的文化主体超越了殉理的伦理主体和徇情的情感主体，而是在现实淘尽的"虚空"中确证了主体的无限超越性，焕发出"伤感"之美。被几乎是所有的评论者认为是一部"讽刺之书"的《儒林外史》同样是一部深深浸透了江南士人"伤感"情怀的作品。表面看来，在书中充斥的是作者对于一般不争气的江南文人的嬉笑怒骂，但是，当我们将看这部书的目光放长远些，将自己对于这部书的情怀放宽阔些，我们就会捕捉到作者的一颗"伤感"之心。吴敬梓的伟大之处在于，他将堂皇的"士志于道"的事业描绘成了一出热热闹闹的人间戏剧与世俗的人间百态和繁华，繁华之后就露出了冷淡的根芽。全书的结尾写道：

"话说万历二十三年，那南京的名士都已渐渐销磨尽了。此时虞博士那一辈人，也有老了的，也有死了的，也有四散去了的，也有闭门不问世事的。花坛酒社，都没有那些才俊之人；礼乐文章，也不见那些贤人讲究。"礼乐磨尽，风流云散，在熙熙攘攘的人世倾轧的背后露出伤感的苍色底子来。

耿波：《江南城市语境中的士人诗性情感》，
《江苏大学学报（社会科学版）》，2004（1）。

结语一

"和谐"可以说是人文关怀的终极目标，也可以看作是生态美学的最高的审美形态。这种和谐不只是精神上的和谐，更是现实的和谐。其核心是生命的存在与延续。和谐体现的是主体内在与外在自然的和谐统一。在这里，并不是简单的主体情感的外化或投射，而是主体的心灵与外在自然的生命价值的融合。人类不只是超越了对自身生命的确认与关爱，更是超越了役使自然为我所用的实用价值取向的狭隘，从而使人类将自身生命与自然的生命世界和谐交融，这是生命的共感。生命的共感既体现了生命之间的共通性，也反映出生命之间的共命运感，是人与自然的生命和弦。

结语二

江南作为经济发达的地区之一，城市化是必然趋势，所以在城市建设中，一方面要发展低污染的节能建筑和绿色交通；另一方面，尽可能地与山、河、湖、海、植被等自然景观保持协调，保持一种良性循环。自然之乐与和谐共生不仅仅是古典园林的美学的追求，在城市化建设过程中如果能够一以贯之的话，对于自然生态和人文生态岂能不是一种共赢呢？毕竟那是自然环境能够给予我们的实现自我价值的最佳选择。

■ **进一步思考的问题**:

江南地区在经济现代化过程中,生态平衡遭受到了严重破坏,由原来和谐的生态关系所构成的生态美也,消失了许多,因此,我们思考是否应该在下一步的社会发展规划中,鲜明地提出"生态现代化"的目标,使对生态美的享受成为人们基本的幸福生活的内涵?

■ **关联性思考的问题**:

古人曾经在江南这块土地上诗意地栖居数百年,为什么在今天,那种诗意的感受离人们越来越遥远,在我们的周围很少再有人用诗的语言去赞美江南了,是江南不美了,还是人们失去了感受美的能力?

■ **进一步阅读的书目**:

1. 曾繁仁:《生态美学导论》,商务印书馆,2010年。
2. 陈望衡:《生态美学》,武汉大学出版社,2007年。

■ **关联性阅读的书目**:

1. 约瑟帕玛:《环境之美》,武小西、张宜译,湖南科学技术出版社,2006年。
2. 彭锋:《完美的自然——当代环境美学的哲学基础》,北京大学出版社,2005年。

第八编 | **江南宗教美学**

导　读

如果把儒教排除在严格意义上的宗教之外，那么在中国古代最为流行的宗教就是佛教和道教了。佛教和道教在中国的传播遍布大江南北，而江南最盛，这是因为江南的清秀山水和充盈的物质财富不仅为常人所需要，也为佛僧道仙们所钟爱。拿佛教在整个中国的发展情况来说，活跃在江南地区的南禅宗在佛教各派中独领风骚，占尽了上风，造成这种情况的原因固然很复杂，但其中很重要的一条应当是南禅宗追求涅槃境界的方法与江南的自然、社会环境相适应，正所谓适者生存。"禅，本是梵文'禅那'的简称，鸠摩罗什意译为'思维修'，即运用思维活动的修持；玄奘意译为'静虑'，即宁静、安详地深思。"① 南禅宗更加强化和突出了"禅"的混融直觉特征，主张以正观与妙悟之法追求涅槃境界，即"怀六合于胸中，而灵鉴有余；镜万有于方寸，而其神常虚"，"即群动以静心，恬淡渊默，妙契自然。"（僧肇《涅槃无名论·九折十演者·妙存第七》）这是一种梵我合一的非理性的宗教思维，同时也是一种审美思维，进入此种思维状态必需要有虚静的心境，而江南山水的清幽、宁静、温润、空灵最宜于促成人的这种心境。于是，众多高僧畅游于江南山水之中，或于理想处驻足而居，妙悟涅槃。如晋代僧人于法兰，"性好山泉，多处岩壑"，"后闻江东山水剡县称奇，乃徐步东瓯，远瞩嵊崿，居于石城山足"（《高僧传》卷4），其他如支遁、于道邃、于法开、昙谛、释超进、释法瑶等都有林泉之好。有"诗佛"之称的唐代山水诗人王维，后半生笃信南宗禅，一方面身历祖国的千山万水，另一方面

---

① 杜继文：《中国禅宗通史》，江苏人民出版社，2007年，第22页。

又于山水画的创作中"游戏三昧"（《山水诀》），在诗歌创作中也是借山水句句入禅。甚至连作为一国之主的唐宣宗也撇开军政大事，"密游方外，或止江南名山，多识高道僧人。"（《北梦琐言》卷1，《再兴释教》）可见江南山水对佛教发展的影响之大。道教在江南的规模和信众虽不如佛教，但其历史要比佛教更为久远。禅宗进驻江南最早可以追溯到三国时期。公元247年，僧侣康僧会至建业，"佛教史籍都将康僧会的传教活动作为江南佛教的开端"[①]。而道教在江南的历史则可以追溯到两千多年前。据柳宗元《龙城录·刘仲卿隐金华洞》记载，西汉元帝时（公元前48年至前33年）大将军刘仲卿在遭贬后曾隐居浙江金华山"仙洞"中修炼，得道后常在"中元日来降洞中"施法术济贫，成为当时很有影响的方士[②]。公元238年天台道士葛玄在天台山栽茶，其侄孙葛洪则于江南山水最灵秀空明处精思、炼丹。齐梁时道士陶弘景曾脱朝服，辞官隐居，徘徊于茅山、瑞陶山和永嘉楠溪江之间，以听松涛、吟咏为乐，梁武帝遇有朝廷大事往往以书信与他商讨，陶弘景由此而获"山中宰相"的美称。总之，在唐代以前，江南名山已多为佛僧道仙集居之地，他们通过在江南山水间的传教活动和各自独特的山水之悟对世俗社会的政治和文化产生了广泛而深刻的影响。

[①] 杜继文：《佛教史》，江苏人民出版社，2006年，第135页。

[②] 如果以张道陵创立五斗米道为道教的真正开始，那么这些方士显然不能算是严格意义上的道教徒，但是它们秉承了道家的基本精神，与后来道教中的法师又十分相似，按英国汉学家李约瑟的说法，"方士就是道地的法师"（见李约瑟《中国古代科学思想史》，江西人民出版社，2006年，第153页），所以，早期方士可以视为道教徒的前身。

第一章

江南宗教概况

选文 1

严耀中关于江南佛教史的总说

在导致佛教进入江南的诸多地域因素中，江南尚鬼好祀的民俗，率先流行的道教成了其在汉末进入该地区的最早接引点。然而重要的是，佛教和随着司马氏政权南渡的玄学的结合，以及伴随着的高僧和名士的合流，这使得佛教有机会被士大夫阶层所了解接受，从而有可能和中华文化实现真正的融合，并在日后成为它的传统的一部分。这是从地域上来说当是江南对中国佛教最重要的贡献，因为在中国历史上，士大夫阶层的观念主宰着社会的统治意识，一种外来文化如果没有被士大夫所接受，就不可能在中国社会站住脚跟，这也是其他进入过中土的宗教文化没有，而只是佛教成功了的原因所在。

另一方面，佛教与玄学在江南的结合也对当地的佛教产生长远的影响。由谈玄而谈佛，从而谈出了江南佛教重义理的特性来，般若、涅槃诸学、三论、天台诸宗在江南的兴起无不与此有关。在这个过程中还有三点是应该特别注意的，一是大乘空宗和有宗的观念在议论争鸣之中，得到了融合；二是在这个基础上和儒、道等中国传统思想有了非常好的交流机会，其中最重要的是佛性说和中国传统神灵观念通过与范缜无神说的论战中有机结合而自圆其说，这也促使三教合一的呼声在江南发出最强音；三是这种结合使得士族高门纷纷转向崇信佛教，东晋南朝时佛教因此空前繁荣，并在梁、陈两朝达到了准国教的地位。我还认为，梁朝灭亡不能归咎于武帝崇佛。

江南佛教还贯串着另外一条主线，那就是佛教神通性的突出。早在汉末东吴之交，安世高、康僧会、支谦等已经将小乘禅和密经传入江南，它们在尚鬼好祀等习俗的影响下，先是经过宝志等僧的身体力行形成了神通禅，后来又助长了密教在江南的流传。江南的神通禅还是禅宗公案形成的一个原因。这中间所含神秘主义因素，是作为宗教所不可或缺的，读者在阅看所引史料时，当然会明白这一点。同时，佛教的发展也碰到了反佛的阻力。对佛教的发难来自其利益或观念受到佛教发达碰撞的利益集团和佛教自身所滋生的弊病两个方面。在中国，前者需要政治上的调节，后者则主要靠加强戒律。所以伴随着反佛，江南佛教却发展出不少新特点，如一是江左律学以奉《十诵律》为主，隋唐以后则以《四分》为主；二是戒与禅的普遍结合；三是江南佛教首先将持戒与断酒肉素食联系在一起；此外还促成了忏与忏法的流行。这些都使佛教戒律对中国社会起着更为广泛的影响。

由于作为消费性的事业，宗教有赖于经济的发展而繁荣，地域经济发展的不平衡也会对宗教的繁荣产生不同的影响，这一方面因为寺庙堂观的建设，传教及法事活动的举行，都需要财物充裕的支持。另一方面，人们在温饱之余对精神关怀的需要，并不亚于其在困苦挣扎之时，所以宗教虽都说是为了拯救苦难，但也老往着安定繁荣的地方跑。这在江南佛教史上有过两次，一次是在魏晋南北朝，另一次则在五代两宋经济重心南移之间，后者涉及到华严、唯识、净土诸宗在江南的兴盛。

严耀中：《江南佛教史·前言》，上海人民出版社，2000 年，第 1—3 页。

选文 2
严耀中谈江南佛教的形成

在江南这个地域中，近两千年来最有势力的宗教便是佛教。佛教在江南传播的过程，正与后者的区域特征越来越明显，在全国所占的地位越来越重要的过程相吻合。两者按照着事物发展的一般规律，在这期间，因缘和合，难分难解。从而也使佛教带上了一定的区域特征。

对佛教这样分布范围很广的宗教来说，按区域不同而出现一定程度的异化似乎是不可避免的。正如有人说："每一个主要宗教团体内部的差别比外在的差别要大。"这话也许有些过分，但印度佛教中原先差别之大也可叹为观止，仅小乘佛教就有几十个部派。当它们鱼龙混杂地一起传进中国来以后，至少也为中国佛教区域性特色的形成提供了一个条件。对此梁启超有所叙述：

> 欧人分印度佛教为南、北宗，北宗指迦湿弥罗健陀罗所传者，南宗指锡兰所传者。亦两因习闻中国佛教出西域遂指为北宗所衍。欧人此种分类，吾本以为然，但即如彼说，吾国宗兼承，海通传南，陆通传北，而南宗之来，且视北为蚤焉。

梁氏所云不够精确，实际情况也远为复杂，但说明了印度佛教中就有着地域性的因子。其实佛教能到处生根、遍地开花，其教义中就孕育着这样的因子。如方便说教是大乘佛教济世度人的一个重要途径。而所谓"方便"就是因地因人制宜，以符合当地风俗民情的方式，针对当时当地民众的思想心理来宣传佛教的义旨。久而久之，主体与客体融成一片，佛教也就有了地方色彩。地方文化的个性越强，因而针对的方式越特殊，佛教所染上的色彩也就越浓厚。

佛教传入中国以后，由于专制集权的中国政体不允许有统一的宗教组织和权威，其在中国的僧团组织规模一般不超过一个寺院的范围。对僧尼行为的外在约束主要来自官方，以致像素食那样重要的戒律的制定和推行，也是在皇权的强力下进行的，而不是来自统一的宗教意志。在思想观念上更没有一个至高无上的宗教权威来建立规范，对不同的见解或异端进行讨伐。中国佛教所谓的"宗"，其实主要是思想上的一种认同。有的宗虽还有一套师徒传授体系（有的"宗"如净土宗则基本没有），但实际上也限于少数高僧，且几代以后则支脉林立，谁也管不了谁。这就使佛教更易于带上各种地方色彩。

佛教在江南是如何凸显它的地方色彩的呢？或者我们如何去辨认它呢？

一个简捷的方法就是同中国其他地区：中原、巴蜀、西藏等地的佛教进行对照比较。我们知道，所谓佛、法、僧三宝几乎可以覆盖整个佛教的内蕴。这里面又可分两个层次。其一是"三宝物"，即佛像、寺庙殿堂、香花幡盖等佛物；经卷、钟鼓等法物；僧房、田园等常住僧物和衣钵、米菜等现前僧物。这些体现佛教的社会性。其二是体现佛教思想性的，如对佛的信念、经文的内容、僧人的论说等等。第一层次的内容还是容易比较的，因为表层的东西更易受外界的影响。就拿佛像来说，仅其容貌就会因地域的不同而变化。如比较新疆柏孜克里克千佛洞、敦煌莫高窟、麦积山、云岗、龙门、大足等石窟的佛像，我们可以看到随着佛教步步深入中国内地，佛像的外貌愈来愈汉化了。到了江南，变化更大，东晋顾恺之"首创维摩诘像，有清羸示弱之容，隐几忘言之状"。这正是当时名士活脱脱的写照。参照六十年代初南京出土的石刻画像"竹林七贤与荣启期"，便可明白这一点，画中维摩诘形象恰如竹林七贤的化身。这是由于人们不同的审美标准、塑匠的手艺风格等因素造成的。不仅如此，因为佛教中诸多的菩萨和佛既有不同的职司与功能，风俗心理相异的人们对所崇拜的佛像也就有了主次轻重的选择。如藏传和汉传佛教之间的明显差别。人们先是用自己最熟悉的东西堆成一个偶像，然后借用某个崇高的名字或传说给它涂上一层神圣的色彩和光圈（佛教给佛像在受人崇拜前举行的仪式一个非常贴切的名词——开光）。清丽的送子观音、含笑的大肚弥勒（我清楚地记得，我祖母和一些老太太不知什么缘故都把此像称作阿弥陀佛。他们都是宁波人）在汉地的流行，就是鲜明的例子。

相对来说，僧人更是造成佛教区域差别的重要因素。僧人的地方色彩主要来自两个方面。其一是大多数僧人，尤其是下层僧众，是来自于寺庙所在的附近区域。他们生于斯、长于斯，土生土长就必定离不开一股土气。这土气首先是浸染在僧团的日常生活中，衣、食、住、行，各地习俗是不一的。继而发展到诵经的语调、礼拜的方式等等。至唐时各地佛教梵呗声调就有很大的不同，如道宣云："江表关中，巨细天隔。岂非吴越志扬，俗好浮绮，致使音颂所尚，唯以纤婉为工。素壤雍冀，音词雄远，至于咏歌所被，皆用深高为胜。"久而久之，僧众的地域不同是能够被区别出来的了。此外一些著名僧人的思想风范也是会对这一地区产生显著的影响，如所谓"朱买臣、陆机、顾野王之徒显名于历代而人尚文；支遁、道生、慧响之俦唱法于群山而人尚佛，故吴人多儒学，喜信施，盖有所由来也"。其二，是在于僧人跟施主的关系。毫无疑问，地方绅士是寺庙的主要施主。不少寺庙起着大族的家庙功能，因此势族的文化意趣和倾向势必影响和带动着寺庙与僧人。并且在这个基础上，寺庙中的高级僧人则会与当地士大夫密切交往，因为后者往往就是施主的代表。从《世说新语》可以证知，这种交往东晋时已十分频繁。唐宋以后又发展成著名的居士佛教。这大大影响了佛教，由于"释迦以文教。其译于中国，必托于儒之能言者，然后传矣"，即如何部肇一所指出的，"围集在各家祖师四周的居士、大众、僧侣们，其人际关系在当时社会或政治上所占的地位、立场来塑造自家的性格，因而显示许多不同的特征"。这是因为在中国历史上，如前所述，士大夫居士们所构成的文化是有一定地方特征的。在上述两个因子中，前者产生了玄学佛教，后者则是隋唐以降在江南流行的佛教诸宗的重要成因。顺便提一下，据王荣国先生的考证，福建寺院最早出现在两晋，都是由包括僧尼在内的入闽汉移民所建。然即使是中原南渡士大夫入闽，江南亦为必经之地，故入闽佛教在其最初即和江南一起相通了。

严耀中：《江南佛教史》，上海人民出版社，2000年，第12—16页。

选文3

竺道生在江南传教

竺道生当时在江南首倡一切众生皆有佛性之说。他认为"凡夫所谓我者，本出于佛"，"良由众生，本有佛之见分，但为垢障不现耳。佛为开除，则得成之"。也就是说一切有情众生都有着可能成佛的根因，甚至是在印度被认为断了善根的所谓"一阐提"，对他们应"恒以大慧之明，除其虚妄。虚妄既尽，法身独存，为应化之本。应其所化能成之缘，一人不度，吾终不舍"。然而因为他的说法"孤明先发，独见迕众"而遭到"旧学僧党"的摒斥出建康。于是他游讲于吴郡、庐山，"观听之众，莫不悟悦"。苏州虎丘山至今留有"生公说法，顽石点头"的遗迹，可见影响之大。后来《涅槃大本》至于南京，果称呼阐提悉有佛性，与前所说合若符契。……于是京邑诸僧内惭自疚，追而信服"。

一切众生皆有佛性的说法虽然在印度已有，但竺道生是在独立的情况下自己得出的结论。这个意义重大，因为它标志着中国佛教界在理论上已经有了独创的能力。冯契先生认为："竺道生正是用了'忘筌取鱼'的方法，提出了'一阐提人皆得成佛'和'顿悟成佛'的学说"。有的学者还认为道生的佛性说和孟子的人性论之间存在着某种理论上的平行性，这表示它可能受到儒家思想的影响，这也是般若学与"玄谈"结合后所引发的"六家七宗"佛学争鸣和思想解放的结果，至少是间接的结果。

……《宋书》卷九七《夷蛮传》云竺道生"年十五，便能讲经。及长有异解，立顿悟义，时人推服之"。顿悟说的起因是既然认明人人皆有佛性，可以成佛，那么以何种途径涅槃成道就成了关键之所在。对此佛教一般所谓六度，即一布施、二持戒、三忍辱、四精进、五禅定、六智慧。可是修此六法则有个快慢问题，尤其是智慧的取得。佛教认为可在一念之间。他说："一念无不知者，始乎大悟时也。以向诸行终得此事，故以名焉。以直心为行初，义极一念知一切法，不亦是得佛之处乎。"对于若此一念来悟解佛理，觉认本体，方立天先生风趣地说："这可谓是一种新的快速成佛的主张。竺道生是在我国佛教思想史上首先鼓吹和推行快速成佛法的第一个人。"

同处晋宋之间的谢灵运也是顿悟说的积极鼓吹者。……在谢灵运为此所写的《辨宗论》里，有两点值得一提：其一，竺、谢的顿悟说是对释、儒两家理论的一种调和。谢灵运称其说："去释氏之渐悟，去孔氏之殆庶，而取其一极。一极异渐悟，能至非殆庶。故理之所去，虽合各取，然其离孔、释矣。"以这样的角度来说顿悟，在那是当然要被称为"新论"了。而且这也是通过合流佛儒来促成中华佛学的一次重大努力。其二，此等努力之目的是因为"华民易于见理，故闭其顿了，而开其渐悟"。陈寅恪先生甚至认为由此表明"顿与渐之分为华夷之分"。不管如何，它包含着让佛教因地制宜、适应华土民情的主观意图。

严耀中：《江南佛教史》，上海人民出版社，2000年，第61—63页。

第二章

江南宗教与江南自然环境

选文 1
周维权谈僧、道进山

　　道教渊源于道家，道家本来就以崇尚自然、返璞归真为主旨，仙山又是神仙居处之地，道士们当然要进入深山修身养性、采练丹药了。……当时的僧、道多是文化素养很高的，他们像文人名士一样广游名山大川、热爱山水风景之美，对此也具备一定的鉴赏能力。究竟选择什么样的山林环境？……就不仅仅着眼于宗教活动的需要，还必然会更多的以自然景观的赏心悦目为积极因素考虑，并且于实践中力求此两者的相辅相成；换言之，就是把宗教的出世感情与世俗的审美要求结合起来，运用于寺、观建筑地段的选择。试看《高僧传》中有关东晋高僧慧远在庐山经营东林寺的一段文字描写——

　　　　……洞尽山美；却负香炉之峰，傍带瀑布之壑。仍石垒基，即松栽构。清泉环阶，白云满市。复于寺内别置禅林。森树烟凝，石径苔生。凡在瞻履，皆神清而气肃焉。

　　类似的记载也散见于当时人的著作中。例如——

　　　　康僧渊在去郭数十里立精舍，旁连岭、带长川。芳林列于轩庭，清流激于堂宇。（刘义庆《世说新语·栖逸》）

　　　　周维权：《园林·风景·建筑》，百花文艺出版社，2006 年，第 315 页。

选文 2

古人记余杭洞霄宫

在余杭县四十八里，汉武帝元封开创，祥符间改为洞霄宫。按《真境录》：宫有五洞交扃，九峰四揖，千岩万谷，秀聚其中。苏子瞻诗："上帝高居愍世顽，故留琼管在凡间。青山九锁不可到，作者七人相对闲。亭下泉流翠蛟舞，洞中飞鼠白鸦翻。长松怪石宜霜鬓，不用金丹苦驻颜。"又《和张子野过旧游》："便欲洞霄为隐吏，一庵闲地且相留。"

《方舆胜览》，见王国平主编：《西湖文献集成》（1），

杭州出版社，2004 年，第 212 页。

选文 3

杨守陈赞天竺寺之幽邃静洁

杭多名刹，天竺为称首，久欲游，弗果。成化戊子秋，复过杭。……是月廿有七日，余六人者皆乘肩舆行，湖光山辉，交映无际，金刹画鹢，隐见于松筠菱莲之表。钟梵与笙歌之音间作，令人耳目无少暇。拜月庙度行春桥，所谓"十里荷花"者尽矣。又西入山，路颇广且夷，然益入益深奥寥闃，第见古松离立拂云外，闻涧水与松风交铮鸣而已。越集庆寺，望北高峰弥近，由陟岐灵隐寺。寺静洁幽胜，然昔称五亭，无一存者。睹其南峰，势若飞舞。崖壁奇峭，乃昔西僧谓"自灵鹫飞来"者，即天竺山也。其下有涧梁，以片石饮其流，冰齿，是谓冷泉。涧旁入呼猿洞，深且宽。传昔有猿，可呼之就手取果，亡久矣。转而东，一门榜曰佛国。与山僧同至下天竺，见泉无跳珠者。访流杯、翻经诸亭台，但芜址耳。中天竺，荒寂类之。于是尽所谓九里松者。……然诸刹依城者杂于绮丽喧嚣，虽滨湖者亦不能无；惟此则幽邃静洁之极，宜其为称首也。……

杨守陈：《游天竺山记》，见《古今图书集成　杭州府部艺文》，

王国平主编：《西湖文献集成》（1），杭州出版社，2004 年，第 657—658 页。

选文 4

周维权论江南风景对宗教思维的影响

生态景观以其形象、动态、色彩、声音诉诸人的感官，经作用于人，人移情于景，产生人景感应而引起美感，并藉此陶冶性情。这是由"物镜"直而接引发的美感。如果移情作用继续深化，达到情景交融的地步，则不仅人移情于景物，仿佛景物也移情于人，这便使人们的心中又会出现一种"意境"之美。……

虔诚的宗教信徒，凭藉幽美的山丘生态的物镜而在心目中幻化成为佛国仙界的意境。这种亦真亦幻的联想，更是激发宗教的热情，往往成为佛教和道教开发名山的一股力量。而佛、道名山的层峦叠翠，云雾飘渺又为宗教意境的开拓提供了最佳的物质条件。

文人墨客深受道教和佛禅的影响，往往能于大自然生态的物境中领悟其清空，虚静，恬适的意趣。

> 众鸟高飞尽，孤云独去闲。
> 相看两不厌，只有敬亭山。
>
> ——李白《独坐敬亭山》
>
> 千山鸟飞绝，万径人踪灭。
> 孤舟蓑笠翁，独钓寒江雪。
>
> ——柳宗元《江雪》

这两首山水诗，其所传达的已经信息把读者带入一个空灵冷峻的境界。明人袁中道《爽籁亭记》生动地记述了他在观赏山间飞泉时，心随景化而天人契合，由浮躁逐渐进入虚静的意境——

> 玉泉初如溅珠，注为修渠，至此忽有大石横峙，去地丈余，邮泉而下，忽落地作大声，闻数里，予来山中，常爱听之。泉畔有石，可敷蒲，至则趺坐终日。其初至也，气浮意嚣，耳与泉不深入，风

柯谷鸟，犹得而乱之。及暝而息焉，收吾视，返吾听，万缘俱却，嗒焉丧偶，而后泉之变态百出。初如哀松碎玉，已如昆弦铁拨，已如疾雷震霆，摇荡川岳，故予神愈静，则泉愈喧也。泉之喧者入吾耳而注吾心，萧然冷然，浣濯肺腑，疏瀹尘垢，洒洒乎忘身世而一死生，故泉愈喧，则吾神愈静也。

周维权：《园林·风景·建筑》，
百花文艺出版社，2006年，第362—364页。

选文5
古人说仙踪神迹

天竺寺

在北山。李心传《系年录》："绍兴十二年，虏使刘苦等往上天竺焚香，因以为例。"中天竺在二者之间。下天竺，葛澧《帝都赋》："傍西深入岩谷，益秀。"白居易：《天竺》诗："一山门作两山门，两寺元从一寺分。西涧水流东涧水，南山云起北山元。前台花发后台见，上界钟声下界闻。遥想吾师行道处，仙花桂子落纷纷。"綦母潜诗："郡有化城最，西穷叠嶂深。松门当涧口，石路在峰心。幽见夕阳霁，高逢暮雨阴。佛身瞻绀发，实地践黄金。云间竹溪尽，月从花涧临。因物成真悟，遗世在兹岑。"陶翰诗："松柏乱岩石，西山微径通。天关一峰见，宫阙生虚空。正殿倚霞壁，上方标石丛。夜来猿鸟静，钟梵响云中。峰翠映湖月，泉声乱溪风。心超诸境外，了与悬解同。明发气候改，起视长崖东。湖色浓荡漾，海光渐朦胧。葛仙迹尚在，许氏道犹崇。独往古今事，幽怀期二公。"

灵隐寺

在钱塘十二里，灵隐、天竺两山，由一门而入。宋之问《游灵隐夜吟》云："鹫岭郁岧峣，龙宫隐寂寥"，久不能续。有老僧坐禅，曰："何不道'楼观沧海日，门对浙江潮，桂子月中落，天香云外飘。扪萝登塔远，札木引泉遥。'"云云。迟明，僧不见，人以为骆宾王也。苏子瞻《次级李寺丞韵》："君不见，钱塘潮，钱王壮观今已无。屋堆黄金斗量珠，运尽不劳折简呼。四方官游散其孥，宫阙留与闲人娱。盛衰安乐两须臾，何用多忧心郁纾。溪山处处皆可庐，最爱灵隐飞来孤。乔松百丈苍髯须，扰扰下笑柳于蒲。高堂会食罗千夫，撞钟击鼓喧朝晡。凝香方丈眠氍毹，绝胜絮被缝海图。清风时来惊睡余，遂超义皇傲几蘧。归时栖鸦正毕逋，孤烟落日不可摹。"

净慈寺

在暗门外湖上。周显德建，详符改今额。寺百罗汉，各身高数丈，大数围。又有大铁镬。苏子瞻《游净慈寺谒本长老》诗云："卧闻禅老入南山，净扫清风五百年。"

孤山寺

白居易《西湖晚归回望孤山寺》诗："柳湖松岛莲花寺，晚动归桡出道场。卢橘子低山雨重，栟榈叶战水风凉，烟波澹荡摇空碧，楼殿参差倚夕阳。到岸请君回首看，蓬莱宫在水中央。"又《遇雨》诗："拂波云色重，洒叶雨声繁。水鸟双飞起，风荷一向翻。空蒙连北岸，萧飒入东轩。或拟湖中宿，留船在寺门。"张祜诗："楼台耸碧岑，一径入湖心。不雨山长润，无云水自阴。断桥荒藓涩，空院落花深。犹忆西窗月，钟声在北林。"

径山寺

在余杭县北。《图经》：径山，乃天目山之东北峰也。中有径路，后通天目山，故名径山，有龙井。《事状》云："国一大师因猎者导，自重岗之西至于危峰之北，有顷，素衣老人前而致拜，请师登山绝顶，入五峰之间，愿舍此地，为师立锡之所。有大湫，指谓师曰：'吾家若去，此湫当涸。留一水穴，幸勿堙之。我将时至卫师。'言讫，云雾晦冥，风雨骤作，及明既霁，湫水尽涸，惟一尚存，谓之龙井。今庵基见在，诸草不生。"苏子瞻游诗："众峰来自天目山，势若骏马奔平川。中途勒破千里足，金鞭玉镫相回旋。人言山住水亦住，下有万仞蛟龙渊。道人天眼识王气，结茅宴坐荒山颠。精神贯山石为裂，天女下试颜如莲。寒窗暖足来扑握，衣钵咒水降蜿蜒。雪眉老人朝叩门，愿为弟子长参禅。尔来废兴三百载，奔走吴会输金钱。飞楼涌殿压山破，朝钟暮鼓惊龙眠。晴空偶见浮海蜃，落日下数投林鸢。有生共处覆载内，扰扰膏火同烹煎。近来愈觉世议隘，每到宽处差安便。嗟余老矣百事废，却寻旧学心茫然。问龙乞水归洗眼，欲看细字销残年。"

《方舆胜览·佛寺》，见王国平主编：《西湖文献集成》（1），

杭州出版社，2004年，第209—211页。

第三章

江南宗教与民间文化

选文 1

赵益谈道教"落户"江南的历史文化缘由

南方文化本比较落后，此种交流自然使落后的一方得到刺激，从而产生变革。南方的中原移民带来了较为先进的农耕、水利技术，加之南方优良的气候条件及政府为避免饥荒而采取的劝农政策，使得生产力有所提高。同时商品经济、城市、交通也都有所发展，使东晋后期一度出现"时和年丰，百姓乐业，谷帛殷富，家给人足"的繁华局面。

经济发展导致文化的交融，包括佛教、道教、玄学及传统儒学等学术思想，都影响传播到南方，并与南方的固有因素发生交汇。其中值得注意的有几点：

一是交通的发展所提供的便利。南方长期以来偏处一隅的关键原因是地理的障碍以及本身区域交通的不便。南渡以后情况大有改变，比如由于吴以来不断地开浚和水利的进步，从首都建康到会稽山阴便形成了一条较为便利的水上通道。这两地是南渡士族聚集的地区，也是道教风气盛行的句容茅山和天台、剡溪两大中心的所在。交通的便利为文化的传播奠定了基础。

二是民族融合及风俗的变化。南方的土著民居由于接触到先进的文化而逐步进步，如最早居住于湘水支流阮江一带的溪人和分布于岭南的俚人，都开始趋于同化。这种风俗的变迁当然也包括原始巫术遗存的扬弃，遂使原始道教趋向于变革。

三是主体意识的进步。魏晋以来的乱世冲破了传统经学笼罩下的思想框架，使得人之主体意识得到了一定程度的解放。凡是悲惨的时世，总是能够催发人对人之本身的关切和思考，并孕育出一种对终极问题的关怀求索。因此乱世既是思想多元的时代，也是宗教发展的时代。所以佛教在这个悲惨的时世大流东土，而道教亦开始星火燎原。将至东晋，两者的整合、改革便都成为一种必然。

赵益：《六朝南方神仙道教与文学》，

上海古籍出版社，2006年，第74—75页。

选文 2

王伟论江南文化与江南民间宗教信仰

民间宗教往往利用迷信崇拜，更注重组织形式，以改变自身社会地位和变更现实社会为目的，通常带有反正统、反社会、反现实的特征，因而又被历代统治者称为"异端"、"左道"、"邪教"。《辞海》"江南"条释："地区名。泛指长江以南，但各时代的含义有所不同：春秋、战国、秦汉时指今湖北的江南部分和湖南江西一带；近代专指今苏南和浙江一带。"在我国关于乌镇、西塘等"江南六大古镇"列入世界文化遗产的申报书中阐述江南概念时写到："近代专指江苏省南部和浙江省北部一带"。浙江省社会科学院历史经济专家陈学文教授在《嘉兴府城镇经济史料类纂》一书前言中指出："嘉兴地区在明清江南（狭义的江南是指苏杭常嘉湖五府）经济区中占有很突出的地位，因为它能反映出江南水乡经济的特点。"本文采用《辞海》"江南"条释所指的范围。关于江南文化对江南民间宗教信仰的影响，目前学术界论述并不充分。邵雍著《中国会道门》是学术界首次以会道门的名称对中国历史上出现的民间宗教教门进行梳理的论著。秦宝琦、谭松林在《中国秘密社会·第一卷·总论》中全面论述了秘密社会包括民间宗教的历史演变情况，但关于文化对民间宗教信仰的影响没有充分论述。日本学者三谷孝在《秘密结社与中国革命》中力图从会门的角度，以农村社会为背景来考察民间宗教，为研究民间宗教提供了新的思路，对于民间宗教信仰的文化因素论述不多。马西沙、韩秉方合著的《中国民间宗教史》在学术界首次成功地理清了一些教门的源流，为研究民间宗教开辟了道路，但是很少从区域文化的角度分析民间宗教信仰。江南文化的生成与变迁，受地理环境、经济条件、政治形势、移民结构的规定和影响，而每一种因素对文化影响的力度则因时因地而异。因此江南文化有着独特的区域特征，对江南民间宗教信仰产生深刻的影响。

一、江南地区先秦以来传承不息的迷信鬼神文化传统奠定了江南民间宗教信仰的社会心理底蕴

江南地区先秦以来就有着传承不息的迷信鬼神文化传统。在炎热潮湿、棒莽丛生、沼泽四布、虫蛇出没的恶劣环境中，江南地区的生产力很低下，不能为社会提供更多的物质财富，以致进入阶级社会后财产的分化并不剧烈，从而为原始氏族制度某些残余的保存提供了丰厚的土壤。这些残余包括：原始的图腾崇拜、迷信鬼神。江南文化具有较为浓厚的宗教性内涵，从汉至唐代，江南因地理的相对偏远，受儒家影响要比中原晚而轻一些，在文化个性上也就比中原更自由、活跃，佛教、道教在此的流播非常迅速，进而与古老的好神巫的传统结合，产生了鲜明的宗教特质。吴越先民自古就是"信巫鬼，重淫祀"。江南水网密布，人们以舟船为生，为适应水上作业的要求和威慑水中鬼怪的心理愿望，吴越先民在与水患斗争中逐渐形成敬事鬼神的信仰传统。吴、越民间信仰体系极其庞杂，有众多的地方性神祇崇拜。这些神祇涉及吴越居民生活的各个方面，可以说五花八门，如神话人物神、自然崇拜神、历史人物神等等。隋唐时期这种信巫鬼好淫祀之状况仍然十分普遍，《隋书·地理志》载："其俗信鬼神，好淫祀。"唐崔龟从《宣州昭亭山梓华君神祠记》云："吴越之俗尚鬼，民有病者不谒医而祷神。"佛教在江南的传播也可以说明，东晋南朝随着政治中心的南移，佛教在江南流播甚

广。上层社会与民间普遍流行这种新的文化，名刹众多，信佛者日众。至唐代更是禅僧云，禅宗在此迅速流播。

民间宗教反映的是一种大众心态，它的形成有其连续性，江南地区广泛存在的民间宗教信仰与远古、先秦时期该地区盛行的崇巫尚鬼之习有着密切的渊源关系。江南地区是河姆渡文化与良渚文化的发源地。河姆渡人与良渚人在创造大量精美的物质文化的同时，也形成了自身独特的信仰传统。"双鸟朝阳"纹象是河姆渡人图腾信仰的标志，王士伦先生在描绘此图像时说："刻划两只振翅的鸟，鸟头相对，连体，中间有五重圆圈，好似太阳。鸟嘴尖长尾，这种异首连体，并且中间刻有太阳，可能表示鸟是空中神秘的动物，是介乎人天之间的神使。"江南民间不仅鬼神观念盛行，而且祭祀鬼神的巫傩活动也十分活跃。民间百姓在畏惧鬼神的同时，开始畏惧巫祝的法术，而这种畏惧心理的出现无疑是与其对巫鬼力量、巫祝法术的信仰密不可分的。三国两晋时，江南民间巫、傩活动日益活跃。东吴之际，巫师精擅法术的神迹在江南地区广为流传。江南地区远古、先秦以来一直流传的巫、傩文化经过长期的积淀已成为江南文化的重要组成部分，这种文化对培养当地人民崇巫尚鬼的信仰心理无疑具有十分重要的作用。大量鬼神传说在民间的广泛传播则为江南民间宗教信仰的流播铺平了心理基础。

二、江南文化的开放性与包容性促使佛教、道教鬼神观念向民间鬼神信仰渗透，丰富了江南民间宗教信仰的内容

江南文化具有开放性的特点，它自远古以来就不断地吸收、融合着其他文化，显示了较突出的文化包容性，最突出的即是它和楚文化及中原文化的交融，中原文化始终影响着江南文化。中华文明的繁荣昌盛经历了一条由北向南的推进过程，而江南由于特殊的地理位置，成了这一推进过程中的文化孔道。从历史上看，这种文化的推进不是统治者有意识的理性行为，而是政治或战乱带来的客观后果。考古发现，在商代太湖流域的马桥文化中含有中原二里头夏文化因素，据著名考古学家邹衡先生推测，这很可能是夏王桀失败后由巢湖顺江而下到达上海后带来的。江南文化的发展是与其他

异域文化的相互融合分不开的。先秦时期江南文化和楚文化及中原文化曾有过长期的交融，中原文化始终影响着其后来的发展。吴立国之初，中原文化即开始融入吴越当地文化。春秋之后，吴、越与北方及楚国更有着密切的交流，吴越在和楚相互征战兼并的同时，楚文化与江南文化交融。阖闾重用楚国的伍子胥、齐国的孙武，越王勾践重用楚国的范蠡、文种，都是在这一文化交融的大背景之下发生的。显然，江南文化是在与楚文化、中原文化的交融中得到发展的。秦汉统一中国以后，采取大规模的、彻底的文化统一政策，并大规模移民江南。强势的大一统的中原文化冲击着各区域文化。大量中原人士南迁江南，使得东汉以后江南的文化优势逐渐建立。三国时期孙权的许多重要官员如鲁肃、吕蒙等将领都来自北方。东晋永嘉八王之乱、唐代安史之乱中，大规模的移民浪潮主要去向均为江南。江南广泛接纳北方士人与北方文化。最早的移民可能还多少带点主人的优越感，傲视后来者，但到后来，他们就习惯于宽容了。永嘉南渡时，北方王、谢等上层大族也尽量避开顾、陆、朱、张聚居的吴郡，到相对僻静的会稽郡去发展，次等士族则多侨居京口、晋陵，以免与江南"主人"发生正面冲突。从那时起，这种互不相扰各取所需式的宽容意识就开始形成，经过 1600 余年的发展强化，已经辐射积淀在社会生活的各个方面。东晋南朝时，随着政治中心的南移，江左佛教发展更广，名刹遍布，信佛者日众。唐代禅宗在江南迅速流播，一时禅僧云集。这些都说明江南文化对新文化的充分吸收与融合，可见其开放性的特征。江南沿海在唐代还是对外交流的重要口岸，鉴真东渡的出海港即在越州。日本僧人空海（遍照金刚），唐宪宗元和元年（806）春离开长安时经越州出海回国。"空海在越州谒见华严僧神秀，并求得佛教典籍，越州官方也赐予其各类典籍带回国内。当地文士朱千乘、乡贡进士朱少端等还作诗赠之"。江南的对外交流的频繁，也易于使人视野开阔，容易接受异地文化。江南士人对外来之文士乐意与他们交往相处并向他们学习，说明了江南文化的包容性与开放性。

东晋南朝时期，佛、道教对江南民间宗教基本上采取了收容、改造的态度，这种收容与改造一方面使佛、道教能够利用民间宗教加快发展，另一方面也使民间宗教从佛、道教中吸收了大量鬼神观念，从而丰富了这一时期江南民间宗教的内容，更使其开始带上亦佛亦道的色彩。东吴以降，佛教迅速在江南一带扎下根来。佛教在江南地区的迅速发展与该地区肥沃的宗教土壤是分不开的。江南人民"敬鬼神则受巫觋之欺"。"尚鬼好祀"的民风表达了人们对神灵的无限敬畏和祈求福祉的强烈愿望，这种准宗教的心理、氛围对佛教在江南地区的传播是非常有利的。佛教进入江南后，面对"淫祠杂神"，基本上采取了收容与改造的态度。佛教对以"淫祠杂神"为主的民间宗教的收容与改造对于江南民间宗教的影响集中表现在：首先，佛教的传播在江东传统的鬼神行列中，又增加了许多新的鬼神，如饿鬼、罗刹、魔、夜叉、阎罗王、如来佛、菩萨、天王、诸天、罗汉、伽蓝神等。其次，佛教教义中大量的鬼神故事在民间流行，丰富了民间鬼神信仰的内容。再次，佛教的流行使观音信仰在江南民间盛极一时。道教在江南地区的流传由来已久，民间对"灵魂不死"、"肉体飞升"的虔诚构成了江南民间极普遍的社会心理和社会意识。孙吴时，笃信李阿道的信徒"转相教授，布满江表"。后瘟疫流行，李宽亦未能幸免，但他死后，他的教徒却以为他是"化形尸解之仙，非为真死也。"五斗米道以符箓咒术为人治病，以祈禳斋醮为人谢罪免灾，这极大地满足了广大民众祛病祈福的心理。五斗米道等民间道派由于其传道方式符合江南民间尚鬼崇巫的社会心理，因而在江南地区得以广为流传，这对于江南民间宗教信仰心理的加深无疑起到了促进作用。东晋南朝时期，正是道教由民间道团向上层教会道教发展的重要阶段，民间鬼神信仰与民间巫鬼道向来是道教发展的重要思想来源，对于道教的形成与发展曾起到了重要的作用。德国哲学家卡西尔认为："一切较成熟的宗教必须完成的最大奇迹之一，就是要从最原始的概念和最粗俗的迷信之粗糙素材中，提取它们的新品质，提取出它们对生活的伦理解释和宗教解释。"道教在吸收民间巫鬼道因素的同时，对于民间巫鬼道所具有的原始巫教色彩进行了激烈的批判。尽管这些新天师道经典对民间巫鬼道进行了批判，但民间巫鬼道并没有因此而大受影响。道教虽然反对民间道派进行"血牲祭祀"，但它的昌炽却对民间鬼神观念进一步深入人心起到了积极的意义。这一时期，佛、道教尤其是民间道派在江南地区的活跃发展，丰富了民间宗教信仰的内容：佛教使江南民间宗教信仰行列里增添了许多新的内容，同时将自身的鬼神观念渗透进了民间宗教信仰之中；民间道派以鬼神之道进行传教从而使民间鬼神观念更加深入人心，促进了江南民间宗教信仰的深化。

三、江南文化的多元性特征促使多种民间宗教之间相互融合、相互渗透

江南地区居民的移民性以及由此形成的文化多元性。明代江南文化的区域整体性，并不是以牺牲文化的多样性与丰富性为代价的。恰恰相反，明代的江南是各种文化——雅文化与俗文化、传统道德标准与新兴价值观念交汇冲撞的前沿阵地，文化形态呈现出前所未有的斑斓局面。首先构成文化主体的人所属的阶层及文化背景更为复杂。江南富庶之地，万商云集于此。"姑苏为东南一大都会，五方商贾，辐辏云集，百货充盈，交易得所，故各省郡贸易于斯者莫不建立会馆。"可见当时人口密度高，外来人口多，加之商人所占的比重较大，使得江南人口的流动性较大。汉代至东晋期间的三次移民浪潮：第一次是汉武帝期间东越族内迁江淮；第二次是东吴强迫散居在江苏、浙江、福建、安徽、江西五省交界广袤山区的数十万古越族后裔为编户；第三次是"永嘉之乱"，北方流民南渡使太湖流域成了北方士族避难的最佳选择地。在长达数百年的历史长河中，这种大规模的移民，从社会整体发展上促进了无锡以及太湖周边区域的三次跨越。移民所带来的社会效应：各地移民所带来的不同区域文化在吴地这一同一时空下的交融与互补为增新吴文化的血液起了重要的支持作用，"不同文化背景的移民的汇聚所带来的文化因子既丰富了吴文化的内涵，又进一步促成了吴文化的开放意识"。他们带来了异域的文化，与江南本土文化交汇融合，被加以吸收改造，丰富了江南文化的形态与内涵，如明代四大声腔之一的弋阳腔原出于江西弋阳，后通行南北。商品经济的发展使社会分工越来越密，出现了许多新兴职业，社会阶层也更为复杂。在棉纺织业中有一种颇具规模的瑞布坊，主要包括店客、包头、瑞匠三类人。所谓包头，就是"置备菱角样式巨石、木滚、家伙房屋，招集瑞匠居住，垫发柴米银钱，向客店领布发碾"。瑞匠是出卖劳动力谋生的雇佣工人，客店则拥有大量资本，占有大宗布匹。在商品经

济的冲击下，明代江南的社会结构不自觉地经历了一个解构与重组过程，原来的地主、农民、官吏等单纯的社会成分开始分化与转变，形形色色的人物，截然不同的背景、身份，交叉共存，共同缔造着江南文化，左右其文化形态与传播。历史上，江南地区还是中国传统文化与海外文化交流的一个重要窗口，在中国各地域文化的交流融合以及中西文化冲突交融的过程中，吴地人以其开放的胸怀，在其中扮演着中介的角色，而信奉"经世致用"思想的江南文化在其中起着关键的作用。在一个相当长的历史时期内，江南地区对于中原文化主要是吸收，对海外主要是传播。从明代中叶开始，则愈来愈多地吸收海外文化，并向中原地区传播、辐射。在扮演文化交流中介角色的过程中，江南地区自身是最大的受益者，不同的文化在这里被接纳、融合、再创造，从而使江南文化一直处于流动、活跃的清新状态，呈现出多元化特征，长久地保持着旺盛的生机和活力。

江南文化的多元性特征，形成了江南文化的价值系统就是"内敛出世"，江南文化对人生一切目标的追求都不刻意。流水不争先，看得开，想得通，保持平常心，顺其自然，功到自然成。江南人做事不张扬、不炫耀、不自夸，凡事能平静对待；对他人不起忿恨之心，语言婉转，不尖酸，不刻薄。江南人不固执己见，不激进，具有极强的包容性。江南文化的这种"内敛出世"特征，有利于"江南人民不但迅速接受了佛教，而且善于把佛教文化与吴地的传统文化融合起来"。这使得许多以佛教为信仰核心的江南民间宗教之间相互融合、相互渗透。例如，罗教是罗梦鸿创立于明朝成化、正德年间的一个民间教派，在明清民间宗教史上具有重要的意义，"罗教从明中末叶至清初，向全国各地传播，造成了重大的社会影响"。罗教传到江南的分支江南斋教会在浙江率先兴起，并扎根此地长达四个世纪，它为什么与北方正宗罗教既相似又有不同。其原因是多方面的，如老官斋教曾受南方道教的影响，以致部分教派练习内功，部分教派甚至衣着道袍、道冠，做道场。但最主要原因是南传罗教与流传这一地区数百年之久的摩尼教、白莲教历史传统有机的结合，并部分地接受了它们的特点。这使得南传罗教迅速在浙江扎根，并表现出与北方罗教正宗的某些不同。"当然，斋教并非摩尼教，它与摩尼教尚有许多根本不同。但是它受到摩尼教历史传统的深刻影响则是毫无疑义的。"罗教创始人罗梦鸿是坚决反对白莲教的。罗教经典对白莲教有明确的斥责："白莲烧纸是邪宗,哄的大众错用心。"元代以后的白莲教把弥勒下生作为最基本的信仰,罗梦鸿对此也不遗余力地攻击:"书佛咒,弥勒教,躲避邪法"。罗梦鸿对拜日月的玄鼓教即摩尼教化身也咒骂有加:"悬鼓教,指日月,为是父母。拜日月,为父母,扑了顽空。"然而罗教传至江南,情况就发生了根本变化。罗教南传,在南方不可避免地受到白莲教的影响,而部分地改变了形态。白莲教许多领袖与信徒都以普字为法号,老官斋教在其初创时不禁二祖殷继南以普字为法号,其师傅卢本师及丁与也都以普字为法号,足见白莲教的历史传统对南传罗教的影响之巨。江南斋教已经不是一支纯粹的罗教教派,在特定的历史条件与地域中,它发生了演变。从某种意义上来说,它是以罗教信仰为主,渗透了摩尼教、白莲教某些特点的新型教派。

王伟:《探析江南文化对江南民间宗教信仰的影响》,《兰州学刊》,2009(3)。

结　语

　　禅宗的理想境界是人与自然和谐的境界。佛教禅师十分重视对"境"的领悟，这个领悟首先指的是对自然的态度和反应。禅师从不把自然当作征服的对象，也不远离自然，认为自然是我们出发的地方，也是我们的归宿。自然呈现在人类面前的是色，而色即是空，空即是色，即色悟空，所以，自然山水（色）是佛性（空）的体现，也是禅宗的境界。故此，禅宗并非消极地背对人生，更不是死气沉沉的，而是充满勃勃生机和生态美学智慧的。在禅宗那里，可自由地欣赏常青之绿树，轻轻地抚摩芬芳之野草，静静地聆听清脆的鸟鸣，细细地呼吸和煦的春风，悠然地流连于山光水色之间。萧萧风吹，寂寂静坐，在人与自然的和谐境界中，人与万物众生别无二致，我即是物，物即是我。

■ **进一步思考的问题**

　　江南地区传统地方文化在现代文明的冲击下正趋于消亡，在这样的背景下，宗教审美文化是否仍然会存在并有所发展，它将以怎样的方式存在和发展？

■ **关联性思考的问题**

　　中国的宗教活动都具有明显的地域特色，不同地区的自然环境对宗教审美文化的发展各自有着怎样的影响？

■ **进一步阅读的书目**

　　1.（宋）陈田夫：《南岳总胜集》

　　2.（晋）葛洪：《神仙传》

　　3.〔日〕滨岛敦俊：《明清江南农村社会与民间信仰》，厦门大学出版社，2008年。

■ **关联性阅读的书目**

　　1.（南北朝）释慧皎：《高僧传》

　　2.（唐）陆广微：《吴地记》